Rosemarie Wildermuth
AUS 100 JAHREN

Herausgegeben von
ROSEMARIE WILDERMUTH

Aus 100 Jahren
Jugend 1887—1987

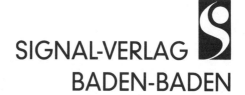

SIGNAL-VERLAG
BADEN-BADEN

Schutzumschlagentwurf: Christian Kühnel, Baden-Baden

CIP-Kurztitelaufnahme der Deutschen Bibliothek

Aus 100 [hundert] Jahren : Jugend 1887 – 1987 /
hrsg. von Rosemarie Wildermuth. – Baden-Baden :
Signal-Verlag, 1987,
ISBN 3-7971-0263-1

NE: Wildermuth, Rosemarie [Hrsg.]

© Signal-Verlag, Hans Frevert, Baden-Baden 1987.
Printed in Germany.

Satz, Gestaltung und Druck: Mittelbadischer Zeitungsverlag, 7580 Bühl
Buchbinderarbeiten: Großbuchbinderei J. Spinner, Ottersweier

Inhalt

8 Momentaufnahmen heute 1977–1987

Anhang

Vorwort

*100 Jahre sind für einen jungen Menschen eine ungeheuer lange Zeit, für einen
älteren dagegen durchaus überschaubar. Mein Vater wurde 1887 geboren, ich kam
1929 zur Welt. Er wuchs im Kaiserreich auf, ich im sogenannten Dritten Reich.
Dazwischen lag die Weimarer Republik. Von der konnte ich mir überhaupt kein
Bild machen. Sie hieß „Systemzeit" und war fast so weit weg wie das Mittelalter.
Was mit dem Wort „System" gemeint war, erklärte uns kein Mensch, irgendwie hing
es mit den Juden zusammen. Bei Schulveranstaltungen und im Jungmädel-Dienst
sangen wir nach dem Deutschlandlied „Die Fahne hoch", aber die darin vorkom-
mende Zeile „Kam'raden, die Rotfront und Reaktion erschossen", blieb mir
ebenfalls dunkel. Die „Roten" waren 1935, als ich zur Schule kam, kein Thema
mehr. 1939 verdrängte der Krieg alles andere. Erst verfolgten wir den Siegeszug der
deutschen Armeen durch halb Europa, indem wir auf einer Wandkarte viele bunte
Fähnchen einsteckten. Dann galt es, die Heimatfront zu stärken: wir sammelten
Heilkräuter, versorgten die Verwundeten im Lazarett mit Lektüre und hielten
nachts Luftschutzwache in unserer Schule, ausgerüstet mit lächerlichen Feuerpat-
schen und ein paar Eimern Sand. Und schließlich mußten wir nach Bombenangrif-
fen Ruinen ausräumen und von verkohlten Dachsparren wiederverwendbare Ziegel
bergen. Ich erinnere mich an eine Frage aus unserer letzten Erdkundearbeit: „Wie
weit ist die Front noch von uns entfernt?" Die richtige Antwort lautete: 60
Kilometer. Untereinander diskutiert haben wir diese doch eigentlich erschreckende
Tatsache nicht, wir waren wohl alle schon abgestumpft. Kurz darauf, am 4.
Dezember 1944, wurde Heilbronn zerstört, auch unsere Schule, die sechs Schülerin-
nen und zwei Lehrerinnen, die das Gebäude hätten retten sollen, verbrannten.
Die Besetzung durch Amerikaner im April 1945 erlebte ich weder als Katastrophe
noch als langersehnte Befreiung. Erleichterung ist vielleicht der richtige Ausdruck.
Endlich mußte man sich nicht mehr vor Tieffliegern in einen Graben werfen, wenn
man zum Milchholen über Land geschickt wurde, und nicht mehr auf die Verdunkelung achten und nachts nicht mehr im Keller schlafen. Aber die Schreckensbilder der
brennenden Stadt und der an den Straßenrändern aufgereihten Toten, die erst nach
Tagen mit Lastwagen fortgeschafft wurden, blieben in mir wach. Ich begriff
allmählich die deutsche Schuld. Mit 16 Jahren glaubte ich nicht, es könne für uns je
wieder ein normales Leben geben. Mit 20 hielt ich die Zukunft noch für so ungewiß,
daß ich keine Kinder haben wollte, ich suchte mir einen Beruf.
1962 und 1966 kamen unsere Söhne zur Welt. Als sie älter wurden, vermochten sie
sich die Nazizeit so wenig vorzustellen wie ich mir früher die totgeschwiegene
Weimarer Republik. 1976 fuhren wir mit ihnen über die Transitautobahn nach
Berlin. Auf der Rückreise, die unangenehme Grenzkontrolle lag eben hinter uns,
sagte der Jüngere: „Gott sei Dank, jetzt sind wir wieder in Deutschland!" Dabei*

hatten wir unseren Kindern gerade zeigen wollen, daß die DDR, daß Ost-Berlin auch Deutschland ist.

Damals nahm ich mir vor, alle Fragen noch genauer zu beantworten und mich nicht auf den Geschichtsunterricht in der Schule zu verlassen. Dort wurde die Hitler-Diktatur sogar behandelt, aber sie hing merkwürdig in der Luft, wie ein Fremdkörper, ein Verhängnis von außen. Daß sie, hätten sie nichts gekannt als die braune Propaganda, möglicherweise auch in der Hitler-Jugend mitmarschiert wären, erfaßten die Schüler nicht.

Über meine Kindheit dachte ich nun anders nach, ich beurteilte sie inzwischen ja auch aus der Eltern-Perspektive. Ich kann verstehen, daß mit uns überhaupt nicht über Politik geredet wurde. Aber hätte ich es zugelassen, daß meine Kinder in einsturzgefährdeten Häusern herumkletterten, nur weil der Kreisleiter oder Oberbürgermeister für den „Endsieg" noch ein bißchen Baumaterial retten wollte? Warum protestierten unsere Mütter und die Lehrer nicht dagegen, daß Nacht für Nacht sechs Mädchen völlig sinnlos in der Schule schlafen mußten? Heute würde man sich solchen Anordnungen selbstverständlich widersetzen, seinerzeit wurden sie ebenso selbstverständlich befolgt. Wir sind nicht besorgter oder mutiger, als unsere Eltern und Großeltern es waren, wir leben einfach in einer anderen, einer freieren Zeit. Das weiß ich und empfinde ich, während viele Jüngere sich der Vorzüge dieser Freiheit kaum noch bewußt sind.

Aus 100 Jahren, aus den unruhigen letzten 100 Jahren stammen die Texte dieser Sammlung zum Thema Jugend. Sie reißen Probleme an, ohne immer eine schlüssige Lösung mitliefern zu können. Wie fanden junge Menschen im Wilhelminischen Reich zu sich selbst? Welche Chancen bot ihnen die Weimarer Republik? Warum ließen sie sich von Hitler verführen? Und wieso verkrafteten sie dann ohne Schwierigkeiten den Zusammenbruch der Nazi-Ideologie? Wie wuchsen sie in die Wirtschaftswunderwelt hinein, und welche politischen Träume trieben sie 1968 auf die Straße? Vor allem aber: Was hat jede neue Generation an ihren Eltern und ihrem Staat auszusetzen?

Die heutige Jugend steht vor neuen Aufgaben und erhebt andere Vorwürfe. Unschwer lassen sich jedoch in diesen letzten 100 Jahren, trotz aller Brüche, aus den Fragen, Hoffnungen und Ängsten der Heranwachsenden ein paar Gemeinsamkeiten ablesen. Jungsein war immer schwierig und wird es bleiben. Wer seine eigene Situation im historischen Ablauf zu sehen versucht, findet in unserer sich immer rascher verändernden Welt vielleicht eher Halt — und könnte Vorurteile gegen die Älteren abbauen und sich bewußt werden, daß auch er sich einmal der Kritik seiner Kinder stellen muß.

Rosemarie Wildermuth

1 Aufbruch

Ich suche nach Soldaten, wir wollen eine kräftige Generation haben.

Kaiser Wilhelm II., 1890

Es war ein primitiver Drang nach Freiheit und Selbständigkeit, der die Jugend auf ihre Wanderungen mit Landkarte, Kochtopf und Zupfgeige trieb. Ich gehörte zu den ersten, die da mitmachten ... Vielleicht spürten wir das Fernbeben kommender Erschütterungen. Vielleicht wollten wir einfach leben, nach unserer Fasson, für die wir keine Worte und kein Programm hatten. Das große Zeitgefühl hatte uns ergriffen, ob wir uns nun für Aeroplanflieger oder für die neue Lyrik begeisterten, wir hatten eine Tür aufgestoßen, wir waren unterwegs, wir konnten nicht mehr zurück.

Carl Zuckmayer

Um die Jahrhundertwende wuchs eine junge Generation heran, die sich nicht länger mit der vorgezeichneten passiven Rolle zufrieden gab. Sie erprobte eigene Wege, versuchte aus der Erwachsenenwelt auszubrechen.

An der Spitze der festgefügten Klassengesellschaft stand seit 1888 der preußische König und deutsche Kaiser Wilhelm II. Traditionsgemäß legte er auf militärische Tugenden wie Pünktlichkeit, Einordnung, Tapferkeit und Selbstzucht höchsten Wert, und darin folgten ihm viele Eltern und Lehrer. Seit 1891 gehörte Wehrerziehung zum Lehrplan; ein 1899 gegründeter „Ausschuß für die Förderung der Wehrkraft durch Erziehung" gewann so großen Einfluß, daß ein Münchener Stadtschulrat äußern konnte: „Wer zum Menschen erzogen werden will, muß zum Kampfe erzogen werden und nicht zum Frieden."

Die Jugend mußte vor allem anderen gehorchen lernen. Schüler und Rekruten litten unter dem Gebot striktester Disziplin, Lehrlinge und Mägde unter den Launen und Bösartigkeiten ihrer Dienstherrschaft, Mädchen unter den völlig unzureichenden Bildungs- und Ausbildungsmöglichkeiten. Die ersten Gymnasien für Mädchen wurden 1893 in Berlin und Karlsruhe eröffnet. Frauen konnten in Deutschland ab 1896 an einigen Universitäten als Gasthörerinnen und erst ab 1905 überall regulär studieren. Studentinnen blieben jedoch immer noch Ausnahmeerscheinungen. Üblicherweise verdingten sich die Mädchen als Haushaltshilfen oder sie gingen in die Fabrik. Die „höheren Töchter" besuchten nach der Schule noch ein Pensionat, das sie auf ihre Pflichten als Hausfrau und Mutter vorbereitete.

Kinder von Arbeitern und Bauern mußten schon früh mithelfen, die Familie zu ernähren, oft auf Kosten eines regelmäßigen Schulbesuchs. In manchen Industriegebieten zählte der Deutsche Lehrerverein 1898 bei einer Umfrage bis zu 80 Prozent schulbefreiter Kinder. Erst 1903 wurde ein reichseinheitliches Kinderschutzgesetz erlassen.

Anfangs muckten nur wenige auf. Dann machten sich Maler und Literaten für die Jugend stark und begriffen sie als Wert an sich, nicht mehr nur als Vorstufe zum Erwachsensein. Im Namen der Jugend zogen sie gegen kleinkarierte Bürgerlichkeit und verlogenen Sexualmoral zu Felde. Eine neue, lebensbejahende Kunstrichtung gab der Epoche ihren Namen: der Jugendstil.

Aber erst mit der Gründung des Wandervogels (1901) eroberte die Jugendbewegung breite Massen. Die jungen Leute, ob Lehrlinge oder Pennäler, mochten sich von niemand mehr bevormunden lassen; sie verachteten Rangunterschiede und wollten unter sich sein. Singend zogen die Wandervögel hinaus in Gottes freie Natur, ihre kurzen Hosen verstanden sie als Protest gegen jedwede Konvention.

Zu Beginn des 20. Jahrhunderts organisierte sich auch die Arbeiterjugend selbst. Nach englischem Vorbild entstanden Pfadfindergruppen, die sich 1911 im Deutschen Pfadfinderbund zusammenschlossen. Nur die schneidigen Leutnants und die Corps-Studenten mit ihren halb-militärischen Ritualen verhielten sich weiterhin angepaßt und schwammen mit auf der allgemeinen nationalen Welle.

Der optimistische Glaube an den technischen und wissenschaftlichen Fortschritt der Menschheit war noch ungebrochen. 1886 führten Daimler und Benz ihre Automobile vor. Krankheiten wie Tuberkulose und Diphtherie konnten jetzt wirksam bekämpft werden. 1895 entdeckte Röntgen „eine neue Art von Strahlen". 1900 stieg der erste Zeppelin auf. Das Interesse, gerade auch der jungen Menschen, wandte sich den Flugzeugen zu. Hier witterten sie in der sachlich modernen Welt neue Abenteuer. Alles schien machbar und in naher Zukunft erreichbar.

Seit der Reichsgründung 1871 herrschte in Deutschland Friede.

Der allererste Auto-Ausflug

Ernst Holler

1885 konstruierte Carl Benz einen „Wagen ohne Pferde", für den er mit dem Hinweis warb: „Erspart den Kutscher, die teuere Ausstattung, Wartung und Unterhaltung der Pferde." Damit begann das Zeitalter des Automobils. Keiner konnte damals voraussehen, wie sehr diese „Fahrzeuge mit Gasmotorenbetrieb" – so die Überschrift des Patentbriefs vom 29. Januar 1886 – das tägliche Leben revolutionieren, geschweige denn, daß sie einmal die Umwelt gefährlich belasten würden. – Bei der ersten Fernfahrt des dreirädrigen Benz-Motorwagens von Mannheim nach Pforzheim saßen die beiden Söhne von Carl Benz am Steuer – in einem Alter, in dem sie heutzutage noch mehrere Jahre auf die Fahrerlaubnis warten müßten. Eine so weite Strecke, etwa 120 Kilometer mit Anstieg um 177 Meter, war zuvor noch nie mit einem Auto zurückgelegt worden.

Jubelnd stürmten an einem Sommertag des Jahres 1888 die Schüler des Gymnasiums in Mannheim nach Hause. Große Ferien! Unter den Jungen befanden sich auch der fünfzehnjährige Eugen Benz und sein zwei Jahre jüngerer Bruder Richard, die Söhne von Carl Friedrich Benz, dem Konstrukteur des dreirädrigen Kraftwagens mit einem 3/4-PS-Motor.

„Wir wollen nicht die ganzen Ferien zu Hause sitzen", sagte Richard, und Eugen antwortete zu seiner Überraschung: „Ich denke schon tagelang darüber nach. Seit Wochen steht im Schuppen Vaters Motorwagen unbenutzt. Vater scheint nichts mehr von ihm zu halten. Weiter als bis Käfertal und Sandhofen ist er damit noch nicht gefahren. Wollen wir nicht mal Onkel und Tante in Pforzheim mit der Patentkutsche überraschen?" „Vater wird's nicht erlauben", wandte Richard ein. „Aber Mutter macht mit, die hat Unternehmungsgeist!" zerstreute Eugen die Bedenken des Bruders.

Eugen behielt recht. Frau Berta Benz, die vielleicht noch mehr als ihr Carl Friedrich an die Zukunft seiner Erfindung glaubte, wollte ihn durch einen weithin sichtbaren Erfolg zur Weiterarbeit anspornen. Deshalb ging sie auf den Wunsch ihrer Jungen ein.

In aller Heimlichkeit trafen die drei ihre Vorbereitungen.

Nach ein paar Tagen erklärte Frau Berta ihrem Mann, sie wolle mit den Jungen nach Pforzheim fahren. Im Haushalt sei alles für die Zeit ihrer Abwesenheit gerichtet. Carl Friedrich Benz ahnte nichts Außergewöhnliches und war einverstanden. Als Mutter und Söhne sich in früher Morgenstunde an seinem Bett von ihm verabschiedeten, wünschte er ihnen, noch halb verschlafen, „Gute Fahrt!" Erst am Abend erfuhr er durch ein Telegramm aus Pforzheim, um welche Fahrt es sich gehandelt hatte.

Zunächst verlief alles planmäßig. Eugen saß am Steuer des Kraftwagens, die Mutter neben ihm, Richard auf dem kleinen Rücksitz. Gut 20 Kilometer schaffte der

Dreiradwagen in der Ebene. Das Knattern des Benzinmotors kündigte ihn in Dörfern und Städten an. Die Menschen ließen ihre Arbeit stehen und liegen und eilten herbei, um den „Rappelkasten", den „Hexenkarren", zu bestaunen, nicht weniger den Mut seiner Insassen. „Denen ist der Wagen durchgegangen", meinte ein Bauer und führte seine Pferde kurz am Zügel, damit ihm nicht dasselbe mit seinen Rössern passiere.

Die drei „Schwarzfahrer" triumphierten. Hinter Wiesloch aber begann die Straße zu steigen. Die Kraftübertragung durch Riemen versagte. Die Mutter und Eugen stiegen ab und schoben, während der kleine Richard steuerte. Bergab ging es um so schneller. Da kamen Frau Berta Bedenken. Wenn die Bremse versagte...! Mehrmals ließ sie bei Dorfschuhmachern den Lederbelag erneuern. Auch ein Schmied mußte einmal helfen, die Ketten nachzuspannen. Eine neue Panne: Die Benzinzufuhr stockte. Zum Glück war Mutters Hut mit einer langen Nadel festgesteckt. Auch ein Strumpfband mußte sie opfern, um die Zündleitung zu isolieren. Die drei verloren den Mut nicht, obwohl es die Augustsonne allzu gut meinte. In einem Dorfgasthaus stärkten sie sich. Aber viel Zeit war nicht zu

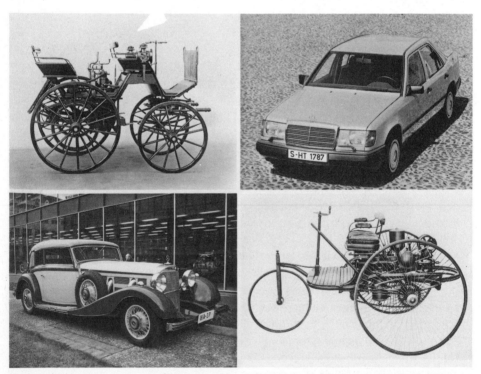

Unten rechts der Motorwagen von Carl Benz aus dem Jahr 1886. Im gleichen Jahr stellte Gottlieb Daimler seine vierrädrige Motorkutsche vor (oben links). Das waren die beiden ersten Automobile der Welt.

verlieren, sie mußten weiter. Bald hieß es wieder absteigen und schieben! Es dämmerte bereits. Laternen besaß der Wagen nicht. Da, endlich war die letzte Steigung überwunden, unter ihnen schimmerten die Lichter Pforzheims. In sausender Fahrt ging es bergab in das Städtchen hinein. Zum Staunen der herbeigelaufenen Nachbarn kletterten vor dem Hause der Verwandten nach 120 Kilometer Fahrt eine völlig verstaubte Dame und zwei Buben mit schwarz verschmierten Gesichtern von dem „Teufelskarren", trotz allem strahlend glücklich.

DIE SELBSTFAHRER ODER AUTOMOBILEN

Aus: Walter Häntzschel, „Erfindungen und Experimente", Band II, Berlin 1905

Das Pferd als Zugtier ist dem modernen Menschen zu langsam. Das nervöse Hasten und Drängen, welches unsere Zeit kennzeichnet, hat sich auch auf die Verkehrsmittel übertragen — ob zum Vorteil des lebenden Geschlechts, möge dahingestellt bleiben — jedenfalls ist das „Zuviel" von Schaden, und die Schnellfahrer in den großen Städten haben schon manches Opfer an Menschenleben gefordert.

Immerhin ist die Entwicklung der modernen Verkehrsmittel hochinteressant, und wenn auch unsere heutigen Automobilen oder *Selbstfahrer* noch nicht die höchste Vollkommenheit erreicht haben, so ist doch nach den bisher erzielten Erfolgen dieser jungen Industrie wohl anzunehmen, daß sie sich im Lauf der kommenden Jahre noch weiter gedeihlich entwickeln wird . . .

Bei der großen Zahl und dem schnell wechselnden Bau der vielen Automobilsysteme, welche wir besitzen, ist es schwer, ein einheitliches kurz gefaßtes Bild dieser ingeniösen Erfindung zu geben.

Drechslerlehrling

Wilhelm Keil

1870–1968. Sozialdemokratischer Politiker und Redakteur. 22 Jahre Reichstagsabgeordneter. 1921–23 Mitglied der Württembergischen Regierung, bis 1933 Mitglied des Württembergischen Landtags. 1946 Präsident der Vorläufigen Volksversammlung und 1947–52 des Landtags von Württemberg-Baden. – 1933, „nunmehr von jeder Aktivität ausgeschlossen", begann er seine „Erlebnisse eines Sozialdemokraten" (2 Bände, 1947/48) niederzuschreiben. Im 2. Kapitel schildert Keil seine Lehrzeit in Kassel, die im Mai 1884 begann und bei freier Kost und Wohnung 3 1/2 Jahre dauern sollte. Sein Vater war Braunkohlenfuhrmann in dem kurhessischen Dorf Helsa.

Meine *Lehrstelle* ließ bei den damaligen Ansprüchen im ganzen gesehen kaum etwas zu wünschen übrig. Die Kost war gut und ausreichend. Ich brauchte nicht zu hungern, wie meine Kollegen bei vielen anderen Handwerksmeistern. Mittags und abends aßen Gesellen und Lehrlinge mit dem Meister und der Meisterin am Tisch. Es gab täglich Fleisch. In den seltenen Fällen, in denen mittags das Fleisch ausfiel, gab es abends Wurst.

Die Arbeitszeit sollte im Sommer wie im Winter um 6 Uhr früh beginnen; im Winter wurde es in der Regel eine halbe Stunde später. Abends wurde ziemlich pünktlich um 7 Uhr Schluß gemacht. Die Mittagspause dauerte eine Stunde, die Frühstücks- und Kaffeepause solange wie man zum Essen brauchte. Am Abend wurde zuweilen, wenn die Arbeit drängte, noch eine Überstunde eingelegt, für die es keine feste Bezahlung, sondern nur gelegentlich ein kleines Geschenk gab. Nach Feierabend begann für den Lehrling noch die Arbeit des Aufräumens. Am Sonntag vormittag wurden in der Regel kleinere Bastelarbeiten gemacht. Oft fertigte man auch für sich selbst zu Geschenkzwecken einen Gegenstand an. Wie war ich stolz, wenn ich meinen Schwestern ein Nadelbüchslein, einen Stickrahmen, meinem Vater eine Zigarrenspitze oder eine lange Pfeife schenken konnte. Da der Laden am Sonntagvormittag geöffnet war, konnten auch dringende Reparaturen kommen, die sofort gemacht werden mußten. Eine gesetzlich begrenzte Arbeitszeit oder eine behördlich angeordnete Ladenschlußzeit gehörte damals noch ins Reich der Phantasie.

Ein übler Schattenpunkt im Gesamtbild meiner Lehrlingsverhältnisse war nur der *Schlafraum*, der den Gesellen und Lehrlingen gemeinsam zur Verfügung stand. Er lag im zweiten Stock des dreieinhalbstockigen Hauses in einer Küche, die aber als solche nicht gebraucht wurde, im Dunkel eines ganz engen Lichthofs, der von drei aneinanderstoßenden hohen Häusern gebildet wurde. Kein Sonnenstrahl konnte je durch das einzige Fenster dringen, keine Luftbewegung war in dem etwa zehn Quadratmeter messenden Loch von ansehnlicher Tiefe möglich. Zu ebener Erde befand sich in der Bodenfläche des Lichthofs eine Grube, in der der Kehricht und Küchenabfall gesammelt wurden. Nur alle sechs Wochen hatten wir Lehrjungen die

Grube zu leeren. In der Zwischenzeit erfüllten die Dünste aus der Grube den Luftraum des engen Schachts und drangen durch das Fenster zu uns herein. Außerdem war in diesem Hof die Abortgrube, und ein die ganzen dreieinhalb Stockwerke emporsteigender Abortschlauch mit Zuleitung von jedem Stock führte wieder in unsere Schlafküche, wo ein Abort durch Verschlag abgesondert war, in dem wir unsere Bedürfnisse verrichteten und auch der Meister in dringenden Fällen nachts zu uns herübereilte und uns mit seinen Geräuschen und Düften beehrte. Dieser kleine Raum war zuerst mit drei, später mit zwei Betten und einem Kleiderkasten so vollkommen ausgefüllt, daß für unsere kleinen Kistchen oder Köfferchen kaum noch ein Plätzchen blieb. Hinzu kam noch, daß ich das Bett anfangs mit einem jungen Gesellen, später mit dem zweiten Lehrling teilen mußte, und daß der Lehrling, der in meinem letzten Lehrjahr neben mir lag, ein regelmäßiger Bettnässer war. Ein Wunder ist's fast zu nennen, daß ich nahezu vier Jahre eine Nacht wie die andere in diesem stinkigen Raum verbrachte, ohne Schaden an meiner Gesundheit zu nehmen. Es gab keine Gesundheitspolizei, keine Gewerbeinspektion, die nach solchen Dingen sah. Es gab freilich auch keinen Anzeiger. Wir ertrugen diesen Zustand mit Gleichmut, als ob es so sein müsse. Ich weiß nicht, ob meine Mutter, die ja schon bald starb, diesen Schlafraum einmal gesehen hat, mein Vater hat ihn sicher nicht gesehen, denn er besuchte mich immer nur in der Werkstatt, und ich beschwerte mich nicht. Im übrigen herrschte der Zustand seit Generationen unbeanstandet, warum hätte ich ihn nicht ertragen sollen!
Von diesem argen Übelstand abgesehen herrschte in dem Kleinbürgerhause Ordnung. Der Meister hielt auf Zucht und gute Sitten. Ich war rasch mit ihm in Kontakt gekommen. Ich fühlte, daß er mir gut gesinnt und mit meinen Leistungen zufrieden war. Das schloß nicht aus, daß ich, wenn etwas mißlang, mal kräftig angefahren wurde und auch einmal eins hinter die Ohren bekam. Doch das waren nur ganz seltene Fälle. Ich hatte Respekt vor dem Meister, der mit seinem geraden Sinn gute Manieren verband. [. . .]
Ungefähr alle vier Wochen fuhr ich am Sonntag nach Helsa. Das kostete zweimal dreißig Pfennig, die mir mein Vater gab. Die wenigen Trinkgeldeinnahmen, die ich zu verzeichnen hatte, wurden für Kragenwäsche, Haarschneiden, Briefporto, kleine Obstgenüsse, die ich mir ab und zu leistete, und sonstige Kleinigkeiten gebraucht. An Trinkgeldern flossen mir, wenn ich einem Kunden einen Gegenstand ins Haus brachte, einmal 5, einmal 10, in seltenen Fällen auch 20 Pfennig zu; erhielt ich bei der Ablieferung eines Satzes Billardbälle im Wert von 75 Mark oder eines Kegelspiels einmal 50 Pfennige, so fühlte ich mich als Krösus. In „günstigere finanzielle Verhältnisse" kam ich im letzten Lehrjahr, da mir nun der Meister am Sonntag oft einen Fünfziger, gegen den Schluß sogar regelmäßig eine Mark in die Hand drückte als Anerkennung für meine Leistungen. [. . .]
Wie stand es mit meiner *geistigen Entwicklung* während meiner Lehrjahre? Ich ging in keine Fortbildungs- oder Gewerbeschule. Nur einen Zeichenunterricht besuchte

ich während zweier Winter einige Wochenstunden von 8 bis 10 Uhr abends. Im Zeichnen hab ich's aber nicht weit gebracht. – Den Gottesdienst besuchte Meister Gotthardt als Gewohnheitschrist etwa alle zwei Monate einmal. In den gleichen Zeitabständen schickte er mich in die Kirche. War ich Sonntags in Helsa, so war der Kirchgang selbstverständlich. Einmal suchte ich den Evangelischen Jünglingsverein auf. Die stimmungsvolle Ruhe des Lesesaals behagte mir. Zum Beitritt konnte ich mich aber nicht entschließen, weil keiner meiner Freunde sich anschließen wollte. Bücher standen mir nicht zur Verfügung. Das einzige größere Buch, das in meinen Lehrjahren in meine Hände kam, war ein Roman über den rheinhessischen Räuberhauptmann Schinderhannes. Ich las es und widmete seitdem dem Schinderhannes mein Interesse. Aber ich brauchte viele Wochen, bis ich den dicken Band bis zu Ende gelesen hatte. Denn nach dem Aufräumen der Werkstatt blieb abends nur wenig freie Zeit, und nach schwerer Tagesarbeit fielen mir beim Lesen rasch die Augen zu. [...]

Bekam ich eine Zeitung in die Hand, so las ich, was mir verständlich war, die lokalen Mitteilungen, Nachrichten über Unglücksfälle und kleinere Geschichten unterhaltender Art. Von politischen Artikeln wandte ich mich, wenn ich sie zu lesen begann, bald wieder ab. Ich verstand sie schon wegen ihrer mit Fremdwörtern gespickten, eigenen Sprache nicht. Von der Reichstagswahl 1884 und deutlicher von der Faschingswahl 1887 schweben mir noch die Plakate vor, auf denen die Parteien in Wettbewerb traten. Auf einem dieser Plakate stand in großen Buchstaben die Aufforderung: „Wählt Pfannkuch!" Solche Plakate und Wahlversammlungen, in denen für die Kandidatur Pfannkuch geworben wurde, waren erlaubt, obgleich die Sozialdemokratische Partei, für die Pfannkuch kandidierte, verboten war. Meine Wissenschaft über die Ziele dieser verfolgten Partei erschöpfte sich in der nachgesprochenen Redensart, daß sie „teilen" wolle. So ganz übel schien mir ein solches Verfahren in meiner kindlichen Einfalt nicht zu sein. Sympathisch berührte mich an den sozialdemokratischen Bestrebungen, daß sie ganz allgemein auf die Besserstellung der ärmeren Volksschichten abzielten, wovon ich mich im Lauf der Zeit durch Unterhaltungen, Wahlaufrufe usw. überzeugen konnte. Einleuchten wollte uns aber nicht, daß man uns in unserer „persönlichen Freiheit" beschränken wollte. Wir arbeiteten täglich elf und zwölf und mehr Stunden. Ein früherer Feierabend hätte uns wohlgetan. Sollten wir uns aber durch den zehnstündigen Normalarbeitstag, den die Sozialdemokratie zum Gesetz erheben wollte, die „Freiheit" nehmen lassen, selbst die Dauer unserer Arbeitszeit zu bestimmen? Da wir „freie Männer" sein wollten, machten wir uns derartige Argumente zu eigen, ohne uns bewußt zu sein, daß wir selbst über die Dauer der Arbeitszeit nicht mitzureden hatten. Wenn ich später an diese Erörterungen zurückdachte, ersah ich, welch einfältige Einwände die Sozialdemokratie in ihren Jugendjahren im Kampf um den Arbeiterschutz aus dem Wege räumen mußte. [...]

Ein Nürnberger Gesellenbrief aus dem Jahr 1900.

Meine Lehrzeit war am 8. November 1887 *beendet*. In meinen Verhältnissen änderte sich damit nur das eine, daß ich von da ab einen festen Wochenlohn erhielt. Er betrug zunächst 3 Mark und wurde vom Meister nach einigen Wochen ohne mein Zutun auf 4 Mark erhöht. Mein Avancement wurde auch dadurch unterstrichen, daß ich nunmehr, wie jeder Geselle, zum Morgenkaffee meine zwei Vierpfennig-brötchen erhielt, während ich mich vorher mit einem hatte begnügen müssen. Ein Wochenlohn von 3 Mark für einen frisch ausgelernten Drechslergesellen galt als hoch, einer von 4 Mark als Seltenheit. Meine erste Lohneinnahme diente dazu, meinen „Einstand" zu bezahlen. Im Nebenlokal einer Wirtschaft wurde ein kleines Fäßchen Bier aufgelegt und dazu mein Lehrgeselle und einige Kollegen, die gleichfalls kurz vorher ausgelernt hatten, eingeladen. Erinnere ich mich recht, so hatte ich für das Fäßchen 2 Mark zu zahlen. Da der halbe Liter Bier im Ausschank 10 Pfennig kostete, der Fäßchenpreis aber niedriger war, mag der Inhalt 12 Liter ausgemacht haben. Das reichte für den kleinen Kreis; wir siebzehnjährigen Bur-schen waren noch keine trinkfesten Männer. Es gab sogar schon einige benebelte Köpfe, zumal auch die Zigarre zu dem Trunk nicht fehlen durfte, das Stück zu dreieinhalb Pfennig.

Ein Gesellenstück hatte ich nicht zu machen, eine Gesellenprüfung nicht abzulegen, da es eine Zunftverfassung für die Kasseler Drechsler längst nicht mehr gab. Doch hatte ich bereits am Ende des zweiten Lehrjahrs ein schwarzpoliertes Rauchservice aus Birnbaumholz gefertigt, das auf einer Ausstellung von Lehrlingsarbeiten aus den verschiedensten Berufen Anklang fand. Meister Gotthardt schenkte es mir vor meinem Weggang als Andenken. Ich besitze es noch.

Lieber einige Esel als ein Genie

Hermann Hesse

Hermann Hesse (1877–1962), der nach dem Wunsch seiner Eltern Pfarrer werden sollte, brach als Fünfzehnjähriger aus dem evangelisch-theologischen Seminar Maulbronn aus und bannte später seine bedrückenden Schulerlebnisse in den Roman „Unterm Rad" (1906). Die Hauptgestalt ist Hans Giebenrath. Er zerbricht an den ehrgeizigen Plänen seines Vaters und der Lehrer; sein Freund Hermann Heilner dagegen, ein aufsässiger Schüler und angehender Dichter, flieht und kann sich behaupten. Hesse bekannte später einmal: „Von meinem dreizehnten Jahr an war mir das eine klar, daß ich entweder ein Dichter oder gar nichts werden wollte."

Je inniger und glücklicher Hans an seiner Freundschaft hing, desto fremder wurde ihm die Schule. Das neue Glücksgefühl ging brausend wie ein junger Wein durch sein Blut und durch seine Gedanken, daneben verlor Livius so gut wie Homer seine Wichtigkeit und seinen Glanz. Die Lehrer aber sahen mit Schrecken den bisherigen tadellosen Schüler Giebenrath in ein problematisches Wesen verwandelt und dem schlimmen Einfluß des verdächtigen Heilner unterlegen. Vor nichts graut Lehrern so sehr wie vor den seltsamen Erscheinungen, die am Wesen früh entwickelter Knaben in dem ohnehin gefährlichen Alter der beginnenden Jünglingsgärung hervortreten. An Heilner war ihnen ohnehin von jeher ein gewisses Geniewesen unheimlich – zwischen Genie und Lehrerzunft ist eben seit alters eine tiefe Kluft befestigt, und was von solchen Leuten sich auf Schulen zeigt, ist den Professoren von vornherein ein Greuel. Für sie sind Genies jene Schlimmen, die keinen Respekt vor ihnen haben, die mit vierzehn Jahren zu rauchen beginnen, mit fünfzehn sich verlieben, mit sechzehn in die Kneipen gehen, welche verbotene Bücher lesen, freche Aufsätze schreiben, den Lehrer gelegentlich höhnisch fixieren und im Diarium als Aufrührer und Karzerkandidaten notiert werden. Ein Schulmeister hat lieber einige Esel als ein Genie in seiner Klasse, und genau betrachtet hat er ja recht, denn seine Aufgabe ist es nicht, extravagante Geister heranzubilden, sondern gute Lateiner, Rechner und Biedermänner. Wer aber mehr und Schweres vom andern leidet, der Lehrer vom Knaben oder umgekehrt, wer von beiden mehr Tyrann, mehr Quälgeist ist und wer von beiden es ist, der dem anderen Teil seiner Seele und seines Lebens verdirbt und schändet, das kann man nicht untersuchen, ohne mit Zorn und Scham an die eigene Jugend zu denken. Doch ist das nicht unsere Sache, und wir haben den Trost, daß bei den wirklich Genialen fast immer die Wunden vernarben und daß aus ihnen Leute werden, die der Schule zu Trotz ihre guten Werke schaffen und welche später, wenn sie tot und vom angenehmen Nimbus der Ferne umflossen sind, anderen Generationen von ihren Schulmeistern als Prachtstücke und edle Beispiele vorgeführt werden. Und so wiederholt sich von Schule zu Schule das

Schauspiel des Kampfes zwischen Gesetz und Geist, und immer wieder sehen wir Staat und Schule atemlos bemüht, die alljährlich auftauchenden paar tieferen und wertvolleren Geister an der Wurzel zu knicken. Und immer wieder sind es vor allem die von den Schulmeistern Gehaßten, die Oftbestraften, Entlaufenen, Davongejagten, die nachher den Schatz unseres Volkes bereichern. Manche aber – und wer weiß wie viele? – verzehren sich in stillem Trotz und gehen unter.

Nach gutem, altem Schulgrundsatz wurde auch gegen die beiden jungen Seltsamen, sobald man Unrat witterte, nicht die Liebe, sondern die Härte verdoppelt. Nur der Ephorus, der auf Hans als fleißigsten Hebräer stolz war, machte einen ungeschickten Rettungsversuch. Er ließ ihn auf sein Amtszimmer rufen, die schöne malerische Erkerstube der alten Abtswohnung, wo der Sage nach der im nahen Knittlingen heimische Doktor Faust manchen Becher Elfinger genossen hat. Der Ephorus war kein unebener Mann, es fehlte ihm nicht an Einsicht und praktischer Klugheit, er hatte sogar ein gewisses gutmütiges Wohlwollen gegen seine Zöglinge, die er mit Vorliebe duzte. Sein Hauptfehler war eine starke Eitelkeit, die ihn auf dem Katheder oft zu prahlerischen Kunststückchen verleitete und welche ihn nicht dulden ließ, seine Macht und Autorität nur im geringsten bezweifelt zu sehen. Er konnte keinen Einwurf vertragen, keinen Irrtum eingestehen. So kamen willenlose oder auch unredliche Schüler prächtig mit ihm aus, aber gerade die Kräftigen und Ehrlichen hatten es schwer, da schon ein nur angedeuteter Widerspruch ihn reizte. Die Rolle des väterlichen Freundes mit aufmunterndem Blick und gerührtem Ton beherrschte er als Virtuos, und er spielte sie auch jetzt.

„Nehmen Sie Platz, Giebenrath", sprach er freundschaftlich, nachdem er dem schüchtern eingetretenen Jungen kräftig die Hand gedrückt hatte.

„Ich möchte ein wenig mit Ihnen reden. Aber darf ich du sagen?"

„Bitte, Herr Ephorus."

„Du wirst wohl selber gefühlt haben, lieber Giebenrath, daß deine Leistungen in letzter Zeit etwas nachgelassen haben, wenigstens im Hebräischen. Du warst bisher vielleicht unser bester Hebräer, darum tut es mir leid, eine plötzliche Abnahme zu bemerken. Vielleicht hast du am Hebräischen keine Freude mehr?"

„O doch, Herr Ephorus."

„Überlege dir's nur! So etwas kommt vor. Du hast dich vielleicht einem anderen Fach besonders zugewendet?"

„Nein, Herr Ephorus."

„Wirklich nicht? Ja, dann müssen wir nach anderen Ursachen suchen. Kannst du mir auf die Spur helfen?"

„Ich weiß nicht ... ich habe meine Aufgaben immer gemacht ..."

„Gewiß, mein Lieber, gewiß. Aber *differendum est inter et inter* [man muß unterscheiden zwischen diesem und jenem]. Deine Aufgaben hast du natürlich gemacht, das war ja wohl auch deine Pflicht. Aber du hast früher mehr geleistet. Du warst vielleicht fleißiger, du warst jedenfalls mit mehr Interesse bei der Sache. Ich frage mich nun, woher dieses plötzliche Nachlassen deines Eifers kommt. Du bist doch nicht krank?"

„Nein."

„Oder hast du Kopfweh? Du siehst freilich nicht übermäßig blühend aus."

„Ja, Kopfweh habe ich manchmal."

„Ist dir die tägliche Arbeit zuviel?"

„O nein, gar nicht."

„Oder treibst du viel Privatlektüre? Sei nur ehrlich!"

„Nein, ich lese fast nichts, Herr Ephorus."

„Dann begreife ich das nicht recht, lieber junger Freund. Irgendwo muß es doch fehlen. Willst du mir versprechen, dir ordentlich Mühe zu geben?"

Hans legte seine Hand in die ausgestreckte Rechte des Gewaltigen, der ihn mit ernster Milde anblickte.

„So ist's gut, so ist's recht, mein Lieber. Nur nicht matt werden, sonst kommt man unters Rad."

Er drückte Hans die Hand, und dieser ging aufatmend zur Türe.

Da wurde er zurückgerufen.

„Noch etwas, Giebenrath. Du hast viel Verkehr mit Heilner, nicht wahr?"

„Ja, ziemlich viel."

„Mehr als mit andern, glaube ich. Oder nicht?"

„Doch ja. Er ist mein Freund."

„Wie kam denn das? Ihr seid doch eigentlich recht verschiedene Naturen."

„Ich weiß nicht, er ist nun eben mein Freund."

„Du weißt, daß ich deinen Freund nicht besonders liebe. Er ist ein unzufriedener, unruhiger Geist; begabt mag er sein, aber er leistet nichts und übt keinen guten Einfluß auf dich. Ich würde es sehr gerne sehen, wenn du dich ihm mehr fernhalten würdest. – Nun?"

„Das kann ich nicht, Herr Ephorus."

„Du kannst nicht? Ja warum denn?"

„Weil er doch mein Freund ist. Ich kann ihn doch nicht einfach im Stich lassen."

„Hm. Aber du könntest dich doch etwas mehr an andere anschließen? Du bist der einzige, der sich dem schlechten Einfluß dieses Heilner so hingibt, und die Folgen sehen wir ja schon. Was fesselt dich denn gerade an ihm besonders?"

„Ich weiß selber nicht. Aber wir haben einander gern, und es wäre feig von mir, ihn zu verlassen."

„So so. Na, ich zwinge dich nicht. Aber ich hoffe, du kommst allmählich von ihm los. Es wäre mir lieb. Es wäre mir sehr lieb."

Die letzten Worte hatten nichts mehr von der vorigen Milde.

Hans konnte nun gehen.

Von da an plagte er sich aufs neue mit der Arbeit. Es war allerdings nicht mehr das frühere flotte Vorwärtskommen, sondern mehr ein mühseliges Mitlaufen, um wenigstens nicht zu weit zurückzubleiben. Auch er wußte, daß das zum Teil von seiner Freundschaft herrührte, doch sah er in dieser nicht einen Verlust und ein Hemmnis, vielmehr einen Schatz, der alles Versäumte aufwog – ein erhöhtes wärmeres Leben, mit dem das frühere nüchterne Pflichtdasein sich nicht vergleichen ließ. Es ging ihm wie jungen Verliebten: er fühlte sich großer Heldentaten fähig, nicht aber der täglichen langweiligen und kleinlichen Arbeit. Und so spannte er sich immer wieder mit verzweifeltem Seufzer ins Joch. Es zu machen wie Heilner, der obenhin arbeitete und das Nötigste sich rasch und fast gewaltsam hastig aneignete, verstand er nicht.

STICHWORT: JUGEND

Aus: „Meyers Konversations-Lexikon", 4. Auflage, 1890

Jugend, *s. Alter;* dort auch näheres über das jugendliche Alter in rechtlicher Beziehung, jugendliche Arbeiter im Sinne der Fabrikgesetzgebung (s. d.), jugendliche Verbrecher etc.

Wendla

Frank Wedekind

Ein Stück, 1890 geschrieben, 1891 auf des Autors eigene Kosten gedruckt und 1906 uraufgeführt, fasziniert – eine gute Inszenierung vorausgesetzt – junge Menschen immer noch: „Frühlings Erwachen". Zwar ist heute keine Vierzehnjährige mehr so unaufgeklärt wie Wendla, aber nur die äußeren Gegebenheiten sind überholt; Wedekind (1864–1918) erfaßte die Nöte der Pubertät im Kern.
Drei Szenen aus der Kindertragödie:

Wohnzimmer (2. Akt, 2. Szene)

Frau Bergmann *(den Hut auf, die Mantille um, einen Korb am Arm, mit strahlendem Gesicht durch die Mitteltür eintretend)*. Wendla! – Wendla!

Wendla *(erscheint in Unterröckchen und Korsett in der Seitentüre rechts)*. Was gibt's Mutter?

Frau Bergmann. Du bist schon auf, Kind? – Sieh, das ist schön von dir!

Wendla. Du warst schon ausgegangen?

Frau Bergmann. Zieh dich nun nur flink an! – Du mußt gleich zu *Ina* hinunter, du mußt ihr den Korb da bringen!

Wendla *(sich während des folgenden vollends ankleidend)*. Du warst bei Ina? – Wie geht es Ina? – Will's noch immer nicht bessern?

Frau Bergmann. Denk dir, Wendla, diese Nacht war der Storch bei ihr und hat ihr einen kleinen Jungen gebracht.

Wendla. Einen Jungen? – Einen Jungen? – O das ist herrlich –– Deshalb die langwierige Influenza!

Frau Bergmann. Einen prächtigen Jungen!

Wendla. Den muß ich sehen, Mutter! – So bin ich nun zum dritten Male Tante geworden – Tante von einem Mädchen und zwei Jungens!

Frau Bergmann. Und was für Jungens! – So geht's eben, wenn man so dicht beim Kirchendach wohnt! – Morgen sind's erst zwei Jahr, daß sie in ihrem Mullkleid die Stufen hinanstieg.

Wendla. Warst du dabei, als er ihn brachte?

Frau Bergmann. Er war eben wieder fortgeflogen. – Willst du dir nicht eine Rose vorstecken?

Wendla. Warum kamst du nicht etwas früher hin, Mutter?

Frau Bergmann. Ich glaube aber beinahe, er hat dir auch etwas mitgebracht – eine Brosche oder was.

Wendla. Es ist wirklich schade!

Frau Bergmann. Ich sage dir ja, daß er dir eine Brosche mitgebracht hat!

Wendla. Ich habe Broschen genug . . .

Frau Bergmann. Dann sei auch zufrieden, Kind. Was willst du denn noch?

Wendla. Ich hätte so fruchtbar gerne gewußt, ob er durchs Fenster oder durch den Schornstein geflogen kam.

Frau Bergmann. Da mußt du Ina fragen. Ha, da mußt du Ina fragen, liebes Herz! Ina sagt dir das ganz genau. Ina hat ja eine ganze halbe Stunde mit ihm gesprochen.

Wendla. Ich werde Ina fragen, wenn ich hinunterkomme.

Frau Bergmann. Aber ja nicht vergessen, du süßes Engelsgeschöpf! Es interessiert mich wirklich selbst, zu wissen, ob er durchs Fenster oder durch den Schornstein kam.

Wendla. Oder soll ich nicht lieber den Schornsteinfeger fragen? – Der Schornsteinfeger muß es doch am besten wissen, ob er durch den Schornstein fliegt oder nicht.

Frau Bergmann. Nicht den Schornsteinfeger, Kind; nicht den Schornsteinfeger. Was weiß der Schornsteinfeger vom Storch! – Der schwatzt dir allerhand dummes Zeug vor, an das er selbst nicht glaubt . . . Wa-was glotzt du so auf die Straße hinunter?

Wendla. Ein Mann, Mutter – dreimal so groß wie ein Ochse! – mit Füßen wie Dampfschiffe . . . !

Frau Bergmann *(ans Fenster stürzend).* Nicht möglich! – Nicht möglich! –

Wendla *(zugleich).* Eine Bettlade hält er unterm Kinn, fiedelt die „Wacht am Rhein" drauf –– eben biegt er um die Ecke . . .

Frau Bergmann. Du bist und bleibst doch ein Kindskopf! – Deine alte einfältige Mutter so in Schrecken jagen! – Geh, nimm deinen Hut. Nimmt mich wunder, wann bei dir einmal der Verstand kommt. – Ich habe die Hoffnung nicht aufgegeben.

Wendla. Ich auch, Mütterchen, ich auch. – Um meinen Verstand ist es ein traurig Ding. – Hab ich nun eine Schwester, die ist seit zwei und einem halben Jahr verheiratet, und ich selber bin zum dritten Mal Tante geworden, und habe gar keinen Begriff, wie das alles zugeht . . . Nicht böse werden, Mütterchen, nicht böse werden! Wen in der Welt soll ich denn fragen als dich! Bitte, liebe Mutter, sag es mir! Sag's mir, geliebtes Mütterchen! Ich schäme mich vor mir selber. Ich bitte dich, Mutter, sprich! Schilt mich nicht, daß ich so etwas frage. Gib mir Antwort – wie geht es zu? – wie kommt das alles? – Du kannst doch im Ernst nicht verlangen, daß ich bei meinen vierzehn Jahren noch an den Storch glaube.

Frau Bergmann. Aber du großer Gott, Kind, wie bist du sonderbar! – Was du für Einfälle hast! – Das kann ich ja doch wahrhaftig nicht!

Wendla. Warum denn nicht, Mutter! – Warum denn nicht! – Es kann ja doch nichts Häßliches sein, wenn sich alles darüber freut!

Frau Bergmann. O – o Gott, behüte mich! – Ich verdiente ja . . . Geh, zieh dich an, Mädchen; zieh dich an!

Wendla. Ich gehe ... Und wenn dein Kind nun hingeht und fragt den Schornsteinfeger?

Frau Bergmann. Aber das ist ja zum Närrischwerden! – Komm, Kind, komm her, ich sage es dir! Ich sage dir alles ... O du grundgütige Allmacht! – nur heute nicht, Wendla! – Morgen, übermorgen, kommende Woche ... wann du nur immer willst, liebes Herz ...

Wendla. Sag es mir heute, Mutter; sag es mir jetzt! Jetzt gleich! – Nun da ich dich so entsetzt gesehen, kann ich erst recht nicht eher wieder ruhig werden.

Frau Bergmann. Ich kann nicht, Wendla.

Wendla. Oh, warum kannst du nicht, Mütterchen! – Hier knie ich zu deinen Füßen und lege dir meinen Kopf in den Schoß. Du deckst mir deine Schürze über den Kopf und erzählst und erzählst, als wärst du mutterseelenallein im Zimmer. Ich will nicht zucken; ich will nicht schreien; ich will geduldig ausharren, was immer kommen mag.

Frau Bergmann. Der Himmel weiß, Wendla, daß ich nicht die Schuld trage! Der Himmel kennt mich! – Komm in Gottes Namen! – Ich will dir erzählen, Mädchen, wie du in diese Welt hineingekommen bist. – So hör mich an, Wendla ...

Wendla (unter ihrer Schürze). Ich höre.

Frau Bergmann (ekstatisch). Aber es geht ja nicht, Kind! – Ich kann es ja nicht verantworten. – Ich verdiene ja, daß man mich ins Gefängnis setzt – daß man dich von mir nimmt ...

Wendla (unter ihrer Schürze). Faß dir ein Herz, Mutter!

Frau Bergmann. So höre denn ... !

Wendla (unter ihrer Schürze, zitternd). O Gott, o Gott!

Frau Bergmann. Um ein Kind zu bekommen – du verstehst mich, Wendla?

Wendla. Rasch, Mutter – ich halt's nicht mehr aus.

Frau Bergmann. Um ein Kind zu bekommen – muß man den Mann – mit dem man verheiratet ist ... *lieben – lieben* sag ich dir – wie man nur einen Mann lieben kann! Man muß ihn so sehr *von ganzem Herzen* lieben, wie du in deinen Jahren noch gar nicht lieben kannst ... Jetzt weißt du's.

Wendla (sich erhebend). Großer – Gott – im Himmel!

Frau Bergmann. Jetzt weißt du, welche Prüfungen dir bevorstehen!

Wendla. Und das ist alles?

Frau Bergmann. So wahr mir Gott helfe! –– Nimm nun den Korb da und geh zu Ina hinunter. Du bekommst dort Schokolade und Kuchen dazu. – Komm, laß dich noch einmal betrachten – die Schnürstiefel, die seidenen Handschuhe, die Matrosentaille, die Rosen im Haar ... dein Röckchen wird dir aber wahrhaftig nachgerade zu kurz, Wendla!

Wendla. Hast du für Mittag schon Fleisch gebracht, Mütterchen?

Frau Bergmann. Der liebe Gott behüte dich und segne dich! – Ich werde dir gelegentlich eine Handbreit Volants unten ansetzen.

Ein Heuboden (2. Akt, 4. Szene)

Melchior Gabor liegt auf dem Rücken im frischen Heu, Wendla kommt die Leiter herauf.

Wendla. *Hier* hast du dich verkrochen? – Alles sucht dich. Der Wagen ist wieder hinaus. Du mußt helfen. Es ist ein Gewitter im Anzug.

Melchior. Weg von mir! – Weg von mir!

Wendla. Was ist dir denn? – Was verbirgst du dein Gesicht?

Melchior. Fort, fort! – Ich werfe dich die Tenne hinunter.

Wendla. Nun geh ich erst recht nicht. – *(Kniet neben ihm nieder).* Warum kommst du nicht mit auf die Matte hinaus, Melchior? – Hier ist es schwül und düster. Werden wir auch naß bis auf die Haut, was macht *uns* das!

Melchior. Das Heu duftet so herrlich. – Der Himmel draußen muß schwarz wie ein Bahrtuch sein. – Ich sehe nur noch den leuchtenden Mohn auf deiner Brust – und dein Herz hör ich schlagen. –

Wendla. –– Nicht küssen, Melchior! – Nicht küssen!

Melchior. – Dein Herz – hör ich schlagen. –

Wendla. – Man liebt sich – wenn man küßt –––––. Nicht, nicht! ––

Melchior. O glaub mir, es gibt keine *Liebe*! – Alles Eigennutz, alles Egoismus! – Ich liebe dich so wenig, wie du mich liebst. –

Wendla. – Nicht! ––– Nicht, Melchior! ––

Melchior. ––– Wendla!

Wendla. O Melchior! ––––––––– nicht –– nicht ––

Ein Schlafgemach (3. Akt, 5. Szene)

Frau Bergmann, Ina Müller und Medizinalrat Dr. von Brausepulver.
Wendla im Bett.

Dr. von Brausepulver. Wie alt sind Sie denn eigentlich?

Wendla. Vierzehneinhalb.

Dr. von Brausepulver. Ich verordne die *Blaud*schen Pillen seit fünfzehn Jahren und habe in einer großen Anzahl von Fällen die eklatantesten Erfolge beobachtet. Ich ziehe sie dem Lebertran und den Stahlweinen vor. Beginnen Sie mit drei bis vier Pillen pro Tag, und steigern Sie, so rasch Sie es eben vertragen. Dem Fräulein Elfriede Baronesse von Witzleben hatte ich verordnet, jeden dritten Tag um eine Pille zu steigern. Die Baronesse hatte mich mißverstanden und steigerte jeden Tag um drei Pillen. Nach kaum drei Wochen schon konnte sich die Baronesse mit ihrer Frau Mama zur Nachkur nach Pyrmont begeben. – Von ermüdenden Spaziergängen und Extramahlzeiten dispensiere ich Sie. Dafür versprechen Sie mir, liebes Kind, sich um so fleißiger Bewegung machen zu wollen und ungeniert Nahrung zu fordern, sobald sich die Lust dazu wieder einstellt. Dann werden diese Herzbeklemmungen bald nachlassen – und der Kopfschmerz, das Frösteln, der Schwindel – und unsere schrecklichen Verdauungsstörungen. Fräulein Elfriede Baronesse von Witzleben genoß schon acht Tage nach begonnener Kur ein ganzes Brathühnchen mit jungen Pellkartoffeln zum Frühstück.

Frau Bergmann. Darf ich Ihnen ein Glas Wein anbieten, Herr Medizinalrat?

Dr. von Brausepulver. Ich danke Ihnen, liebe Frau Bergmann. Mein Wagen wartet. Lassen Sie sich's nicht so zu Herzen gehen. In wenigen Wochen ist unsere liebe kleine Patientin wieder frisch und munter wie eine Gazelle. Seien Sie getrost. – Guten Tag, meine Damen. Guten Tag.

(Frau Bergmann geleitet ihn vor die Tür.)

Ina *(am Fenster).* – Nun färbt sich eure Platane schon wieder bunt. – Siehst du's vom Bett aus? – Eine kurze Pracht, kaum recht der Freude wert, wie man sie so kommen und gehen sieht. – Ich muß nun auch bald gehen. Müller erwartet mich vor der Post, und ich muß zuvor noch zur Schneiderin. Mucki bekommt seine ersten Höschen, und Karl soll einen neuen Trikotanzug auf den Winter haben.

Wendla. Manchmal wird mir so selig – alles Freude und Sonnenglanz. Hätt' ich geahnt, daß es einem so wohl ums Herz werden kann! Ich möchte hinaus, im Abendschein über die Wiesen gehn, Himmelsschlüssel suchen den Fluß entlang und mich ans Ufer setzen und träumen ... Und dann kommt das *Zahnweh*, und ich meine, daß ich morgen am Tag sterben muß; mir wird heiß und kalt, vor den Augen verdunkelt sich's, und dann flattert das Untier herein. – – – Sooft ich aufwache, seh ich Mutter weinen. Oh, das tut mir so weh – ich kann's dir nicht sagen, Ina!

Ina. Soll ich dir nicht das Kopfkissen höher legen?

Frau Bergmann *(kommt zurück).* Er meint, das Erbrechen werde sich auch geben; und du sollst dann nur ruhig wieder aufstehn ... Ich glaube auch, es ist besser, wenn du bald wieder aufstehst, Wendla.

Ina. Bis ich das nächste Mal vorspreche, springst du vielleicht schon wieder im Haus herum. – Leb wohl, Mutter. Ich muß durchaus noch zur Schneiderin. Behüt dich Gott, liebe Wendla. *(Küßt sie.)* Recht, recht baldige Besserung!

Wendla. Leb wohl, Ina. – Bring mir Himmelsschlüssel mit, wenn du wieder-kommst. Adieu. Grüße deine Jungens von mir.

(Ina ab.)

Wendla. Was hat er noch gesagt, Mutter, als er draußen war?

Frau Bergmann. Er hat nichts gesagt. – Er sagte, Fräulein von Witzleben habe auch zu Ohnmachten geneigt. Es sei das fast immer so bei der Bleichsucht.

Wendla. Hat er gesagt, Mutter, daß ich die Bleichsucht habe?

Frau Bergmann. Du sollst Milch trinken und Fleisch und Gemüse essen, wenn der Appetit zurückgekehrt sei.

Wendla. O Mutter, Mutter, ich glaube, ich habe nicht die Bleichsucht ...

Frau Bergmann. Du hast die Bleichsucht, Kind. Sei ruhig, Wendla, sei ruhig; du hast die Bleichsucht.

Wendla. Nein, Mutter, nein! Ich weiß es. Ich fühl es. Ich habe nicht die
Bleichsucht. Ich habe die Wassersucht...

Frau Bergmann. Du hast die Bleichsucht. Er hat es ja gesagt, daß du die
Bleichsucht hast. Beruhige dich, Mädchen. Es wird besser werden.

Wendla. Es wird nicht besser werden. Ich habe die Wassersucht. Ich muß sterben,
Mutter. – O Mutter, ich muß sterben!

Frau Bergmann. Du mußt nicht sterben, Kind! Du mußt nicht sterben...
Barmherziger Himmel, du mußt nicht sterben!

Wendla. Aber warum weinst du dann so jammervoll?

Frau Bergmann. Du mußt nicht sterben – Kind! Du hast nicht die Wassersucht.
Du hast ein *Kind*, Mädchen! Du hast ein Kind! – Oh, warum hast du mir das
getan!

Wendla. Ich habe dir nichts getan –

Frau Bergmann. O leugne nicht noch, Wendla! – Ich weiß alles. Sieh, ich hätt' es
nicht vermocht, dir ein Wort zu sagen. – Wendla, meine Wendla...!

Wendla. Aber das ist ja nicht möglich, Mutter. Ich bin ja doch nicht verheiratet...!

Frau Bergmann. Großer, gewaltiger Gott –, das ist's ja, daß du nicht verheiratet
bist! Das ist ja das Fürchterliche! – Wendla, Wendla, Wendla, was hast du getan!!

Wendla. Ich weiß es, weiß Gott, nicht mehr! Wir lagen im Heu... Ich habe keinen
Menschen auf dieser Welt geliebt als nur dich, dich, Mutter.

Frau Bergmann. Mein Herzblatt –

Wendla. O Mutter, warum hast du mir nicht alles gesagt!

Frau Bergmann. Kind, Kind, laß uns einander das Herz nicht noch schwerer
machen! Fasse dich! Verzweifle mir nicht, mein Kind! Einem vierzehnjährigen
Mädchen das sagen! Sieh, ich wäre eher darauf gefaßt gewesen, daß die Sonne
erlischt. Ich habe an dir nicht anders getan, als meine liebe gute Mutter an mir
getan hat. – O laß uns auf den lieben Gott vertrauen, Wendla; laß uns auf
Barmherzigkeit hoffen, und das Unsrige tun! Sieh, *noch* ist ja nichts geschehen,
Kind. Und wenn nur wir jetzt nicht kleinmütig werden, dann wird uns auch der
liebe Gott nicht verlassen. – Sei *mutig*, Wendla, sei *mutig*! –– So sitzt man
einmal am Fenster und legt die Hände in den Schoß, weil sich doch noch alles
zum Guten gewandt, und da bricht's dann herein, daß einem gleich das Herz
bersten möchte... Wa–was zitterst du?

Wendla. Es hat jemand geklopft.

Frau Bergmann. Ich habe nichts gehört, liebes Herz. – *(Geht an die Tür und
öffnet.)*

Wendla. Ach, ich hörte es ganz deutlich. –– Wer ist draußen?

Frau Bergmann. Niemand –– Schmidts Mutter aus der Gartenstraße. ––– Sie
kommen eben recht, Mutter Schmidtin.

Hier ruht in Gott

Wendla Bergmann
geboren am 5. Mai 1878
gestorben an der Bleichsucht
den 27. Oktober 1892.

Selig sind, die reinen Herzens sind . . .

Sexuelle Aufklärung ist insoweit berechtigt, als die
Mädchen nicht früh genug erfahren können, wie die Kinder
nicht zur Welt kommen.

Karl Kraus
(1874–1936)

Basini gehorchte

Robert Musil

Autobiographische Züge trägt die hier durch einen Auszug vorgestellte Erzählung „Die Verwirrungen des Zöglings Törleß" (1906). Dem Österreicher Musil (1880–1942) war die Offizierslaufbahn vorgezeichnet, doch verließ er die Militärschule vorzeitig, um Maschinenbau zu studieren. Nach dem Examen wendet er sich der Philosophie zu und schreibt eine erkenntnistheoretische Dissertation. Sein Hauptwerk, den Roman „Der Mann ohne Eigenschaften", hinterließ er unvollendet. – Törleß leidet in der Internatsschule zu W. zuerst fürchterlich unter Heimweh. Mehr aus Langeweile als aus Neigung schließt er sich Beineberg und dem machtlüsternen Reiting an, die einen Dieb ertappt und damit in der Hand haben: den Mitschüler Basini. Mit einer Anzeige bei der Schulleitung bedroht, läßt dieser alles über sich ergehen, auch die „Schweinereien" Reitings. Die drei Freunde haben auf dem Dachboden des weitläufigen Schulgebäudes ein Versteck.

Am nächsten Tage stand Beineberg mit Reiting, als Törleß zu ihnen trat.

„Ich habe schon mit Reiting gesprochen", sagte Beineberg, „und alles vereinbart. Du interessierst dich ja doch nicht recht für solche Sachen."

Törleß fühlte etwas wie Zorn und Eifersucht über diese plötzliche Wendung in sich aufsteigen, wußte aber doch nicht, ob er die nächtliche Unterredung vor Reiting erwähnen solle. „Nun, ihr hättet mich wenigstens dazu rufen können, da ich nun einmal geradesogut wie ihr an der Sache beteiligt bin", meinte er.

„Hätten wir auch getan, lieber Törleß", beeilte sich Reiting, dem offenbar diesmal daran lag, keine unnötigen Schwierigkeiten zu haben, „aber du warst gerade nicht zu finden, und wir rechneten auf deine Zustimmung. Was sagst du übrigens zu Basini?" (Kein Wort der Entschuldigung, so als ob sich sein eigenes Verhalten von selbst verstünde.)

„Was ich dazu sage? Nun, er ist ein gemeiner Mensch", antwortete Törleß verlegen.

„Nicht wahr? Sehr gemein."

„Aber du läßt dich auch in schöne Dinge ein!" Und Törleß lächelte etwas erzwungen, denn er schämte sich, daß er Reiting nicht heftiger zürne.

„Ich?" Reiting zuckte mit den Schultern. „Was ist weiter dabei? Man muß alles mitgemacht haben, und wenn er nun einmal so dumm und so niederträchtig ist . . ."

„Hast du seither schon mit ihm gesprochen?" mischte sich nun Beineberg ein.

„Ja; er war gestern am Abend bei mir und bat mich um Geld, da er wieder Schulden hat, die er nicht zahlen kann."

„Hast du es ihm schon gegeben?"

„Nein, noch nicht."

„Das ist sehr gut", meinte Beineberg, „da haben wir ja gleich die gesuchte Gelegenheit, ihn zu packen. Du könntest ihn für heute abend irgendwohin bestellen."

„Wohin? In die Kammer?"

„Ich denke nein, denn von der hat er vorderhand noch nichts zu wissen. Aber befiehl ihm, auf den Boden zu kommen, wo du damals mit ihm warst."

„Für wieviel Uhr?"

„Sagen wir ... elf."

„Gut. – Willst du noch etwas spazierengehen?"

„Ja. Törleß wird wohl noch zu tun haben, was?"

Törleß hatte zwar nichts mehr zu arbeiten, aber er fühlte, daß die beiden noch etwas miteinander gemein hatten, das sie ihm verheimlichen wollten. Er ärgerte sich über seine Steifheit, die ihn abhielt, sich dazwischenzudrängen.

So sah er ihnen eifersüchtig nach und stellte sich alles mögliche vor, was sie vielleicht heimlich verabreden könnten. [. . .]

Um dreiviertel elf Uhr sah Törleß, daß Beineberg und Reiting aus ihren Betten schlüpften, und zog sich gleichfalls an.

„Pst! – so warte doch. Das fällt ja auf, wenn wir alle drei zugleich weggehen."

Törleß versteckte sich wieder unter seine Decke.

Auf dem Gange vereinigten sie sich dann und stiegen mit der gewohnten Vorsicht den Bodenaufgang hinan.

„Wo ist Basini?" fragte Törleß.

„Er kommt von der anderen Seite; Reiting hat ihm den Schlüssel dazu gegeben."

Sie blieben die ganze Zeit über im Dunkeln. Erst oben, vor der großen, eisernen Türe, zündete Beineberg seine kleine Blendlaterne an.

Das Schloß leistete Widerstand. Es saß durch eine jahrelange Ruhe fest und wollte dem Nachschlüssel nicht gehorchen. Endlich schlug es mit einem harten Laut zurück; der schwere Flügel rieb sich widerstrebend im Roste der Angeln und gab zögernd nach.

Aus dem Bodenraume schlug eine warme, abgestandene Luft heraus, wie die kleiner Treibhäuser.

Beineberg schloß die Türe wieder zu.

Sie stiegen die kleine hölzerne Treppe hinab und kauerten sich neben einem mächtigen Querbalken nieder.

Zu ihrer Seite standen riesige Wasserbottiche, welche bei dem Ausbruche eines Brandes den Löscharbeiten dienen sollten. Das Wasser darin war offenbar schon lange nicht erneuert worden und verbreitete einen süßlichen Geruch.

Überhaupt war die ganze Umgebung äußerst beklemmend: Die Hitze unter dem Dach, die schlechte Luft und das Gewirre der mächtigen Balken, die teils nach oben zu sich im Dunkel verloren, teils in einem gespenstigen Netzwerk am Boden hinkrochen.

Beineberg blendete die Laterne ab, und sie saßen, ohne ein Wort zu reden, regungslos in der Finsternis – durch lange Minuten.

Da knarrte am entgegengesetzten Ende im Dunkeln die Tür. Leise und zögernd.

Das war ein Geräusch, welches das Herz bis zum Halse hinauf klopfen machte, wie der erste Laut der sich nähernden Beute.

Es folgten einige unsichere Schritte, das Anschlagen eines Fußes gegen erdröhnendes Holz; ein mattes Geräusch, wie von dem Aufschlagen eines Körpers . . . Stille . . . Dann wieder zaghafte Schritte . . . Warten . . . Ein leiser menschlicher Laut . . . „Reiting?"

Da zog Beineberg die Kappe von der Blendlaterne und warf einen breiten Strahl gegen den Ort, woher die Stimme kam.

Einige mächtige Balken leuchteten mit scharfen Schatten auf, weiterhin sah man nichts als einen Kegel tanzenden Staubes.

Aber die Schritte wurden bestimmter und kamen näher.

Da schlug – ganz nahe – wieder ein Fuß gegen das Holz, und im nächsten Augenblicke tauchte in der breiten Basis des Lichtkegels das – in der zweifelhaften Beleuchtung aschfahle – Gesicht Basinis auf.

Basini lächelte. Lieblich, süßlich. Starr festgehalten, wie das Lächeln eines Bildes, hob es sich aus dem Rahmen des Lichtes heraus.

Törleß saß an seinen Balken gepreßt und fühlte das Zittern seiner Augenmuskeln.

Nun zählte Beineberg die Schandtaten Basinis auf; gleichmäßig, mit heiseren Worten.

Dann die Frage: „Du schämst dich also gar nicht?" Dann ein Blick Basinis auf Reiting, der zu sagen schien: „Nun ist es wohl schon an der Zeit, daß du mir hilfst." Und in dem Augenblicke gab ihm Reiting einen Faustschlag ins Gesicht, so daß er rückwärts taumelte, über einen Balken stolperte, stürzte. Beineberg und Reiting sprangen ihm nach.

Die Laterne war umgekippt, und ihr Licht floß verständnislos und träge zu Törleß' Füßen über den Boden hin . . .

Törleß unterschied aus den Geräuschen, daß sie Basini die Kleider vom Leibe zogen und ihn mit etwas Dünnem, Geschmeidigem peitschten. Sie hatten dies alles offenbar schon vorbereitet gehabt. Er hörte das Wimmern und die halblauten Klagerufe Basinis, der unausgesetzt um Schonung flehte; schließlich vernahm er nur noch ein Stöhnen, wie ein unterdrücktes Geheul, und dazwischen halblaute Schimpfworte und die heißen leidenschaftlichen Atemstöße Beinebergs.

Er hatte sich nicht vom Platze gerührt. Gleich anfangs hatte ihn wohl eine viehische Lust mit hinzuspringen und zuzuschlagen gepackt, aber das Gefühl, daß er zu spät kommen und überflüssig sein würde, hielt ihn zurück. Über seinen Gliedern lag mit schwerer Hand eine Lähmung.

Scheinbar gleichgültig sah er vor sich hin zu Boden. Er spannte sein Gehör nicht an, um den Geräuschen zu folgen, und er fühlte sein Herz nicht rascher schlagen als sonst. Mit den Augen folgte er dem Lichte, das sich zu seinen Füßen in einer Lache ergoß. Staubflocken leuchteten auf und ein kleines häßliches Spinnengewebe.

Weiterhin sickerte der Schein in die Fugen zwischen den Balken und erstickte in einem staubigen, schmutzigen Dämmern.

Törleß wäre auch eine Stunde lang so sitzen geblieben, ohne es zu fühlen. Er dachte an nichts und war doch innerlich vollauf beschäftigt. Dabei beobachtete er sich selbst. Aber so, als ob er eigentlich ins Leere sähe und sich selbst nur wie in einem undeutlichen Schimmer von der Seite her erfaßte. Nun rückte aus diesem Unklaren – von der Seite her – langsam, aber immer sichtlicher ein Verlangen ins deutliche Bewußtsein.

Irgend etwas ließ Törleß darüber lächeln. Dann war wieder das Verlangen stärker. Es zog ihn von seinem Sitze hinunter – auf die Knie; auf den Boden. Es trieb ihn, seinen Leib gegen die Dielen zu pressen; er fühlte, wie seine Augen groß werden würden wie die eines Fisches, er fühlte durch den nackten Leib hindurch sein Herz gegen das Holz schlagen.

Nun war wirklich eine mächtige Aufregung in Törleß, und er mußte sich an seinem Balken festhalten, um sich gegen den Schwindel zu sichern, der ihn hinabzog.

Auf seiner Stirne standen Schweißperlen, und er fragte sich ängstlich, was dies alles zu bedeuten habe?

Aus seiner Gleichgültigkeit aufgeschreckt, horchte er nun auch wieder durch das Dunkel zu den dreien hinüber.

Es war dort still geworden; nur Basini klagte leise vor sich hin, während er nach seinen Kleidern tastete.

Törleß fühlte sich durch diese klagenden Laute angenehm berührt. Wie mit Spinnenfüßen lief ihm ein Schauer den Rücken hinauf und hinunter; dann saß es zwischen den Schulterblättern fest und zog mit feinen Krallen seine Kopfhaut nach hinten. Zu seinem Befremden erkannte Törleß, daß er sich in einem Zustande geschlechtlicher Erregung befand. Er dachte zurück, und ohne sich zu erinnern, wann dieser eingetreten sei, wußte er doch, daß er schon das eigentümliche Verlangen, sich gegen den Boden zu drücken, begleitet hatte. Er schämte sich dessen; aber es hatte ihm wie eine mächtige Blutwelle daherflutend den Kopf benommen.

Beineberg und Reiting kamen zurückgetastet und setzten sich schweigend neben ihn. Beineberg blickte auf die Lampe.

In diesem Augenblicke zog es Törleß wieder hinunter. Es ging von den Augen aus – das fühlte er nun –, von den Augen aus wie eine hypnotische Starre zum Gehirn. Es war eine Frage, ja eine . . . nein, eine Verzweiflung . . . oh, es war ihm ja bekannt . . .: die Mauer, jener Gastgarten, die niederen Hütten, jene Kindheitserinnerung . . . dasselbe! dasselbe! Er sah auf Beineberg. „Fühlt denn der nichts?" dachte er. Aber Beineberg bückte sich und wollte die Lampe aufheben. Törleß hielt seinen Arm zurück. „Ist das nicht wie ein Auge?" sagte er und wies auf den über den Boden fließenden Lichtschein.

„Willst du vielleicht jetzt poetisch werden?"

„Nein. Aber sagst du nicht selbst, daß es mit den Augen eine eigene Bewandtnis hat? Aus ihnen wirkt – denk doch nur an deine hypnotischen Lieblingsideen – mitunter eine Kraft, die in keinem Physikunterricht ihren Platz hat; – sicher ist auch, daß man einen Menschen oft weit besser aus seinen Augen errät als aus seinen Worten . . ."

„Nun – und?"

„Mir ist dieses Licht wie ein Auge. Zu einer fremden Welt. Mir ist, als sollte ich etwas erraten. Aber ich kann nicht. Ich möchte es in mich hineintrinken . . ."

„Nun, – du fängst doch an, poetisch zu werden."

„Nein, es ist mir ernst. Ich bin ganz verzweifelt. So sieh doch nur hin, und du wirst es auch fühlen. Ein Bedürfnis, sich in dieser Lache zu wälzen, – auf allen vieren, ganz nah in die staubigen Winkel zu kriechen, als ob man es so erraten könnte . . ."

„Mein Lieber, das sind Spielereien, Empfindeleien. Laß jetzt gefälligst solche Sachen."

Beineberg bückte sich vollends und stellte die Lampe wieder auf ihren Platz. Törleß empfand aber Schadenfreude. Er fühlte, daß er diese Ereignisse mit einem Sinne mehr in sich aufnahm als seine Gefährten.

Er wartete nun auf das Wiedererscheinen Basinis und fühlte mit einem heimlichen Schauer, daß sich seine Kopfhaut abermals unter den feinen Krallen anspannnte.

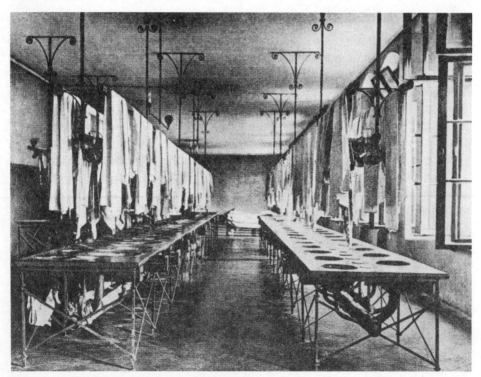

Waschsaal des königlichen Kadettenhauses in Potsdam.

Er wußte es ja schon ganz genau, daß für ihn etwas aufgespart war, das immer wieder und in immer kürzeren Zwischenräumen ihn mahnte; eine Empfindung, die für die anderen unverständlich war, für sein Leben aber offenbar große Wichtigkeit haben mußte.

Nur was diese Sinnlichkeit dabei zu bedeuten hatte, wußte er nicht, aber er erinnerte sich, daß sie eigentlich schon jedesmal dabei gewesen war, wenn die Ereignisse angefangen hatten, nur ihm sonderbar zu erscheinen, und ihn quälten, weil er hierfür keinen Grund wußte.

Und er nahm sich vor, bei nächster Gelegenheit ernstlich hierüber nachzudenken.

Einstweilen gab er sich ganz dem aufregenden Schauer hin, der Basinis Wiedererscheinen voranging.

Beineberg hatte die Lampe aufgerichtet, und wieder schnitten die Strahlen einen Kreis in das Dunkel wie einen leeren Rahmen.

Und mit einem Male war Basinis Antlitz wieder darinnen; genauso wie zum ersten Male; mit demselben starr festgehaltenen, süßlichen Lächeln; als ob in der Zwischenzeit nichts geschehen wäre, nur über Oberlippe, Mund und Kinn zeichneten langsame Blutstropfen einen roten, wie ein Wurm sich windenden Weg.

„Dort setze dich nieder!" Reiting wies auf den mächtigen Balken. Basini gehorchte. Reiting hub zu sprechen an: „Du hast wahrscheinlich schon geglaubt, daß du fein heraus bist; was? Du hast wohl geglaubt, ich werde dir helfen? Nun, da hast du dich getäuscht. Was ich mit dir tat [homosexuelle Kontakte], war nur, um zu sehen, wie weit deine Niedrigkeit geht."

Basini machte eine abwehrende Bewegung. Reiting drohte wieder, auf ihn zu springen. Da sagte Basini: „Aber ich bitte euch um Gottes willen, ich konnte nicht anders."

„Schweig!" schrie Reiting, „deine Ausreden haben wir satt! Wir wissen nun ein für allemal, wie wir mit dir daran sind, und werden uns danach richten..."

Es trat ein kurzes Schweigen ein. Da sagte plötzlich Törleß leise, fast freundlich: „Sag doch: ‚Ich bin ein Dieb‘." Basini machte große, fast erschrockene Augen; Beineberg lachte beifällig.

Aber Basini schwieg. Da gab ihm Beineberg einen Stoß in die Rippen und schrie ihn an:

„Hörst du nicht, du sollst sagen, daß du ein Dieb bist! Sofort wirst du es sagen!" Abermals trat eine kurze, kaum wägbare Stille ein; dann sagte Basini leise, in einem Atem und mit möglichst harmloser Betonung: „Ich bin ein Dieb."

Beineberg und Reiting lachten vergnügt zu Törleß hinüber: „Das war ein guter Einfall von dir, Kleiner", und zu Basini: „Und jetzt wirst du sofort noch sagen: Ich bin ein Tier, ein diebisches Tier, *euer* diebisches, schweinisches Tier!"

Und Basini sagte es, ohne auszusetzen und mit geschlossenen Augen.

Aber Törleß hatte sich schon wieder ins Dunkel zurückgelehnt. Ihm ekelte vor der Szene, und er schämte sich, daß er seinen Einfall den anderen preisgegeben hatte.

O schöne Jugendzeit!

Anna Wiesmüller

Dienstmädchen bildeten um die Jahrhundertwende die größte weibliche Berufsgruppe. Fast ein Drittel aller Frauen, die außerhalb der eigenen Familie arbeiteten, dienten von früher Jugend an bei einer „Herrschaft" – bei geringem Lohn und meist primitiver Unterbringung. Ein 16-Stunden-Tag war für sie die Regel.
Die 1878 geborene Anna Wiesmüller begann im Ruhestand ihre „Erinnerungen einer alten Dienerin. 1878–1965" aufzuschreiben. „Arbeit macht das Leben süß, mir ist es immer gut gegangen", erklärte sie 1975 bei einem Interview. – Anna hatte drei jüngere Schwestern, ihr Vater war blind und knüpfte Waschseile; die Mutter ernährte als Wäscherin die Familie.

Ulm, 1892. Mit 14 Jahren verdingte ich mich zuerst in eine Familie. Dann kam eine Schwatzfraubas und es wurde rückgängig gemacht, und ich in Maysers Hutfabrik gesteckt. Ich bekam pro Tag 50 Pfennig und durfte auf einer Maschine in die Schweißleder einen Ausschlag machen, damit man zur Verzierung mit der Zugnadel ein seidenes Bändchen durchziehen konnte. Und als Nachtarbeit bekam ich ein Stückchen seidene Litze, das 200 Schleifchen gab. 10 Stück = 1 Pfennig oder 200 Stück 20 Pfennig Lohn.
2 1/2 Jahre hielt ich es aus.
Dann ging ich als Aushilfe für das erkrankte Kindermädchen zur Familie des Herrn Reg. Baumeisters Fröhner, dem Erbauer des Justizgebäudes in Ulm.
Sie waren sparsam und hatten 4 Kinder und das fünfte kam. Der Herr hatte auf die Erdöllampe ein Drahtgestell gemacht, damit man die Kinder-Milchflasche darauf wärmen konnte. Eines Tags kam ein Tropfen Wasser an den Zylinder und es zerriß ihn. Die Lampen stellte man heiß auf den Flur zum Putzen. Es war Winter und vis-à-vis der Haustüre. Da hörte ich eines Tages ein feines Klingen und nun wußte ich, woher immer die Zylinder zersprangen. Dann mußte ich jedesmal den Zylinder bezahlen mit 30 Pfennig, bei 5 Mark Lohn im Monat. Es war so 2 bis 3 mal in der Woche. Da blieb mir wenig vom Lohn.
Eines Tages sagte die Köchin, ob ich immer hehlinge [heimlich] ein Butterbrot streiche. Die Frau hätte schon öfters in der Speisekammer ein Buttermesser gesehen. Das war mir so arg, daß man mich auch noch des Naschens verdächtigte, das kränkte mich sehr.
Die Kinderlein hatte ich so gerne und jedes hatte goldene Härlein, wie ihre Eltern. Nur wenn ich abends heimging, war ich so müde, daß ich am liebsten auf den Trottoirrand hingesessen wäre und kaum heimlaufen konnte. Da eines Tages ging's morgens schon nicht mehr. – Meine liebe Mutter brachte mich ins Krankenhaus, wo ich dann 6 Wochen ausruhen durfte von Unterernährung und Bleichsucht.

1. Februar 1895. Dann kam ich zu Frau Kaufmann Nicklas. Dort hatte man 3 Kinder und das vierte kam.

Als die Frau im Wochenbett lag, fing der Herr Nicklas mit der Pflegerin am andern Tag Händel an und sie lief davon. Meine Schwester Emilie ging noch in die Schule und kam mittags nach der Schule zum mit den Kindern spazieren gehen. Dann bekam Frau Nicklas Venenentzündung. Und noch dazu die 2 Buben Scharlach. Diese legte man zu der Wöchnerin hinein. Das war ein Theater für sich! Der ältere Bub war bitterbös – Du Lumpenbub, du bringst mich noch unter den Boden. Als der Herr Doktor kam, sagte die Mutter zu ihm: „Bitte verprügeln Sie mir mal den Julius ordentlich", was der Herr Doktor mit einem Hochgenuß tat. Denn er hatte nur 3 Mädelchen und die waren brav.

Als sich die zwei Buben nach 3 Wochen schälten, mußte ich sie baden, jeden Tag. Dazu war es Winter und ich mußte das Wasser dazu im Waschkessel machen, der im Hof stand. Dann mußte ich das Wasser zwei Stock in einem Waschzuber ins warme Wohnzimmer hinauftragen. Dann setzte ich meine Büblein hinein, ging in meine Küche und fing an, das Essen zu richten. Wenn ich dann nach meinen 2 Büblein sah, da hatten sie kein Wasser mehr, es lief in der Stube herum und das Wasser ausschöpfen war mir erspart. Doch mußte ich das Wasser alles aufwischen. Dann mußte ich das Kindlein baden, Windeln waschen. Wir hatten 5 Zimmer und noch zwei, die Herr Samuel Molfenter bewohnte, bis sein Haus gebaut war, und im 3. Stock noch 2 Zimmer für 2 Fräulein. Die Zimmer wollten alle gepflegt sein und Laden und Kontor. Für 2 Fräulein, 1 Lehrling, Herr, Frau und drei Kinder mußte um 1/2 1 Uhr das Essen fertig sein. Da kam man in die Schuhe hinein! Aber ich freute mich über alles und war fröhlich in meiner Arbeit.

Als es dann Mai wurde, dann wäre ich doch auch gerne ins Freie spaziert. Da fragte ich's Dorle bei Strickwanners und im Haus, ob sie Lust hätten, eine Maientour zu machen, was sie bejahten. Wir hatten nämlich ein Seil mit Rädle zum Wäscheaufhängen über den Hof gespannt zu Wanners Haus, das stieß an Dorles Schlafstube. Daran band sie ein paar Topfdeckel und um 3 Uhr am Maisonntag zog ich an dem Seil und die Deckel schätterten und weckten das Dorle zur Maientour, um 4 Uhr war Abmarsch auf den Alber und herunter auf den Exerzierplatz, durch die Friedrichsau mit Gesang und um 6 Uhr war man wieder am Herd zum Feuer anzünden. O schöne Jugendzeit!

Dann kam der Herbst und die Fräulein Ladnerinnen meinten, ob ich nicht Zeit herausbringen und mal Laden und Kontor gründlich nach dem Essen auf den Knien putzen würde, solange der Herr im Kaffeehaus sitze. Ich ließ alles oben stehen, ging hinab zum Putzen. Scheint's war im Kaffeehaus nichts los und der Herr kam gleich wieder. Ich war am ersten Stück zum Putzen, dann kam auch gleich eine Kundin zum Einkaufen. Das ärgerte den Herrn Nicklas, er nahm meinen Putzeimer, stellte ihn vors Haus, nahm mich hinten beim Kragen und schob mich hinaus mit der Bemerkung: „Du Hund, du verfluchter, mach, daß du hinauskommst." Da ging ich zu meiner Frau hinauf und kündigte. Das war natürlich ein arger Jammer.

1898. Dann kam ich in eine Professors Familie.

2 Kinder waren da und das dritte kam. Die Wohnung war im 3. Stock, Olgastraße, sieben Zimmer. Der Herr Professor war sehr gebildet und herzensgut, das habe ich gleich gemerkt. Denn er sagte: „Anna, wenn Ihnen das Kohle herauftragen schwer fällt, dann stellen Sie den Füller hinter die Kellertreppe. Wenn ich von der Schule komme, sehe ich nach und nimm ihn mit herauf." Doch im Hause wohnten schwer Reiche, die hatten 3 Dienstmädchen, denen war's zu wohl und ich dachte, die täten den Herrn Professor noch auslachen und das wär mir leid. Und wenn Post oder Zeitung läutet, brauchen die nicht hinunter. Wenn dann schön Wetter war, mußte ich die Betten und Matratzen vom 3. Stock in den Hof hinuntertragen. Da bekam ich Blasen an den Füßen und die Haut ging weg. Das war schmerzhaft. Da setzte ich mich hin zum Kartoffelschälen. Da kam Frau Professors Schwester, die hatte einen Schlüssel in die Glastüre. Sie sah mich sitzen und ging zu Frau Professor ins Schlafzimmer und schrie: „Geh hinaus zu deiner Anna, die setzt sich hin zum Kartoffelschälen, so ein junges Ding. Das können wir uns erlauben und nicht sie!" Da kam Frau Professor heraus und schalt mich. Nun, da weinte ich so still vor mich hin beim Kochen.

KINDERARBEIT

1895 waren im Deutschen Reich rund 215 000 Kinder unter vierzehn Jahren im Hauptberuf erwerbstätig, davon etwa 135 000 in der Landwirtschaft, etwa 38 000 in der Industrie und ungefähr 34 000 im häuslichen Dienst. Kinder arbeiteten auch in Ziegeleien, in Schlossereien, in Tischlerwerkstätten, in Bäckereien, in der Tabakindustrie, als Maurer – auch Mädchen –, in der Erzgewinnung und sogar in der Hüttenindustrie.

Kindermarkt

Otto Wenzl

Bis zum Ersten Weltkrieg gab es in Friedrichshafen und Ravensburg förmliche Kinder-
märkte: aus Tirol und Vorarlberg wanderten Kinder armer Bauern im Alter von 10 bis 18
Jahren ins wohlhabende Schwabenland, um sich für die Monate März bis Oktober als
Viehhirten oder Kindsmägde zu verdingen. In dieser Zeit besuchten sie keine Schule. Nach
dem Bau der Arlbergbahn fuhren die „Schwabenkinder" mit dem Zug bis nach Bregenz und
dann mit dem Dampfer weiter nach Friedrichshafen. 400 bis 500 Bauern aus der Umgebung
fanden sich zur Musterung der billigen Arbeitskräfte ein.
Otto Wenzl aus Imst (Tirol) trat 1909 mit 15 Jahren seine erste Reise nach Oberschwaben
an; als Achtzigjähriger zeichnete er seine Erinnerungen auf.

So jedes Jahr Mitte Februar wurde in allen Kirchen verkündet, daß sich Mädchen
und Buben anmelden können im Pfarrhof. Beim Anmelden mußte man 2 Kronen
= 1 Gulden für Fahrt und Verpflegung anzahlen. Wenn die Zeit zum Abfahren
herankam, so wurde wieder in der Kirche verkündet, wann der Abreisetag war. Der
erste Sammelort für den Bezirk Imst war der Bahnhof Imst. Wenn die nun alle da
waren und vom Arzler Pfarrer Greil aufgerufen wurden, dann fuhr der Arzler
Pfarrer mit uns nach Landeck. Dort wartete ein anderer Reisebegleiter auf uns und
der Pfarrer konnte geschwind wieder retour fahren. Wir Schwabenkinder stellten
unser Reisegepäck am Bahnhof alles auf einen Haufen und marschierten mit dem
Reisebegleiter zum Gasthaus „Sonne" hinauf. Dort wurde am Eingang vom Pfarrer
Schatz jedes Kind nach dem Namen gefragt, und alle konnten hineingehen zum
Nachtmahl.
Da kamen die Buben und Mädchen von allen Seiten her: Vintschgauer, Stanzerta-
ler, Oberinntaler, Unterinntaler, Außerferner, Ötztaler, Pitztaler von hinten bis
Arzl und Wald und von jedem anderen Ort im Bezirk. Es kamen oft über 300
zusammen. Nach dem Nachtmahl marschierten wir zum Bahnhof Landeck, dort
mußten wir noch warten, bis der Pfarrer mit seinen Mitreisebegleitern kam. Dann
hieß es einsteigen; wir hatten einen Extrazug. Wir fuhren von Landeck um 10 Uhr
nachts ab und kamen in Bregenz um 6 Uhr früh an. Dann hieß es aussteigen und zum
Gasthof „Jäger" marschieren zum Frühstück.
Dann marschierten wir zum Schiffshafen. Dort mußten wir wieder warten bis unsere
Reisebegleiter kamen. Um 9 Uhr fuhren wir mit dem Schiff ab und kamen um 10
Uhr in Friedrichshafen an.
Die Bauern von draußen waren schon lange vorher durch die Zeitungen verständigt
worden, wann wir in Friedrichshafen ankommen; kaum waren wir vom Schiff
draußen, dann ging der Lohnhandel los. Buben und Mädchen wurden gefragt,
wieviel Lohn sie verlangen und was alles an Schuhen und Kleidung dazukam. Was

ausgemacht wurde, das wurde von unserem Pfarrer Gaim schriftlich festgehalten. Wir erhielten außerdem alle eine Karte, die mußten wir draußen an unserm neuen Ort beim Pfarrer abgeben, der dann eintrug, ob wir jeden Sonntag in der Kirche waren und am Nachmittag in der Christenlehre.

Unter uns Schwabenkindern war das schon lange so ausgemacht gewesen. Da hat man zu einem Kollegen gesagt, der macht diesem Bauern [der ihn im Vorjahr ausgenutzt hatte] mit der Kreide einen Strich auf seinen Rücken, so wußten die Buben und Mädchen, daß das ein schlechter Platz ist. So bekam er keinen Buben weder noch ein Mädchen.

Kindermarkt in Ravensburg.
Der Holzstich erschien 1895 in der Familienzeitschrift „Die Gartenlaube".

„Jugend"

Seit dem 1. Januar 1896 erschien in München
ein Journal neuen Typs: die „Jugend". Jede
Ausgabe erhielt ein anderes buntes Titelbild,
Blätter, Blumen, Elfen und Schwäne ver-
schmolzen zu dekorativen Mustern, Texte und
Bilder zu einer höheren Einheit. Diese Zeitschrift gab der fortschrittlichen Kunstrichtung,
die mit der damals üblichen Nachahmung histo-
rischer Stile radikal brach, in Deutschland ihren
Namen: Jugendstil. Schon das Wort strahlte
Modernität und Optimismus aus.

Der Gründer Georg Hirth schrieb in der ersten
Nummer: „Die Erwägung, daß unter den zahl-
reichen in Deutschland erscheinenden illustrier-
ten Wochenzeitschriften sich keine einzige be-
findet, welche den Ideen und Bestrebungen
unseres sich immer reicher gestaltenden öffentlichen Lebens in künstlerisch durchaus freier
Weise gerecht wird, hat uns zu dem Versuch
ermutigt, diese offenbare Lücke unserer Zeit-
schriftenliteratur auszufüllen. Wir wollen die
neue Wochenschrift ‚Jugend' nennen: damit ist
eigentlich schon alles gesagt...

Ein Programm im spießbürgerlichen Sinne des
Wortes haben wir nicht, wir wollen alles bringen, was schön, gut, charakteristisch flott und
– echt künstlerisch ist.

Kein Gebiet des öffentlichen Lebens soll ausgeschlossen, aber auch keines in den Vordergrund
gestellt werden: hohe, höhere und höchste
Kunst, Ornament, Dekoration, Mode, Sport,
Politik, Musik und Literatur sollen heute ernst,
morgen humoristisch oder satirisch vorgetragen
werden, wie es die Situation und der Stoff
gerade erheischen."

Vignette von Adolf Höfer.

43

Nicht doch

Richard Dehmel

1863–1920. Dichter einer neuen Lebensbejahung und eines freien Menschseins, der Sinnlichkeit und Rausch als Schöpferkräfte verherrlichte. Sein auf uns manchmal übersteigert wirkendes Pathos entsprach der Zeitstimmung und begeisterte die Jugend des ausklingenden Jahrhunderts, und das um so mehr, je lauter die Spießbürger Dehmels Lyrik als „brünstig", „geschmacklos" und „unsittlich" beschimpften. Von heute aus gesehen, ist sie typisch für den literarischen Jugendstil.

Mädel, laß das Stricken, geh,
tu den Strumpf beiseite heute;
das ist was für alte Leute,
für die jungen blüht der Klee!
Laß, mein Kind,
komm, mein Schätzchen;
siehst du nicht, der Abendwind
schäkert mit den Weidenkätzchen! –

Mädel liebes, sieh doch nicht
immer so beiseite heute;
das ist was für alte Leute,
junge sehn sich ins Gesicht!
Komm, mein Kind,
sieh doch, Schätzchen:
über uns der Abendwind
schäkert mit den Weidenkätzchen! –

Siehst du, Mädel, war's nicht nett
so an meiner Seite heute?
Das ist was für junge Leute,
alte gehn allein zu Bett.
Was denn, Kind?
weinen, Schätzchen?
Nicht doch! Sieh, der Abendwind
schäkert mit den Weidenkätzchen! –

Die Geschichte mit Lore

Max Born

1882–1970. Physiker. Exil in Edinburgh. 1954 Nobelpreis zusammen mit Walter Bothe. – Er
hielt seine Erinnerungen für die Freunde fest, und zwar in Englisch, „damit meine Enkel
meine Worte auch lesen konnten". Der 1. Teil entstand 1944/48 und trägt den Titel „Die
gute alte Zeit"; aus dem 3. Kapitel:

Zu Hause in Breslau sah ich Lore [Jänicke] nicht oft. Sie und meine Schwester
besuchten sich zwar häufig, aber Jungen und Mädchen mit 14 oder 15 Jahren bleiben
im allgemeinen für sich, und gerade weil ich von ihr fasziniert war, scheute ich mich,
dies zu zeigen. Langsam entwickelte sich unsere Freundschaft jedoch, und als ich in
die Prima kam, pflegten wir uns – natürlich ganz „zufällig" – auf dem Weg zum
Musikunterricht oder auf ähnlichen Gängen zu begegnen. Zu dieser Zeit hatten die
Mädchen noch strenge Verhaltensregeln zu befolgen, und es war für sie nicht leicht,
sich mit jungen Männern zu treffen. Wie ich bereits früher erwähnt habe, war die
beste Gelegenheit hierfür die Eisbahn, und so freuten wir uns denn auf die
Weihnachtsferien, wenn das Eis auf dem Stadtgraben dick genug sein und uns
reichlich Zeit zur Verfügung stehen würde.
Die Weihnachtsferien meiner letzten Schuljahre sind mir als Zeit der Wonne und
des Glücks noch heute im Gedächtnis. [. . .]
Und dann begann das Warten auf den Frost, der gewöhnlich zwischen Weihnachten
und Neujahr einsetzte, sowie auf die Eröffnung der Eisbahn. Sie war, insbesondere
als wir in das Alter kamen, da das andere Geschlecht einen jungen Menschen zu
interessieren anfängt, unser größtes Vergnügen. Denn auf dem Eis konnten wir
Jungen und Mädchen uns ohne Einmischung bzw. Überwachung von seiten der
Erwachsenen treffen. Ich war ein guter Schlittschuhläufer und hatte an diesem
graziösen Sport viel Spaß. Immer wenn ich in einer Ecke nach dem Rhythmus der
Musik eine komplizierte Figur einübte, schweiften meine Blicke über die Bahn und
suchten nach einem schlanken Mädchen mit Pelzmütze, und wenn ich sie sah, war
der Sport vergessen und der Flirt begann.
Ich bin kein Poet, um das Lob der ersten Liebe zu singen, und möchte Euch nur
sagen, daß auch Euer alter Daddy als junger Bursche einst das Elixier des Lebens
und der Hoffnung trank und sehr glücklich war. Dies fiel just in den letzten
Abschnitt meiner Schulzeit, doch obgleich es meine Gedanken ablenkte, entfachte
es auch meinen Ehrgeiz und hatte auf meine Leistungen in der Schule oder auf
andere Pflichten keinen schädigenden Einfluß. Eines Tages sagte mein Musiklehrer
Auerbach, nachdem ich das e-moll-Prélude von Chopin gespielt hatte, zu mir:
„Max, du bist verliebt! Ich höre es daran, wie du spielst." Übrigens war er Fachmann
auf diesem Gebiet. Die Mütter erlaubten ihren Töchtern nur ungern, bei ihm
Stunden zu nehmen, ohne daß eine Anstandsdame dabeigewesen wäre.

Auf dem Eise. Nach einer Zeichnung von O. Gerlach.　　　Aus: „*Die Gartenlaube*" 1897, Nr. 52

Der musikalische Zwischenfall scheint mir hinsichtlich der Frage, was für ein Junge ich damals eigentlich war, nicht ohne Bedeutung. Der frühe Tod unserer Mutter hatte uns der natürlichen Möglichkeit, unsere Gefühle abzureagieren, beraubt, und weder Fräulein Weißenborn noch unsere Stiefmutter konnte sie ersetzen. Meine Schwester befand sich in jenem Zwitterstadium zwischen Kind und junger Dame, das es einem Bruder nicht gerade leicht macht, ein Vertrauensverhältnis zu schaffen. Auf diese Weise hatte sich um mich eine Art Kruste gebildet, und die Natur hatte mir nicht die Gabe verliehen, Emotionen in Worte zu fassen. [. . .]

Nach dieser Abschweifung komme ich nun wieder auf die Geschichte mit Lore zurück. Ich glaube, sie war, wie ihr Einfluß auf meine musikalischen Künste beweist, sehr nahe daran, die Kruste meiner Scheu und meiner Hemmungen zu durchbrechen. Allein, es glückte ihr nicht. Wenn es in der Liebe eine Nuß zu knacken gibt, ist die Rollenverteilung der Geschlechter genau umgekehrt. Der Mann ist der natürliche Aggressor. Und an jenen, die es versuchten, fehlte es nicht.

Es war eine bittere Enttäuschung, als ich entdeckte, daß sie einen anderen Jungen mir vorzog, einen nämlich, der das Herz einer Frau zu erobern verstand. Ich freilich konnte es nicht. Sie selbst erzählte mir später (erst vor kurzem) die folgende, mir persönlich völlig aus dem Gedächtnis entschwundene, aber sehr wahrscheinlich doch wahre Geschichte: An dem Tag, als ich mein Abitur bestanden hatte, traf ich sie, wie üblich „durch Zufall" auf der Straße. Ich war unterwegs zu Großmutter Born, um mich ihr als „Mulus" (Maulesel) vorzustellen (so nannte man Abiturienten vor Beginn des Studiums), und sagte meiner Freundin, daß Großmutter einen Papagei besitze, der ebenfalls Lore heiße. Und ich fügte noch hinzu: „Wir nennen ihn Lore Born – klingt das nicht hübsch?" So weit ging ich damit, ihr meine geheimsten Wünsche zu enthüllen. Wie wenig wußte ich schon von der Seele hübscher Mädchen, die doch kaum gerne mit Papageien in Verbindung gebracht werden möchten. Ich vermute, daß meine Gespräche sich oft auf ähnlicher Ebene bewegten, und wundere mich nicht, daß sie keinen Gefallen daran fand. Als ich dies merkte, war es für mich eine bittere Erfahrung und trug dazu bei, die Schale, die mein Herz umschloß, noch zu verhärten. Lore und ich blieben jedoch stets Freunde, und ich gab es nicht auf, ihr jedesmal, wenn ich sie wiedersah, ja sogar in Briefen, den Hof zu machen.

Ein neues Jahrhundert

Gottfried Benn

1886–1956. Hautarzt und expressionistischer Lyriker. 1912 beendete er sein Studium und veröffentlichte seinen ersten Gedichtband, „Morgue", dessen Kraßheit viele schockierte. – Hier ist Abschnitt I dem Rückblick „1956" entnommen, Abschnitt II dem „Lebensweg eines Intellektualisten" (1934):

I.

Ich erinnere mich der Silvesternacht, in der das jetzige Jahrhundert sich erhob. Diese Nacht lag über einem Dorf jenseits der Oder-Neiße-Linie. Es war für die damalige so glückliche Welt eine Sensation, daß ein neues Jahrhundert begann. Alles wachte, alles feierte, die Kirchenglocken läuteten um Mitternacht, man erwartete irgend etwas ganz Besonderes, eine Art Anbruch des Paradieses innen und außen. Mein Vater trat aus seinem Pfarrhaus und umarmte den Dorfschulzen, einen großen reichen Bauern, alles umarmte sich, es war eine schnee- und regenlose Nacht, es war ein großes Ereignis.

II.

Das Gymnasium absolvierte ich in Frankfurt an der Oder, zum Glück ein humanistisches, studierte dann auf Wunsch meines Vaters Theologie und Philologie zwei Jahre lang entgegen meiner Neigung; endlich konnte ich meinem Wunsch folgen und Medizin studieren. Es war das dadurch möglich, daß es mir gelang, in die Kaiser-Wilhelm-Akademie für das militärärztliche Bildungswesen in Berlin aufgenommen zu werden, an der namentlich Söhne von Offizieren und Beamten zu Sanitätsoffizieren herangebildet wurden. Eine vorzügliche Hochschule, alles verdanke ich ihr! Virchow, Helmholtz, Leyden, Behring waren aus ihr hervorgegangen, ihr Geist herrschte dort mehr als der militärische, und die Führung der Anstalt war mustergültig. Ohne den Vater stark zu belasten, wurden für uns all die sehr teuren Kollegs und Kliniken belegt, die die Zivilstudenten hören mußten, dazu bekamen wir die besten Plätze, nämlich vorn, und das ist wichtig bei den naturwissenschaftlichen Fächern, bei denen man sein Wissen mit Hilfe von Experimenten, Demonstrationen, Krankenvorstellungen in sich aufnehmen muß. Dazu hatten wir aber noch eine Fülle von besonderen Kursen, Repetitorien, hatten Sammlungen zur Verfügung, Modelle, Bibliothek, bekamen Bücher und Instrumente vom Staat geliefert. Dazu bekamen wir eine Reihe von Vorträgen und Vorlesungen über Philosophie und Kunst und allgemeine Fragen und die gesellschaftliche Bildung des alten Offizierkorps. Für jedes Semester, das man studierte, mußte man ein Jahr aktiver Militärarzt sein. Im übrigen war das Leben dort das vollkommen freier Studenten, wir hatten keine Uniform.

Rückblickend scheint mir meine Existenz ohne diese Wendung zur Medizin und Biologie völlig undenkbar. Es sammelte sich noch einmal in diesen Jahren die ganze Summe der induktiven Epoche, ihre Methoden, Gesinnungen, ihr Jargon, alles stand in vollster Blüte, es waren die Jahre ihres höchsten Triumphes, ihrer folgenreichsten Resultate, ihrer wahrhaft olympischen Größe. Und eines lehrte sie die Jugend, da sie noch ganz unbestritten herrschte: Kälte des Denkens, Nüchternheit, letzte Schärfe des Begriffs, Bereithalten von Belegen für jedes Urteil, unerbittliche Kritik, Selbstkritik, mit einem Wort die *schöpferische Seite des Objektiven*. Die kommenden Jahrzehnte konnte man ohne sie nicht verstehen, wer nicht durch die naturwissenschaftliche Epoche hindurchgegangen war, konnte nie zu einem bedeutenden Urteil gelangen, konnte gar nicht mitreifen mit dem Jahrhundert –: Härte des Gedankens, Verantwortung im Urteil, Sicherheit im Unterscheiden von Zufälligem und Gesetzlichem, vor allem aber die tiefe Skepsis, die Stil schafft, das wuchs hier.

Brief an einen jungen Dichter

Rainer Maria Rilke

Rilke (1875–1926), der Offizier werden sollte, spricht im Rückblick auf seine fünfjährige Militärschulzeit von seinem entstellten Selbstgefühl, das sich erst wieder erholen mußte; er kann sich in fremde Nöte einfühlen, weil ihm „alles so viel schwerer geworden ist als anderen jungen Menschen von Kindheit an und während der ganzen Jugend" (Brief an F. Westhoff vom 29. April 1904). – Der knapp zwanzigjährige Offiziersanwärter Franz Xaver Kappus hatte ihm seine ersten schriftstellerischen Versuche geschickt.

Furuborg, Jonsered, in Schweden, am 4. November 1904

Ich denke, lieber Herr Kappus, oft und mit so konzentrierten Wünschen an Sie, daß Ihnen das eigentlich irgendwie helfen müßte. Ob meine Briefe wirklich eine Hilfe sein können, daran zweifle ich oft. Sagen Sie nicht: Ja, sie sind es. Nehmen Sie sie ruhig auf und ohne vielen Dank, und lassen Sie uns abwarten, was kommen will. Es nützt vielleicht nichts, daß ich nun auf Ihre einzelnen Worte eingehe; denn was ich über Ihre Neigung zum Zweifel sagen könnte oder über Ihr Unvermögen, das äußere und innere Leben in Einklang zu bringen, oder über alles, was Sie sonst bedrängt –: es ist immer das, was ich schon gesagt habe: immer der Wunsch, Sie möchten Geduld genug in sich finden, zu ertragen, und Einfalt genug, zu glauben; Sie möchten mehr und mehr Vertrauen gewinnen zu dem, was schwer ist, und zu Ihrer Einsamkeit unter den anderen. Und im übrigen lassen Sie sich das Leben geschehen. Glauben Sie mir: das Leben hat recht, auf alle Fälle.

Und von den Gefühlen: Rein sind alle Gefühle, die Sie zusammenfassen und aufheben; unrein ist das Gefühl, das nur *eine* Seite Ihres Wesens erfaßt und Sie so verzerrt. Alles, was Sie angesichts Ihrer Kindheit denken können, ist gut. Alles, was *mehr* aus Ihnen macht, als Sie bisher in Ihren besten Stunden waren, ist recht. Jede Steigerung ist gut, wenn sie in Ihrem *ganzen* Blute ist, wenn sie nicht Rausch ist, nicht Trübe, sondern Freude, der man auf den Grund sieht. Verstehen Sie, was ich meine? Und Ihr Zweifel kann eine gute Eigenschaft werden, wenn Sie ihn *erziehen.* Er muß *wissend* werden, er muß Kritik werden. Fragen Sie ihn, sooft er Ihnen etwas verderben will, *weshalb* etwas häßlich ist, verlangen Sie Beweise von ihm, prüfen Sie ihn, und Sie werden ihn vielleicht ratlos und verlegen, vielleicht auch aufbegehrend finden. Aber geben Sie nicht nach, fordern Sie Argumente und handeln Sie so, aufmerksam und konsequent, jedes einzelne Mal, und der Tag wird kommen, da er aus einem Zerstörer einer Ihrer besten Arbeiter werden wird, – vielleicht der klügste von allen, die an Ihrem Leben bauen.

Das ist alles, lieber Herr Kappus, was ich Ihnen heute zu sagen vermag. Aber ich sende Ihnen zugleich den Separatdruck einer kleinen Dichtung, die jetzt in der Prager „Deutschen Arbeit" erschienen ist. Dort rede ich weiter zu Ihnen vom Leben und vom Tode und davon, daß beides groß und herrlich ist.

Ihr: Rainer Maria Rilke

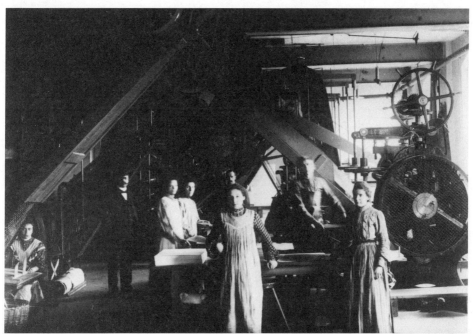

Arbeiterinnen in einer Heilbronner Papierfabrik. Um 1900. Oben posieren sie vor ihrem Arbeitsplatz (Papierprägung). Unten sitzen junge und alte Frauen nebeneinander und sortieren Papier; alle wirken so steif, weil sie sich wegen der damals noch nötigen langen Belichtungszeit nicht bewegen durften.

Die Chemie hat so etwas Klassisches

Margarethe von Wrangell

1876–1932. Agrikulturchemikerin und erste ordentliche Professorin Deutschlands. Die gebürtige Moskauerin begann ihr Studium in Tübingen im Sommersemester 1904. Württemberg hatte als dritter Staat des Deutschen Reiches durch einen Erlaß des Ministeriums vom 17. Mai 1904 Frauen zum regulären Universitätsstudium zugelassen. Drei Studentinnen ließen sich daraufhin immatrikulieren – drei unter 1600 Studenten. – Nach ihrer Promotion 1909 lernte Margarethe von Wrangell weiter in London und bei Madame Curie in Paris. 1918 kam sie an die Landwirtschaftliche Hochschule Hohenheim, wo sie fünf Jahre später auf den Lehrstuhl für Pflanzenernährung und Bodenbiologie berufen wurde. „Alles im Leben muß bezahlt werden", kommentiert sie diesen Erfolg; „so bin ich denn eine ernste, äußerst objektive Frau der Öffentlichkeit. Die Brille trage ich nicht auf der Nase, aber in der Seele, und das ist viel schlimmer." – Brief an den Freund August von Mickwitz:

Tübingen, 17. Juli 1905

Lieber Meister!

Wissen Sie auch, daß ich Ihnen schrecklich lang nicht geschrieben habe? Voriges Semester raffte ich mich zuweilen noch zu einem Brief an Ebba auf, aber seitdem sie hier ist, überlasse ich den Verkehr mit der alten Heimat ganz ihr und meinen alten Damen. Fleißig und beschäftigt bin ich wohl den ganzen Tag, aber so oft bin ich ganz mutlos, daß die Resultate gar nicht im Verhältnis dazu stehen. Ich bin auch der reinste Kruster: einen Schritt vorwärts und zwei zurück. Einen Tag glaube ich etwas zu können, und die nächsten zwei stehe ich vor neuen Ignoranzabgründen. Am besten geht es doch mit der Chemie. Ich habe zwei Semester im Laboratorium gearbeitet und habe in diesen Tagen den Kursus der qualitativen Analyse beendet; alle finden, daß ich schnell vorwärts gekommen bin, meist braucht man drei Semester dazu. Und sehr viel Freude hat es mir gemacht. Ich finde, die Chemie hat so etwas Klassisches; die Reinheit und Schönheit der Formeln ohne die Starrheit der mathematischen Zahlen, sondern immer pulsiert Leben darin. Man hört aus der Formel den ungeduldigen, leicht empfänglichen Herzschlag des Sauerstoffs; man freut sich über das abwechslungsvolle, schattierungsreiche Dasein der Chamäleon-Minerale des Mangans; man hört den schweren, trägen Blutstrom des Stickstoffs rollen.

Mit der Botanik bin ich nicht so ganz Freund. Es läuft beim Studium doch alles auf Mikroskopieren hinaus, und das vertrage ich schlecht, auch langweilt mich das rein Anatomische und Histologische.

Ich will mich jetzt gründlich auf Chemie, besonders die organische legen, dann tüchtig Pflanzenphysiologie arbeiten und zum Schluß sehen, ob ich nicht was Neues über Stoffumsatz und Aufbau in der Pflanze herauskriege. Das würde mich am meisten interessieren, aber es erfordert ebenso gute Kenntnisse in der Chemie wie in der Botanik. Jetzt wird hier ein wunderschönes, neues chemisches Institut gebaut; hoffentlich erlebe ich noch den Einzug mit; unser altes ist sehr miserabel, man hat vor allen Dingen sehr wenig Platz und sieht immer mißtrauisch nach rechts und links auf die drohend zugerückten Reagenzgläser der Nachbarn. Und wenn einmal eine kleine Explosion stattfindet, so haben die Nachbarn genau denselben Spaß und dieselbe Verheerung davon wie der Schuldige.

Frauenbildung

Pressemeldungen

Aus: „Neues Tagblatt", Stuttgart, 27. November 1908

- Das erste Plädoyer einer Frau in Deutschland hat im Jugendgerichtshof in Altona dieser Tage stattgefunden. In Gegenwart des Landgerichtspräsidenten Rasch, des Chefs vom Gemeinde-Waisenratsamt Senator Harbeck vollzog sich ein Akt von weittragender Bedeutung: Frl. Dr. jur. Anna Schultz plädierte als Verteidiger für die angeklagten jugendlichen Sünder und wußte durch die Art ihres Plädoyers die Sympathien des Gerichtshofes und der Anwesenden sich zu gewinnen. Es war interessant, zu beobachten, wie ein Jurist nach dem andern, alle in ihren Amtsroben, für kurze Zeit den Gerichtshof betrat, um Zeuge dieses interessanten, man möchte sagen, für die Frauen historischen Ereignisses zu sein.

- Die Gesamtzahl der Studierenden an der Universität Heidelberg beträgt im laufenden Wintersemester 1994, gegen 1976 im vorigen Wintersemester, darunter 145 Frauen (gegen 65), und zwar 58 (55) Theologen, 473 (357) Juristen, 433 (385) Mediziner, 597 (553) Philosophen, 379 (326) Naturforscher sowie 153 (141) Hospitanten, darunter 36 (32) Frauen. Das ist die höchste Frequenz in einem Wintersemester.

- *Deutscher Frauenverein für Krankenpflege in den Kolonien:* Die Reihe der für diesen Winter angesetzten Vorträge eröffnet am nächsten Montag Professor Dr. Gaupp aus Tübingen mit einem Referat über die wachsende Nervosität unserer Zeit. Das zeitgemäße Thema, behandelt von einer medizinischen Autorität, darf allgemeinen Interesses sicher sein.

Die Flucht

Oskar Maria Graf

1894–1967. Er stammte aus Berg am Starnberger See, sollte Bäcker werden und wollte schreiben, stürzte sich 1918 in die Münchener Revolution, erzielte den ersten Erfolg mit der Autobiographie „Wir sind Gefangene" (1927; hier Kapitel 3 des 1. Teils), nannte sich nun – bewußt provozierend – „Provinzschriftsteller", emigrierte 1933 und starb in New York, seinem Exil. – Nach dem frühen Tod des Vaters litten die Geschwister Graf unter der Brutalität des ältesten Bruders Max; Maurus verläßt nach einem Streit mit ihm das Haus, Anna und Oskar, der auch noch ständig Prügel vom Bäckergesellen bezieht, retten sich in die Welt der Literatur.

Maurus war fort. Er hatte seine Bücher hinterlassen. Ich las mich tiefer in sie hinein. Er schrieb um sie, und nun war mir auch diese Herrlichkeit genommen. Auch Anna oder, wie man sie hieß, „Nanndl" las alles, was ich ihr gab. Es wuchs ein Drang nach jenen Welten in uns auf. Was tun?

In der Zeitung lag ein Verlagsprospekt von Bongs Klassikerausgaben. Die Bücher waren darauf abgebildet und sahen sehr bedeutend aus. Wir überlegten. Etliche Brotgänge reiften den Entschluß. Wir scharrten Geld zusammen, Nanndl ihre Trinkgelder und ich meine Wochenlöhne. Dann bestellten wir wieder an die Adresse unseres Schusters Schillers Werke, dann Lessing, Petöfi, Mörike, Lenau und Grabbe.

Alle diese Ausgaben waren rot gebunden und hatten goldene Rücken. Das zog uns an. Da wir aber fürchteten, daß Max unser Geheimnis entdecken könnte, ließen wir die Bücher vorläufig beim Schustermeister. Dort jedoch verschmierten sie die kleinen Kinder. Wir sannen auf eine Änderung und waren todunglücklich darüber. Ich dachte an [die Magd] Leni. Aber Nanndl, die von all dem, was zwischen uns beiden vorgefallen, wie alle sonstigen Hausangehörigen, nichts wußte, war dagegen. Meine Erfinderader regte sich. Wie, wenn wir meinen Schrank, der in der Gesellenkammer stand, so konstruierten, daß nur wir hineinkönnten?

Das war eine Idee, die mir keine Ruhe mehr ließ. Sie mußte durchgeführt werden. Es handelte sich bloß darum, die Arbeit zu machen, wenn niemand sie bemerkte. Am Sonntagnachmittag war der Geselle meistens weg. Auch Max mußte die verschiedenen Gastwirtschaftskundschaften aufsuchen und dort Zechen machen. Mutter saß meistens im Gartenhaus und strickte, nickte aber bald ein, und Leni ging zur Andacht.

Wir machten uns ans Konstruieren. Die Schranktüre wurde genau abgezeichnet, das Fachbrett zugeschnitten und in der Mitte auseinandergespalten, so daß zwischen Tür und Brett ein ziemlich breiter hohler Raum frei wurde, fast die Hälfte also. Nun zimmerten wir mit aller Kunstfertigkeit eine neue Türe für das Innere des Kastens, versahen sie mit einem Schloß und brachten sie an. Darauf fertigten wir ein

Scheinfachbrett an, genau nach dem Muster des eigentlichen, nagelten es an die Scheintüre, so daß also beim Öffnen der ursprünglichen Schranktüre das Innere scheinbar unverändert war, obwohl dahinter ein geheimer Raum lag. In den vorderen Scheinraum wurde nun alles wieder so hineingerichtet, wie es vordem gewesen war, im hinteren brachten wir – schön aneinandergereiht – unsere Bücher unter. Unverändert stand der geheimnisvolle Schrank da. Der Schlüssel steckte wie immer, man konnte öffnen und gewahrte nichts weiter als die uninteressanten Kleider, die Kragen auf dem Fachbrett, etliche Krawatten und den Hut. Das war eine Arbeit von drei Sonntagnachmittagen gewesen, gefährlich und erregend. Wir hüpften vor Triumphgefühl, als alles aufs beste funktionierte, schlichen zum Schuhmacher und holten nacheinander unsere Klassiker, richteten sie schön nebeneinander in unser Geheimfach, die goldenen Rücken strahlend nach vorne. Während wir bis dahin meistens brummige Gesichter schnitten, wenn wir unverhofft noch einen Brotgang machen mußten, waren wir jetzt auf einmal sehr zugänglich, ja sogar erfreut. Schnell schlich einer von uns hinauf, holte heimlich ein Buch heraus, versteckte es unter den Kleidern, und rasch entfernten wir uns. Erst am Dorfausgang, wenn kein Mensch mehr zu sehen war, ging das Lesen an. Meistens lasen wir uns laut vor, wenn es Verse waren. Bei Prosa trennten wir uns und verabredeten einen Platz, wo wir uns wieder trafen. Ob das, was wir lasen, verstanden wurde, war gleichgültig. Maßgebend war, *daß* wir es gelesen hatten und alles kannten. Die Fülle machte es.

Wir begeisterten uns. Der Klang der Worte berauschte uns. Viele, viele Verse konnte ich zuletzt auswendig. Schillers „Glocke" rann mir bloß so von den Lippen. Und eines Tages las ich Nanndl mein erstes Gedicht vor. Selbstverständlich sagte ich es mit einem solchen Pathos, daß alle anderen Dichtwerke dagegen nur noch wie klägliche Versuche waren, und natürlich wirkte das. Nanndl lobte es sehr. Ich verglich es mit Uhland, mit Schiller und fand es mindestens so schön. Der Herbst kam. Wir mußten Kühe auf den Wiesen hüten. Die Tage waren klar und lau, der Himmel hing träumerisch über uns. Wir lagen auf dem Rücken und schauten ins Hohe. Wohlig war uns zumute. Ich dichtete Balladen zu jener Zeit, und Anna war jedesmal hingerissen davon. Ich verfolgte eifrig die verschiedenen Werdegänge der Dichter und malte mir meine Zukunft demgemäß aus. Meistens, wenn ich wieder eine Dichtung fertig hatte, leitete ich sie mit einer romantischen Erzählung über einen Dichter ein und unterließ es nicht, Vergleiche zu machen. Dabei wurden mir – glaube ich – die Gestalten klarer, als wenn mir's einer geschildert hätte. Meine Erzählungen klangen, als hätte ich Grabbe, Schiller und all diese großen Leute persönlich gekannt. Einmal, so dachte ich, werde auch ich aus der Verkanntheit aufsteigen, und die ganze Welt wird mich bestaunen. Allmählich wurde mein Dichten im Hause ruchbar. Emma war wieder daheim und bekam etwas zu hören. Sie hatte immer ein geduldiges Ohr und war die heiterste von uns. Sie lachte zwar über mich, fand aber Gefallen an dem Gedichteten. Leni sagte eines Sonntags, als ich mich nicht mehr halten konnte und einen Vers mit ungeheurem Pathos vortrug: „Goethe wirst du doch noch." Nur Max durfte nichts wissen. Meine Mutter interessierte sich nicht, sie las nichts als das Gebetbuch und im Starnberger „Land- und Seeboten" den Kirchenanzeiger.

Unsere Bibliothek wuchs und mit ihr die Gefahr des Entdecktwerdens. Aber uns hatte eine schier fanatische Kaufwut erfaßt. Wir vergaßen oft sogar alle Vorsicht, aber dann kamen wieder qualvolle Stunden der Angst vor Max.

„Wenn ich diesmal aufkomme, muß ich fort, sonst erschlägt mich der Maxl", sagte ich oft zu Nanndl. Die nickte und sagte mechanisch und ratlos: „Ja, das schon." Über das Weitere dachten wir nicht nach. Trotz aller Vorsichtsmaßregeln kamen wir von der ewigen Angst nicht los, und jedes kleinste Gefahrzeichen brachte mir Schlaflosigkeit. Ich dachte und dachte. Ebenso Nanndl.

Mutter hatte mir einmal erzählt, daß sie als junges Mädchen zur Mutter Gottes betete um Erfüllung eines Wunsches innerhalb einer bestimmten Zeit. Sie dachte aber immer an den Wunsch, und deshalb ging er nicht in Erfüllung. Marie, ihre Schwester, hingegen, erzählte sie, hätte bloß einmal eine Einbildung gehabt und nie daran gedacht, und siehe da, ihr ging die Sache hinaus.

Das war ein Wink für uns. Wir dachten also immer an die Gefahr und hofften, sie so am besten zu bannen.

„Du", berichtete mir Nanndl eines Tages sehr aufgeregt in der Holzhütte, „der Postbot' hat den Schuster gefragt, warum er sich denn immer so viele Nachnahmen schicken lasse und was in den Paketen eigentlich drinn' wär'..."

Der Postbote! Unser ärgster Feind! Der als schwatzhafter, eitler Klatscher weit und breit bekannt war! Den wir nie grüßten, weil uns sein Gesicht so an Max erinnerte. Der Postbote! Der ob seiner Erscheinung und seines adrett-soldatischen Benehmens von allen möglichen heiratslustigen Töchtern umschwärmt wurde und im Bewußtsein dessen überall den großen Mann spielte, sich in alles mischte und sozusagen die läufige Moral der Jahreszeit war. Dieser Wicht von einem entlassenen Unteroffizier, den wir schon hundertmal in unseren früheren, selbsterfundenen Geschichten gefangengenommen, gehängt, erschossen, gerädert und gevierteilt hatten?! *Der* hatte das gesagt? *Der* lebte immer noch?! –

Ich rannte zum Schuster.

„Was hat der Postbote gesagt?"

Der alte Mann wollte ausweichen. Ich drang in ihn. Endlich gab er zu: „Gefragt hat er, der Schnüffler, was ich mir da in einem fort schicken laß'... Ich war baff und sag', ich weiß nicht, was drinnen ist in den Packerln..."

Jetzt spukte es. Ich rannte wieder nach Hause. Erzählte Nanndl. Kalkulierte: So oder so! Aufkommen tut es doch einmal! Ich muß fort! Fort!

Also Flucht – aber wie?

Ich überlegte hin und her.

Wie schon gesagt, hatten wir nebenher einen ausgedehnten Spezereiladen, verkauften Spiritus, Hosenträger, Hülsenfrüchte, Bänder, Schokolade, Zigarren und Zigaretten usw. Da gab es also allerhand, was man brauchen konnte, wenn man flieht.

Ich suchte in der Rumpelkammer den Reservistenkoffer Eugens, steckte ihn auf den Heuboden und füllte ihn langsam. Ich stahl etliche Seifen aus dem Laden, zwei Flaschen Spiritus, Kerzen, eine Unmasse Maggiwürfel, Tee, ein Pfund Salz, ein Paket Zucker, Kragenknöpfe, Briefpapier, Federn und Tinte. Die erste Hälfte des Koffers war voll. Sodann suchte ich mir meine Hemden, holte einen alten Spirituskocher aus der Anrichte in der Küche, Zündhölzer, ein paar Handtücher, ließ zwei Büchsen Kakao verschwinden und packte das ganze mit meinen Schuhen und etlichen Kleidungsstücken in die andere Hälfte, sperrte ab und verdeckte den Koffer mit Heu.

Jetzt war mir leichter. Immerhin war ich fluchtbereit.

Ja – aber du dummer Teufel, dachte ich plötzlich im Hinunterschleichen, zu einer Flucht braucht man doch vor allem Geld! Und eine furchtbare Angst erfaßte mich abermals.

Wo Geld herbekommen?

Im fliehenden Gedankenhinundher erinnerte ich mich plötzlich an das Sparkassenbuch, das mir meine Mutter am Geburtstag zum letztenmal gezeigt hatte. Dreihundert Mark hatte ich schon.

Mit einer solchen Summe ist man Herr der ganzen Welt, dachte ich. Sofort schlich ich in die Kammer der Mutter, schnüffelte alles aus. Nichts war zu finden. Weder im Schrank noch im Nachtkasten lag das ersehnte Kleinod.

Aber das Mauerkästchen mit der Madonna darüber war abgeschlossen. Das war soviel wie eine stumme Gewißheit. Hier mußten die Sparkassenbücher verborgen sein.

Wo aber war der Schlüssel? Ich suchte und suchte. Nichts war zu finden. Wie verloren schlich ich an mein Bett zurück und wartete, bis Mutter die Stiege heraufkam. Der Geselle war zum Glück ins Wirtshaus gegangen. Kaum hatte Mutter die Tür ihrer Schlafkammer zugemacht, war ich am Schlüsselloch. Und richtig. Sie betete ihr Abendgebet, ging an die Wand, hob die Madonna etwas an die Seite und holte einen kleinen Schlüssel heraus. Dann schloß sie das Kästchen auf. Ich wußte alles und war zufrieden. Befreit kehrte ich in mein Bett zurück. Höchste Zeit. Der Geselle hüstelte bereits über die Stiege herauf.

Am andern Tag hatte ich das Sparkassenbuch. Nichts ereignete sich. Tag auf Tag verrann. Meine Nerven waren überreizt. Ich schlief schlecht. Wieder stürzte ich mich in die Bücher, aber alle Sammlung war fort. Täglich, stündlich konnte die Katastrophe kommen. Nichts geschah.

Es mochte wohl drei Uhr nachmittags sein. Fertig mit dem Backstubenaufräumen, setzte ich mich auf die Bank und nickte langsam ein. Auf einmal ging die Tür auf, und Max stand drohend vor mir, packte mich.

Nur „Du!" hörte ich noch und etwas von Briefbote, Nachnahme und Schuster. Schon sausten die eisernen Fäuste auf mich nieder. Max schleppte mich hinauf an den Schrank, griff meine Taschen aus, sperrte auf, dann die Geheimtüre und riß die Bücher heraus. Ohne Unterlaß schlug er dabei auf mich ein. Das Blut floß mir schon vom Schädel. Ich biß die Zähne zusammen und schloß die Augen. Ich bekam Schweiß und Eiseskälte, immerzu hämmerten die Hiebe. Plötzlich fiel ich lang hin. Als ich aufwachte und mich umsah, war es still. Die Uhr zeigte Viertel nach vier. Ich stand auf, putzte mich sorgsam ab, schlich in den Stall hinunter, ließ kaltes Wasser über meinen brummenden Kopf rinnen und wusch mich frisch. Wieder in der Gesellenkammer, zog ich meine Sonntagskleider an, holte mein Sparkassenbuch aus der Matratze des Gesellenbettes und machte mich auf den Weg nach Aufkirchen, denn dort war die Sparkasse.

Mein Entschluß war gefaßt: Ich gehe.

Aber erst das Geld. Auf dem ganzen Weg grübelte ich genau darüber nach, wie ich es von der Buchhalterin am besten und harmlosesten herausbringen könnte. Es schlug schon fünf Uhr. Ich beeilte mich. Um sechs Uhr konnte das Fräulein schon nicht mehr da sein. Am Ende hat es auch jetzt schon zugemacht und ist spazieren gegangen. Eine furchtbare Angst erfaßte mich abermals. Ich schleuderte meine Füße nach vorne. Keuchend lief ich die Anhöhe hinauf. Von da aus konnte man weit über die Felder sehen. Ein klarer Spätherbsttag war. Düngergespanne hockten mitten in den Stoppelfeldern. Über braune Äcker krümmten sich Pflüge, mit langsam dahintrottenden Ochsen bespannt. Eine sanfte Stille war ringsum.

Wenn sie mir aber das Geld nicht gibt?, schoß jäh durch mein Gehirn. Ich überlegte bereits, ob ich nicht im Wald schlafen und am andern Tag einfach losgehen sollte. Aber trotzdem schritt ich straffer voran.

Auf der Sparkasse traf ich wirklich das Fräulein noch. Es schaute mich mit seinen alten, wässerigen Augen durch die Brille an, fragte nach meinem Begehren und schnupfte. Die Buchhalterin nämlich war eine sechzigjährige alte Jungfrau mit den Allüren einer milden Oberlehrersgattin. Ich spielte den braven, schüchternen Schulbuben und sagte sehr gesittet: „Grüß Gott, Fräulein Waschmitzius, einen schönen Gruß von meiner Mutter, ich soll das Geld abholen, weil ich einen Anzug kriege."

Die Waschmitzius sah mich etwas mißtrauisch an, aber weil ich furchtbar unschuldig dreinsah, lichtete sich ihr verrunzeltes Gesicht auf. „Soso . . . jaja . . . vom Bäcker Graf bist du . . . Der Oskar? . . . Jaja, aber da mußt du unterschreiben", sagte sie und fragte mit ihrem Blick.

„Jaja", sagte ich noch scheinheiliger, „das weiß ich schon, das hat mir meine Mutter schon gesagt . . . Es hat sonst keiner Zeit zum Kommen . . . Es gilt schon."

Sie trippelte mit dem hingereichten Sparbuch zur Kasse, zählte mir das Geld her, und ich unterschrieb.

„Zähl's noch mal nach", sagte sie.

Ich tat es. Dreihundert Mark. Zehn Zwanzigerscheine und eine Hundertmarkbanknote. „Jaja, stimmt ganz genau, Fräulein Waschmitzius", sagte ich abermals sehr verbindlich und versuchte sogar zu lächeln. Dann steckte ich das Geld ein, sagte „Dankschön" und ging. Auf der Straße erfaßte mich ein großes Triumphgefühl. Ich ging sehr schnell aus dem Pfarrdorf und fing auf einmal laut zu lachen an. Eine Hitze lief körperauf und körperab. Ich freute mich schon auf die Bahnfahrt, denn jetzt war alles abgemacht und fest in mir.

Zu Hause schlich ich durch die Scheune auf mein Zimmer und horchte eine Zeitlang. Niemand ließ sich hören. Ich hatte meinen Koffer vom Heuboden heruntergenommen und ging, nachdem ich fertig war, ganz laut – wußte ich doch, daß Max Mist aufs Feld fuhr – die Stiege herunter. Mutter kam aus der Küche heraus. Sie blieb stehen und sah mich hilflos an:

„Was tust' denn?"

„Ich geh'!" schrie ich sie an und war schon wieder dem Weinen nahe. Schnell schlüpfte ich zur hinteren Tür hinaus. Eine harte Kugel steckte in meiner Kehle. Kaum atmen konnte ich.

Leni lud Dünger auf. Als ich vorbeikam, sah sie mich stumm an. Ich wollte etwas sagen, schämte mich aber und sah weg, dann lief ich schnell weiter.

Ich ging ins Etztal hinunter zum Dampfschiffsteg. Auf dem Weg traf ich Nanndl. Sie sagte: „Gehst jetzt?"

Ich nickte bloß und sah sie schmerzlich an. Noch lange winkte sie mir. Ich hatte ihr noch hastig gesagt, sie sollte mir die Bücher heimlich nachschicken und manchmal was zu essen. Schreiben würde ich ihr zum Schuhmacher hin.

Erst als ich keinen Menschen mehr sah, wurde mir leichter. Es war gleichsam, als würde mir jetzt erst klar, daß ich mich nun nur mehr auf mich zu verlassen habe. Ich schaute noch einmal über die Pferdeweide, die inmitten des Talkessels lag, erinnerte mich an alles, an das Schießen, Indianerspielen, Zerstören und Pferdejagen und mir wurde jämmerlich weich zumute. Aber zwischen diese Gedanken rannen andere von der Stadt, von der Zukunft, alles unklar durcheinander. Ich schluckte fest und ging entschlossener weiter. –

Die reinste Höllenfahrt

Jac G., 22 Jahre, Medizinstudent in Berlin

Charlottenburg, 25. November 1911

Meine Lieben. Das Hauptereignis dieser Woche waren meine Flüge mit Robi. Ich flog nämlich zweimal. Am Montag lud Robi Jost und mich ein, nach Johannistal zu kommen, um, wenn möglich, zu fliegen. Leider war es an jenem Tag zu stürmisch. Robi flog zwar doch, zum Entsetzen seines Monteurs, der erst wieder ruhig war, als er gelandet hatte. Robi erzählte dann auch, er habe jeden Meter erkämpfen müssen, also eine gefährliche Sache, nicht? Am Mittwoch war das Wetter besser. Es regnete zwar, aber gegen Abend, die Dunkelheit brach schon herein, konnte er mich mitnehmen.

Der Motor vorn sprühte Flammen aus der Auspuffröhre und rasselte ohrenbetäubend. Der Apparat wurde von den anderen zurückgehalten, ich setzte mich neben Robi und dann sausten wir ins Dunkel hinein. Die reinste Höllenfahrt. Flott war es aber, als das Flugzeug sich in die Luft hob und nun mit uns um den Platz flog. Der Regen spritzte zwar wie mit Nadeln ins Gesicht, vorn knatterte der Motor mit seinen Feuerblitzen, der Apparat schwankte beim leisesten Windstoß, aber Robi war so komplett ruhig und todsicher neben mir und leitete die Sache mit Kaltblütigkeit, daß ich meine helle Freude hatte.

Den andern Tag dann war es viel schöner. Da flogen wir 150 Meter hoch in zwei großen Runden über Parseval- und Zeppelinhalle weg, hoch hinauf, ruhig und sicher, ich fühlte mich wie auf einem sicheren Schiff – und dann im Gleitflug mit rasender Geschwindigkeit hinunter zum Landen. Also fein, ich ginge sofort wieder auf größere Überlandflüge. Leider gibt's das nicht mehr, denn Robi muß seinen Apparat noch dem Militär vorführen, worauf er nach Dresden reist, zur Beruhigung für Mama. –

Ein gefährliches Gewerbe ist das Pilotsein schon. Ich bewundere den Mut, den Robi hat, er probiert alles und ist kühn bis zur Waghalsigkeit, aber auch kaltblütig und seelenruhig. Doch steht bei jedem Flug das Leben auf dem Spiel, natürlich mehr oder weniger. Das ist eigentlich das Schöne daran. –

Robi ist in seinem Fache Herr und Meister. Ich mußte lachen, wie Herr Prinzipal Dorner [er hatte 1909 sein erstes Motorflugzeug konstruiert, mit 18 PS] und Monteur und Kuli herumhüpften, als er einmal etwas ungeduldig wurde. Er ist, was ich gemerkt habe, recht geschätzt auf dem Flugplatz und beliebt.

Für Friedys Brief und Ebeths Ratschläge danke ich bestens; Jost prüfte die Kochereivorschläge mit Kennermiene und sagte, die Suppenkocherei gäbe ein zu großes Geschmier.

Meine Kollegs laufen flott weiter, ich besuche mit Eifer besonders die praktischen Sachen, Perkussion und Verbandskurs, in welchem ich gipse wie ein Maurer. Vorderhand Schluß.

An alle viele Grüße,

Euer Jac

Postkarte aus dem Jahr 1911.

Im Mädchenpensionat

Schülerinnen der Jahrgänge 1894/1895

Für „höhere Töchter" war früher der Besuch eines Pensionats unumgänglich. In diesen privaten Erziehungsheimen wurden Sprachen, Literatur und Geschichte gelehrt, vor allem aber auch gesellschaftlicher Schliff und Hauswirtschaft (nach dem Motto: „Auch wenn Sie eine Toilette reinigen, müssen Sie eine Dame sein"). – Nach Verlassen der Mädchenschule „Talhof" in St. Gallen (11 Schuljahre) war ein Welschlandjahr üblich, ein Pensionatsjahr in der französischen Schweiz; man konnte aber auch den Anschluß ans Gymnasium finden. Um den Kontakt aufrecht zu erhalten, schrieben ehemalige Talhof-Schülerinnen ihre Erlebnisse in ein „Wanderbuch":

Genf, 4. Mai 1912

Meine lieben Freundinnen! Zwei Stunden ist's her, daß ich das Buch, das heißersehnte und verlorengeglaubte Wanderbuch wieder bekam. Dank Euch allen für Eure Berichte! Herzinnigen Dank! Stellt Euch vor, in einer Woche kommt Mama mich holen und dann geht's heim, St. Gallen zu, St. Gallen! Wißt, ich glaub's noch kaum! Wenn bloß der schwere Abschied nicht wäre, all die lieben Mädchen zu verlassen, sich vielleicht nie mehr zu sehen ist doch entsetzlich, und dann die Desmoiselles. Eine davon habe ich besonders gern, sie ist so lieb und fein. Ich glaube nicht, daß man einen besseren Charakter haben könnte; so viel Wissen, so viel gesehen haben – und doch so bescheiden und freundlich zu bleiben!
Das Jahr, das ich hier verlebte, ist eins meiner schönsten und sicher nützlichsten. Als ich in die Pension kam, dachte ich, daß die Streiche eine große Rolle spielen, und jetzt eigentlich geht's ausgezeichnet ohne die Dummheiten, die die Desmoiselles bloß ärgern.
Die Augen gehen auf, wenn man in andrer Umgebung ist; man spricht von andern Sachen, hört andre Ansichten und Meinungen – ist gezwungen, auch eine zu formen. Dachte ich je in St. Gallen über die Todesstrafe nach, oder über das Elend der Arbeiterstände? Eine unsrer Desmoiselles gab uns den ganzen Winter eine Stunde per Woche, wo wir Themen wie „Egoismus, Freundschaft, Wille, Einfachheit" behandelten und sehr ernst und eingehend darüber sprachen. Ich glaube, daß das Pensionsjahr das sorgenfreieste von allen ist. Ja, in St. Gallen gehe ich an die Handelshochschule. Nicht als Student, Papa will nicht, aber als Hospitantin. Auf alle Fälle werde ich Arbeit finden und machen. Wißt, ohne Stunde wüßte ich kaum, wie meine Zeit umbringen, man muß doch immer etwas tun, sich auf etwas vorbereiten, alle Kräfte anspannen für ein weitentlegenes Ziel.
Wir haben sehr liebe Mädel hier, meist Schweizerinnen, aber auch Deutsche und eine Engländerin sowie zwei Russinnen. Man lernt sich nirgends so gut kennen als im Pensionat, wo man Tag und Nacht zusammen ist. In meinem Zimmer, dem

schönsten von allen, ist's sehr gut, sehr gemütlich. Vom Bett aus sehe ich eben den Montblanc und seine ganze Kette im Morgenrot.

Unser Geschichtsprofessor ist ein unglaublicher Mensch, wie der vorträgt ist ganz unbegreiflich, mit solch einem Feuer und Begeisterung, daß die Französische Revolution noch ganz, ganz gefährliche Folgen haben kann...

Jetzt soll aber das Buch weiterwandern.

Eure alte Elisabeth

Liguières, 12. Juli 1912

Salü Ihr! Schleunigst mache ich mich ans Werk, meinen Senf zu all Euren lieben Berichten hinzuzugeben. Mit wahrer Wonne haben Anny und ich zusammen das ganze Buch gelesen und uns gefreut, wie es allen so gut geht. Auch ich rufe Euch zu: Juhui, das Leben ist eine herrliche Sache, besonders wenn man wie wir an einem so hübschen Ort in den Ferien ist. Dienstag zogen wir aus, beladen mit Hüten, Schirmen etc., nach dem kleinen, ganz entzückenden Juradörflein Liguières. Nun genießen wir aus vollen Zügen die Freiheit der ländlichen Sitten und Gebräuche – sticken und arbeiten unter duftenden Linden hinter einem malerischen Kirchlein, wobei uns heute morgen sogar einige „Säulein" besuchten. Die Aussicht von unserem kleinen Chalet würde Euch sicher auch gefallen. Vor uns Wiesen, Kornfelder, dann Wälder, und unten, in weiter Ferne, schimmern Murtner- und Bielersee zu uns hinauf. Am Horizont dann die Alpen, ganz blau und duftig! – Man könnte einfach stundenlang davor stehen und staunen und genießen.

Ich will nun nicht wie Ihr andern das Lob des Pensionslebens mit beredten Worten singen. Ich finde, daß es ebensoviel Haken an dem Ding hat und man gewöhnt sich nur langsam darein. Auch freue ich mich jetzt schon ganz rasend, mein St. Gallen und alles daheim wieder zu sehen...

Von der Schule fange ich lieber nicht an zu erzählen. S'ist strafbar langweilig, und doch muß man noch ziemlich schaffen, was mir in meinen alten Tagen ein wenig schwer wird zu erlernen. In den Pausen, da haben wir's aber immer sehr nett und heimelig, wir Schweizerinnen zusammen. S'hat nämlich einige Russinnen und sonst solche Wesen, mit denen ich's lieber nicht probiere.

Im Herbst komme ich aber nun in die oberste Fremdenklasse, da soll es *sehr* interessant sein, besonders die Stunden bei den Herren Professoren. Darauf bin ich sehr gespannt. Ob's wohl Ähnlichkeit mit unseren Stunden im Talhof hat? – Hoffen wir das Beste.

Seid alle herzlichst gegrüßt, Ihr Lieben, in allen Ecken der Schweiz von Euerem alten Friedi

St. Gallen, 20. Oktober 1912

Salü!!! All Ihr Lieben! Wie freue ich mich, daß wir dieses Buch haben, s'ist halt doch fein. Ich habe es aber erst heute morgen bekommen, oder besser, selbst geholt, bei Tinno „im Kasten, in der untern Schublade links". Da hat es nun gelegen seit dem August. Marguerite hat es auch schon verloren geglaubt, zum Glück haben wir es ja wieder.

Aber nun will ich Euch schnell sagen, was ich hier treibe. Es ist so immer das gleiche, und Abwechslungen höchst selten. Ich bin halt so die Stütze von Muetti und flicke und lese, koche und nähe, lerne und faulenze wie es grad kommt. Dabei habe ich einen Schneiderkurs und Italienisch und Englisch. Es wundert mich gewaltig, wie viel mir noch geblieben ist von den Stunden bei der Clea, da haben wir ja außer den Strafaufgaben nichts getan (ich meine natürlich vor allem unsere erste Bank). Denkt, ich war gar nie mehr im Talhof. Ich hätte ja doch niemanden mehr gesehen von den Alten. Morgen will ich nun das Buch der Elsa bringen. Wenn's nur bald wieder käme! Ich freu mich schon wieder so sehr darauf. Wo ich dann wohl bin? Ich weiß es nämlich selbst noch nicht. Vielleicht in Italien, vielleicht in England, vielleicht daheim. Ich möchte halt so gern im Frühling nach Italien, erstens, weil mich dieses Land vor allem anzieht, und zweitens, weil ich die Sprache lernen will. Aber einstweilen bin ich noch in unserem lieben St. Gallen und sitze im geheizten Zimmer, und der Abend ist noch grauer als der ganze Tag.

Adieu, Ihr Lieben!!!   Eure alte Clär

St. Gallen, 25. Juli 1913

Grad kehre ich von einem wundervollen Abendspaziergang zurück, wieder einmal auf unsrer lieben, alten Dufourstraße, und wie in guten alten Zeiten traf ich das Clär, um mit ihr, wie wenn es immer so gewesen wäre, den Sommerabend zu genießen. Es kam uns beiden vor, wie wenn wir noch die alten, unbekümmerten Schulmädchen wären, und doch liegt so viel, so unendlich viel zwischen unsrer Schulzeit und dem „Jetzt". Nicht viel an äußeren Umwälzungen, aber um so mehr an inneren Erlebnissen, die ja auch tausendmal mehr wert sind, und mehr für uns bedeuten. Jeden Tag erleben wir doch so viel Wunderbares, und jeder neue Tag erfüllt uns mit mehr Kraft, mehr Freude, die hinausdrängen an die Sonne, ins Leben, hin zu den Mitmenschen, um ihnen all die große Lebensfreude, die Liebe mitzuteilen und fühlen zu lassen. Ist es Euch nicht auch, als ob der Mensch zu klein wäre, um all diese Freude, dies zersprengende Glücksgefühl ganz in sich aufzunehmen? Es muß ja überfluten, sich den Mitmenschen mitteilen und auch sie froh machen – „denn die Freude, die wir geben, kehrt ins eigne Herz zurück". Ja, wir stehen in einem herrlichen Alter, und wir wollen uns so recht fest die Hände geben und vereint suchen, all die große Liebe unsern Mitmenschen zu bringen!...

Euer Friedi

Wandervogel

Carlo Schmid

„Wandervogel" nannte sich seit 1901 eine Schülerwandergruppe in Steglitz, deren Beispiel schnell Schule machte. 1906 wurde im Sauerland die erste Jugendherberge gegründet. 1908 erschien das Wandervogel-Liederbuch „Der Zupfgeigenhansl". Die Wandervögel zogen mit Gitarren und in kurzen Hosen in die Natur hinaus, sie wollten bewußt jung sein. Ihr naturburschenhaftes Auftreten war eine Absage an Schule und Elternhaus, ja an die ganze Erwachsenenwelt. Weil viele den disziplinären Druck des Wilhelminischen Staates als unerträglich empfanden, hatte die Jugendbewegung einen so großen Zulauf. 1913 schlossen sich auf dem Meißner bei Kassel 13 Jugendverbände zusammen und verkündeten ihr Programm: „Die Freideutsche Jugend will ihr Leben nach eigener Bestimmung, vor eigener Verantwortung, in innerer Wahrhaftigkeit gestalten. Für diese innere Freiheit tritt sie unter allen Umständen geschlossen ein."‚– Der Völkerrechtslehrer und SPD-Politiker Carlo Schmid (1896–1979), einer der Väter des Grundgesetzes, gestaltete das politische und kulturelle Leben der Bundesrepublik entscheidend mit und ebnete den Weg zur Aussöhnung mit Frankreich. Aus dem zweiten Kapitel seiner „Erinnerungen" (1979):

Zu Gleichaltrigen außerhalb der Schule hatte ich lange Zeit wenig Beziehungen, zumal meine Eltern kaum Umgang mit anderen Familien unterhielten. Die Tanzstunde machte ich mit, weil sie nun einmal dazugehörte, aber viel Geschmack vermochte ich ihr nicht abzugewinnen. Den darin dargebrachten „Anstandsunterricht" glaubte ich nicht nötig zu haben; was Höflichkeit ist, hatte mich das Elternhaus gelehrt: ein Sektor der praktischen Vernunft, deren Einsichten es uns ermöglichen, mit Menschen umzugehen, ohne uns ihnen und ohne sie uns zu unterwerfen.

In der Nachbarschaft wohnte ein junger Mann, der mir gefiel. Er war Schüler einer Maschinenbauschule, und meine Sympathie begann, als ich ihn an schönen Sommerabenden auf seinem Balkon Gitarre spielen sah und hörte. Ich suchte ihn auf und fragte, ob ich nicht bei ihm Gitarrespielen lernen könnte. Er lachte und meinte, für einen Musiklehrer eigne er sich wohl nicht recht; er habe das Klampfespielen im „Wandervogel" gelernt. Ich könne ja zu einem Nestabend mitkommen. Vielleicht werde es mir dort gefallen.

Ich ging hin und wurde von einem guten Dutzend junger Leute aller möglichen Schulgattungen freundlich aufgenommen. Man plauderte, schmiedete Pläne für die „Fahrt" am nächsten Sonntag, sang Volkslieder – ganz andere, als ich sie aus dem Schulgesangbuch und von den Dienstboten in unserer Küche kannte. Sie standen in einem Büchlein, das „Zupfgeigenhansl" hieß und mir gefiel, weil manches Lied aus „Des Knaben Wunderhorn" darin stand. Auf dem Heimweg bat ich meinen neuen Freund, meinen Aufnahmeantrag zu befürworten, was er tat.

So wurde ich Mitglied des „Alt-Wandervogel Württemberg" und damit – von heute her gesehen – aktives Mitglied der „Jugendbewegung". Was das war, wußten wir zunächst nicht; wir erfuhren es aus kleinen Blättchen, die einige „freie" Jugendgruppen herausgaben. Wir wollten eigentlich gar nichts bewegen! Wir wollten wandern, uns in Volkstänzen tummeln, singen und ein freies Leben führen. Bald erfuhr ich, daß es neben meinem AWV noch einen anderen WV gab, den „Wandervogel e. V". Ich ging auch dorthin, um mich umzusehen, und hier, spürte ich sogleich, wehte eine andere Luft. Man war „intellektueller"; man hielt sich den „Anfang", eine Zeitschrift für entschiedene Schulreform, die in Wien erschien und recht gewagte Artikel brachte. Auf jedem unserer Nestabende sprach man von einem gewissen Gustav Wyneken [1875–1964; Pädagoge], der im thüringischen Wickersdorf eine Freie Schulgemeinde unterhalte, darin völlig anders als bei uns, in voller Freiheit und unter Mitwirkung der Schüler selbst, unterrichtet werde. Dies war also keine Lernschule, wie ich sie kannte, sondern eine Lebensschule, die nicht so sehr Gelehrsamkeit vermitteln, als den Charakter und das selbständige Denken bilden wollte.

Zweimal kam Wyneken zu uns nach Stuttgart – mit blondrotem Haar und eindrucksvollem Bart. Seine „Heilslehre" klang verlockend, und ich meinte zunächst, ich sei in den falschen Wandervogel eingetreten. Doch das Benehmen mancher meiner Kameraden vertrieb mir den Zweifel, und ich blieb bei meinen solideren, nicht so hochgestochenen Freunden vom Alt-Wandervogel. [. . .]

Nein, wir empfanden uns nicht als eine „Bewegung", die über sich hinauswirken wollte; wir wollten *für uns* das Wissen vom rechten Leben erwerben, das uns Schule und Elternhaus nicht zubrachten. Auf diesem Wissen gründend, wollten wir das Rechte tun – mochten andere tun, was ihnen als das Rechte erschien. Um Politik im engeren Sinn des Wortes kreisten unsere Gespräche kaum. Die Bekämpfung der Volksseuche Alkoholismus erschien uns wichtiger als Änderungen im verfassungsrechtlichen Gefüge unseres Staates. Wir wollten nicht agitieren, wir wollten nicht missionieren, sondern richtig leben und damit ein Beispiel geben.

Doch gab es Ausnahmen. Oft sprach bei uns Professor Lindemann, der Nationalökonom der Hochschule in Stuttgart-Hohenheim, der viel in den „Sozialistischen Monatsheften" schrieb und – horribile dictu [schrecklich zu sagen] – ein Sozialdemokrat war. Von ihm lernte ich einiges über die Arbeiterbewegung – den Kampf zwischen Kapital und Arbeit, wie man damals sagte – und über die Gewerkschaften. Seine Tochter lieh mir die Gedichte Walt Whitmans [1819–1892; amerikanischer Dichter], deren Lektüre mein bisheriges Weltbild durcheinanderbrachte und mich zwang, mich mit Dingen auseinanderzusetzen, die bis dahin nicht in meinem Blickfeld gestanden hatten. Es war das Gedicht, in dem der Ausruf steht „Demokratie, ma femme . . .", das mich am stärksten bewegte. Damals nahm ich eine Vorstellung in mein Denken auf, die mich nie mehr verlassen hat: Den kategorischen Imperativ der Mitmenschlichkeit, der mich verstehen ließ, was im politischen Leitspruch der Französischen Revolution das Wort „Brüderlichkeit" bedeutete – nicht eine schale und unterschiedslose Brüderei und humanitäre Phrase, sondern das Gebot, sich bei allem Tun so einzurichten, daß der andere im Persönlichsten, in den Bereichen der Gesellschaft, in der staatlichen Gemeinschaft zu bewahren und zu entfalten vermag, was das Menschliche am Menschen ist. Dies schloß die Vorstellung mit ein, daß der Staat die Aufgabe habe, die Lebensordnung seiner Bürger so einrichten zu helfen, daß diese sie akzeptieren können, ohne auf Selbstachtung verzichten zu müssen. Whitmans Dichtung war mir kein Widerspruch zu Stefan George [1868–1933; Lyriker]; sie schien mir dessen Werk in einem entscheidenden Punkt zu ergänzen und zu verdeutlichen.

Es wäre jedoch falsch zu glauben, wir hätten vor allem „philosophischen" Diskussionen gefrönt. Unsere Hauptbeschäftigung war das Wandern, nicht so wie die etablierten Wandervereine dies taten – mit Mittag- und Abendessen im Wirtshaus –, sondern in kleinen Gruppen, in denen das Gespräch möglich ist. Da ging es frugaler zu. Wir kochten unseren Grießbrei selbst, und wenn wir zwei Tage unterwegs waren, schliefen wir im Zelt oder im Heu beim Bauern. Zwischen den beiden Wandervogelgruppen gab es einen wesentlichen Stilunterschied, der nicht nur die äußere Form betraf. Im Wandervogel e. V. waren die Mädchen auf der Wanderung und auch beim Schlafen im Heu dabei; bei uns gingen Jungen und Mädchen getrennt auf Fahrt, und man kam nur bei Festen und großen Wanderungen an vereinbartem Treffpunkt zusammen.

Ob hier männerbündische Ideologie im Sinne des Hans Blühers [1888–1955; Schriftsteller] eine Rolle spielte, vermag ich nicht zu sagen. Uns selber ist der Gedanke, es könne so sein, nie gekommen. Ich glaube, daß unsere Unsicherheit, wie man denn mit Mädchen umzugehen habe, die Ursache dafür war, daß wir im Alt-Wandervogel unsere Wanderungen getrennt durchführten. Im übrigen galt in beiden Gruppen den Mädchen gegenüber das Gesetz absoluter Zurückhaltung – eine Zurückhaltung, die ein etwas unbeholfener Ausdruck der Achtung vor dem Geschlecht unserer Mütter war und nichts mit kleinbürgerlichem Puritanismus zu tun hatte. Wir fühlten uns nicht frustriert, und von sexuellen Nöten habe ich in unserem Kreis nichts gemerkt. Die üblichen gesellschaftlichen Formen, in denen man junge Leute beiderlei Geschlechts zusammenbrachte, erschienen uns einfach lächerlich und unnatürlich; die übliche „Poussierstengelei" war uns so zuwider wie ein verfrühter Heiratsmarkt.

Der Höhepunkt der Wandervogelzeit vor dem Krieg war das Fest auf dem Hohen Meißner im Jahre 1913, gedacht als eine Aktion der freiheitlichen Jugend gegen die schematische und bramarbasierende Vaterländerei, mit der die Hundertjahrfeier des Befreiungskrieges, gekrönt durch den Bau eines Völkerschlachtdenkmals in Leipzig, begangen werden sollte. Die Jugendbünde, vor allem die „freien" Studentenvereinigungen lebensreformerischen Gepräges beschlossen, im Geiste der Altburschenschaft von 1817 der Befreiung des Vaterlandes von Fremdherrschaft dadurch zu gedenken, daß sie die deutsche Jugend aufriefen, die Liebe zum Vaterland und den Stolz auf dieses Vaterland nicht so sehr in der Erinnerung an

Kriegstaten lebendig werden zu lassen als in dem Entschluß, „unser Leben aus eigener Bestimmung, vor eigener Verantwortung mit innerer Wahrhaftigkeit" zu gestalten. Auf solche Weise erfüllte man die Postulate der Reden Fichtes an die deutsche Nation [1807/08] würdiger.

So war auch der Wandervogel in hohem Maße vaterländisch gesinnt – vor allem waren es jene in seinen Reihen, die vom Volke mehr hielten als vom Staat, diesem ihnen allzu seelenlos dünkenden Instrument in Händen der Mächtigen. Bei den meisten freilich verdichtete sich dieses Lebensgefühl nicht in konkreten politischen Vorstellungen. Man liebte sein Volk, indem man es in seinen alten Traditionen, in Brauch und Sitte, Kunst und Wissenschaft als eine moralische Größe ansah, aus der die Kraftströme fließen, die auch in einer sich immer weiter versachlichenden und technisierenden Welt dem Menschen eine Heimat zu schenken vermögen, darin er in freier Selbstentfaltung den ihm gemäßen, die Welt der „niederen" Bedürfnisse transzendierenden Grad an Menschlichkeit erreichen kann. Daß darin der Keim zu „völkischen" Irrwegen lag, wie einst bei der alten Burschenschaft, ahnten wir nicht . . .

Wandervögel

Unterschied

Eduard Thöny
Aus: „Simplicissimus", vor 1909

„Na, Huber, wo kommst du her?"
„Ich habe gespeist, Herr Hauptmann."
„Kerl, was quatschst du da? Majestät speist, ich esse und du frißt; verstanden?"

Die hohen Herrschaften

Tagebuch

Hans R., geb. 1894, Schüler in Stuttgart

6./7. September 1909: Kaisertage in Stuttgart.

Am 6. September nachmittags kam Kaiser Wilhelm II. in Stuttgart an. Die Stadt war festlich geschmückt und die Straßen voller Leute und Soldaten. Auf dem Schloß-platz konnten die Straßenbahnen sich kaum einen Weg durch die Menge bahnen. Vom Bahnhof bis ans Schloß war eine Allee von Flaggenmasten und Säulen mit Lorbeerbäumchen. Nun rückte Militär an, mit Musik und offenen Fahnen, und im Nu war der ganze Schloßplatz gesäubert. Kopf an Kopf stand die Menge auf den Rasen und Beeten der Anlagen und auf den Treppen des Königsbaus. Wir konnten Gott sein Dank von unserer Wohnung aus alles gut mitansehen; die Kutscher unten auf der Straße verkauften den Wagenplatz um 3 Mark; die Leute rückten selbst mit Schemeln und Leitern an, um über die vielköpfige Menschenmenge hinwegsehen zu können.

Endlich vernahm man vom Bahnhof Musik und Trommeln und bald darauf fuhr der Kaiser um die Ecke. Voraus ritt eine Abteilung gelber Dragoner, dann kam das Gefährt der Kaiserin und Königin und zum Schluß eine Abteilung Ulanen. Die spalierstehenden Soldaten hatten die Seitengewehre aufgepflanzt; es sah wunder-schön aus, wie die lange Kette mit ihren blitzenden Spießen präsentierte. Das Spielen der Musik verschlang die Hoch- und Hurrarufe der Menge.

Sofort nachdem die hohen Herrschaften vorbeigefahren waren, begab sich Mutter mit mir und Albrecht zur Frau Frei, die uns eingeladen hatte, den Besuch des Monarchen im Rathaus anzusehen. Zur Ankunft kamen wir zu spät; der Kaiser hatte eben das Rathaus betreten. Unter den Fenstern auf dem Bürgersteig war ein Gedränge, von dem man sich keinen Begriff macht. Wie eine Mauer standen die Leute. Trotzdem drückten sich die in ihre Quartiere abgehenden Soldaten durch, indem sie von ihren Ellenbogen und Gewehrkolben Gebrauch machten. Der Paukenier schob sein Instrument auf den Köpfen der Menge vor sich her. Jetzt kamen der Kaiser und die Kaiserin heraus, mit lauten Hochrufen begrüßt. Ihrem Wagen voraus ritten die Stadtreiter in ihrer schmucken, aber etwas altmodischen Uniform. Die Herrschaften grüßten freundlich nach allen Seiten, und jedermann behauptete nachher, ihn habe der Kaiser ganz besonders gegrüßt.

Am 7. war auf dem Wasen die Kaiserparade. Wir brachen schon um 8 Uhr mit Fräulein Anne und ihren Brüdern auf. Schon auf der König-Karls-Brücke herrschte ein fürchterliches Gewühl, das immer mehr zunahm, je mehr man sich den Tribünen näherte: endlose Züge Infanterie, Kavallerie, Artillerie, Kriegervereine, Offiziere aller Rangstufen und Waffengattungen und eine ungeheure Menschenmenge. Die Soldaten waren in große Vierecke aufgestellt, bei denen rechts die Fahne oder Standarte des Batallions bzw. Regiments stand. Das Wetter heiterte sich immer mehr und mehr auf, und als der oberste Kriegsherr auf dem Paradefeld erschien, herrschte der schönste Sonnenschein. Auch jetzt hatten die Soldaten wieder „aufgepflanzt", und die bajonettstarrenden Vierecke gewährten ein ungemein kriegerisches Bild, das durch die roten, sturmzerfetzten Fahnen noch erhöht wurde. Nachdem der Kaiser die Front abgeritten hatte, begann der Vorbeimarsch der Truppen. Endlos schoben sich die Regimenter über das Paradefeld. Besonders hübsch stach die Reiterei mit ihren Fähnlein heraus, wenn sie im Trab über die Ebene jagte. Nun wurde bekannt, daß Graf Zeppelin, „der Eroberer der Luft", die roten Ulanen vorführte, und bald brach alles in den Ruf „Hurrah Zeppelin, Hoch Zeppelin" aus, was trotz des energischen Abwinkens nicht aufhörte und schließlich dazu führte, daß sich der „gefeierte Volksmann" buchstäblich hinter die Musik verkriechen mußte.

Vom eigentlichen Parademarsch sahen wir so gut wie gar nichts, wohl aber sahen wir den Kaiser sehr gut, als er die Front der vor den Tribünen aufgestellten Kriegerver- eine abritt.

Am Abend war großer Zapfenstreich sämtlicher Kapellen und Spielleute der württembergischen Armeekorps. Auf dem Schloßplatz war ein Gedränge, daß einem Hören und Sehen verging und man Gefahr laufen mußte, erdrückt zu werden. Ich rettete mich nach der Gerokstraße, von wo aus man den Rest der Musik noch gut anhören konnte. Besonders festlich hatten den Aufzug die Magnesiumfackeln gemacht, die den Schloßhof fast taghell erleuchteten.

7./8. April 1911: Silberne Hochzeit des Königspaares.

Freitag, den 7. April kam Zeppelin mit dem Luftschiff „Deutschland" von Fried- richshafen, überflog Stuttgart in einer Schleife und ließ ein Arrangement von Friedrichshafener Königsnelken in einem Fallschirm über dem Residenzschloß niedergehen, wo der ganze Hof dem prächtigen Schauspiel anwohnte. Das Luft- schiff flog nach einer Landung auf dem Wasen weiter nach Baden-Baden. Abends machte ich mit Gerhard einen Bummel durch die festlich geschmückten Straßen. *Samstag, 8. April.* Der König [Wilhelm II. von Württemberg] fuhr morgens in die Kirche; dann war große Defiliercour im Residenzschloß, während welcher 101 Ehrenschüsse abgegeben wurden. Die Stadt sah ungemein festlich aus, alles hatte geflaggt. Viele Häuser waren auch mit Girlanden bekränzt oder mit württembergi- schen oder schaumburg-lippischen (der Königin) Farben drapiert. Sämtliche Schü- ler hatten natürlich frei, und nachmittags waren auch die meisten Geschäfte geschlossen. Vom frühen Morgen an wurden von 1200 jungen Damen künstliche Nelken und Postkarten feilgeboten, der Reinertrag (500 000 M) hiervon wurde dem Königspaar zur Verfügung gestellt, das ihn für wohltätige Zwecke verwendet. Die bunten Sträuße, die jedermann an hatte und mit denen Wagen und Pferde, Automobile und Fahrräder, ja sogar Hunde geschmückt waren, erhöhten noch den festlichen Eindruck...

Abends begab ich mich um 8 Uhr in den Hof des Residenzschlosses zur Huldigung der schwäbischen Gesangvereine. Christian, der selbst mitsang, hatte uns seine Freikarte zur Verfügung gestellt. Nach dem Gesang, während dessen sich die hohen Herrschaften auf dem Balkon aufhielten, mit stürmischen Hochrufen begrüßt, brannte auf dem Schloßplatz ein märchenhaft schönes Feuerwerk ab, das die Stadt gestiftet hatte. Mit einigen Freunden, die ich im Schloßhof getroffen hatte, durchzog ich bis ½12 Uhr die illuminierte Stadt, in der eine ungeheure Menschenmenge auf und ab wogte.

20. März 1912. Vor ein paar Tagen kam ein Telegramm aus Südamerika, daß der Norweger Amundsen am 14. Dezember 1911 den Südpol entdeckt habe.

25. Juli 1912, Mittwoch, war morgens um 9 Uhr Schlußfeier, bei der ich das Zeugnis der Reife erhielt. Die Festrede hielt Kurt Lampert. Abends war Abschiedskommers im Konzertsaal der Liederhalle, den die Schüler dem Herrn Oberstudienrat Straub gaben. Alles verlief sehr harmonisch.

4. Oktober 1912, Freitag. Am 1. Oktober trat ich in die 1. Kompanie des Grenadierregiments Königin Olga (1. württ.) No. 119 als Einjährig-Freiwilliger ein. [Wer die mittlere Reife hatte und sich freiwillig meldete, mußte bis zum Ersten Weltkrieg nur ein Jahr aktiv dienen.]

19. Oktober 1912, Samstag, leisteten wir neueingestellten Rekruten den Fahneneid in der Garnisonskirche. Serbien, Bulgarien und Griechenland haben der Türkei den Krieg erklärt. Inzwischen wurde der Friede zwischen Türken und Italienern in Lausanne unterzeichnet.

29. Dezember 1912. Über die Feiertage herrschte ausnahmsweise mildes Wetter, das wärmste seit 1848. – Von den Balkanwirren: Albanien hat seine Unabhängigkeit proklamiert. Die Griechen kämpfen noch immer und haben sich auf Chios zu Land, vor den Dardanellen zu Wasser Schlappen geholt. In London sind die Gesandten der Kriegführenden zu den Friedensverhandlungen zusammengetreten. Danebenher gehen regelmäßig Besprechungen der Botschafter der Großmächte. Augenblicklich sieht es wieder friedlicher aus. Trotzdem geht das Gerücht, die Spannung zwischen Dreibund [Deutsches Reich, Österreich-Ungarn, Italien] und Tripelentente [England, Frankreich, Rußland] sei so stark, daß der Krieg fürs Frühjahr nahezu unvermeidlich sei. Kriegsgarnituren sind bei uns schon an die Mannschaften ausgegeben.

Kaiser Wilhelm II. mit seinen sechs Söhnen am Neujahrstag 1913 vor dem Berliner Schloß.

Bei jedem Schritt knallt, läutet, trommelt, tutet, bläst und flaggt es.
Nicht zum Vergnügen, sondern, wie das Hofgesinde sagt, des Volkes
und der Überlieferung wegen. Das bestätigt sich, denn ungezählte
Revolutionäre machen diese Dinge beseligt mit.

Alle alten Bräuche und Zeremonien beleben sich. Früher, als sie
symbolischen Sinn hatten, waren es zwei oder drei im Jahr; jetzt sind
es zwei oder drei in der Woche. Alle Tage ist irgendwo ein Fest, alle
Stunden ist irgendwo ein feierlicher Augenblick. Er wird, wie man
sagt, festgehalten: photographisch, kinematographisch,
telegraphisch, journalistisch, protokollarisch. Weltgeschichte wickelt
sich von der Walze.

In stetig wechselnder Verkleidung muß gefahren, geritten, gegangen,
gegessen und immer geredet werden. Jeder Augenblick hat etwas
Endgültiges. Jede Gebärde entscheidet. Jeder Wink bewegt . . .
Huldigung! Gelöbnis unverbrüchlicher, ewiger Treue. Hingabe bis
zum letzten Blutstropfen. Alles für den Herrscher. Er, der Herr, wir
die Diener. Wie geschworen, so geglaubt; geglaubt, nicht aus
Anmaßung, sondern zum Besten des Landes.

Alles ist zum Besten des Landes: die Treue, die Bewunderung, die
Anbetung, das Opfer; Gott will es so.

Walther Rathenau (1867—1922)

Eine Fratze

Georg Heym

Der expressionistische Dichter Georg Heym (1887–1912) drückte aus, was viele empfanden: Die Ruhe ist trügerisch, ja ungesund, Unheil braut sich zusammen. Krasser als dieser Text ist eine Tagebucheintragung vom 6. Juli 1910: „Geschähe doch einmal etwas. Würden einmal wieder Barrikaden gebaut. Ich wäre der erste, der sich darauf stellte, ich wollte noch mit der Kugel im Herzen den Rausch der Begeisterung spüren. Oder sei es auch nur, daß man einen Krieg begänne, er kann ungerecht sein. Dieser Frieden ist so ölig und schmierig wie eine Leimpolitur auf alten Möbeln."

Unsere Krankheit ist unsere Maske.

Unsere Krankheit ist grenzenlose Langeweile.

Unsere Krankheit ist wie ein Extrakt aus Faulheit und ewiger Unrast.

Unsere Krankheit ist Armut.

Unsere Krankheit ist, an einen Ort gefesselt zu sein.

Unsere Krankheit ist, nie allein sein können.

Unsere Krankheit ist, keinen Beruf zu haben, hätten wir einen, einen zu haben.

Unsere Krankheit ist Mißtrauen gegen uns, gegen andere, gegen das Wissen, gegen die Kunst.

Unsere Krankheit ist Mangel an Ernst, erlogene Heiterkeit, doppelte Qual. Jemand sagte zu uns: Ihr lacht so komisch. Wüßte er, daß dieses Lachen der Abglanz unserer Hölle ist, der bittere Gegensatz des: „Le sage ne rit qu'en tremblant" [Der Weise lacht nur unter Zittern] Baudelaires.

Unsere Krankheit ist der Ungehorsam gegen den Gott, den wir uns selber gesetzt haben.

Unsere Krankheit ist, das Gegenteil dessen zu sagen, was wir möchten. Wir müssen uns selber quälen, indem wir den Eindruck auf den Mienen der Zuhörer beobachten.

Unsere Krankheit ist, Feinde des Schweigens zu sein.

Unsere Krankheit ist, in dem Ende eines Welttages zu leben, in einem Abend, der so stickig ward, daß man den Dunst seiner Fäulnis kaum noch ertragen kann.

Begeisterung, Größe, Heroismus. Früher sah die Welt manchmal die Schatten dieser Götter am Horizont. Heut sind sie Theaterpuppen. Der Krieg ist aus der Welt gekommen, der ewige Friede hat ihn erbärmlich beerbt.

Einmal träumte uns, wir hätten ein unnennbares, uns selbst unbekanntes Verbrechen begangen. Wir sollten auf eine diabolische Art hingerichtet werden, man wollte uns einen Korkzieher in die Augen bohren. Es gelang uns aber noch zu entkommen. Und wir flohen – im Herzen eine ungeheure Traurigkeit – eine herbstliche Allee dahin, die ohne Ende durch die trüben Reviere der Wolken zog. War dieser Traum unser Symbol?

Unsere Krankheit. Vielleicht könnte sie etwas heilen: Liebe. Aber wir müßten am Ende erkennen, daß wir selbst zur Liebe zu krank wurden.

Aber etwas gibt es, das ist unsere Gesundheit. Dreimal „Trotzdem" zu sagen, dreimal in die Hände zu spucken wie ein alter Soldat, und dann weiter ziehen, unsere Straße fort, Wolken des Westwindes gleich, dem Unbekannten zu.

2 Man muß aus Eisen sein

Wir hatten an den Krieg nicht geglaubt, unsere politische Einsicht hatte nicht ausgereicht, die Notwendigkeit der europäischen Katastrophe zu erkennen. Als sittliche Wesen aber – ja, als solche hatten wir die Heimsuchung kommen sehen, mehr noch: auf irgendeine Weise ersehnt; hatten im tiefsten Herzen gefühlt, daß es so mit der Welt, mit unserer Welt, nicht mehr weitergehe.

Thomas Mann, 1914

Krieg lag schon ein paar Jahre vor Ausbruch des Ersten Weltkriegs in der Luft, ja, einige schienen ihn fast herbeizuwünschen. Von der Rüstungsindustrie einmal ganz abgesehen: Das geistige Klima, zu dem Kaiser Wilhelm II. mit kraftstrotzenden Reden und schneidigem Gehabe ohne Frage seinen Teil beitrug, erzeugte einen Überdruß am langandauernden Frieden. Das Tagebuch von Georg Heym (siehe S. 75) ist also keineswegs untypisch für die damalige Zeit.

Bei der Jugend kam die Enttäuschung hinzu, daß die von ihr ausgehenden Impulse im realen Leben so wenig bewirkten. Einen neuen Anstoß gaben um 1910 die Expressionisten. Nach den Wandervögeln traten nun sie gegen die lähmende Vormacht der Väter an. Im Gegensatz zu ihnen verherrlichten sie die Großstadt, nicht die Natur, und sie schockierten mit ihrer gewaltsamen Sprache und ihren grellen Farben bewußt die Bürger. Viele expressionistische Gedichte beschwören den Weltuntergang und das Schreckgespenst des Krieges, von dem gleichzeitig irgendeine Erlösung erwartet wird. Diese Stimmung klingt auch in der folgenden Strophe aus dem Zyklus „Jugend" von Ernst Wilhelm Lotz an, der vierundzwanzigjährig im zweiten Kriegsmonat an der Westfront fiel:

„Wir sind nach Dingen krank, die wir nicht kennen.
Wir sind sehr jung. Und fiebern noch nach Welt.
Wir leuchten leise. – Doch wir könnten brennen.
Wir suchen immer Wind, der uns zu Flammen schwellt."

Als der Krieg am 1. August 1914 dann tatsächlich ausbrach, entluden sich lange aufgestaute Spannungen, der Kriegstaumel riß auch besonnene Gemüter zu patriotischen Gesängen hin. Und die Jugend strömte freiwillig von der Schul- und der Werkbank weg zu den Fahnen – aus Vaterlandsliebe und, ohne sich dessen vielleicht bewußt zu sein, in der Erwartung, endlich Freiräume gewinnen zu können. Auch die pazifistischen Jugendgruppen gerieten in diesen Strudel. Der Krieg wurde von allen Kreisen als höchste männliche Bewährungsprobe begrüßt.

Die Ernüchterung folgte auf dem Fuße. Im Trommelfeuer von Langemarck und vor Verdun (diese Namen haben Symbolkraft) zerstob die Vision vom reinigenden Feuer, das Grauen der Schlachtfelder erwürgte alle hehren Träume. Im Westen kam der deutsche Angriff ins Stocken, die Hoffnung auf ein rasches Ende des Krieges zerrann. Frauen mußten die fehlenden Arbeiter in den Fabriken ersetzen, junge Damen versuchten sich in Lazaretten nützlich zu machen, ganze Mädchenklassen strickten Mützen und Socken für die Soldaten, unzählige Päckchen gingen an die Front.

In der Heimat flaute die Kriegsbegeisterung noch schneller ab als im Schützengraben. Überall fehlten die Männer, die Gefallenenlisten wurden immer länger. Trauer zermürbte den anfänglichen Kampfgeist, und die Hungersnot 1916/1917 untergrub vollends die körperlichen Kräfte. In den Munitionsfabriken flammten Streiks auf, Deutschlands materielle und moralische Reserven waren erschöpft. Man sehnte wieder den Frieden herbei.

Mobilmachung

Carl Zuckmayer

1896–1977. „Der fröhliche Weinberg" (1925), „Der Hauptmann von Köpenick" (1931) und das in der Emigration geschriebene Drama „Des Teufels General" (1946) waren seine großen Bühnenerfolge. – Aus der Autobiographie „Als wär's ein Stück von mir" (1967):

Es war Samstag, der erste August. In unserer Gegend, der Mainzer Neustadt, war alles totenstill, kein Mensch und kein Fahrzeug auf der Straße, die Häuser wie ausgestorben. Aber von der Stadtmitte her hörte man, undeutlich und verworren, ein leises Brausen von vielen Stimmen, Gesang, Militärmusik. Ich lief in die Stadt. Je näher ich dem Schillerplatz kam, auf dem sich das Gouvernement der Garnison befand, desto dichter wurde das Gedränge: so ging es sonst nur zu, wenn an Fastnacht der Rosenmontagszug erwartet wurde. Aber die Stimmung war anders. Obwohl man Rufen, auch Schreien und Lachen hörte, war in dem ganzen Getriebe eine zielhafte Geschlossenheit, nichts von müßiger Neugier, so als hätte jeder dort, wo alle hinströmten, etwas Dringendes, Unaufschiebbares zu tun. Mitten durch all die Menschen marschierten kleine Kommandos der Gouvernements-Wache, die an den Straßenecken noch druckfeuchte Plakate anschlugen, darauf stand in großen, weithin lesbaren Buchstaben:
Seine Majestät der Kaiser und König hat die Mobilmachung von Heer und Flotte angeordnet. Erster Mobilmachungstag ist der zweite August. gez. Wilhelm, I.R.

79

Sonst nichts. Wer damals dabei war, hat diesen Text nie vergessen. Da und dort traf ich Schulkameraden oder Freunde aus der Nachbarschaft, und auch das gehörte zu dem Unfaßlichen: wir sprachen kaum miteinander, wir berieten uns nicht, wir schauten uns nur an, nickten uns zu, lächelten: es war gar nichts zu besprechen. Es war selbstverständlich, es gab keine Frage, keinen Zweifel mehr: wir würden mitgehen, alle. Und es war – das kann ich bezeugen – keine innere Nötigung dabei, es war nicht so, daß man sich etwa vor den anderen geniert hätte, zurückzubleiben. Man kann vielleicht sagen, daß es eine Art von Hypnose war, eine Massenentscheidung, aber es gab keinen Druck dabei, keinen Gewissenszwang. Auch in mir, der ich am vorletzten Abend noch zu einer Holländerin gesagt hatte: „Nie werde ich in einen Krieg gehen!", war nicht mehr der leiseste Rest einer solchen Empfindung. Der weite Schillerplatz vorm Gouvernement war schwarz von Menschen, man erwartete wohl eine offizielle Kundgebung, eine Ansprache des Gouverneurs oder dergleichen, aber es geschah nichts, die Militärmusik spielte die prächtigen alten Märsche, da und dort hörte man ein paar Stimmen „Hurra" rufen oder das Deutschlandlied singen, aber das verebbte gleich wieder, es ging ernst und würdig zu, fast feierlich, trotz der immer dichter gedrängten Menschenmenge. Extrablätter der lokalen Zeitung wurden angeboten, in denen man las, daß Rußland entgegen seinem ausdrücklichen Versprechen seine gesamte Riesenarmee mobilisiert habe, daß die „russische Dampfwalze" mit ungeheurem Einsatz von Divisionen auf die deutsche Ostgrenze zustampfe, daß Frankreich ohne Warnung mobilgemacht habe und den deutschen Westen bedrohe. Wir sprachen nur noch davon, bei welchem Regiment man sich am besten melden sollte. Einer unserer Freunde, Sohn eines höheren Offiziers, informierte uns, daß mit den Kriegserklärungen am nächsten Tag zu rechnen sei und daß dann wohl überall Freiwillige angenommen würden. Am liebsten wären wir gleich alle zusammen in eine Kaserne gelaufen und gar nicht mehr heimgegangen. Wir hatten die Arme ineinandergehakt und bildeten eine Kette, um uns im Gedränge nicht zu verlieren – ich weiß noch heute den Namen jedes einzelnen, der da mit mir ging: Karl Gelius, Franz Klum, Leopold Wagner, Max Neuhoff, Heinz Römheld, Geo Hamm, Richard Schuster, Franz Pertzborn, Erich Hahn –, ich sehe ihre siebzehnjährigen Gesichter, wie sie damals waren, jung und frisch, ich könnte sie nie anders sehen, denn sie sind nicht gealtert. Sie sind alle tot, kriegsgefallen, jeder der hier Genannten. Zum Abschluß spielte die Militärkapelle, in langsamem Takt, das Lied vom Guten Kameraden, und wir sangen mit, ohne noch die Bedeutung dieser Strophe zu ahnen: „Es hat ihn weggerissen – Er liegt zu meinen Füßen – Als wär's ein Stück von mir".
Gegen Abend, noch vor Dunkelheit, rückten die 117er aus, das „Leibregiment der Großherzogin", die populärste Infanterietruppe unserer Heimat, bei der viele bekannte Persönlichkeiten der Stadt gedient hatten und jetzt als mobile Reserve mitmarschierten. Man sah vertraute Gestalten, auch die Spitzen des „Mainzer Rudervereins", die bei mancher internationalen Regatta den Sieg errungen hatten. Sie kamen an unsrem Haus vorbei, das nahe beim Bahnhof lag: die höheren

Offiziere, Regiments- und Bataillonsstab, zu Pferd, die Führer der kleineren Einheiten, junge Leutnants, zu Fuß, zehn Schritte vor ihrer Mannschaft, so wie sie ihr dann im Kampf vorausgegangen und zum großen Teil gefallen sind. Sie waren in Feldgrau, noch ohne Stahlhelme, die erst im Verlauf des Kriegs eingeführt wurden – die berühmten „Pickelhauben" mit grauem Stoff überzogen. Fast alle hatten Blumensträuße am Helm, am Tornister oder an den Gewehrläufen. Manche Gesichter waren von Sommerhitze und Wein gerötet, die meisten ruhig und gesammelt. Junge Mädchen, Bräute und Schwestern, liefen neben der Marschkolonne her und winkten den ihren zu, einige weinten. Auch unsere Köchin, die neben uns vor der Haustür stand, weinte – ihr Bruder war als Sergeant dabei, und als sie ihn neben seiner Gruppe hermarschieren sah, stürzte sie auf ihn zu und steckte ihm ein Päckchen in die Tasche. Er lächelte und grüßte uns mit seinem einfachen, derbknochigen Bauerngesicht. Ein junger Soldat warf seine Blumen im Vorüberziehn einer vor einer anderen Haustür stehenden Frau zu, die sie an ihr Herz preßte; wir wußten, daß es seine Mutter war. Er hielt die Hand noch erhoben, als er um die Straßenecke verschwand. Diese kleinen, unbedeutenden Einzelheiten waren es, die uns mehr ergriffen als der Anblick des Ganzen und sich dem Gedächtnis unauslöschlich einprägten. Es spielte keine Blechkapelle, die ersten Regimenter rückten still und ohne Musik aus, aber vom Bahnhof her hörten wir sie dann singen, wie mit einer Stimme.

Der Auszug der aktiven Armee, die sofort vor den Feind kam, hatte nichts von Kriegstaumel, Massenhysterie, Barbarei oder was man sich sonst von den – bald in der Welt als „Hunnen" oder „Boches" gebrandmarkten – deutschen Soldaten vorstellte. Es war eine disziplinierte, besonnene, ernst entschlossene Truppe, von der sich viele wohl der Tragik des Geschehens bewußt waren. Es war eine Pracht und zugleich ein Jammer, sie anzuschauen – Ähnliches erzählte mir der spätere Pazifist und radikale Kriegsgegner Fritz von Unruh von seinem Ulanenregiment –, es war eine Pracht an gesunden Leibern und an unverbildeter Menschenart, es war eine hoffnungsvolle, leistungsstarke Generation, wirklich und wahrhaftig die Blüte der Nation, die da hinauszog, um zu sterben. Denn die wenigsten, die bei Kriegsbeginn dabei waren, sind zurückgekommen, und kurz darauf folgte der Nachwuchs. Deutschland hat sich nie ganz davon erholt. Als es soweit hätte sein können, wurden seine jungen Männer wieder in einen Krieg getrieben, von einer gewissenlosen Führung entfesselt und noch viel unglückseliger in seinem Ausgang. Damals, im Jahre 14, glaubte man noch an ein Aufblühen durch den Krieg. Doch es wurde ein Welken.

Französische Gefangene und deutsche Dämchen

Aus: „Schwäbischer Merkur", 15. August 1914

Stuttgart, 15. August. Im Christlichen Vereinshaus an der Furtbachstraße sind verwundete *Franzosen* untergebracht . . . Es wird uns berichtet, daß vor dem Vereinshaus am Donnerstag abend junge Mädchen mit Süßigkeiten „für die Franzosen" standen, zu denen sie erfreulicherweise nicht gelangten. Haben denn diese „Damen" kein Verständnis dafür, wie unsagbar erniedrigend ihr Gebaren ist? Wie ekelerregend? Ist an ihnen die nationale Welle der letzten Tage spurlos vorübergegangen? Wissen diese vorlauten Persönchen nichts von den Qualen, die deutsche Flüchtlinge in Frankreich erlitten? Von den Roheiten und Gemeinheiten, die ihren Geschlechtsgenossinnen von den „ritterlichen Franzosen" angetan wurden? Und doch Rosen und Süßigkeiten?! Die französischen Soldaten hungern nicht bei uns, und ihre Wunden werden gepflegt. Aber „Liebesgaben", Rosen, von *deutschen* Mädchen – da gibt es nur ein Wort: Pfui!
Wir erhalten zu derselben Sache aus unserem Leserkreis eine Reihe entrüsteter *Zuschriften*. Ein Vater, der zwei Söhne im Feld stehen hat, schreibt:
„Glaubt jemand im Ernst, daß unsern Verwundeten irgendwo im Feindesland gehuldigt wird? Und solche Mädchen wollen deutsche Männer heiraten, die ihr Leben dem Vaterland zur Verfügung gestellt haben? Wahrhaftig jede Person, die ihr Vaterland in so gemeiner Weise verleugnet, daß sie dem Feinde auch noch Huldigungen angedeihen läßt, verdiente durch Namensnennung öffentlich gebrandmarkt zu werden. Man sollte doch erwarten dürfen, daß der so jäh über uns gekommene Krieg auch denen endlich die Augen öffnet, die sich seither in widerlicher Bewunderung alles Ausländischen nicht genug tun konnten."
Ein anderer Leser macht den betreffenden „Damen" klar: „ Da sagt eine Dame: Ich mache keinen Unterschied zwischen deutschen und französischen *Verwundeten*. – Das klingt schön und edel. Sehen wir nach, ob es auch so ist. Wenn mein Bruder für mich kämpft und beide, mein Feind und mein Bruder kampfunfähig werden, so werde ich doch wohl erst meine Sorgfalt dem Bruder widmen, und nur soviel, als mir Kräfte übrig sind, dem Feind. Wenn ich so handle, dann tu ich, was die höchste Sittlichkeit und Menschlichkeit von mir erwarten kann. Wenn ich anders handle, und meine Sorgfalt zwischen Bruder und Feind in gleichem Maße teilen will, dann handle ich sittlich schlecht . . . Mögen wir auch in der Behandlung der feindlichen Verwundeten und Gefangenen der deutschen Würde eingedenk bleiben, echte Menschlichkeit üben und der falschen entsagen, hinter der sich nur allzu oft charakterlose Neugier und Eitelkeit verbirgt."

Abschied

(kurz vor der Abfahrt zum Kriegsschauplatz für Peter Scher)

Alfred Lichtenstein

1889–1914. Jurist, expressionistischer Dichter. Er fuhr am 8. August 1914 an die Westfront und fiel am 25. September bei Vermandovillers an der Somme.

Vorm Sterben mache ich noch mein Gedicht.
Still, Kameraden, stört mich nicht.

Wir ziehn zum Krieg. Der Tod ist unser Kitt.
O, heulte mir doch die Geliebte nit.

Was liegt an mir. Ich gehe gerne ein.
Die Mutter weint. Man muß aus Eisen sein.

Die Sonne fällt zum Horizont hinab.
Bald wirft man mich ins milde Massengrab.

Am Himmel brennt das brave Abendrot.
Vielleicht bin ich in dreizehn Tagen tot.

Dann läßt er uns liegen

Elisabeth Castonier

1894–1976. Sie wuchs behütet in einem anregenden, wohlhabenden Hause auf. Ihr Vater, Felix Borchardt, war Maler und hatte 1905 Wilhelm II. porträtiert; als er einmal seine kleine Tochter ins Schloß mitnahm, tauchte der Kaiser überraschend auf. „Ich versuchte, den Hofknicks meiner Mutter nachzuahmen, sehr tiefe Kniebeuge, leicht vornüber geneigt. Aber die kaiserlichen Dackel fuhren mir mit ihren kalten Schnauzen in die Waden, ich verlor mein Gleichgewicht und fiel kichernd um", schreibt sie in ihren Memoiren „Stürmisch bis heiter" (1964); das folgende Stück ist dem Kapitel „Das Jahr 1914" entnommen.

Ich nahm mit einigen anderen jungen Mädchen an einem Krankenpflegekurs teil, den Doktor Tausch für das Rote Kreuz abhielt.

Ein Schuljunge bekam 20 Pfennig für jede Unterrichtsstunde, in der er unsere Verbands- und Massageversuche und die Wiederbelebungsversuche über sich ergehen ließ. Als er eines Tages unter unseren kräftigen Händen, die imaginäres Wasser aus einem „Ertrunkenen" kneten sollten, sein Mittagessen ausspie, lief er schreiend davon.

Ende Oktober wußte man, daß der Krieg nicht zu Weihnachten beendet sein würde. Die Verwundeten- und Totenlisten wurden länger und schließlich überhaupt nicht mehr veröffentlicht.

Meine Eltern beschlossen, nach Berlin zurückzukehren. Kriegsbegeisterung herrschte dort: patriotische Gedichte, Reportagen über Heldentaten, Bilder von blumengeschmückten Soldaten neben lächelnden Mädchen füllten die Zeitungs-spalten – und Todesanzeigen füllten mehrere Seiten.

Der Dichter Ernst Lissauer schrieb seinen berühmten „Haßgesang" gegen England:

> „Wir hassen vereint, wir lieben vereint.
> Wir haben nur einen einzigen Feind:
> England!"

Sogar der Theaterkritiker Alfred Kerr dichtete patriotisch und nicht sehr geschmackvoll:

> „Und nur ein leiser Hauch sagt still:
> Churchill – Churchill."

In den Theatern wurden feldgraue Revuen aufgeführt. In einer von ihnen sang der Chor:

> „Unser Kaiser hat gesprochen,
> Zu uns runter vom Balkon,
> Freund, jetzt ist nichts mehr zu machen,
> Und jetzt gibt's nicht mehr pardon."

Eine Strophe lautete:

„Und so ziehn wir froh und munter hinter unserm Kaiser her –"

Daß der Kaiser nicht selbst in den Krieg zog, sondern, genau wie seine Söhne, im Hinterland, im Hauptquartier residierte, schien niemand zu beanstanden.

Nach unserer Rückkehr in die Stadt tat ich Hilfsdienst in einem kleinen Hospital. Das Wichtigste war die „Schwesterntracht", die der Tracht der approbierten Schwestern so ähnlich wie möglich sein sollte – und eine weiße Haube, mit vielen Haarnadeln auf der Wollunterlage befestigt.

Wie alle anderen jungen Mädchen hatte ich mir die Verwundetenpflege romantisch vorgestellt: Limonade reichen, Kissen richten, kühle Hände auf Fieberstirnen legen, Vorlesen, mit Genesenden spazierengehen – und flirten. Beschützt, auf jedem Schritt außerhalb des Elternhauses chaperoniert, hatten wir von der Wirklichkeit entfernt gelebt. Der Übergang in diese Wirklichkeit war jäh: sie bedeutete Schweiß- und Uringeruch, bedeutete das hilflose Wimmern von Männern, die als Helden ausgezogen waren und jetzt nach ihrer Mutter, ihrer Frau riefen. Die Wirklichkeit war anders als alles, was wir bei dem alten Doktor in Tegernsee gelernt hatten. Sie bestand aus Bettschüsseln reichen und säubern, das Essen servieren und abspülen, aus Handlangerdiensten für die approbierten Schwestern, von denen ich einmal eine hörte, wie sie von meiner Freundin Lisa und mir verächtlich sagte: „Diese blöden Gesellschaftsgänse wollen sich bloß wichtig machen."

Wenn ein Verwundeter gestorben war, sagte Oberschwester Emma, die aus gestärktem Leinen, Stahl und Zement zu bestehen schien, bloß: „Exitus fertigmachen." Dies bedeutete, daß wir den Toten mit einem Tuch bedecken und ins Leichenhaus rollen mußten, in dem andere Tote auf steinernen Schragen lagen, wenn der Mann, der dies sonst tat, nicht zur Hand war. Dann mußten wir das Bett für einen anderen Verwundeten beziehen, denn die vielen Siege in der ersten Zeit bedeuteten viele Verwundete.

Von der Straße her drang der Gesang der in den Krieg Ziehenden, die uns fröhlich zuwinkten, wenn wir aus dem Fenster sahen. Sie trugen Blumensträuße an Helm und Gewehr und sangen:

> „Siegreich woll'n wir Frankreich schlagen
> Sterben wie ein Held –"

Meine alte Furcht vor dem Tod überfiel mich wieder, als ich den ersten Verwundeten sterben sah. Ich fürchtete mich jedesmal, wenn Schwester Emma sagte: „Der dauert nicht mehr lang", fürchtete mich vor diesem jähen Übergang vom Leben zum Tod, wenn ein Mann mit einem Mal, seltsam still, mit kalkweißem Gesicht dalag, die weit geöffneten Augen aufwärts gerichtet.

Wenn es ging, verkroch ich mich im Waschraum und wartete ab, bis der Tote abgeholt wurde. Zuweilen kam Lisa, die genau wußte, wo sie mich finden konnte, und rief: „Alles aus, komm raus!"

Eines Tages hieß es: Der Kaiser kommt! Ein Mann, der es wagte, kurz vor der kaiserlichen Ankunft noch rasch zu sterben, mußte schnell fortgebracht werden – und da der Mann, der dies Fortbringen meist besorgte, wieder nicht zu finden war, brachten wir ihn in das kleine Gebäude, in dem es nach Desinfektion roch. An dem Tag waren alle Schragen besetzt, wir mußten ihn auf den Steinboden legen.

Der Kaiser erschien in feldgrauer Uniform, sehr kriegerisch anzusehen, mit unzähligen Orden bedeckt, die er sich selbst verliehen hatte. Um ihn klirrten Sporen, Säbel, Orden. Hacken klappten, Schwestern knicksten devot. Wir, die Bettschüsselbrigade, durften nur im Hintergrund knicksen. Ich hätte den Kaiser gern gefragt, ob er sich an das kleine Mädchen im Neuen Palais erinnerte, das einen schönen Knicks machen wollte und umfiel.

Er schritt von Bett zu Bett, sprach ein paar Worte. In einer Ecke lag ein besonders tragischer Fall, ein Zwanzigjähriger ohne Arme und Beine, ein hilfloses Menschenbündel, ein Rumpf, der uns beim Füttern und Säubern anflehte: „Gebt mir was zum Sterben ein."

Als der Kaiser an seinem Bett stehenblieb und ihm das Eiserne Kreuz auf die Brust legte, fragte er ihn, ob er einen besonderen Wunsch hätte.

Der Rumpf zuckte, als wollte er salutieren, erwiderte sehr laut: „Jawoll, Majestät, wenn ich gehorsamst bitten darf, eine Kugel in den Kopp."

Der Kaiser stutzte, wandte sich schweigend ab, marschierte aus dem Saal, gefolgt von seinen Begleitern, der devot lächelnden Oberin im Kräuselhäubchen, dem Satellitenschwanz der Schwestern.

Der Rumpf sagte: „Erst jagt er uns raus, dann läßt er uns liegen."

Die Saalschwester verwies ihn: sie würde ihn dem Stabsarzt melden, wenn er noch einmal eine solche unpatriotische Bemerkung machte.

Ich weiß nicht, was aus ihm wurde, denn ich pflegte nur noch kurze Zeit. Ich konnte mich nicht an das Grauen gewöhnen, an die Schmerzensschreie. Ich weinte jedesmal, wenn ein Mann starb – es war die alte Kindheitsfurcht vor dem Tod, die ich nicht überwinden konnte, das Gefühl, nicht helfen zu können.

Als ich der Oberin zu erklären versuchte, warum ich nicht länger Hilfsdienst tun könnte, sah sie mich streng an: „Jeder Deutsche hat Pflichten in der Heimat zu erfüllen, während unsere Feldgrauen draußen für uns kämpfen."

Ich glaube, meine Mutter war ebenso froh wie ich, als ich die blaue Phantasie-Uniform auszog.

Soldaten-Abschied

Heinrich Lersch

1889–1936. Arbeiterdichter. Die Redaktion der „Wehr" schrieb unter seinen Namen: „Bis zum Kriegsausbruch Kesselschmied in Mönchen-Gladbach." Die Schlußzeile dieses Gedichts kam im Zweiten Weltkrieg bei den Nazis noch einmal zu großen Ehren.

Aus: „Die Wehr. Zeitschrift des Deutschen Wehrvereins",
Dezember 1914

Laß mich gehn, Mutter, laß mich gehn!
All das Weinen kann uns nichts mehr nützen;
Denn wir gehn, das Vaterland zu schützen.
Laß mich gehn, Mutter, laß mich gehn!
Deinen letzten Gruß will ich vom Mund dir küssen:
Deutschland muß leben, und wenn wir sterben müssen!

Wir sind frei, Vater, wir sind frei!
Tief im Herzen brennt das heiße Leben;
Frei wären wir nicht, könnten wir's nicht geben.
Wir sind frei, Vater, wir sind frei!
Selber riefst du einst in Kugelgüssen:
Deutschland muß leben, und wenn wir sterben müssen!

Liebste, tröste dich; Liebste, tröste dich!
Jetzt will ich mich zu den anderen reihen;
Du sollst keinen feigen Knecht dir freien!
Liebste, tröste dich!
Wie zum ersten Male wollen wir uns küssen;
Deutschland muß leben, und wenn wir sterben müssen.

Nun lebt wohl, ihr Menschen, lebet wohl!
Und wenn wir für euch und unsre Zukunft fallen,
Soll als letzter Gruß zu euch hinüberschallen:
Nun lebt wohl, ihr Menschen, lebet wohl!
Ein freier Deutscher kennt kein kaltes Müssen:
Deutschland muß leben, und wenn wir sterben müssen!

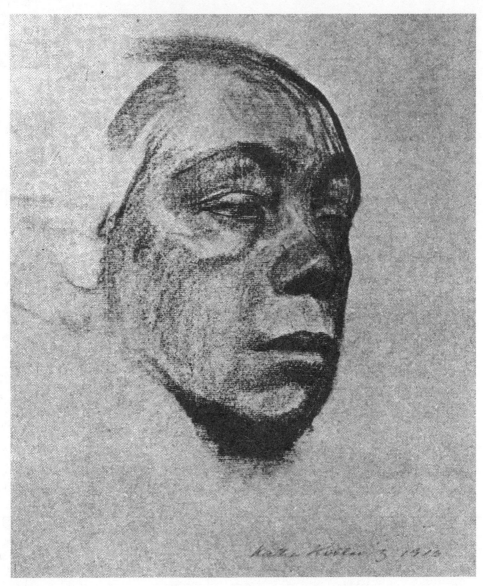

Trauer. Käthe Kollwitz (1867–1945), eine sozial engagierte Künstlerin, notierte am 27. August 1914 in ihrem Tagebuch: „Die Gabriele Reuter schrieb im ‚Tag' über die Aufgabe der Frauen jetzt. Sie sprach von der Wollust des Opferns, ein Ausdruck, der mich sehr traf. Wo nehmen all die Frauen, die aufs Sorgfältigste über das Leben ihrer Lieben gewacht haben, den Heroismus her, sie vor die Kanonen zu schicken? Ich fürchte, nach diesem Seelenaufschwung kommt eine desto schwerere Verzweiflung und Verzagtheit nach."

Ihr Sohn Peter fiel achtzehnjährig im Oktober 1914 in Belgien. „In unser Leben ist ein Riß gekommen, der nie wieder heil wird. Soll auch nicht", schrieb Käthe Kollwitz an Peters Freund. Und zwei Jahre später zeichnete sie dieses Selbstporträt (schwarze Kreide auf grauem Papier); es spricht für sich.

Im Osten

Georg Trakl

1887–1914. Dichter. Er war in Innsbruck im Militärapothekendienst tätig und rückte Ende
August 1914 mit einer Sanitätskolonne an die galizische Front. Aller Hurrah-Patriotismus
lag ihm fern, hatte er doch in seinen vor 1914 entstandenen Gedichten den Irrsinn des
Krieges schon vorausgeahnt. Schwermut, Schatten, Verfall, Untergang – diese Wörter
kehren bei ihm immer wieder. – Nach der Schlacht von Grodek mußte Trakl 90 Schwerver-
wundete allein versorgen, eine Aufgabe, die über seine psychischen Kräfte ging. In der
Nacht vom 3. zum 4. November starb er an einer Überdosis Kokain.

Den wilden Orgeln des Wintersturms
Gleicht des Volkes finstrer Zorn,
Die purpurne Woge der Schlacht,
Entlaubter Sterne.

Mit zerbrochnen Brauen, silbernen Armen
Winkt sterbenden Soldaten die Nacht.
Im Schatten der herbstlichen Esche
Seufzen die Geister der Erschlagenen.

Dornige Wildnis umgürtet die Stadt.
Von blutenden Stufen jagt der Mond
Die erschrockenen Frauen.
Wilde Wölfe brachen durchs Tor.

Durchbruchschlacht am Narew

Feldpostbriefe

Reinhold Maier

1889–1971. Kriegsfreiwilliger bei der Fußartillerie. 1930 Wirtschaftsminister in Württemberg. Ein aufrechter Demokrat, dessen Karriere die Nazis unterbrachen; 1939 gingen seine Frau und seine Kinder nach England ins Exil. Als „politisch unzuverlässiger Mann" durfte er in den Bombennächten des Zweiten Weltkrieges in Stuttgart, wo er sich als Anwalt durchbrachte, nicht den öffentlichen Luftschutzbunker aufsuchen. Nach 1945 erster Ministerpräsident des Landes Baden-Württemberg.

10. Mai 1915. Heute kann ich die Mitteilung machen, daß ich zum Gefreiten befördert worden bin, zusammen mit noch einer ganzen Anzahl von Kriegsfreiwilligen. Wir sollen als Offiziersaspiranten später einmal bevorzugt ausgebildet werden. Vorläufig ändert sich weiter gar nichts. Die „alte Mannschaft" sieht diese Beförderung sehr ungern, und sie wollen uns Kriegsfreiwillige noch mehr drücken als vorher.

28. Juli 1915. Nun sind wir über dem Narew drüben. Wir haben ihn auf einer Pontonbrücke übersetzt. Es wird fortgesetzt gekämpft, und es geht immer vorwärts.

Zaorze, 30. Juli 1915. Gestern und heute war es ruhiger. Wir stehen kurz hinter dem Narew.

[Ohne Orts- und Zeitangabe]. Ich will sehen, ob ich heute Zeit und Gelegenheit finde, etwas länger zu schreiben. Bei dem Bewegungskrieg, in den wir seit 13. Juli gekommen sind, kann ich Euch nicht so auf dem laufenden halten wie sonst. Man hat zuviel Eindrücke.
Seit 28. Juli ist auch unsere Batterie jenseits des Narew. Aus den Zeitungen wißt Ihr ja, was für eine Bedeutung der Bezwingung der russischen Verteidigungslinie am Narew zukommt. Die Verteidigungslinie hier kam uns allerdings schwächer vor als die erste. (Immerhin sind bei den Kämpfen um die Narewlinie zehntausend Deutsche und dreißigtausend Russen gefallen). Viel kräftigere Mittel wurden angewandt, um die erste Hauptstellung vor Przasnysz zu Fall zu bringen. Am Morgen des 13. Juli begann auf der ganzen Front ein planmäßiges Schießen der schweren Artillerie, das an den Tagen vorher bis aufs kleinste vorbereitet war. Das Wirkungsschießen der Artillerie dauerte 6 Stunden. Dann nahm die Infanterie ohne schwere Verluste die Stellung, welche, wie wir am andern Tag sahen, kolossal stark war. Deutsche Truppen wären aus einer solchen Stellung nie gewichen. Die Russen zogen sich in die zweite Stellung, 2 km rückwärts, zurück und bereiteten ihren

allgemeinen Rückzug vor, den sie dann in der Nacht zum 14. Juli ausführten. Am 14. Juli, morgens 4 Uhr, verließen wir unsere Feuerstellung und rückten den Russen nach. Wir bezogen Feuerstellung vor den am Tage vorher den Russen abgenommenen Schützengräben der russischen Hauptstellung bei Osowiec, das einige Kilometer östlich von Przasnysz liegt. In diese Stadt, die wir monatelang vor uns liegen sahen, kamen wir selbst nicht. Sie war von den Truppen des XIII. Armeekorps besetzt worden, und die 26. Division war einige Kilometer mehr östlich vorgerückt. Um dorthin zu kommen, mußten zuerst die deutschen Schützengräben zugeworfen und die davor gelagerten starken Drahthindernisse entfernt werden. Unsere Truppen haben sich in Sappen auf Sturmdistanz an den Feind schon in den Wochen vorher herangearbeitet. Nachdem der Schützengraben zugeworfen war, die Drahthindernisse beseitigt waren, rückten wir auf die Geländefläche, welche in den Monaten vorher zwischen den beiden Gegnern gelegen war. Das Getreide stand darauf beinahe schöner als sonstwo. Kurz vor dem russischen Schützengraben stießen wir auf einige deutsche Tote, Angehörige des Württ. Infanterieregiments 125. Dieser Anblick tut einem immer weh. Aber, wie gesagt, es waren wenige, und sie waren, wie man sah, als Helden gefallen. Sie waren mitten im Sturm getroffen und lagen genau in der Richtung auf die feindliche Stellung hingestreckt. Ein Bild „des lang hinstreckenden Todes“, wie man es bei Homer gelernt hat. Besonders einen werde ich nie vergessen. Er lag 2–3 Meter vor dem russischen Drahthindernis. Er hatte schon nach der Drahtschere gegriffen, um das Drahthindernis zu durchschneiden. Diese Drahtschere hielt er noch im Tode umspannt. Auf der Brüstung des russischen Grabens lag ein mehrfach verwundeter Russe, offenbar ein Sohn des fernen Asiens. Sein Gesicht war schon ganz fahl. Nach dem Abprotzen der Geschütze nahm einer der Kanoniere seinen Karabiner vom Rücken, um ihn, wie üblich, wegzustellen, weil man am Geschütz keinen Karabiner trägt. Der Russe meinte aber augenscheinlich, der Kanonier wolle ihm vollends den Garaus machen. Er wurde noch fahler und riß die Augen auf, daß man nur noch das Weiße darin sah. Ein krampfhafter Ruck ging durch seinen Körper. Unser Krankenträger brachte ihn dann weg. In dieser Stellung schossen wir nicht. Denn bald kam die Nachricht, daß der Russe weit zurückgegangen sei. Wir machten nun auch einen Damm über die eroberten Gräben und zogen nach einem Blick des Grauens in die russischen Gräben und in die dicht dahinter liegenden Reservegräben weiter. Wir waren gerade an dem Punkt, welcher tags zuvor das Ziel unserer Batterie gewesen war. Die Gräben lagen voll mit teilweise in verschiedene Stücke zerrissenen Toten, Halbtoten und Verwundeten. Und auf dem Feld direkt hinter dem Graben waren die armen Russen, als sie aus der Hölle des schweren Artilleriefeuers flüchteten, in das nicht minder mörderische Feuer der deutschen Maschinengewehre geraten und lagen reihenweise im Kornfeld.

Sieger ist nur der Tod

Feldpostbriefe

Friedrich Georg Steinbrecher

1892–1917. Theologiestudent aus Leipzig. Er stand an der Westfront. 1916 versuchten die Franzosen mit einer großen Überlegenheit an Truppen und Material die Kriegsentscheidung zu erzwingen (Schlacht an der Somme, 24. Juni bis 26. November), ein Durchbruch gelang ihnen aber nicht. Sie eroberten einen etwa 12 km tiefen Streifen Land zurück. Die Deutschen verloren über 400 000 Soldaten, die Franzosen an die 200 000, die Engländer über 400 000. – Aus dem Buch „Kriegsbriefe gefallener Studenten" (1928):

13. März 1916 vor Pontavert. Rundgang durch die erbeutete Stellung. Ein sumpfiges, von zerschossenen Bäumen und zerwühlten Gräben bedecktes Waldstück zieht sich um den Berg. Wie umgepflügt alles. Eingeschlagene Unterstände. Weite Granattrichter. Baum- und Kleiderfetzen, Leichen, Munition, Gewehre, Tornister. Ein Feld, ein Wald des Grauens.

14. März. Ein schwerer Dienst: Munition und Material vorschaffen. Gasgranaten verpesten die Luft. Leute werden verschüttet. Wiederbelebungsversuche. Eng gepfercht in den Unterständen. Nachts kann immer nur die Hälfte schlafen. Die anderen sitzen oder stehen. Ich habe vier Tage die Latrine verkniffen, dann mußte es gewagt werden. Die Nerven sind ziemlich mitgenommen. Manche brechen zusammen. Vor Abspannung nicht gegessen und geschlafen. Und doch bewundere ich manchen schwächlichen Kerl, wie er sich auf den Beinen hält. Die Deutschen haben verdammt viel Rückgrat. Der Mensch verträgt stets mehr, als er sich zutraut. Die Zeit vergeht schnell. In der Nacht schrecken mich die Granaten aus dem Schlaf und halten munter.

15. März. Alle Gänge müssen im Laufschritt gemacht werden. Jedes Essenholen ist eine Heldentat, ein Wagnis auf Leben und Tod. Ablösung tut bitter not. Ich bin wieder ganz auf der Höhe. Am 14. war noch ein Teilangriff. Glückte.

17. März. Heute abend wird abgelöst. Endlich. Wir haben das Schlachtfeld ziemlich aufgeräumt. Bilder, ich vergesse sie nie. Ekelhaft, ekelhaft kann man nur sagen. Aber es muß sein.

12. September 1916. Somme – die Weltgeschichte hat wohl kein grauenvolleres Wort. Alles, was ich jetzt wieder habe – Bett, Kaffee, Nachtruhe, Wasser – alles kommt mir fremd vor, als hätte ich das Recht darauf verloren. Und doch waren es nur acht Tage.
Das Leben ist ein Geschenk. Wenn ich das alles nicht gesehen hätte! Wir fühlen erst langsam, wer nicht mehr unter uns ist. Es fehlen so viele. Manche gingen früher, die

man vergaß. Wer neben mir fiel, den vergesse ich nie. Ich habe noch den fünften Teil meines Zuges. Die Besten fielen.

Am Anfang des Monats verließen wir unsere alte Stellung. Abtransport und Bahnfahrt waren noch sehr fidel. Wir kannten das Ziel. Dann kamen Biwaks, Alarm und durch beschossene Dörfer und Sperrfeuer hindurch ins Kampfgewühl hinein. Man schoß mit 30-Zentimeter-Geschützen. Es goß in Strömen. Die letzten Tage waren brütend heiß gewesen. Schneller als wir dachten, waren wir eingesetzt. Erst in den Artilleriestellungen. Wie vom Wahnsinn gepackt jagten Kolonnen hin und her. Die Artilleristen am Geschütz sahen und hörten nichts mehr. Leuchtkugeln auf der ganzen Front und betäubendes Getöse. Verwundete, Befehle, Meldungen. Mittags schwillt das Artilleriefeuer an. Man hörte nur noch ein Summen. Die Luft drückt. Befehl: „Franzosen eingedrungen, Gegenstoß". Durch zerschossenen Wald vor im Granatenhagel. Ich weiß nicht, wie ich den rechten Weg fand. Dann in eine Ebene von Granattrichtern, breitwerdend, immer vorwärts. Fallen und wieder aufstehen. Maschinengewehre schossen. Feindliches und eigenes Sperrfeuer habe ich durchquert. Ich bin heil. Endlich voran. Franzosen dringen ein. Hin und her wogt der Kampf. Dann wird's ruhiger. Wir sind keinen Fuß breit gewichen. Jetzt erst sieht das Auge. Ich will immer vorwärts rennen; stillhalten und sehen ist furchtbar. Ein Wall von Leichen und Verwundeten. Wie oft habe ich diesen Satz gelesen. Jetzt weiß ich, was es ist. Tag und Nacht wechseln. Immer lauernd. Verbindung nach hinten nur unter Verlusten.

Verwundete in einem notdürftigen Unterstand. Dabei sitzen und nicht helfen können. Überläufer kommen. Französische Verwundete kriechen in den Graben. Ein Glänzen auf ihren Gesichtern. Im Nu kannte ich Dutzende von Leuten. Ich hatte Leute von drei Regimentern. Hier habe ich gefühlt, was ein Führer ist. Einer der die Verantwortung trägt. Schließlich über Leben und Tod. Wie Kinder hängen sie an ihm.

Ich habe Heldenmut gesehen und Schwäche. Menschen, die alles entbehren können. Zum tapferen Menschen gehört nicht nur guter Wille. Es gehören gute Nerven dazu. Aber der Wille kann viel. Ein Divisionskommandeur stellte uns die Zensur aus „Eiserne Brigade". „Das habe ich noch nie gesehen". Ich wollte, es wäre alles nur ein Traum gewesen, ein schlimmer Traum. Und doch habe ich gejubelt, Helden zu sehen, stehen und fallen.

177 hat die blutigste Arbeit geleistet. Chaulnes und Vermandovillers werden uns unvergessen bleiben.

3. November 1916. Endlich gute Nachricht von Hans. Er ist weiter weg. Hört den Lärm nicht mehr. Aber ich liege auch hübsch ruhig. Bin heute ein großes Stück durch die Stellung gewandert mit meinem Unteroffizier und Hund, über Bach, Fels und Trümmer bis zu einem Brunnen, den wir am Tage, die Franzosen des Nachts benutzen. Ihr seht: ziemlich friedlich. Aber das alte ist es nicht mehr. Die Schützengrabenpoesie ist vorüber. Die Robinsonade hat sich überlebt. Schwerwiegender ist noch: wir haben die Schlacht gesehen, und wir sehen auch jetzt immer nur die Schlacht. Wir sind klug geworden, ernst und sachlich. An Stelle von Interesse, bisweilen Liebhaberei, ist Pflicht getreten, kalte, mechanische Pflichterfüllung. Wenn man gesehen hat, wie roh, wie gemein der Krieg sein kann, kommt einem eine idyllische Kampfespause wie eine Galgenfrist vor. Mein Hund schnarcht, der Tee ist kalt geworden. Früher winkten Bilder von der Wand, jetzt überall Karten, Befehle, Meldungen. Früher tauften die Leute ihre Unterstände, die Gräben, die Häuser, jetzt numeriert man: 1, 2 . . . A, B usw. Mir ist manchmal so winterlich zumute. Der Krieg, der so jugendfrisch begonnen, wird als schminkeblasser, langweiliger, überlebter Schauspieler enden. Sieger ist nur der Tod. Wir bekommen alle eins ab, wenigstens in dem, was man Weltanschauung nennt.

STICHWORT: JUGEND

Aus: „Mitteilungen der Centralarbeitsstätte für Jugendbewegung", Heft 2, 1. Juli 1916 (Wolfgang Breithaupt: „Von der jugendlichen Arbeitsgemeinschaft. Ein Ruf an alle!")

Vorläufig *kennt die Jugend sich selbst nicht.* Es ist gar nicht schwer nachzuweisen, daß selbst im lokalen Rahmen einer Stadt die Jugend von den verschiedenen dort existierenden Jugendorganisationen nichts weiß. Nicht einmal weiß, daß sie da sind, geschweige etwas von ihrer Arbeit, von Anhängern und Erfolgen. Der üppige Vereinspartikularismus, für dessen fruchtbare Entwicklung ja die Geschichte des Wandervogels ein schlagender Beweis ist, hat immer mehr und mehr dazu geführt, daß der Gestaltungskreis eines – sagen wir – organisierten Jugendlichen an den Grenzen seines Vereins, seiner Organisation endet. Es gibt ja auch heute noch *Jugendliche,* die sich mit einer derartig dicken chinesischen Mauer umgeben haben, daß sie *noch gar nicht wissen, daß es eine „Öffentlichkeit" gibt.* Die *behagliche Ruhe* und das satte Gefühl der *Zufriedenheit*, welche innerhalb ein und desselben Gesinnungskreises sich mit der Zeit entwickeln, ist heute *das Maximum jugendlicher Vereinsleistung . . .* Die *gegenseitige Isolierung* und *politische Einfalt,* die heute die Vereinsklitterei der Jugendbewegungen erzeugt, führen *zur absoluten Machtlosigkeit der Jugend als Faktor unseres Gesellschaftslebens . . .*

Somit erscheint es mir von größter Bedeutung, Mittel und Wege zu finden, eine *praktische Arbeitsgemeinschaft Jugendlicher* zu organisieren. Es erscheint mir überaus wichtig, *daß die Jugend* nicht etwa anfängt, zusammen zu arbeiten – dazu fehlen jetzt alle Vorbedingungen –, aber daß sie *anfängt, sich über die Arbeit ihrer Kameradinnen und Kameraden anderer Organisationen, Vereine, Gruppen, Sippen zu orientieren.* Eine gut unterrichtete Jugend ist mehr wert, als eine systematisch organisierte Jugend.

Hunger
Winter 1916/17

Ernst Glaeser

Wie Ernst Toller (siehe S. 101) macht auch Glaeser (1902–1963) die Generation der Väter, die säbelrasselnde Wilhelminische Gesellschaft für den Weltkrieg verantwortlich. Sein Roman „Jahrgang 1902" erschien 1928, ein Jahr vor Remarques Antikriegsbuch „Im Westen nichts Neues" (siehe S. 106). Glaeser erlebte und schildert die Auswirkungen des Krieges auf die Menschen in der Heimat.

Der Winter blieb hart bis zum Ende. Der Krieg begann über die Fronten zu springen und ins Volk zu stoßen. Der Hunger zerstörte die Einigkeit, in den Familien bestahlen sich die Kinder um ihre Rationen. Augusts Mutter lief jeden Tag zweimal in die Kirche, sie betete und magerte ab; was ihr an Essen zustand, verteilte sie bis auf ein Minimum unter August und seine Geschwister. Bald sprachen die Frauen, die in grauen Schlangen vor den Geschäften standen, mehr dem Hunger ihrer Kinder als von dem Tod ihrer Männer. Der Krieg wechselte seine Sensationen. Eine neue Front entstand. Sie wurde von Frauen gehalten. Gegen die Entente der Feldgendarmen und unabkömmlichen Kontrolleure. Jedes erschlichene Pfund Butter, jeder bei Nacht glücklich geborgene Sack Kartoffeln wurde in den Familien mit der gleichen Begeisterung gefeiert wie vor zwei Jahren die Siege der Armeen. Bald schickten manche Väter, die in fruchtbaren Gegenden standen und der feindlichen Bevölkerung gegenüber die Macht der Requisition hatten, durch Urlauber nahrhafte Pakete an ihre Familien. Verwalter von Lebensmitteldepots, Ratsschreiber, die Brotkarten ausgaben, Bauern, die starkes Vieh und gute Äcker besaßen, wuchsen zu Instanzen, denen man sich näherte wie früher hochgestellten und reichen Verwandten. Wenn wir in eine Bauernküche traten, in der in breiten Eimern frische Milch stand oder ein Schinken im Rauchfang schaukelte, überkam uns dieselbe Scheu wie August und seine proletarischen Kameraden, als sie vor Jahren einen bürgerlichen Salon sahen oder ein Klavier.
Eigentlich gefiel uns diese Veränderung, denn sie weckte unseren Abenteurertrieb. Es war sehr schön und gefährlich, mit verbotenen Eiern aus den Bauernhöfen zu schleichen, sich ins Gras zu werfen, wenn ein Gendarm auftauchte, und die Minuten nach den Herzschlägen zu zählen. Es war wunderbar und erhaben, diesen Gendarmen zu übertölpeln und nach glücklichem Siegeslauf von seiner Mutter als Held gefeiert zu werden.
August hatte eine besondere Taktik entwickelt. Wenn ein Gendarm in Sicht kam, steckte er in meinen Rucksack alles, was er an verbotenen Lebensmitteln bei sich hatte, stopfte sich die Tasche mit Gras voll und ging mit diesem verdächtig geschwollenen Paket allein und unbekümmert auf der Straße dem Gendarmen

entgegen. Kurz bevor er ihn erreichte, tat er, als erschrecke er – der Gendarm stellte ihn, und August mimte Verlegenheit. Inzwischen lief ich im Galopp über die Äcker und rettete die verbotene Nahrung in die Sicherheit unseres Hauses. Der Gendarm jedoch konnte nichts dagegen sagen, wenn August das Gras für seine Kaninchen hinwegtrug.

Diese Zwischenfälle erheiterten uns. Fast vergaßen wir den Krieg. Wir gewöhnten uns an den häufigen Tod. Er gehörte zum Tagesgespräch. Bald erschütterte uns ein eroberter Schinken mehr als der Fall von Bukarest am 6. Dezember 1915. Und ein Malter Kartoffeln schien uns wichtiger als die Gefangennahme einer englischen Armee in Mesopotamien.

Doch der Tod wich nicht aus unserer Stadt, und die Pfarrer sangen immer noch sein Lob. Wir gewöhnten uns an die Witwen, wir grüßten sie tief, wir zitterten, wenn sie sich vermehrten, wir gingen still und würdig hinter den Beerdigungen her, wenn es einer Frau gelang, den Leichnam ihres Mannes in den heimatlichen Friedhof zu überführen. Wir sammelten mit der gleichen Emsigkeit das letzte Gold aus den Häusern und verteilten Aufrufe, die für eine neue Kriegsanleihe warben, welche viele Frauen zeichneten, weil ihre Männer deshalb leichter Urlaub bekamen. Niemand fragte uns, was wir dachten. Der Krieg gehörte den Erwachsenen, wir liefen sehr einsam dazwischen herum. Wir glaubten an nichts, aber wir taten alles. Längst wußten wir, daß der Krieg eine schlimme Krankheit ist, denn wir sahen, wie jeder versuchte, sich vor ihr zu schützen. Selbst die Soldaten an der Front waren froh, wenn sie verwundet wurden. Es gab auch keine Einigkeit mehr. Der Hunger zerstörte sie völlig. Denn jeder beobachtete den Nachbarn, ob er nicht mehr hatte als er. Menschen, die mit allen Mitteln versuchten, nicht an die Front zu kommen, wurden Drückeberger genannt. Dabei wollten sie doch nichts anderes als ihr Leben retten. Wir fanden das sehr natürlich.

Im Frühjahr 1917 lag ich mit August hinter einer Hecke. Wir hatten mit großer Vorsicht einen kleinen Sack Mehl bis hierhin durchgebracht; die 18 Pfund, die er enthielt, brauchten unsere Mütter für unsere Konfirmation. In einer Woche war Ostern. August lag auf dem Bauch und spähte nach der Straße. Er nagte an einem Grashalm. Ich hatte das Säckchen weit in das Gebüsch geschoben und mit Reisig zugedeckt. Wir wußten, daß um diese Zeit gewöhnlich eine Gendarmstreife die Straße passierte, es war die letzte am Abend. Wir wollten sie abwarten und dann bei einbrechender Dunkelheit unser Säckchen in die Stadt retten. August hatte es wieder übernommen, die Aufmerksamkeit des Feldgendarmen auf sich zu ziehen, während ich die Pflicht hatte, das Mehl zu transportieren.

Plötzlich zog August seine Mütze tief in die Stirn und sagte mit wichtigem Gesicht: „Mein Vater kommt nicht zu meiner Konfirmation." – „Warum?"

„Weil er ganz laut, daß alle Kameraden es hören konnten, zu dem Hauptmann gesagt hat: Der Krieg sei ein kapitalistischer Schwindel."

„Und der Hauptmann?"

„Ja, das sei komisch mit dem gewesen. Zuerst hätte er ihn furchtbar angeschrien, aber dann – zwei Stunden nach dem Appell hätte er ihn in seinen Unterstand gerufen und ihm leise gesagt, als Mensch sei er ganz seiner Meinung, aber als sein Vorgesetzter dürfe er solche Äußerungen nicht dulden. Er solle doch Vernunft annehmen und ihm keine unnötigen Scherereien machen, als einzelner könne er ja doch nichts tun. Einmal würde schon der ganze Kram von selbst aufhören. Bei den Franzosen sei die gleiche Scheiße. Das habe er von den gefangenen Offizieren gehört . . ." „Du mußt nämlich wissen", setzte August noch wichtig hinzu, „der Hauptmann steht schon seit Anfang an der Front. Der weiß auch allmählich, was los ist . . ."

„Ja, aber warum darf dann dein Vater nicht zu deiner Konfirmation?"

„Der Amtsrichter Galopp, der mit aller Gewalt Leutnant werden will, hat es dem Regiment gemeldet. Deswegen bekommt mein Vater vorläufig keinen Urlaub mehr und auch nicht das Eiserne Kreuz, zu dem ihn der Hauptmann schon lange eingereicht hatte . . ."

Ich lag neben August und dachte, es ist alles wieder wie vor dem Krieg. [. . .] Es war klar, die Erwachsenen hatten uns betrogen mit ihrem Jubel, sogar mit ihrem Gott, der immer noch nicht sein Versprechen eingelöst hatte. Oder hatten ihn die Pfarrer falsch verstanden?

Im Ersten Weltkrieg und in der Nachkriegszeit druckten viele Gemeinden Notgeld. 1923 erreichte die Inflation ihren Höhepunkt: 500 Trillionen Papiermark (= ½ Milliarde Goldmark) waren in Umlauf. – Dieser 25-Pfennig-Schein wurde am 1. April 1919 vom Magistrat der Stadt Bielefeld ausgegeben und war ein Jahr gültig. Er erinnert an das Kriegsnotjahr 1917, an den sogenannten „Steckrübenwinter". Im Krönchen der Steckrübe steht: „Vor dem Genuß", der Spruch am linken Rand lautet: „Mit viel Liebe unsre Rübe präge fest dir ein / Brotersatz bleibt die Steckrübe, / Geldersatz ist dieser Schein."

Patrouille

August Stramm

1874–1915. Postdirektor, Dr. phil.; bei Horodec in Rußland gefallen. Er entwickelte in seiner Lyrik die expressionistische Sprachverdichtung weiter bis an die Grenze zur Abstraktion. 14 Wörter entlarven hier die Gnadenlosigkeit des Krieges. – 1984 versuchte ein achtzehnjähriger Schüler, der Krieg ja nur aus Büchern und vom Fernsehen her kennt, sich in das erlebende Ich dieser Momentaufnahme einzufühlen.

Die Steine feinden
Fenster grinst Verrat
Äste würgen
Berge Sträucher blättern raschlig
Gellen
Tod.

Nacherzählung von Jörg E.

Komisch, sich plötzlich in einer feldgrauen Uniform wiederzufinden, zwischen drei anderen, die die gleiche Kleidung tragen, und sich durch „feindliches Gebiet" zu schlagen. Wir befinden uns zwar nur auf Patrouillengang, aber trotzdem muß man darauf gefaßt sein, eine Kugel in den Bauch zu bekommen von irgendwelchen, die unser Vaterland hassen, wie es heißt.

Vaterland, wie das klingt! Am Anfang klang es noch süß, jetzt aber, drei Jahre nach Ausbruch des Krieges, klingt es bitter wie Galle. Nicht daß ich schon drei Jahre daran beteiligt wäre, nein, ich bin erst vor vier Wochen eingezogen worden, aber ich habe schon genug gesehen, um zu wissen, daß es sich nicht lohnt, in diesem Krieg seinen Kopf hinzuhalten. Keiner, weder die Alliierten noch wir, erobern nur einen Zentimeter neues Gebiet, und trotzdem sterben täglich Tausende von Soldaten. Auch viele von meinen Freunden sind schon gefallen, einige direkt neben mir. Anfangs habe ich noch um sie geweint, aber das hat sich gelegt.

An sich habe ich mir ständig gewünscht, Soldat zu werden: Als Kind habe ich immer meine Spielzeugsoldaten gegeneinander aufmarschieren lassen, habe sie große Schlachten schlagen lassen, habe nie an das Leid und die Schmerzen gedacht, die ich jedem einzelnen, wenn auch nur im Spiel, zugefügt habe. Ich habe von großen

Heldentaten, von Kameradschaft und von Gefangenen, die ich festnehmen wollte, geträumt. Aus diesem Traum bin ich jäh geweckt worden: ich habe die Realität gesehen. Die großen Worte, die man uns gesagt hat, waren nichts als leeres Gerede. Doch jetzt über die alten Zeiten nachzudenken, ist sinnlos, ich laufe hier mit den drei anderen durchs Gestrüpp, damit muß ich mich abfinden, ich kann es nicht ändern.

Verdammt, jetzt habe ich schon zum dritten Mal innerhalb kurzer Zeit einen Ast ins Gesicht geschlagen bekommen. Ich frage mich nur, ob mein Vordermann die Äste immer mit Absicht so zurückschnellen läßt; langsam fange ich an, daran zu glauben. Furchtbar, dieses Mißtrauen, jetzt fange ich auch schon damit an, hinter jedem Stein vermutet man einen Feind.

Diese ewigen Patrouillengänge machen mich noch wahnsinnig, man weiß eben nie, was passieren kann; selbst hinter den Fenstern des alleinstehenden Hauses, das wir soeben erreicht haben (wir haben es schon oft kontrolliert), könnte jemand mit einem Gewehr stehen und auf uns anlegen.

Plötzlich höre ich einen Ruf: „Stehenbleiben! Hände hoch!" Das heißt, ich verstehe es nicht, weil der Rufer eine Sprache spricht, die ich nicht verstehe, aber ich höre es am Ton seiner Stimme. Fünf anders uniformierte Soldaten haben ihre Gewehre auf uns gerichtet. Langsam nehme ich die Arme nach oben. „Jetzt ist alles aus", denke ich noch, als ich im selben Augenblick sehe, wie einer meiner Kameraden sein Gewehr hochreißt und versucht, auf die anderen zu schießen.

Dann höre ich nur noch einen gellenden Schuß. Wie einen Blitz, genauso brennend, spüre ich etwas meine Bauchgegend durchdringen. Während ich falle, sehe ich noch meine Begleiter mit verzerrten Gesichtern zusammenbrechen.

Ich wälze mich noch kurz vor Schmerzen auf dem Boden, dann fängt es an, dunkel zu werden . . .

Der erste Friedensruf

Thomas Theodor Heine
Aus: „Simplicissimus", 2. Januar 1917

„Hol' über!. . .
Niemand gibt
Antwort."

Die Materialschlachten hatten keine Entscheidung gebracht, deshalb versuchte man nun den Krieg auf diplomatischem Weg zu beenden. Ein Friedensangebot der Mittelmächte vom 12. Dezember 1916 gipfelte in dem Passus: „Wenn trotz dieses Anerbietens zu Frieden und Versöhnung der Kampf fortdauern sollte, so sind die vier verbündeten Mächte [Deutschland, Österreich-Ungarn, Bulgarien, Türkei] entschlossen, ihn bis zum siegreichen Ende zu führen. Sie lehnen aber feierlich jede Verantwortung dafür vor der Menschheit und der Geschichte ab." Die Alliierten antworteten am 30. Dezember 1916, das Angebot entbehre „jeden greifbaren Inhalts und jeder Genauigkeit", es erscheine „weniger als ein Friedensangebot, denn als ein Kriegsmanöver".

In Deutschland und in Frankreich begehrte die Bevölkerung gegen den blutigen Krieg auf: es kam zu Demonstrationen und zu Streiks in Rüstungsbetrieben. Im Frühjahr 1917 brach in Rußland die Revolution aus.

Gegen den Krieg

Ernst Toller

1893–1939. Sozialistischer Politiker und Schriftsteller (Dramen: „Masse Mensch", 1921; „Hoppla, wir leben!", 1927). Als Kriegsfreiwilliger im Ersten Weltkrieg 13 Monate an der Front; er kehrt 1916 nach einer schweren Krankheit kriegsuntauglich als Pazifist zurück und studiert in Heidelberg. 1918 ist er am Umsturz in Bayern beteiligt, 1919 wird er in die Münchner Räteregierung gewählt und nach deren Niederwerfung zu fünf Jahren Festung verurteilt; 1933 emigrierte er aus Berlin. Toller beging in New York Selbstmord. – Aus dem 6. Kapitel seiner Autobiographie „Eine Jugend in Deutschland" (1933):

Der Krieg geht weiter. Jeden Tag bringen die Zeitungen Nachrichten von neuen Gefechten, neuen Toten, neuen Verwundeten. Um jeden Handstrich Land fallen Hekatomben. Kein Ende ist abzusehen.

Ich werde zu Bekannten eingeladen. Studenten und Studentinnen sind versammelt. Man trinkt deutschen Kriegstee aus getrockneten Lindenblütenblättern, man ißt deutschen Kriegskeks aus Kleie und Kartoffelmehl. Endlich begegne ich Freunden. Junge Menschen, die wissen, daß die „große Zeit" eine elend kleine Zeit ist, klagen den Krieg an und seine sinnlosen Opfer, haben nur einen Wunsch, im Wust der Lüge die Wahrheit zu erkennen. Doch auch sie schrecken zurück vor der Tat, die an ihre Worte sich binden müßte. Wenn sie mit heißem Kopf und erregtem Gefühl stundenlang diskutiert haben, gehen sie nach Haus, in die schlecht geheizten, häßlich möblierten Zimmer und glauben beruhigt, es sei etwas geschehen. Ich höre ihren Diskussionen zu, ich denke an Lauenstein, an den Wortschwall, an die Tatenlosigkeit, an die Feigheit.

Haben wir nicht, als im Feld der Tod unser Kamerad war, der bei uns hockte in Schützengräben und Unterständen, in zerschossenen Dörfern und Wäldern, im Hagel der Schrapnells und unterm Licht der Sterne, geschworen mit heiligem Ernst, daß der Krieg nur einen Sinn haben kann: den Aufbruch der Jugend? Dieses Europa muß umgepflügt werden von Grund auf, gelobten wir, die Väter haben uns verraten, die Frontjugend, hart und unsentimental, wird das Werk der Reinigung beginnen, wer hätte das Recht, wenn nicht sie. Was man uns weigert, das erzwingen wir.

Es hat keinen Sinn, rufe ich, daß ihr anklagt, heute gibt es nur einen Weg, wir müssen Rebellen werden!

Im Zimmer ist es still. Die Ängstlichen nehmen ihre Mäntel und gehen davon, die andern finden sich zu einem Kampfbund.

„Kulturpolitischer Bund der Jugend in Deutschland" heißt er. Für friedliche Lösung der Widersprüche des Völkerlebens will er kämpfen, für Abschaffung der Armut. Denn, sagen wir uns, ist keiner mehr arm, wird die Gier aufhören, fremdes Geld zu raffen, fremdes Land, fremde Völker zu knechten und fremde Staaten zu unterjochen, nur die Armen sind verführbar, leidet keiner Hunger, wird niemand dem anderen das Brot neiden, Krieg und Armut sind verhängnisvoll verkoppelt. Keiner weiß, wie die Armut abzuschaffen ist, keiner, wie die Widersprüche des Völkerlebens friedlich gelöst werden sollen, nur daß es geschehen muß, wissen wir alle.

Die Deutsche Vaterlandspartei greift uns an, nennt uns Verräter am vaterländischen Gedanken, pazifistische Verbrecher.

„Ihr mißbraucht das Wort vaterländisch", antworten wir, „Eure privaten Interessen sind nicht die Interessen des Volkes. Wir wissen, daß unsere Kultur von keiner fremden Macht erdrückt werden kann, wir verwerfen aber auch den Versuch, andere Völker mit unserer Kultur zu vergewaltigen. Unser Ziel ist nicht Machterweiterung, sondern Organisation des Geistes.

Alle Teilnahmslosen wollen wir aufrütteln und sammeln.

Wir empfinden Achtung vor den Studenten in fremden Ländern, die gegen die unfaßbare Sinnlosigkeit und Entsetzlichkeit des Krieges, gegen jegliche Militarisierung schon jetzt protestieren."

Die Antwort wird in den Zeitungen gedruckt. Einige Menschen schreiben uns zustimmende Briefe, darunter der alte Foerster und Einstein.

Aber zahlreicher sind die Schimpf- und Drohbriefe, die täglich an meine Adresse kommen.

Eine anonyme „deutsche Mutter" wünscht uns, daß wir in einem Granattrichter festgebunden und von englischen Geschossen zerrissen werden. Ein „Veteran aus dem Kriege 1871" möchte, daß die schwarzen französischen Soldaten uns das Fell bei lebendigem Leibe schinden und als Trophäen nach Afrika, dort wo es am dunkelsten ist, mitnehmen.

Die Zeitungen der Rechten rufen die Behörden gegen uns auf. Demokratische Professoren in der Universität nennen uns würdelose Pazifisten.

Wir wehren uns. Das „Berliner Tageblatt" druckt unsere Antwort:

„Schon immer wurde unbequemer Gesinnung der Vorwurf ,nicht vaterländisch' oder ,würdelos' gemacht. Ist der ,nicht vaterländisch', der den friedlichen Bund freier selbständiger Völker erstrebt? Heißt das schon, die Schändlichkeiten irgendwelcher Regierungen beschönigen? Heißt das schon, den Frieden um jeden Preis erstreben? Dann hat unsere deutsche Sprache ihren Sinn verloren.

Daß wir Wenige sind, soll als Argument nichts gegen die Wirklichkeit sagen, die wir aussprechen.

Politik heißt für uns, sich für das Geschick seines Landes mitverantwortlich fühlen und handeln. Wer diese Aufgabe nicht erfüllt, hat das mit seinem Gewissen abzumachen. Es gibt nur eine Sittlichkeit, die für die Menschheit gültig ist. Es gibt nur einen Geist, der in der Menschheit lebt.

Gerade die von uns, die im Felde Krieg erlebt haben, fühlen sich doppelt verpflichtet, ihren Weg unbeirrt zu gehen. Wir wissen, daß wir unsern Brüdern draußen den wahren Dienst leisten. Auch wir lieben Deutschland, nur auf eine andere Weise, mit höheren Ansprüchen – auch an uns."

Da greift die Oberste Heeresleitung ein. Sie warnt die deutsche Jugend vor Verführungen, die Militärbehörden beginnen zu arbeiten.

Österreichische Studentinnen, die dem Bund angehören, müssen binnen vierundzwanzig Stunden Deutschland verlassen. Alle männlichen Mitglieder werden zum Bezirkskommando bestellt. Selbst die, die bei jeder Siebung von neuem dienstuntauglich befunden wurden, sind plötzlich kriegsverwendungsfähig und werden in die Kasernen geschickt. Am Tag, an dem die Verfolgungen einsetzen, liege ich mit schwerer Grippe und hohem Fieber im Krankenhaus. Eine Studentin bringt mir die Nachricht.

– Man sucht Sie schon in Ihrer Wohnung. Sie müssen sofort abreisen, sonst werden Sie verhaftet.

Fröstelnd und fiebernd sitze ich im Zug nach Berlin. Am nächsten Morgen gehe ich in den Reichstag, alarmiere demokratische und sozialistische Abgeordnete. Der Bund bleibt verboten. Auch die Gruppen, die an anderen Universitäten sich gebildet hatten, werden aufgelöst. Aber dieser Bund war ein Alarmzeichen. Wir hatten begonnen, gegen den Krieg zu rebellieren. Wir glaubten, daß unsere Stimme jenseits der Fronten gehört werde, und die Jugend aller Länder mit uns den Kampf aufnähme gegen die, die wir anklagten: die Väter!

Primaner in Uniform

Erich Kästner

1899–1974. Satiriker; lebte seit 1927 als freier Schriftsteller in Berlin. – In dem Feuilleton „Die chinesische Mauer" resümiert er das Ende seiner Schulzeit: „1917, als schon die ersten Klassenkameraden im Westen und Osten gefallen waren, mußte ich zum Militär. Ich hätte noch zwei Jahre zur Schule gehen sollen. Als der Krieg zu Ende war, kam ich herzkrank nach Hause. Meine Eltern mußten ihren neunzehnjährigen Jungen, weil er vor Atemnot keine Stufe allein steigen konnte, die Treppe hinaufschieben. Nach einem kurzen Kriegsteilnehmerkursus fing ich zu studieren an."

Der Rektor trat, zum Abendbrot,
bekümmert in den Saal.
Der Klassenbruder Kern sei tot.
Das war das erste Mal.

Wir saßen bis zur Nacht im Park
und dachten lange nach.
Kurt Kern, gefallen bei Langemarck,
saß zwischen uns und sprach.

Dann lasen wir wieder Daudet und Vergil
und wurden zu Ostern versetzt.
Dann sagte man uns, daß Heimbold fiel.
Und Rochlitz sei schwer verletzt.

Herr Rektor Jobst war Theolog
für Gott und Vaterland.
Und jedem, der in den Weltkrieg zog,
gab er zuvor die Hand.

Kerns Mutter machte ihm Besuch.
Sie ging vor Kummer krumm.
Und weinte in ihr Taschentuch
vorm Lehrerkollegium.

Der Rochlitz starb im Lazarett.
Und wir begruben ihn dann.
Im Klassenzimmer hing ein Brett
mit den Namen der Toten daran.

Wir saßen oft im Park am Zaun.
Nie wurde mehr gespaßt.
Inzwischen fiel der kleine Braun.
Und Koßmann wurde vergast.

Der Rektor dankte Gott pro Sieg.
Die Lehrer trieben Latein.
Wir hatten Angst vor diesem Krieg.
Und dann zog man uns ein.

Wir hatten Angst. Und hofften gar,
es spräche einer Halt!
Wir waren damals achtzehn Jahr,
und das ist nicht sehr alt.

Wir dachten an Rochlitz, Braun und Kern.
Der Rektor wünschte uns Glück.
Und blieb mit Gott und den andern Herrn
gefaßt in der Heimat zurück.

*Holzschnitt
von Frans Masereel.*

Sommer/Herbst 1918

Erich Maria Remarque

Das berühmteste Buch über den Ersten Weltkrieg erschien 1929: „Im Westen nichts Neues". Nach knapp einem Jahr waren über eine Million Exemplare verkauft. 1930 wurde der Roman in den USA verfilmt, 1933 in Deutschland verboten und verbrannt. Remarque (1898–1970) sagt in einem Vorspruch: „Dieses Buch soll weder eine Anklage noch ein Bekenntnis sein. Es soll nur den Versuch machen, über eine Generation zu berichten, die vom Kriege zerstört wurde – auch wenn sie seinen Granaten entkam." – Der Schluß:

Dieser Sommer 1918 ist der blutigste und der schwerste. Die Tage stehen wie Engel in Gold und Blau unfaßbar über dem Ring der Vernichtung. Jeder weiß, daß wir den Krieg verlieren. Es wird nicht viel darüber gesprochen, wir gehen zurück, wir werden nicht wieder angreifen können nach dieser großen Offensive, wir haben keine Leute und keine Munition mehr.

Doch der Feldzug geht weiter – das Sterben geht weiter –

Sommer 1918 – Nie ist uns das Leben in seiner kargen Gestalt so begehrenswert erschienen wie jetzt; – der rote Klatschmohn auf den Wiesen unserer Quartiere, die glatten Käfer an den Grashalmen, die warmen Abende in den halbdunklen, kühlen Zimmern, die schwarzen, geheimnisvollen Bäume der Dämmerung, die Sterne und das Fließen des Wassers, die Träume und der lange Schlaf – o Leben, Leben, Leben!

Sommer 1918 – Nie ist schweigend mehr ertragen worden, als in dem Augenblick des Aufbruchs zur Front. Die wilden und aufpeitschenden Gerüchte von Waffenstillstand und Frieden sind aufgetaucht, sie verwirren die Herzen und machen den Aufbruch schwerer als jemals!

Sommer 1918 — Nie ist das Leben vorne bitterer und grauenvoller als in den Stunden des Feuers, wenn die bleichen Gesichter im Schmutz liegen und die Hände verkrampft sind zu einem einzigen: Nicht! Nicht! Nicht jetzt noch! Nicht jetzt noch im letzten Augenblick!

Sommer 1918 – Wind der Hoffnung, der über die verbrannten Felder streicht, rasendes Fieber der Ungeduld, der Enttäuschung, schmerzlichste Schauer des Todes, unfaßbare Frage: Warum? Warum macht man kein Ende? Und warum flattern diese Gerüchte vom Ende auf? [...]

Es ist Herbst. Von den alten Leuten sind nicht mehr viele da. Ich bin der letzte von den sieben Mann aus unserer Klasse.

Jeder spricht von Frieden und Waffenstillstand. Alle warten. Wenn es wieder eine Enttäuschung wird, dann werden sie zusammenbrechen, die Hoffnungen sind zu stark, sie lassen sich nicht mehr fortschaffen, ohne zu explodieren. Gibt es keinen Frieden, dann gibt es Revolution.

106

Ich habe vierzehn Tage Ruhe, weil ich etwas Gas geschluckt habe. In einem kleinen Garten sitze ich den ganzen Tag in der Sonne. Der Waffenstillstand kommt bald, ich glaube es jetzt auch. Dann werden wir nach Hause fahren.

Hier stocken meine Gedanken und sind nicht weiterzubringen. Was mich mit Übermacht hinzieht und erwartet, sind Gefühle. Es ist Lebensgier, es ist Heimatgefühl, es ist das Blut, es ist der Rausch der Rettung. Aber es sind keine Ziele.

Wären wir 1916 heimgekommen, wir hätten aus dem Schmerz und der Stärke unserer Erlebnisse einen Sturm entfesselt. Wenn wir jetzt zurückkehren, sind wir müde, zerfallen, ausgebrannt, wurzellos und ohne Hoffnung. Wir werden uns nicht mehr zurechtfinden können.

Man wird uns auch nicht verstehen – denn vor uns wächst ein Geschlecht, das zwar die Jahre hier gemeinsam mit uns verbrachte, das aber Bett und Beruf hatte und jetzt zurückgeht in seine alten Positionen, in denen es den Krieg vergessen wird, – und hinter uns wächst ein Geschlecht, ähnlich uns früher, das wird fremd sein und uns beiseite schieben. Wir sind überflüssig für uns selbst, wir werden wachsen, einige werden sich anpassen, andere sich fügen, und viele werden ratlos sein; – die Jahre werden zerrinnen, und schließlich werden wir zugrunde gehen.

Aber vielleicht ist auch alles dieses, was ich denke, nur Schwermut und Bestürzung, die fortstäubt, wenn ich wieder unter den Pappeln stehe und dem Rauschen ihrer Blätter lausche. Es kann nicht sein, daß es fort ist, das Weiche, das unser Blut unruhig machte, das Ungewisse, Bestürzende, Kommende, die tausend Gesichter der Zukunft, die Melodie aus Träumen und Büchern, das Rauschen und die Ahnung der Frauen, es kann nicht sein, daß es untergegangen ist in Trommelfeuer, Verzweiflung und Mannschaftsbordells.

Die Bäume hier leuchten bunt und golden, die Beeren der Ebereschen stehen rot im Laub, Landstraßen laufen weiß auf den Horizont zu, und die Kantinen summen wie Bienenstöcke von Friedensgerüchten.

Ich stehe auf.

Ich bin sehr ruhig. Mögen die Monate und Jahre kommen, sie nehmen mir nichts mehr, sie können mir nichts mehr nehmen. Ich bin so allein und so ohne Erwartung, daß ich ihnen entgegensehen kann ohne Furcht. Das Leben, das mich durch diese Jahre trug, ist noch in meinen Händen und Augen. Ob ich es überwunden habe, weiß ich nicht. Aber so lange es da ist, wird es sich seinen Weg suchen, mag dieses, das in mir „Ich" sagt, wollen oder nicht.

Er fiel im Oktober 1918, an einem Tage, der so ruhig und still war an der ganzen Front, daß der Heeresbericht sich nur auf den Satz beschränkte, im Westen sei nichts Neues zu melden.

Er war vornübergesunken und lag wie schlafend an der Erde. Als man ihn umdrehte, sah man, daß er sich nicht lange gequält haben konnte; – sein Gesicht hatte einen so gefaßten Ausdruck, als wäre er beinahe zufrieden damit, daß es so gekommen war.

Wie kann der Mensch . . . die Ideologie des Krieges „begreifen",
widerspruchslos sie empfangen und billigen? Wie konnte er das
Gewehr zur Hand nehmen, wie konnte er in den Schützengraben
ziehen, um darin umzukommen oder um daraus wieder zu seiner
gewohnten Arbeit zurückzukehren, ohne wahnsinnig zu werden?
Wie ist solche Wandelbarkeit möglich? Wie konnte die Ideologie des
Krieges in diesen Menschen überhaupt Platz finden, wie konnten
diese Menschen eine solche Ideologie und deren Wirklichkeitssphäre
überhaupt begreifen? Von einer, dabei durchaus möglichen,
begeisterten Bejahung ganz zu schweigen! Sind sie wahnsinnig, weil
sie nicht wahnsinnig wurden?

Hermann Broch
(1886–1951)

1918–1933

3 Hoppla, wir leben

Das bürgerliche Zeitalter ist dahin. Was jetzt kommt, weiß niemand. Manche ahnen es dumpf und werden verlacht. Die Massen ahnen es dumpf, können es nicht ausdrücken und werden – noch – unterjocht. Was sich da träge gegeneinanderschiebt, gereizt sich anknurrt und tobend aufeinander losschlägt –: im tiefsten ist es der unüberbrückbare Gegensatz zwischen alt und neu, zwischen dem, was war, und dem, was sein wird. Das sind Worte: Bolschewismus und Preußentum, Revolution und Konsistenz – gemeint ist die Angst vor dem Neuen, das keiner kennt.

Kurt Tucholsky, 1920

„Der Weltkrieg verdunkelte unsere Jugend", konstatierte der Schriftsteller Ödön von Horváth 1932 in einem Interview. Er gehört schon zu der Generation, die nicht mehr zum Fronteinsatz kam; unsicher und ratlos sah sie dem Leben entgegen.

Abertausende junger Soldaten waren gefallen. Die heimkehrten, geschlagen und enttäuscht, schleppten Erfahrungen mit sich, die über ihre Jahre weit hinausgriffen. Der Krieg hatte sie zu anderen Menschen gemacht, wenn nicht aus der Bahn geworfen. Jetzt sollten sie in einem trostlosen Alltag wieder von vorn beginnen, einen Beruf erlernen, mit dem Hunger fertigwerden, mit der Inflation. Viele fühlten sich überflüssig, sie sehnten sich zurück in die alte Schützengrabengemeinschaft und ließen sich von den Freikorps anwerben, die im Baltikum und in Oberschlesien kämpften. Andere glaubten, in sozialistischen oder bürgerlichen Jugendbünden eine Chance zu finden, ihre Zukunft selbst zu gestalten. Und wieder andere entzogen sich aller Verantwortung und wollten nichts als das Leben genießen. Remarque prägte das Wort von der „verlorenen Generation".

Die Weimarer Republik, der aus der November-Revolution (1918) hervorgegangene neue Staat, mußte die Last der harten Versailler Friedensbedingungen tragen. Aus der Bevölkerung erfuhr er so gut wie keine Unterstützung. Rechte Kreise lasteten ihm – fälschlich – die deutsche Niederlage an, während die Linken radikalere gesellschaftliche Veränderungen einforderten. Eine überzeugende Politik war unter solchen Umständen kaum möglich, Entscheidungen konnten nur von Fall zu Fall getroffen werden.

Es ist begreiflich, daß die Jugend dieser glanzlosen Demokratie zunächst zurückhaltend gegenüberstand. Ihre Begeisterungsfähigkeit war einmal mißbraucht worden, nun gab sie sich nüchtern und orientierte sich an der Neuen Sachlichkeit, die in Literatur, Kunst und Architektur den zwanziger Jahren ihren Stempel aufdrückte. Der Republik gelang es nicht, die junge Generation für sich zu gewinnen, ihr fehlte die Zeit.

Der Gegensatz zwischen Armut und protzendem Reichtum war auch im klassenlosen Staat nicht aus der Welt geschafft worden. Die Kinder der Wohlhabenden amüsierten sich, beklatschten avantgardistische Theateraufführungen und politische Kabaretts, gingen ins Kino, tanzten nach neuester Mode Charleston, hörten Jazz. Draußen herrschte Elend, Kommunisten und SA lieferten sich Straßenschlachten. Auch die jeweiligen Jugendgruppen waren immer stärker ins politische Fahrwasser geraten. Die Wirtschaftskrise von 1929 mit sprunghaft ansteigenden Arbeitslosenzahlen brachte Wasser auf Adolf Hitlers Mühlen. Er umwarb von Anfang an gezielt die deutsche Jugend und verkündete den Anbruch einer neuen Zeit.

Hoppla, wir leben

Walter Mehring
Intermezzo zu einer Hotelszene des gleichnamigen Stückes
von Ernst Toller aus dem Jahr 1927

In diesem Hôtel zur Erde
  War die Crème der Gesellschaft zu Gast –
Sie trug mit leichter Gebärde
  Die schwere Lebenslast!
  Sie hielt auf gute Ernährung – –
  Bis man eine Kriegserklärung
  Als Scheck in Zahlung gab – –
Da kamen die Diplomaten,
Um über den Fall zu beraten,
Die sprachen: Wir brauchen einen Krieg
Und größere Zeiten eben!
Es gibt nur eine Politik:
Hoppla, wir leben –
  Wir leben und rechnen ab!

Säbelrasseln – Volksekstase –
Welche Tänze tanzt man morgen?
    Hoppla!
Blaukreuzgase – Menschheitsphrase –
Unsre Sorgen!
    Hoppla!
  Es blutet uns das Herze
  Vor lauter Druckerschwärze,
Hoppla!
Freiheit – hinter Gitterstäben –
Schützengräben.
Hoppla! Wir leben!

In diesem Hôtel zur Erde,
  War das Militär zu Gast –
Wir kämpften für ihre Beschwerde –
  Sie haben für uns gehaßt!
  Sie machten blutige Spesen,
  Sie gaben als Trinkgeld: Prothesen
  Und ließen ein Massengrab – –
Doch als sie sollten zahlen
Für alle Todesqualen:
Da kamen der Herr Chefgeneral
Und die Geistlichkeit daneben –
Die sangen ergriffen den Heldenchoral:
Hoppla, wir leben –
  Wir leben! Und rechnen ab!

Die Muschkoten – und die Roten,
Das sind unsre Feinde morgen.
    Hoppla!
Und die drei Millionen Toten –
Unsre Sorgen!
    Hoppla!
  Es blutet uns das Herze
  Unter dem Eisenerze!
Hoppla!
Freiheit – hinter Gitterstäben –
Schützengräben.
Hoppla! *Wir* leben!

In diesem Hôtel zur Erde
  Von Mord und Krieg umbraust –
Da hat im Keller die Herde
  Der Proletarier gehaust –
  Sie mußten ihre Zechen
  Mit ihren Knochen blechen –
  Dann machte die Bande schlapp!
Da kamen die Direktoren
Und sprachen: Wir haben verloren!
Wir gaben Euch: ein Notquartier
Und eine Krücke daneben,
Ihr seid Halbtote! – Aber wir,
Hoppla! Wir leben –
  Wir leben und rechnen ab!

Denn Ihr habt nichts zu verlieren!
Aber uns kann keiner borgen!
  Hoppla!
Hungern, Frieren – und Krepieren –
Unsre Sorgen!
  Hoppla!
Wir bluteten Moneten!
Gebt unser Geld, Proleten!
  Freiheit? Hinter Gitterstäben –
Schützengräben – –
Hoppla! Wir leben!

In diesem Hôtel zur Erde
  Ist die Crème der Gesellschaft zu Gast –
Sie trägt mit leichter Gebärde
  Die schwere Lebenslast!
  Die Feinde sind verdroschen –
  Gib dem Krüppel dort einen Groschen!
  Wir haben es selber so knapp!
Die Minister, die Denker und Dichter:
Es sind wieder dieselben Gesichter!
Es ist wieder ganz wie vor dem Krieg –
Vor dem nächsten Kriege eben – –
Im Charleston liegt die Schlachtmusik:
Hoppla! *sie* leben!
Wann rechnen mit ihnen wir ab!

Wenn den Bau wir demolieren –
Welche Tänze tanzt Ihr morgen
  Hoppla?
Wenn statt ihren – hier regieren
Unsre Sorgen
  Hoppla!
Sucht Schutz bei Eurem Gotte,
Dem elektrischen Schafotte
Hoppla!
  Kommt mit Euren Generälen
Wir befehlen:
Hoppla! Wir leben!

DIE DACHSTUBE

FLUGBLÄTTER · ZWANGLOS UND KOSTENLOS VON DER
VEREINIGUNG DIE DACHSTUBE HERAUSGEGEBEN
BLATT 65 · DARMSTADT IM NOVEMBER 1918 · IV. JAHR

Die Zeit fordert heraus! Wir stehn am Ende! Nun dürfen wir nicht
mehr still sein und uns von den Ereignissen rädern lassen. Über
vier Jahre flüchteten wir uns vor dem Ungeheuren in astrale
Verse. Wir bogen aus und verleugneten, was Schicksalhaftes ver-
handelt wurde. Es war Lüge, daß wir es taten. Denn unsere Leiber und Seelen waren verfangen.
Doch immerhin: Das Wort war uns schwer gemacht, wenn nicht
versagt. Das Einzelleben war mechanisiert, das Denken war nur
eine Funktion. Und wir meisten waren an der Front. Man konnte
nicht gegen sein eigenes Handeln denken, ohne zu zerbrechen.
Doch nun sind wir frei: Und Ungeheures geschieht: Jetzt lebendig einspringen in den Strom der Geschichte, aktiv sein aufs
äußerste und nichts sich entreißen lassen. Wer wagt es noch sich
von den Dingen treiben zu lassen?
Freunde wir wollen, daß ein Teil unsres Raumes der Zeit gehört.
Nicht, daß die Kunst aufhörte, unser letztes heißestes Ziel zu sein.
Doch stehen wir an einem Punkte, wo Kunst nur an dem gemes-
sen werden kann, was sie dem ringenden Leben bietet. Brücke
zum Unendlichen, vom Zeitlichen ins Ewige, das ist die Kunst.
Doch jetzt, wo die Zeit so riesengroß, so schaurig selber mit den
letzten Dingen ringt, ist sie selbst das Maß aller Werte geworden
und wehe der Kunst, die sie überspringt.
Wir wollen uns darüber nicht mehr schweigen: Wir warten auf
Euch, Freunde, auf Euer heißestes Herz, auf Euer reinste Gesinnung!
Springt ein und formt euern Mut, sucht Richtung, Wege und Ziele: Unhemmbarer Wille zur Zukunft reiße uns hoch, sei unsere
gläubigste Losung. Freunde, greift ein!

1915 hatten Darmstädter Gymnasiasten eine Schülerzeitschrift gegründet: „Die Dachstube". Dies ist das letzte Blatt. Der Aufruf stammt aus der Feder des späteren SPD-Politikers Carlo Mieren- dorff (1897–1943); er wurde 1930 Reichstagsabgeordneter, kam 1933 für fünf Jahre ins KZ und starb bei einem Luftangriff.

Jugend soll wieder anfangen, an etwas zu glauben

Gustav Regler

1898–1963. Er studierte Philosophie und Geschichte in Heidelberg, emigrierte 1933 nach Paris, lag im Spanischen Bürgerkrieg neben Ernest Hemingway im Schützengraben, wurde in Südfrankreich interniert und konnte von dort 1940 über die USA nach Mexiko fliehen. 1952 kehrte Regler nach Deutschland zurück. – Aus dem zweiten Buch der Lebensgeschichte „Das Ohr des Malchus" (1958):

Anfang November 1918

Die Revolution war ausgebrochen. Es war wie die Bestätigung eines Todes, den man lange erwartet, immer wieder verdrängt hat, nun aber war kein Zweifel mehr möglich.

Als wir über den Universitätsplatz in Heidelberg gingen, kam eine Gruppe von Matrosen mit bunten Armbinden, die nun für Monate das deutsche Straßenbild beherrschen sollten; sie waren sehr fremde Gestalten auf diesem Platz einer Innenstadt, aber sie waren um so selbstbewußter; sie sahen an uns vorbei, als sie daherschlenderten. Plötzlich hörten wir einen Schrei, wie ein Tier ihn ausstößt, das zum Sprung auf seine Beute ansetzt; wir drehten uns um und sahen die Matrosen, die sich auf einen jungen Offizier stürzten; er versuchte nicht zu fliehen, er schlug um sich, bedeckte dann wieder mit beiden Händen seine Achseln; sie überwältigten ihn schnell; er stand in ihren Griffen wie ein Verurteilter, der eben die Guillotine erblickt hat, in die man ihn hineinschieben will; sein Kopf war krampfhaft vorgestreckt, seine Augen wölbten sich vor, und da kam auch schon das Geräusch, das sich wie das Ausreißen von Flügeln anhörte; sie zerrten die Achselstücke von seiner Uniform; sie schlugen ihn nicht mehr, sie ließen ihn los; er blieb stehen, hilflos und schlapp, als hätte man ihm den Lebensstrang durchschnitten.

„Komm", sagte Hanna; aber ich konnte nicht weitergehen; ich verstand, daß da einer unschuldig litt, bestraft für etwas, das nicht sein Vergehen war, gedemütigt im Namen seiner Republik, die er nun immer hassen würde.

Links von mir erhob sich der harmonische Bau der Universität; es gab Philosophen dort, Historiker und Sprachforscher; ich hatte ihre Lesungen belegt und war nie hingegangen: es war sinnlos, über Kollegheften mit den Daten der Vergangenheit zu hocken, sie vollzuschreiben und nichts zu wissen von der Welt, in der Deutsche Deutschen Achselstücke abrissen wie Teile ihres Körpers, wo der Haß umging in sauberen Matrosenkleidern und die Falschen überspülte. [...]

Anfang Januar 1919

Ich fand im Hörsaal den liberalen Ökonomen Alfred Weber [1868–1958]. Ich setzte mich in eine Bank und hörte mit wachsendem Interesse zu.

„Wir haben eine Republik", sagte Alfred Weber. „Wir sollten sie nicht erwürgen lassen. Sie ist jung. Alle stürzen sich auf sie. Das deutsche Übel: Uneinigkeit. Das deutsche Übel: Rechthaberei. Das deutsche Übel: Fremdenanbetung. Die Republik ist schwach; ihre neuen Ideen sind noch nicht durchdacht; es ist alles spontan, aber ist das ein Grund für die Jugend, sie zu hassen? Ich sah nie eine Jugend, die so schnell verbittert ist wie die unsrige. Warum sind wir nicht stolz, daß wir endlich Zivilisten sein können? In Berlin ist der Kampf entbrannt. Sozialdemokraten gegen Spartakus. Republik gegen Mob. Spartakus. Dummköpfe, die nicht wissen, daß die Zeit gekommen ist, sich die eigene Res Publica zu gründen. Einige, die sich nicht begnügen können, sprechen so. Einige, die es der Welt nicht verzeihen können, daß der Kaiser sie einmal eingesperrt hat; aber ist die Republik vielleicht der Kaiser? So gehen sie lieber mit dem Abschaum Berlins auf die Barrikaden. Und keine Jugend ist da, sie wegzufegen! Man hat mich heute gefragt, was ich von meinem Kollegen Oncken [Hermann Oncken, 1869–1945, Historiker] halte . . ."

Ich fühlte, daß Weber mich ansah; es war ein Zufall, aber mir schien es, als würde diese Rede wahrhaftig für mich gehalten.

„Man hat Oncken", fuhr Weber fort, „das Medaillon genommen; er kann sein Zarenbild nicht mehr an die Lippen drücken; der Zar ist ein landesflüchtiger schlechter Feldherr. Warum sollt ihr Jungen diesem Dauerbegräbnis beiwohnen? Laßt die Toten ihre Toten begraben! Und verhütet, daß man eure Jugend, eure Zukunft, euer Heute mit verscharrt. Ich spreche von Berlin; ich spreche von den Barrikaden, die ihr niederlegen solltet. Die Offiziere im Keller sind wie Nachtfalter, die sich die Köpfe an den Fensterrahmen einstoßen. Vielleicht ist es Unsinn, daß wir hier hinter Pulten stehen – natürlich ist es Unsinn, wir sollten alle nach Berlin gehen. Die Vorlesung ist beendet!"

Alfred Weber verneigte sich und ging hinaus.

Ich ging geradenwegs zu Hanna. „Ich fahre nach Berlin", sagte ich.

„Du siehst verändert aus", sagte sie.

„Danke."

„Ich meine es nicht böse."

„Es ist gleich, wie du es meinst; ich muß gehen."

„Natürlich mußt du gehen."

Wir standen uns stumm gegenüber. Nun muß ich wirklich gehen, dachte ich, als sie mir einen Geldschein für das Eisenbahnbillett reichte.

In Frankfurt schrieb ich eine Karte an Professor Weber: „Lieber Professor, ich bin Ihrer Aufforderung gefolgt. Es kommt nicht darauf an, wer recht hat. Aber es soll kein Krieg mehr sein, das ist das eine; so verstehe ich die Republik. Und das zweite ist: Jugend soll wieder anfangen, an etwas zu glauben."

Die kurze und ehrliche Botschaft war auf eine Karte geschrieben, die das Goethe-haus zeigte.

Ich fuhr durch das besiegte Deutschland von 1918. Rauschten Tränenbäche längs der Schienen? Riefen blasse Waisenkinder aus dem Nebel? [. . .] Ich hob den Kopf und starrte durch das Fenster in die Wolken, die über die Landschaft zogen. Wie Pech war die Nacht.

Als ich mich in der Halle des Berliner Bahnhofs umschaute, hielt mich ein junger Mann im Stahlhelm an: „Sie sollten sich einschreiben gegen die Roten", sagte er. Ich stellte mein Bündel nieder und betrachtete den Werber; er mußte etwa vier Jahre jünger sein als ich.

„Dieses Gesindel!" sagte er. „Unsrer glorreichen Armee den Dolch in den Rücken zu stoßen!"

Ich hatte diese Anschuldigung bis dahin noch nicht gehört. Wie ein Echo wurde die Stimme von Schomburg [Psychiater, der ihn nach einer Gasvergiftung aus dem Irrenhaus entlassen hatte] wieder hörbar. Schroff sagte ich: „Wer sind Sie? Wer sind diese *wir*?"

„Jung Deutschland", sagte der Bursche trotzig und sah nun wirklich sehr jung aus.

„Ich verstehe nicht", sagte ich.

„Da sind Sie wohl auch so einer?" sagte der Junge und preßte seinen Stahlhelm tiefer ins kindliche Gesicht.

„Ich bin einer, dem man nicht mehr mit Märchen kommen kann", sagte ich.

„Ich schlage Ihnen die Nase ein, dann werden Sie sehen, daß ich keine Märchenfigur bin", sagte der Junge. „Ich habe im Tiergarten zehn dieser Nasen erschossen!"

„Zehn . . . wen?" fragte ich.

„Zehn von diesen roten Schweinen; sie hatten natürlich alle Judennasen!"

Es kam zu schnell. Ich faßte an mein Herz. So *durfte* es nicht aussehen!

Ich sah den Werber an. Woher kam diese Mordlust? Er war sechzehn Jahre alt. Er fühlte sich um seinen Krieg betrogen und ging nun herum und suchte nach dem, der ihn betrogen hatte.

Ein Sündenbock war ihm angeboten worden; der Feind hatte keinen Namen, aber er war hier in diesen Häusern von Berlin versteckt.

„Dieser Liebknecht sollte geviertelt werden", sagte der Bursche im Stahlhelm. „Und wenn wir die Rosa [Luxemburg] erwischen, diese Sau . . . Er machte eine Geste, als wenn er jemand ein Messer in den Bauch stieße und es dann mit Genuß nach oben zöge.

Eine Lokomotive pufte aus der Halle hinaus. Eine betrunkene Stimme sang: „In der Heimat, in der Heimat, da gibt's ein Wiedersehn."

„Ich komme von Heidelberg", sagte ich.

Der Bursche im Stahlhelm hob entzückt die Hand: „Aber da *können* Sie ja nur auf unsrer Seite sein!"

„Ich kam, um für die Republik zu kämpfen", sagte ich.

„Kommen Sie", sagte er gönnerhaft, „ich bringe Sie zum Reichstag; da nimmt man alles!"

Nach dieser nicht gerade schmeichelhaften Erklärung folgte ich ihm in mein erstes politisches Abenteuer.

Ich stand frierend in einer Halle des Reichstags und wartete, bis ich an die Reihe kam, mich als Soldat der Formation *Reichstag* der Sozialdemokratischen Partei anheuern zu lassen.

Ich zählte die Männer vor mir; es waren mehr als zweihundert.

Es waren viele Arme darunter. Der Mann vor mir hatte weder Mantel noch Hut. Es war eine Hungerarmee, die angeheuert wurde. Nach zwei Stunden kam die Reihe an mich. Der Parteibeamte sah meine Kleider an, dann fragte er mich, warum ich gekommen sei.

„Die Republik zu verteidigen", rief ich pathetisch.

„Wer gab Ihnen das Reisegeld?"

„Ein Mädchen."

„Spaßig", sagte der Beamte, aber er warb mich an.

Am nächsten Tag hörte ich die Verteidiger reden. Sie sprachen vom Sold, vom Essen, sie hofften, daß es zu irgendeiner Aktion käme. „Zum Plündern", sagte einer trocken; er fand keinen Widerspruch.

„Von mir aus kann's noch zwei Jahre dauern", sagte ein anderer.

„Ich muß wieder was in die Hand kriegen", sagte ein dritter.

„Ohne Gewehr ist man kein Mensch mehr; deshalb kam ich – damit ihr's wißt!"

Ich sprach den ganzen Morgen mit diesem Mann. Er war ein muskulöser Riese. Er wollte nicht, daß der Krieg zu Ende sei; er fand das Soldatsein die einzig würdige Form des Lebens. Sie würden ihn nun ins Zivilleben zurückschicken; es war, als schickten sie ihn in die Verbannung. „Wenn wir's richtig anfangen", sagte er mit schlauem Grinsen, „kann der Krieg ewig dauern."

Er war aus Schlesien. Er würde nicht erlauben, daß sie ihn dorthin zurückschickten. „Es ist still wie ein Grab dort; ich weiß es; ich könnte die Stille nicht aushalten."

Ich hörte zu und dachte an das Irrenhaus, an Brill [nach Verurteilung durch ein Kriegsgericht erschossen], an den rothaarigen Pazifisten, an Doktor Schomburg – sie alle hatten den Krieg beenden wollen; dieser hier wollte ihn verewigen. Wo waren die Gesunden, wo waren die Kranken?

Die Flecke

1919

Kurt Tucholsky

1890–1935. Politischer Schriftsteller und Satiriker, Mitarbeiter der Wochenschrift „Weltbühne". Die Nazis beschimpften ihn als „bösartigen Irren" und „unappetitlichsten Zoten-
dichter aller Zeiten". Am 15. Januar 1936 schrieb zum Beispiel der „Berliner Lokalanzei-
ger": „Jahraus, jahrein hatte er die literarische Vergiftung Deutschlands betrieben. Es war
der Mann, der den gefallenen deutschen Kriegsfreiwilligen aufs Grab spie". – Tucholsky
wollte aufklären und wachrütteln.

In der Dorotheenstraße zu Berlin steht das Gebäude der ehemaligen Kriegsakademie. Unten, in guter Mannshöhe, läuft eine Granitlage um das Haus herum, Platte
an Platte.
Diese Platten sehen seltsam aus; sie sind weißlich gefleckt, der braune Granit ist hell
an vielen Stellen... was mag das sein?
Ist er weißlich gefleckt? Aber er sollte rötlich gefleckt sein. Hier hingen, während
der großen Zeit, die deutschen Verlustlisten.
Hier hingen, fast alle Tage gewechselt, die schrecklichen Zettel, die endlosen Listen
mit Namen, Namen, Namen... Ich besitze die Nr. 1 dieser Dokumente: da sind
noch sorgfältig die Truppenteile angegeben, wenig Tote stehen auf der ersten Liste,
sie war sehr kurz, diese Nr. 1. Ich weiß nicht, wie viele dann erschienen sind – aber
sie gingen hoch hinauf, bis über die Nummer tausend. Namen an Namen – und
jedesmal hieß das, daß ein Menschenleben ausgelöscht war oder „vermißt", für die
nächste Zukunft ausgestrichen, oder verstümmelt, leicht oder schwer.
Da hingen sie, da, wo jetzt die weißen Flecke sind. Da hingen sie, und vor ihnen
drängten sich die Hunderte schweigender Menschen, die ihr Liebstes draußen
hatten und die zitterten, daß sie diesen einzigen Namen unter allen den Tausenden
hier läsen. Was kümmerten sie die Müllers und Schulzes und Lehmanns, die hier
aushingen. Mochten Tausende und Tausende verrecken – wenn *er* nur nicht dabei
war!
Und an dieser Gesinnung ertüchtigte der Krieg.
Und an dieser Gesinnung hat es gelegen, daß es vier lange Jahre so gehen konnte.
Wären wir alle für einen aufgestanden, alle wie ein Mann –: wer weiß, ob es so lange
gedauert hätte. Man hat mir gesagt, ich wisse nicht, wie der deutsche Mann sterben
könne. Ich weiß es wohl. Ich weiß aber auch, wie die deutsche Frau weinen kann –
und ich weiß, wie sie heute weint, da sie langsam, qualvoll langsam erkennt, wofür er
gestorben ist. Wofür...
Streue ich Salz in Wunden: Aber ich möchte das himmlische Feuer in Wunden

brennen, ich möchte den Trauernden zurufen: Für nichts ist er gestorben, für einen Wahnsinn, für nichts, für nichts, für nichts.

Im Laufe der Jahre werden ja diese weißen Flecke allmählich vom Regen abgewaschen werden und schwinden. Aber diese andern da, die kann man nicht tilgen. In unsern Herzen sind Spuren eingekratzt, die nicht vergehen. Und jedesmal, wenn ich an der Kriegsakademie mit ihrem braunen Granit und den weißen Flecken vorbeikomme, sage ich mir im stillen: Versprich es dir. Lege ein Gelöbnis ab. Wirke. Arbeite. Sag's den Leuten. Befreie sie von dem Nationalwahn, du mit deinen kleinen Kräften. Du bist es den Toten schuldig. Die Flecke schreien. Hörst du sie? Sie rufen: Nie wieder Krieg –!

Mauer der Erschossenen

Ernst Toller

Die Rote Armee hatte am 30. April 1919 in München zehn Geiseln erschossen, „ohne Wissen eines verantwortlichen Führers", wie Toller in seiner Autobiographie [siehe S. 101] versichert. „Ein Soldat führt mich zu dem Schuppen, in dem die Erschossenen liegen... Eine Frau ist unter den Toten, ein jüdischer Maler. Ich zünde ein Streichholz an und sehe im trüben flackernden Licht die unheimlichen Gestalten."
Am 1. Mai dringen Freikorps und Regierungstruppen – die „Weißen" – in München ein: In Straßenkämpfen und durch Standgerichte fallen 600 Menschen. Ihnen allen setzt Toller hier ein Denkmal.

Vor Schrei und Aufschrei krümmte sich die Wand.

Wie aus dem Leib des heiligen Sebastian,
dem tausend Pfeile tausend Wunden schlugen,
so Wunden brachen aus Gestein und Fugen,
seit in den Sand ihr Blut verlöschend rann.

Weißes Morden raste durch die Tage,
Erde wurde zu bespienem Schoß,
Gott ward arm und nackt und bloß,
doch die Wand in starrer Klage,
Mutter allem Menschenschmerz,
nahm die Opfer leise an ihr stummes Herz.

Die Baltikumer. Versailles

Tagebuch (Rückblick)

Richard H., 25 Jahre, Medizinstudent

Im Frühjahr 1919 war die schlimmste, die eigentliche Hungerzeit um, und man kam sich vor wie ein Prasser, als man wieder mit vollem Magen vom Tisch aufstand. Es war nicht schön zu hungern, aber es ist gut, auch das einmal mitgemacht zu haben. Ich kann seither Witze über das Hungern nicht mehr hören. Daß uns das Leben jedoch unter solchen Verhältnissen nicht sehr reizvoll erschien, ist klar, und so kam dann, was wir vor wenigen Monaten noch als Wahnsinn verlacht hätten: Wir bekamen Heimweh nach dem Krieg! Es kam uns jetzt die Erkenntnis, daß es nicht nur Sorge, Grauen, Hunger, Kälte und Dreck war, durch die man gegangen, sondern daß es auch eine Auszeichnung des Schicksals ist, in solchem Geschehen seinen Mann stellen zu können. Krieg und Tod sind zwei große Herren, hart, brutal, launisch; aber wer ihnen dient als Mann und nicht als Kümmerling, dem lohnen sie nobel durch das stolze Gefühl der inneren Stärke und der schreckenüberwindenden Freiheit.

Von den Anschlagsäulen und Hauswänden schrien große Bilder: Ein Rudel Wölfe mit roten Zungen trabte aus einem brennenden Dorf heraus, Werbeplakate für die im Baltikum kämpfenden Truppen. Wenn der Krieg dort lange genug dauerte – und diese Überlegung war ein Wunsch –, dann würde man sich nach dem Examen dort anwerben lassen und wie in eine Heimat in das Leben zurückkehren, das man so oft verflucht hatte: In Alarm und Quartier, in Unterstand und Marsch, in das freie, unverpflichtende Leben des Soldaten, fort aus Druck und Armut des furchtbar eng gewordenen Deutschlands.

Die Verhältnisse im Baltikum waren wirr und widerspruchsvoll. Die neuentstandenen Staaten [Litauen, Lettland und Estland] waren nach Abzug der deutschen Truppen [im Januar 1919] eine leichte Beute der bolschewistischen Garde geworden. Von England aufgefordert, stellte Deutschland wieder Truppen dort auf; es wurde ihnen Einbürgerung in Lettland zugesagt. Die Russen wurden vertrieben, die Einnahme Rigas im Mai 1919 war der letzte deutsche Sieg. Als man nun die Deutschen nicht mehr brauchte, ließen sie England und Lettland im Stich, von Einbürgerung war nicht mehr die Rede. Die deutsche Regierung, vom Ausland gedrängt, hatte weder Macht noch Willen, sich für ihre Soldaten einzusetzen, und rief sie zurück. Die Baltikumer gehorchten nicht, sie traten unter Befehl eines weißrussischen Generals und führten so eine Zeitlang auf eigene Faust Krieg, bis sie, soviel ich weiß, von den durch die Engländer ausgerüsteten und wohl auch geführten Esten bei Wenden geschlagen wurden und ihnen nichts übrigblieb, als nach Deutschland zurückzukehren.

Die Zusammensetzung der Baltikumer war eine ganz verschiedene: Auf der einen Seite kämpften dort aufrichtige Idealisten, andererseits auch Landsknechte, die nicht mehr den Weg ins Bürgerliche fanden und in dem brutalen Kampf gegen den rohen Gegner nicht besser wurden. Nach ihrer Rückkehr kam ein Teil zur Abrüstung auf den Heuberg, und man sah sie viel in der Gegend mit ihren weißen Armbinden mit dem Deutschherrnkreuz; sie haben sich bei der Bevölkerung nicht durchweg beliebt gemacht. So hat sich bei dieser verlorenen Truppe Mut und Minderwertigkeit, Idealismus und Infamie, Vaterlandsliebe und Verwilderung zu tragischem Geschick verflochten.

Dabei war die baltische Frage nur eine unter den vielen und nicht die brennendste, die das deutsche Volk mit Sorgen belasteten und im Widerstreit auseinanderrissen.

Das ganze Sommersemester 1919 stand unter der drückenden Frage: Werden wir in Versailles unterschreiben oder nicht? Unterschrieb man, so würde durch die Friedensbedingungen Deutschland so auf den Boden genagelt, daß die Möglichkeit eines Hochkommens schlechterdings nicht abzusehen war – ja, die Absicht der Feinde lag offen zutage, aus den offensichtlich unerfüllbaren Bedingungen immer wieder Gelegenheit zu schöpfen, mit einem Schein schäbigen Rechts gegen Deutschland vorzugehen; aber die Einheit des verstümmelten Reichs blieb erhalten und Deutschland davor bewahrt, Kriegsschauplatz zu werden. Lehnte man ab, so war nur eines sicher: der feindliche Einmarsch, und es war kein Grund einzusehen, nicht mit Deutschland so zu verfahren, wie [der französische Ministerpräsident] Clemenceau es wollte: es aufzuteilen. An die Möglichkeit eines erfolgreichen Widerstands war entfernt nicht zu denken.

Kein denkender Mensch konnte sich der tragischen Wucht dieses fürchterlichen Entweder-Oders entziehen. In jeder Partei gab es Stimmen dafür und dagegen. Bis zur letzten Stunde blieb alles ungewiß. Man bereitete die Mobilmachung von dem, was an halbwegs brauchbaren Truppen vorhanden war, des Freikorps und der Einwohnerwehr, vor. Auch wir in der Familie berieten, was im Falle eines Einmarsches zu tun wäre, da mit einer Verschleppung der jungen Leute ins zerstörte Gebiet gerechnet werden mußte.

Ich sollte als Assistenzarzt im Ludwigsspital [in Stuttgart] unterschlupfen, Erich wäre mit seinem Studentenbataillon abgerückt. Und es schien so zu kommen: Die Parole „Rhön", die Krieg und Abmarsch bedeutete, wurde gegeben, das Studentenbataillon zusammengetrommelt. Es kamen alle, aber alle mit dem Gefühl, nutz- und sinnlos für eine verlorene Sache geopfert zu werden. Es waren furchtbar schwere Stunden für die, die sie mitmachen mußten, bis endlich der Gegenbefehl kam, daß nicht abmarschiert werde – und damit die Gewißheit, daß man unterzeichne.

Nur Sozialdemokraten und Zentrum hatten in der Nationalversammlung dafür gestimmt, aber sie hatten die Mehrheit. Wie furchtbar schwer die Entscheidung von allen empfunden wurde, beweist das von mehreren Rednern gegebene Versprechen, den Unterzeichnern keinen Vorwurf zu machen, ein Versprechen, das freilich genauso lange gehalten wurde, wie eben parlamentarische oder politische Versprechen gehalten zu werden pflegen, nämlich keinen Augenblick.

Der Versailler Friede wird in der Geschichte weiterleben als ein monumentales Denkmal menschlicher Dummheit. Am 28. Juni 1919, fünf Jahre nach den verhängnisvollen Schüssen von Sarajewo, einem strahlenden Sommertag, wurde der Friede unterschrieben. Er ließ Deutschland nur die Hoffnung. Und gerade aus der völligen Undurchführbarkeit seines Paragraphenwustes schöpften wir die Gewißheit, daß trotz aller raffinierten Klügelei ein solcher Nonsens nicht ewig dauern könne.

Die Haltung des deutschen Volkes war tief beschämend: Der Amüsierrummel ging bei Hoch und Nieder weiter, und das Trauergeläute, das auf Befehl der Reichsregierung jeden Mittag eine Woche lang über Deutschland hinklagte, verklang ungehört im erbärmlichen Spektakel eines würdelosen Alltags.

Der Vertrag von Versailles war die höhere Ordnung des deutschen Volkes geworden, nach der es nun leben oder sterben sollte . . . In der Sitzung der Nationalversammlung vom 25. Juli 1919 erhob der Deutschnationale, später Deutschvölkische, von Graefe die ungeheure Anklage gegen die Revolution, daß sie dem kämpfenden Heer in den Rücken gefallen sei. Er beschuldigte die verantwortlichen Männer der damaligen deutschen Regierung, unter dem Schleier und unter der Maske des Waffenstillstandes Deutschlands Waffen restlos dem Feind ausgeliefert zu haben . . . Am 29. Oktober 1919 fiel zum ersten Male der Zwischenruf von rechts: „Die Front wurde von hinten erdolcht."

Wilhelm Hoegner
(1887—1980)

Soviel Brot wie ich essen will

D. E., 13 Jahre, Schülerin

In den ersten beiden Jahren nach dem Krieg durften Tausende von unterernährten deutschen Großstadtkindern zur Erholung nach Dänemark, Schweden und Norwegen reisen. Gewerkschaftliche und kirchliche Kreise hatten die Unterbringung in Gastfamilien organisiert. Ein Berliner Mädchen schrieb aus Schweden:

Østerkorsberge, Juni 1920. Liebe Mama, darüber brauchst Du Dir keine Kopfschmerzen zu machen, daß ich das Beten vergesse. Immer vor dem Essen und nach dem Essen stehen die Leute eine Weile mit gefalteten Händen, dann stehe ich auch da und spreche mein Gebet. Ebenso auch morgens und abends. Wenn ich morgens und abends gebetet habe, bekommt Ihr alle einen Kuß auf dem Bilde. Liebe Mama, ich helfe, was ich helfen kann. Ich trockne jeden Tag ab, von heute ab wasche ich immer ab, es macht mir sehr viel Freude. Ich spiele jeden Tag Klavier. Ich darf es zu jeder Zeit.

Wenn ich etwas Schönes zu essen bekomme, z. B. morgens, mittags und abends soviel Milch wie ich haben will und morgens und abends immer zwei Eier, oder soviel Brot wie ich essen will, immer Weißbrot, dann vergeht mir oft der Appetit, nämlich ich denke an Euch und wünschte, Ihr könntet jetzt hier sein und das alles genießen. Auf eine Stulle muß ich mir soviel Butter schmieren, wie wir in Berlin auf drei bis vier Stullen.

Liebe Mama, jetzt erholen wir uns ordentlich in Schweden. Wenn wir nach Hause kommen, sollt Ihr Euch alle erholen, ich werde Euch alle Arbeit abnehmen, dann müßt Ihr Euch ordentlich kräftigen, dafür werde ich sorgen. Wenn ich nach Hause komme, werde ich soviel mitbekommen, daß ich es gar nicht alles tragen kann, soviel Keks, Butter, Eier, Käse, Brot, Speck und noch mancherlei anderes. Am Sonntag ist hier in der Kirche nachmittags um 3 Uhr ein großes Fest für uns zehn deutsche Kinder in Ø., es kommen sehr viel. Es wird sehr viel zusammenkommen. Am vorigen Sonntag sollen schon 80,– Kronen zusammengekommen sein. Das Geld wird unter uns zehn Kindern dann geteilt, wenn wir reisen.

STICHWORT: JUGEND

Aus: Karl Korn, „Die Arbeiterjugend-Bewegung", Berlin 1921

Daß die Jugend mit flammender Seele sich in den Novembersturm der Revolution stürzte, braucht kaum gesagt zu werden. Jugend ist ja selber das lebendige Symbol der Revolution, geborene Fahnenträgerin alles Kommenden und Werdenden, und noch immer hat sie solche Volksgewitter als ihre ureigenste Angelegenheit empfunden. Aber hier war mehr, war Bewußteres am Werk als die leidenschaftliche Hingabe an das gärende, aufgewühlte Neue. Zu unmittelbar hatte die schwere Not der vergangenen Jahre, die schier unmenschliche Arbeitsbürde, die Freudlosigkeit des Lebens, hatten Entbehrung und Hunger gerade die jungen Menschen bedrückt, als daß sie nicht ebenso unmittelbar der politischen Schicksalswende als der Wende ihres eigenen Schicksals zujubeln sollten. Und war nicht das, was da auf den Müllhaufen der Geschichte flog, der Popanz des Obrigkeitsstaats, so lange Jahre auch gerade ihr Fronvogt und Kerkermeister gewesen, dessen Tücke und sinnlose Grausamkeit noch in kaum verharschten Malen in ihren Seelen schwärte! Nun öffnete sich das Zuchthaus des alten Deutschlands, und allen voran stürmte die Jugend ins Freie.

Postkarte 1922. Ein junger Mann und ein Mädchen stehen gleichberechtigt vor der roten Fahne. Bei der Wahl zur Nationalversammlung am 19. Januar 1919 konnten Frauen erstmals in Deutschland ihre Stimme abgeben. Sie forderten Chancengleichheit für Frauen und Mädchen, kamen diesem Ziel aber kaum näher.

Vierhundert Milliarden

W(ilhelm) E(manuel) Süskind

1901–1970. Er studierte in München Rechtswissenschaft und Geschichte und war mit Klaus und Erika Mann befreundet, die ihm später nie verziehen, daß er 1933 zu den Nazis überlief. – In seinem ersten Roman „Jugend" (1930) geht es um zwei Schulfreunde: Ralph Mayer, jetzt Bankdirektor, und Fleming, Student und Poet; aus dem 8. Kapitel des 2. Buches:

Dieser Oktober 1923 verlief so vor dem Auge der Börse: der Dollar betrat ihn bei einem Stand von 242 – die Millionennullen schrieb kein Mensch mehr. Am 9. überschritt er die Milliarde, und in den Brieftaschen der Leute ballten sich die klebrig-neuen Tausendmarkscheine einer Ausgabe vom Dezember 1922, die damals nicht zum Zuge gekommen und nun mit dem roten Überdruck „Eine Milliarde Mark" versehen waren wie mit einem Brandmal. Der Dollar scherte sich den Teufel um das blutrote Feurio der Reichsbank; am 20. stand er auf 12 – nun strich man, da es ja schon einerlei war, neun Nullen ab. Am Sonntag, den 21. waren manche Kellner beim Kassieren mißtrauisch den immer noch pressefrischen Feurioscheinen gegenüber, obwohl man sie ihnen bündelweise offerierte. Richtig, am Montag notierte der Dollar 40, und die Milliardenpäckchen wanderten in die Rocktasche als Kleingeld. In der Nacht vom 31. zu Allerheiligen machte der Dollar einen solennen Sprung von 72,5 auf 130, und an Allerseelen, als die Leute ihre Totenkränze auf die Friedhöfe trugen, stieg er auf 320.

Man nannte es eine chaotische Zeit, aber es schien allen recht zu sein, denn alle spielten mit und wurden weitergetragen, wofern sie nur schon etwas besaßen. Die Lokale strahlten vor Licht und Fülle, und sofern man etwas besaß, schob man sich auch hinein und vermehrte die Fülle. Die nichts besaßen, blieben sonderbar versteckt, beinahe taktvoll, und sah man doch den einen oder anderen auf der Straße, in der gutgekleideten Menge einen Abgerissenen, der sich wie blind weiterschob, so wirkte er als Ausnahme, als romantisches Element im Großstadtbild, man gab ihm, machte er Miene zu betteln, von den Milliardennoten und eilte weiter. Zu Gedanken über ihn war keine Zeit. [. . .]

Einträchtig traten sie auf die Straße hinaus. Mayer sagte: „Schade, daß wir jetzt zu den anderen müssen", und Fleming antwortete: „Ja, Ralph –", kaum mehr erstaunt, daß Ralph trotzdem nie Miene machte mit ihm allein zu bleiben.

Sie trafen sich mit den anderen [in der Kakadu-Bar]. Es waren drei oder vier junge Mädchen und junge Leute, mehrere Jahre jünger als die beiden, manche von ihnen gingen noch zur Schule. Wenn sie zusammen ins Tanzlokal traten, wandten sich alle Köpfe ihnen zu, denn diese Siebzehnjährigen trugen kindliche Kleider, und die beiden Einundzwanzigjährigen in ihren feierlichen Smokings wirkten in ihrer

Gesellschaft doppelt jung. Sie machten es wett durch kolossale Bestellungen, züchtigten die Neugierigen am Nachbartisch mit hochmütigen Blicken und saßen ganz eingeklemmt in Feierlichkeit und Luxus. Manchmal verständigten sie sich durch Blicke, die eigentlich nichts ausdrückten, nur einer den anderen aufmunterten. Die Siebzehnjährigen halfen sich mit Ungezwungenheit, machten ungenierte Bemerkungen über alle Anwesenden, versanken vor der Speisekarte einen Augenblick in fassungsloses Schweigen und bestellten um so zügelloser unbegreifliche Speisefolgen und kostspielige Näschereien. Oft, wenn sie wählten, merkte man, der aparte Name eines Gerichts hatte sie bestochen oder sie hatten gehört, dies und jenes sei besonders fein.

Fleming durchschaute genau diese kleinen Schwächen, ja er nützte sie aus, las mit schwärmerischer Stimme: „Tournedos Rossini" und freute sich, wie die Kinder alsbald nichts anderes zu verzehren wünschten als Tournedos Rossini, viermal Tournedos Rossini. Er empfahl Prärieauster, beobachtete ihr Erstaunen, als keine Speise aufgetragen wurde, sondern ein eiterfarbenes Getränk, und sah, wie sie mit tränenden Augen schluckten und sich den Schlund verbrannten. „Prost, Grischa", grüßte er, „prost Sigrid", und ermunterte sie, mit einem Glas von Ralphs teurem Sekt den Höllengeschmack hinunterzuspülen.

Grischa, Sigrid, so nannten sich die Siebzehnjährigen, auch Wladimir und Daisy. Ob sie wirklich so hießen, wußte man nicht. Ihre Welt war immer von heute, sie erhob sich aus dem Beisammensein, dem guten Essen, Ralphs dickgeschwellter Brieftasche und dem Dröhnen der Jazzmusik. Nie erzählten die Siebzehnjährigen von der Schule, selten von ihren Eltern, höchstens daß sie ahnen ließen, sie stammten aus vornehmen, aber verarmten Häusern. Sie erzählten lange Geschichten: „Mein Vater, der Professor –", begann Wladimir mit bescheiden gesenkter Stirn, und Sigrid, seine Schwester, erläuterte mit ihrer tiefen Stimme: „– er war nämlich Professor am Kaiserlich-russischen Meeresinstitut –." Dann fiel Grischa ein: „Aber nun züchtet er Gebrauchsfische für die Tafeln der Schieber", und Daisy, blond, mit kleingeschminktem Kinomündchen, ergänzte: „– und uns' Wladimir muß früh um sechs die Fische austragen." Die beiden Älteren glaubten kein Wort davon. Sie hörten es an wie eine Nummer auf der Kabarettbühne im Hintergrund des Saales und hatten beide ein Gefühl: wir haben es ja bezahlt. Solange Ralph Mayers Brieftasche gefüllt war, verdiente alles Glauben, selbst wenn es gelogen war.

„Tanzen, Ralph", sagte Sigrid mehr befehlend als fragend, und Ralph erhob sich sogleich, stemmte den Oberkörper zurück und warf Fleming einen dunklen Siegerblick zu.

Es wurde Tango gespielt, den weder Ralph noch das Mädchen beherrschten. Sie tanzten ihn dennoch, wunderlich anzusehen, er in der pflaumenfarbenen Weste, sie in einem unbeholfen geschneiderten Kuttenkleid, und merkten nicht, wie sich die Zahl der Paare auf dem Tanzboden verminderte und man sie schließlich allein hüpfen ließ und von allen Tischen höhnisch bestaunte. Nach Schluß der Nummer

126

erhob sich ein ironischer Applaus, und die beiden verneigten sich ernsthaft. Als sie an den Tisch zurückkamen, herrschte einige Sekunden Schweigen. Dann sagte einer ein lobendes Wort, das Mädchen Sigrid senkte die bräunliche Stirn, der Knabe Wladimir verglich einen Herrn am Nachbartisch treffend mit einem Storch im Smoking und Ralph Mayer leerte bitter lächelnd sein Glas und machte: „Diese Bürger –"

Die Gäste waren ihre Feinde, sie schienen gereizt durch die merkwürdige Tracht der Siebzehnjährigen und die üppigen Bestellungen Ralph Mayers. Dafür waren die Kellner ihnen freund, die Kabarettmädchen und die Musik. Wenn zur Polizeistunde die Lichter ausgedreht wurden, die Gäste hinausflockten und die Ventilatoren irgendwo hinterm Dunst zu surren begannen, machte Ralph freien Tisch. Der Kapellmeister trat zu ihnen, wurde mit Sekt gelabt, und sie fragten ihn mit weinschwerer Zunge, wo er studiert habe, nannten ihm neue Foxtrotts und unterhielten sich mit ihm über klassische Musik. Sein mitternachtswaches Gesicht erstarkte zu einer bleichen Intelligenz: das Violinkonzert von Beethoven habe er am liebsten gespielt, sagte er tonlos, lächelte einförmig, wenn Sigrid das Wort an ihn richtete, und nannte sie gnädige Frau. Mit dem Augenblick, wo sein Glas leer war, unterbrach er sich, blickte Ralph an, bekam einen Geldschein in die Hand gedrückt und spielte mit kleinem Orchester weiter.

Die Kellner umstanden den Tisch, folgten als einzige Zuschauer den Tänzen und klatschten Beifall. Sie taten es nicht nur der Trinkgelder wegen. Sie gehörten mit dazu, man hatte ihnen Namen gegeben, auf die sie reagierten, obwohl sie die Bedeutung nicht durchschauen konnten, denn die Bedeutung war immer um eine Kleinigkeit maskiert. Den hageren Kellner nannten sie Hagedorn, den, der zum Schlagfluß neigte, Schlagbach, den mit den Walroßzähnen Walnuß. [. . .]

In einer Ecke der Bar saßen noch die Tänzerinnen aus dem Abendprogramm. Auch sie mußten heran. Sie kamen willig, von Ralphs Freitisch gelockt, saßen steif dabei, bedienten sich mit gezierten Gebärden und antworteten nur mit ja und nein, hantierten viel mit Puder und Schminkstift, und warfen aus den frischmontierten Augen flache Glitzerblicke nach den jungen Männern, die nicht wußten, wie sie antworten sollten. Sigrid und Daisy sahen ihnen aufmerksam zu; nach kurzer Zeit sah man sie dieselben Bewegungen versuchen, dieselben Blicke werfen.

Die Musik spielte immer noch, aber man mußte genau hinhören, um etwas von der Melodie zu erfassen, und manchmal sah man ganz groß den Kapellmeister, wie er mit der Geige unterm Kinn zwischen den Tanzenden schlenderte, ein Taschentusch im Kragen, die Stirn bleich, die Hemdbrust gelblich. Mit wem man tanzte, darauf hatte man kaum mehr acht. [. . .]

Ralph Mayer hatte die letzten Tänze ausgelassen und nur mit perlender Stirn zugesehen. Wenn eines der Mädchen ihn mitziehen wollte, schüttelte er unwirsch die Haare. Die Musik schwieg und packte fremd die Instrumente ein. Die graublauen Rauchschwaden flossen in das verlassene Tanzbassin wie in ein Vakuum.

Gäste und Kellner versammelten sich um Ralph Mayer, der als einziger noch saß. Seine Stirn perlte und perlte, seine Backen sahen jammervoll eingefallen aus, über der pflaumenfarbenen Weste knüllte sich die steife Hemdbrust. Alle starrten ihn erwartungsvoll an.

„Ralph, zahlen!" riefen Sigrid und Daisy plötzlich schrill, und alle, auch Fleming, wiederholten es: „Ralph, zahlen!" Die Kellner ließen ein Lächeln erblühen, Schlagbach als Ältester aber blieb tiefernst und präsentierte die Rechnung.

Jeder versuchte über Ralphs Schulter weg die Summe zu erspähen. Es war ein unbegreiflicher Drang, zu wissen, was er ausgegeben hatte, ob es auch teuer genug sei. „Vierhundert Milliarden", flüsterte Fleming Sigrid zu, und ein Schauder überflog sie alle, bis Ralph wirklich bezahlt hatte, in die Garderobe nachgeschlendert kam und heiser erzählte: „Es war nicht teuer. Wenn man bedenkt, wie gut wir serviert waren." Im Hintergrund hüllten sich die Tanzmädchen in ihre Mäntel und schickten den Sechsen verächtliche Blicke nach.

Ernst Aufseeser:
Charleston

Wir haben zur Kenntnis genommen

Ödön von Horváth

1901–1938. Horváth nimmt in seinen gesellschaftskritischen, bitterbösen Dramen die Spießer und Mitläufer aufs Korn, zum Beispiel in „Sladek oder die Schwarze Armee" (1928) und „Italienische Nacht" (1931). Er emigrierte 1933, schrieb aber unter Pseudonym für die Berliner Fox-Europa GmbH Filmdialoge „wegen eines neuen Anzugs und so". Im Alter von 37 Jahren wurde er in Paris von einem herunterfallenden Ast erschlagen. – Die folgende „Autobiographische Notiz" verfaßte er 1927 auf Bestellung für ein Theater-Programmheft.

Als der sogenannte Weltkrieg ausbrach, war ich dreizehn Jahre alt. An die Zeit vor 1914 erinnere ich mich nur, wie an ein langweiliges Bilderbuch. Alle meine Kindheitserlebnisse habe ich im Kriege vergessen. Mein Leben beginnt mit der Kriegserklärung.

Ich bin am 9. Dezember 1901 in Fiume geboren. Während meiner Schulzeit wechselte ich viermal die Unterrichtssprache und besuchte fast jede Klasse in einer anderen Stadt. Das Ergebnis war, daß ich keine Sprache ganz beherrschte. Als ich das erste Mal nach Deutschland kam, konnte ich keine Zeitung lesen, da ich keine gotischen Buchstaben kannte, obwohl meine Muttersprache die deutsche ist. Erst mit vierzehn Jahren schrieb ich den ersten deutschen Satz.

Wir, die wir zur großen Zeit in den Flegeljahren standen, waren wenig beliebt. Aus der Tatsache, daß unsere Väter im Felde fielen oder sich drückten, daß sie zu Krüppeln zerfetzt wurden oder wucherten, folgerte die öffentliche Meinung, wir Kriegslümmel würden Verbrecher werden. Wir hätten uns alle aufhängen dürfen, hätten wir nicht darauf gepfiffen, daß unsere Pubertät in den Weltkrieg fiel. Wir waren verroht, fühlten weder Mitleid noch Ehrfurcht. Wir hatten weder Sinn für Museen noch die Unsterblichkeit der Seele – und als die Erwachsenen zusammenbrachen, blieben wir unversehrt. In uns ist nichts zusammengebrochen, denn wir hatten nichts. Wir hatten bislang nur zur Kenntnis genommen.

Wir haben zur Kenntnis genommen – und werden nichts vergessen. Nie. Sollten auch heute einzelne von uns das Gegenteil behaupten, denn solche Erinnerungen können unbequem werden, so lügen sie eben.

An jenem Kneipenabend

Hans Mayer

1907 in Köln geboren; Literarhistoriker. Er emigrierte 1933, war 1950–1963 Professor in
Leipzig, 1965–1973 in Hannover und lebt jetzt in Tübingen. – Aus dem 1. Teil seiner
Erinnerungen „Ein Deutscher auf Widerruf" (1982):

Die letzten Schuljahre fielen zusammen mit einer ebenso vorübergehenden wie
relativen Festigung der deutschen Wirtschaft und Staatlichkeit. Vorher jedoch, also
bis zur Stabilisierung des Geldes mit Hilfe einer „Rentenmark", die am 1. Januar
1924 an die Stelle einer Billion alter Währung getreten war, wurde ein Abgrund
geöffnet, der sich nie wieder schließen sollte. Die Inflation zerstörte das deutsche
Bürgertum in seiner Substanz. Auch das Vermögen meiner mütterlichen Familie
war weggeweht worden. Während des Krieges hatte die Großmutter ihren Kindern
helfen können; nun war sie selbst auf diese Kinder angewiesen, vor allem auf den
Sohn, meinen Onkel, der es zum Prokuristen der Dresdner Bank gebracht hatte:
was ihn während des Krieges leider nicht davon abhielt, das mütterliche Vermögen,
indirekt auch sein eigenes damit, der gefräßigen und doch immer hungrigen
„Kriegsanleihe" zu opfern. Auf dem Höhepunkt der Geldentwertung, als die
Zeitungen von der Revolution der Kommunisten oder von Fememorden, exekutiert
durch nationalistische Studenten und ehemalige Offiziere, zu berichten hatten,
vollzog sich innerhalb unserer Schulklasse, sichtbar für einen jeden, doch von
niemand ernsthaft überdacht, eine neue und tiefe Spaltung: jenseits der Religionen
und der hastig von uns übergestreiften politischen Überzeugungen. Es war von nun
an, jedenfalls bis zur Stabilisierung des Geldes, die Zweiteilung in Kinder der
Habenichtse und der neureichen Geschäftemacher.
Die Beamtengehälter hatten alle Kaufkraft verloren, man sah es an den Frühstücks-
broten der Söhne. Die Kaufleute jedoch handelten und verhandelten auf Dollar-
grundlage. Ihnen ging es gut. Auch meine Familie gehörte dazu. In unserer Klasse
saßen zwei Mitschüler, nette Burschen übrigens, deren Väter bei uns am Abendbrottisch einfach mit dem lieblosen Ausdruck „Spritschieber" qualifiziert wurden.
Die Jungen hatten viel Taschengeld, nämlich solide Valuta. Sie pflegten auf
Motorrädern anzufahren, was ganz unerhört war, denn schon ein gutes Fahrrad war
heiß begehrt. Die meisten Mitschüler kamen und gingen zu Fuß. Wenn die
unerträglichen Schulausflüge stattzufinden hatten, die ich inbrünstig haßte, so
fanden sich die Habenichtse mit dem Rucksack ein; man wußte, was er zu enthalten
hatte oder enthalten konnte. Harte Eier, etwas Kaffee oder Kakao, schmächtige
Brote. Wir Söhne der Nachkriegsgewinner benutzten den ersten Vorwand, um uns
angeblich im Wald zu verlaufen. Worauf wir irgendwo einkehrten, großspurig
Zeche machten, mit Alkohol, wie es sich versteht, um dann mit der Bahn nach Köln

zurückzufahren. Am andern Morgen gab es natürlich Krach in der Schule, aber der war bereits einberechnet. Ich bin damals mitgelaufen im Häuflein der neuen Bourgeois. Doch die Spaltung innerhalb der Klasse fand sich, nach solcher brutalen Kündigung aller Kameradschaft, weiterhin vertieft.

Das merkte ich, als wir, zu Beginn des Jahres 1922, die Untersekunda hinter uns gebracht hatten. Sechs Gymnasialjahre waren für uns abgetan; drei weitere standen vor denjenigen, die weiter zur Schule gehen und das Abitur machen sollten, weil ihre Eltern imstande waren, das Schulgeld zu bezahlen. Wer das Schuljahr, laut Zeugnis, bestanden hatte, galt nunmehr als „Einjähriger". Im Kaiserreich hätte er nur ein Jahr zum Militär gemußt: nach einem Grundsatz, der höhere Schulbildung gleichsetzte mit höherem Sachverstand. Allein das Kaiserreich war vorbei, es gab keinen Militärdienst, weil es kein deutsches Militär gab, so daß das Zeugnis des Einjährigen, der damit auszog in ein verrottetes Gesellschaftsleben, nichts anderes besagte, als daß einer gescheitert war und Hoffnungen begraben mußte.

Damals stand mein 15. Geburtstag bevor. Der Durchschnitt in der Klasse war etwas älter: ich hatte in der Schule und später auf der Universität stets davon profitieren dürfen, daß ich im März zur Welt kam. Flegeljahre also im Grunde; wir wollten mächtig großtun und beschlossen, einen Einjährigenkommers zu feiern. Alles sollte ablaufen sozusagen wie bei richtigen Studenten, also bei den Erwachsenen. Ich erinnere mich noch schwach an das Hinterzimmer irgendeiner Vorstadtkneipe. Das hatten wir gemietet für unsere Festivitas. Alle hatten gleichmäßig an den Unkosten teilzunehmen. Daß es den einen schwerfiel, den anderen eine Bagatelle war, kam uns nicht in den Sinn. Die Geldentwertung steigerte sich unablässig. Es war Frühjahrsanfang oder Wintersende 1922. Gelernt hatten wir kaum noch in der letzten Zeit: alles erschien uns grotesk neben der Verarmung der einen, der Geldprotzerei der anderen. Ich gehörte, ohne es recht begriffen zu haben, auf die Seite der Profiteure, obwohl ich keinen Grund hatte, an der geschäftlichen Redlichkeit meines Vaters zu zweifeln. Er exportierte und importierte, wie immer seit der Rückkehr aus dem Krieg; ab und zu reiste er in Geschäften nach Holland. Seine Geschäftsfreunde, die bisweilen zu Tisch kamen, meist übrigens Nichtjuden, wirkten solide und waren es wohl auch. Man schwamm mit dem Strom. Spritschieber oder Leute vom Schlage eines Hugo Stinnes waren nicht darunter.

Wir hatten keinen Anlaß, auf Erlöser zu hoffen. Daß es anders war bei vielen Mitschülern und ihren Eltern, sollte ich jäh erkennen auf diesem Einjährigenkommers der Sechzehnjährigen. Man hatte viel dünnes Bier getrunken und kaum etwas gegessen, auch konnten wir, bei aller Männlichkeit, nicht besonders viel vertragen. Wir gaben an, das versteht sich. Zuerst hatten einige forsche Tänzer und Fachleute für die damals modisch neuen Tänze, für Twostep, Onestep, Slowfox und Tango, die damals gängigen Schlager auf dem Wirtshausklavier heruntergetrommelt. Ich selbst geruhte nicht, als der wohl einzige wirkliche Klavierspieler unseres Jahrgangs, dabei mitzuhalten.

Dann war es so weit. Vom Klavier her kam eine mir unbekannte, vielleicht nicht ganz unbekannte, doch insgeheim beschwiegene Marschweise. Vierviertaltakt, die starken Taktteile grob betont. Dies war die Gegenwelt zu meinen Beethovensonaten und Davidsbündlertänzen, auch zum eleganten Berliner und New Yorker Tanzmusikangebot. Das da war deutsch, nichts als das, und zwar trotzig-auftrumpfend. Ein Erlösungsmarsch der Hungrigen und Gekränkten:

> Hakenkreuz am Stahlhelm,
> Schwarzweißrot das Band:
> Die Brigade Ehrhardt werden wir genannt!

Was hier gesungen wurde, war auch mir nicht fremd, doch hatte ich nie vermutet, daß dergleichen ernstgenommen werden könnte am Schiller-Gymnasium: in meiner Schulklasse.

Die Farben der Republik waren Schwarzrotgold. Wer sich zur Farbenkombination des Kaiserreichs bekannte, wie es hier singend geschah, lehnte den Staat ab, worin wir lebten, mitsamt der Weimarer Verfassung von 1919. Ebensowenig war mir verborgen geblieben, wenn auch nicht durch kränkende oder gar gefährliche eigene Erfahrung, daß jenes besungene Hakenkreuz den Judenhaß symbolisierte: die entschiedene Absage an bürgerliche Gleichberechtigung. Die Hakenkreuzler, das war wohlbekannt, bekämpften die Republik als „Judenrepublik". [. . .]

Von einem Mann namens Hitler wurde noch nicht viel Wesens gemacht; sein Verbündeter, der einstige Weltkriegsstratege Erich Ludendorff, war ernster zu nehmen. Meine Schulkameraden aber hatten in ihrem Gesang nicht irgendeine der völkischen Parteiungen beschworen, sondern den Kapitänleutnant Ehrhardt. Was heißen sollte: den nationalistischen Terrorismus der Freikorps. Führergestalten wetteiferten damals miteinander: Ehrhardt war nur einer von vielen. Es gab die Leute um Rossbach, um den Hochmeister eines „Jungdeutschen Ordens", Partisanengruppen in Oberschlesien und im Ruhrgebiet. Es gab Helden und Märtyrer in dieser Gegenwelt zur Oberwelt der Weimarer Republik. Die großen Zeitungen entrüsteten sich über Sabotageakte, beim Mord an dem katholischen Politiker [Matthias] Erzberger [am 26. August 1921], beim Vandalentum auf jüdischen Friedhöfen.

Bisher war dies alles für mich bloße Wirklichkeit gewesen aus der Zeitung. Nun aber hatte sich die wohlbekannte Umwelt jäh verändert. Zur Kenntlichkeit oder zur Unkenntlichkeit? Das war noch nicht auszumachen. Vielleicht waren die Sänger aus unserer Klasse auch nur bekenntnisfroh im allgemeinen Sinne: nicht gewillt, von sich aus durch solchen Gesang einen Trennungsstrich zu ziehen zu unsereinem. Sonst hätten sie ein anderes ihrer Lieder anstimmen können:

> Schlagt tot den Walther Rathenau,
> Die gottverdammte Judensau!

Das taten sie nicht an jenem Kneipenabend. Andere taten es und meinten es auch. Ein Vierteljahr später [am 24. Juni 1922] verblutete Rathenau unter den Schüssen der Offiziere Kern und Fischer von irgendeinem Freikorps. Als jene Weise vom Hakenkreuz am Stahlhelm erklang an jenem Kneipenabend, gab es einen Ruck unter meinen Mitschülern. Dergleichen hatte ich nie erlebt. Einige eilten zum Klavier, andere folgten nach. Man scharte sich um den Klavierspieler, um mitzusingen. Da fanden sich Gleichgesinnte zusammen beim wohlbekannten Ritual. Die Gesichter waren schön in ihrem Rettungsvertrauen. Nichts mehr von dumpfer Besäufnis. So war man, das hatte ich erlebt, singend in den Krieg gezogen. Mein Vater hatte nicht mitgesungen, das erinnerte ich noch. Diese hier aber, die wohlbekannten Kameraden aus nunmehr sechs Schuljahren, wollten von neuem marschieren. Hinaus in eine Ferne, wo es keine deutsche Niederlage mehr gab und keinen Versailler Vertrag, keinen jüdischen Reichsaußenminister und keine Spritschieber.

Ich bin nach diesem Gesang unter irgendeinem Vorwand rasch nach Hause gegangen. Am anderen Tage oder auch später hat keiner den Vorgang je wieder erwähnt. Doch sah ich von nun an alles mit anderen Augen. Ich war wiederum der Mitschüler ohne Schultüte. Wichtig war das nicht zu nehmen. Bald darauf entdeckte ich Otto Klemperer am Kölner Opernhaus, die Expressionisten, den eingesperrten Hochverräter Ernst Toller, die „Weltbühne", [den Schauspieler] Fritz Kortner, den „Tristan". Äußerlich hatte sich nichts geändert beim Umgang mit den Klassenkameraden. Mein Geigenspieler Heinz Dramsch übte weiter mit mir die Frühlingssonate; man besuchte einander. Aber nun waren wir, die künftigen Abiturienten, in ein Alter gekommen, wo die gesellschaftlichen Unterschiede und die Gegensätze in der Lebenshaltung stärker zu Tage traten. Die Klasse gliederte sich insgeheim neu. Der Schulbetrieb war wichtig und belanglos in einem. Was war da ernsthaft zu erörtern beim Abspulen der Schiller und Goethe, Sophokles und Platon, Tacitus und Cicero? An jenem Kneipenabend war ich aus einer Gemeinschaft ausgetreten, oder auch entlassen worden, je nachdem. Das hing mit meinem Judentum zusammen, ohne Frage. Ich empfand anders, als jene inbrünstigen Sänger. Als wir, drei Jahre später, das Reifezeugnis erhalten hatten, muß es wohl auch, wie üblich, einen Abiturientenkommers gegeben haben, ich weiß es nicht mehr. Jedenfalls bin ich nicht hingegangen.

Tandaradei

Werner Finck

Wie könnte ein Kabarettist anders als mit wohlwollendem Spott auf seine Jugend zurückblicken? Aber er stand mit seiner Kritik an der Jugendbewegung (siehe S. 66), die nach dem Ersten Weltkrieg in viele Gruppen unterschiedlicher Prägung (national, religiös, pazifistisch, sozialistisch) zerfiel, keineswegs allein: über die „Jugendbewegten" mit ihren Klampfen und in ihren Reformkleidern zu lächeln, galt jetzt als besonders fortschrittlich. – Finck (1902–1978) gründete 1929 in Berlin das Kabarett „Die Katakombe"; 1935 erhielt er Berufsverbot. – Aus dem Lebensbericht „Alter Narr – was nun?" (1972):

Wir Wandervögel hatten Ideale. Alles war uns hoch und hehr. Meine Freundinnen hießen mindestens Edeltraut oder Sieglinde, sie trugen gar zierliche Reiflein um die Stirn, kupfergetriebene Runen schmückten schamhaft ihre Busen, und handgewebtes Linnen schmiegte sich um ihre sonnengetränkten Leiber. Wenn wir einand' begegneten, sagten wir „Heil, du!", und wenn wir uns gar in uns fanden miteinand' und die zartesten Dinge ein bißchen zu handfest und unedel wurden, hauchte sie vermittelnd: „Sieh, die Natur will auch ihr Recht!" Abends sprangen wir durch die lodernden Flammen der Reisigfeuer mit offenen Haaren. Wir unterschrieben flammende Aufrufe an das Volk: „Nie wieder Krieg!" und sangen begeistert alte Landsknechtslieder aus dem Zupfgeigenhansl. „Zupf, Hansele, zupf! Lasse die Sorgen zu Haus!" Sieben Jahre später hatte ich den Wandervogel überwunden, um nicht zu sagen: verraten. Man gestatte mir den Vorgriff auf die „Katakombe", wo Arnulf Schröder als Hansel zupfgeigte und Hans Deppe (als Waltraud) und ich (als Seyfried) danach im Reigen sangen:

Tandaradei!

Waltraud:	Wir bleiben stets etwas zurück.
Seyfried:	Und haben für alles gar keinen Blick.
Beide:	Nur für uns.
Waltraud:	Wir haben das Edelmenschtum gepachtet.
Seyfried:	Die andern werden von uns verachtet.
Beide:	Fidus, Licht, Heil!
Waltraud:	Wir lagern gelockert am lönshaften Weiher.
Seyfried:	Und kochen mit Spiritus unsere Eier.
Beide:	Wohl gedeih's!
Seyfried:	Beim Schreiten senkt sich der Fuß in Sandalen.
Waltraud:	Plattfüße nennen es die Realen.
Beide:	Wir wandern doch.
Seyfried:	Wir wandern selbander durch tauige Triften.

Waltraud:	Die Seelen vom Alltagsstaub zu entlüften.
Beide:	Hojotoho!
Waltraud:	Wir lesen uns mühsam von Gedicht zu Gedicht.
Seyfried:	*Nur Erich Mühsam lesen wir nicht.*
Beide:	Wir bleiben tumb.
Seyfried:	Wir ernähren uns kläglich von Rohkostnahrung.
Waltraud:	Und hegen die Seele.
Seyfried:	*Und pflegen die Paarung.*
Beide:	Nun ist's gesagt.
Seyfried:	Laß sausen die Hämmer, laß rauchen die Schlote.
Waltraud:	Wir lauten Lieder von Robert Kothe.
Beide:	Tandaradei.
	Laß die Zeiten auch grausam und furchtbar sein,
	wir bleiben bei unseren Blaublümelein.
	Wir bleiben stehn.
	Beim Wandern bleiben wir stehn.
Waltraud:	Seyfried?
Seyfried:	Waltraud?
Waltraud:	Woll'n wir uns lagern in Maßlieb und Klee?
Seyfried:	Doch! – Waltraud?
Waltraud:	Seyfried?
Seyfried:	Weißt du, was ich jetzt möchte?
Waltraud:	Sag's erst danach.
Seyfried:	Ich möchte, daß wir uns irgendwie ganz ineinander fänden.
Waltraud:	Doch! – Seyfried, weißt du, was ich jetzt gerne möchte?
Seyfried:	Oh, sprich's nicht aus, das häßlich Wort!
Waltraud:	Ich möchte gar gern eine elektrische Nähmaschine.
Seyfried:	Ei, wie profan! Wie du dich mir entfremdest! Wozu?
Waltraud:	Linnen zu nähen für es!
Seyfried:	Muß sie elektrisch betrieben sein?
Waltraud:	Doch! Sieh, Seyfried, die Zeit verlangt es.
Seyfried:	Oh, diese grausame, nüchterne Zeit des Radios und des Wasserklosetts!
Waltraud:	Wir haben Glöckchen am Wasserzug. Dann rauscht es. Und läutet wohl aber auch fein.
Beide:	So zieh'n wir ins Alter Hand in Hand mit kurzen Höschen und Beiderwand. O Wanderei! Mit Heil und Tandaradei!

Wir reifen, wenn wir zurückschauen

Helmut Thielicke

Der evangelische Theologe Thielicke (1908–1986), ein faszinierender Universitätslehrer und wortgewaltiger Prediger, zog den Haß der Nazis auf sich und verlor 1940 in Heidelberg seine Dozentenstelle. Auch nach 1945 eckte dieser streitbare Christ mehrfach an, etwa mit seinen Meinungen zur Entnazifizierung und zur Studentenrevolte. – Aufgewachsen war er in Barmen, 1928 bestand er am dortigen Humanistischen Gymnasium das Abitur; die Schulzeit endete mit der damals traditionellen Weimarfahrt. – Aus seinen Erinnerungen „Zu Gast auf einem schönen Stern" (1984):

In meiner Klasse waren nicht wenige, denen das Aufsatzschreiben Spaß machte und die es auch recht gut beherrschten. So kamen wir auf die Idee, einen besonders gut gelungenen Klassenaufsatz über den Weimarbesuch zu einem kleinen Buch zu verarbeiten, das wir dann zusammen mit eigenen Fotos und einem Vorwort unseres Deutschlehrers als Broschüre veröffentlichen. Ich selber hatte einen allzu lyrischen, wortreich-überschwenglichen Essay beigetragen, der den Blick von der Wartburg beschrieb. Darin fand sich ein Satz, der wiederholt in Zeitungsrezensionen zitiert wurde. Ich sprach dort von dem armseligen, seelenlosen Heute, über das wir uns nur erheben könnten, wenn wir uns in die Größe unserer *Vergangenheit* versenkten, und ich kam dann zu der etwas vollmundigen Sentenz: „Das ist die Tragik unseres Jahrhunderts: Wir reifen nicht, wenn wir vorwärts schreiten, wir reifen, wenn wir zurückschauen. Im Schoße der Vergangenheit ruht das Große." Die Journalisten fügten gerne hinzu, daß sich in dieser Sentenz der innere Zustand der „heutigen" Jugend verrate.
Wenn ich das jetzt noch einmal lese, glaube ich in der Tat, daß diese ziemlich altkluge Formulierung unser Verhältnis zur damaligen Gegenwart richtig umschreibt. Die Weimarer Republik war für uns ohne Zukunftsverheißung, sie erweckte keinerlei politisches Interesse in uns, höchstens ein negatives. Wir verachteten sie. Selbst Männer wie [Reichspräsident] Friedrich Ebert, deren Größe uns heute aufgegangen ist, wurden damals von uns als lächerlich empfunden. Ich erinnere mich noch an ein Illustriertenfoto, auf dem er mit Gustav Noske [1919/20 Reichswehrminister] in makaber herabsetzender Art in Badekleidung abgelichtet war. Dieser „Sattlergeselle" galt uns im Vergleich zum Glanz der Kaiserzeit als trübe Erscheinung. Natürlich entsprang diese Verzerrung der Perspektive nicht unserer jugendlichen Mentalität; sie war nur der Reflex und die Vergröberung dessen, was uns als kollektive Meinung der bürgerlichen Erwachsenenwelt begegnete. Einmal ging diese Verachtung so weit, daß unsere sportlichen Matadore die schwarz-rot-goldenen Schleifen von ihren Siegerkränzen herunterrissen und zertraten. Das gab zwar ein schlimmes Nachspiel, und Paecki [Schuldirektor Paeckelmann] hielt uns in

der Aula eine Standpauke sondergleichen, verhängte auch empfindliche Strafen, doch ich erinnere mich nicht, daß uns das tiefer beeindruckt hätte. Wir meinten wohl, die Staatsräson zwinge ihn als Beamten, so zu reagieren.

Insoweit war die politische Zeitungsgeschichte für uns irrelevant und uninteressant. Selbst die obligatorische Zeitungslektüre bei unserem Geschichtslehrer Bohle konnte daran kaum etwas ändern, zumindest was die Innenpolitik betraf. Und da Politik für uns einen Leerraum bedeutete, faszinierten uns auch keine Ziele, geschweige denn Utopien. Daß wir von keinerlei Ideologien motiviert waren – es sei denn, man sähe in der Verleugnung der Weimarer Republik ideologische Motive wirksam –, gründete nicht in unserer Immunität dagegen, sondern beruhte auf Indifferenz, die einer der Gründe war, weshalb schon ein halbes Jahrzehnt später die Nazi-Doktrin sich wie ein reißender Strom über alles hinwegwälzen konnte und kaum Widerstand fand. Diese politische Indifferenz der Bürgerlichen und ihres Nachwuchses hatte ein Vakuum gebildet, das von den Nazis ideologisch ausgefüllt werden konnte.

Die merkwürdige Sentenz meines Aufsatzes erscheint mir heute als das Bekenntnis, daß der Sinn der Geschichte sich im Vergangenen erfüllt hat und daß sie für uns Junge keine neuen Aufgaben mehr bereithält, für die es sich lohnt zu leben. Wir emigrierten aus der Geschichte in kleine, private Zirkel, in Wanderromantik, in Hobbys und – in pathetischen Augenblicken – in die Bewunderung dessen, was Nietzsche die „monumentale Historie" genannt hat: jene Verwirklichung der äußersten Möglichkeiten des Menschen, wie sie sich uns in den einstigen Höhenzügen der Menschheit darbietet.

Das Humanistische Gymnasium mag seinen Teil zu dieser Haltung beigetragen haben. Bei allem Respekt vor der Idee dieser Schule übersehe ich nicht die Gefahr, die in ihr lauern *kann:* daß die Erfüllung mit geschichtlichem Sinn es möglicherweise dahin kommen läßt, die eigene Geschichte zu verlieren. Genau das wollte ja auch Nietzsche andeuten. Doch kann das niemals ein Argument gegen das Humanistische Gymnasium selber werden. Denn was sein Verlust für uns bedeutet – und wir gehen ja dem Verhängnis seiner Liquidierung entgegen –, wird uns erst allmählich aufgehen. Das, was ich als seine mögliche Gefahr – ein Übergewicht an geschichtlichem Bewußtsein, das das konkrete Leben verdrängt – bezeichnete, kann sich nur in geschichtlichen Epochen aktualisieren, in denen der Sinn für die Antike und damit für das historische Einst auf ein Defizit an bewußt erlebter Gegenwartsgeschichte trifft. Diesem Defizit sah sich die Jugend der Weimarer Republik in der Tat überantwortet.

Männergespräch

Marieluise Fleißer

Im Berliner Theater am Schiffbauerdamm inszenierte Bertolt Brecht im Frühjahr 1929 die Komödie „Pioniere in Ingolstadt" und provozierte damit einen Skandal. „Ein Pfeifenkonzert mit Reklame, für ein Dreckdrama", schrieb die nationale „Deutsche Zeitung", während Alfred Kerr, der berühmte Kritiker, der Fleißer (1901–1974) eine wunderbare Sprachkraft bescheinigt: „...nur ein Dichtergeblüt kann das." Sie führt in 14 Bildern Pioniere und Dienstmädchen auf der einen, die Kleinbürgerwelt auf der anderen Seite vor. – Die 2. Szene des 1. Bildes:

Nähe Stadttor. Fabian, siebzehnjährig. Zeck, siebenundzwanzigjährig. Beide kommen mit dem gleichen Hut daher, was am jungen Fabian seltsam aussieht.

Zeck:	In deinem Alter schmeiß ich so was schon lang. In deinem Alter war ich ein Gelernter.
Fabian:	Ich bring keine her.
Zeck:	Das hätte ich wieder nicht gesagt.
Fabian:	Du, das muß man heraus haben. Die heutigen Mädel sind furchtbar.
Zeck:	Uns ist auch einmal angst gemacht worden.
Fabian:	Wenn man ihnen was will, halten die einen zum Narren.
Zeck:	Das läßt man nicht auf sich sitzen.
Fabian:	Da muß man denken und noch einmal denken.
Zeck:	Das ist falsch. Wie stellst dich denn an, Mann? Hast du keinen Schneid?
Fabian:	Ich sag's, wie's ist, ich kann mich gar nicht mehr halten.
Zeck:	So bist du zum Haben.
Fabian:	*(prahlt)* Bei der nächsten, da pack ich's.
Zeck:	Augen auf, Ohren steif, und gleich muß es einem sein. Du wirst schon noch.
Fabian:	Da muß man an die Richtige hinkommen.
Zeck:	Die Berta – ist reif.
Fabian:	Ich habe da meine Zweifel.
Zeck:	Da ist doch nichts dabei. Das Dienstmädchen hat man im Haus. Der kann man was mucken. Das ist nicht wie bei einer Fremden. Mußt immer wissen, was du willst, Mann. Ist doch alles natürlich.
Fabian:	Auf die Berta spitz ich mich schon lang.
Zeck:	Wenn das so ist, dann paß auf dich auf.
Fabian:	Ich will aber nicht aufpassen. Ich stürze mich jetzt da hinein.

Zeck:	Das geht in den Graben. In der Liebe muß ein Mann kalt sein. Das muß er sich richten.
Fabian:	Aber doch nicht gleich beim ersten Mal.
Zeck:	Hauptsächlich sind es in der Liebe die Fallen, wo die bewußten Fußangeln lauern. Für die Liebe ist das überhaupt charakteristisch.
Fabian:	Das lerne ich nie.
Zeck:	Die nackte Notwehr. Ich warne.
Fabian:	Aber ist das nicht entsetzlich?
Zeck:	Du oder ich. Daran mußt du dich schon gewöhnen. Ein Mann verliert da seinen Kopf nicht.
Fabian:	Du hast es mir nur schwerer gemacht.

Jugend und Radikalismus

Eine Antwort an Stefan Zweig

Klaus Mann

1906–1949. Der älteste Sohn von Thomas Mann veröffentlichte schon als Neunzehnjähriger drei Bücher: Erzählungen, einen Roman und das Stück „Anja und Esther". 1933 emigrierte er; in Aufsätzen und Romanen („Mephisto", 1936; verfilmt 1981) demaskierte er den Faschismus, dessen Gefährlichkeit ihm schon früh aufgegangen war. – Dieser offene Brief vom November 1930 ist Klaus Manns erster politisch motivierter Artikel. Bei den Reichstagswahlen vom 14. September 1930 hatte die bislang nur mit 12 Abgeordneten vertretene NSDAP über 6 Millionen Stimmen und damit 107 Sitze erhalten – ein Durchbruch, den Stefan Zweig (1881–1942) in der „Zeitlupe" Nr. 1 arglos als verständliche „Revolte der Jugend" interpretiert hatte.

Lieber und sehr verehrter Stefan Zweig,
kaum ein Schriftsteller großen Ranges hat soviele Freunde unter der Jugend wie Sie. Kaum einer verfolgt mit soviel Anteilnahme unsere Bemühungen, ist uns so kluger Helfer, Berater und Freund. Wenn einer das Recht hat, sich „an die Jugend" als an einen geistigen Sammelbegriff zu wenden, sind ohne Frage Sie es, verehrter Stefan Zweig. Sie tun es in Ihrem Artikel „Revolte gegen die Langsamkeit", den ich mit gespanntem Interesse lese. Erlauben Sie mir, daß ich Ihnen darauf erwidere. Es gibt auch ein Alles-verstehen-Können, eine Bereitwilligkeit der Jugend gegenüber, die zu weit geht. Nicht alles, was Jugend tut, weist in die Zukunft. Ich spreche das aus, und ich bin selbst jung. Ein großer Teil meiner Altersgenossen – oder der noch Jüngeren – hat sich mit all dem Elan, der dem „Vorwärts!" vorbehalten sein müßte, für das „Rückwärts!" entschieden. Das dürfen wir unter keinen Umständen gutheißen. Unter gar keinen Umständen.
Sie tun es, wenn Sie den grauenerregenden Ausgang der deutschen Reichstagswahlen „eine *vielleicht* nicht kluge, aber im Innersten natürliche und durchaus zu bejahende Revolte der Jugend gegen die Langsamkeit und Unentschlossenheit der ‚hohen' Politik" nennen. Ihre schöne Sympathie für das Jugendliche an sich läßt Sie, fürchte ich, übersehen, *worin diese Revolte besteht*. Was wollen die Nationalsozialisten? (Denn um sie handelt es sich in dieser Stunde, keineswegs um die Kommunisten.) Nach welcher Richtung radikalisieren sie sich? Darauf schließlich käme es doch an. Radikalismus allein ist noch nichts Positives, und nun gar, wenn er sich so wenig hinreißend, sondern so rowdyhaft und phantasielos manifestiert wie bei unseren Rittern vom Hakenkreuz. Fensterscheiben einschlagen und mit Rizinusöl drohen kann jeder, dahinter braucht kein geistiges Pathos zu stehen.
Sie beklagen das Schneckentempo der europäischen Politik, und wir klagen mit Ihnen. Ich will gern zu „jenen Redlichen" gehören, die die große Enttäuschung darüber mit Ihnen teilen, daß wir um die Abrüstung, die wir fordern, bei jeder

140

Völkerbundsitzung [in Genf] neu betrogen werden, indem man uns neu vertröstet. Die Frage ist nur, ob die unternehmenden Burschen, die das Konzert des pseudo-sozialen Pseudonationalismus anführen, diese Enttäuschung, so wie wir, im Herzen fühlen. Worüber könnten diese denn eigentlich enttäuscht sein? Wollen sie denn ein friedliches, geeinigtes, geistig regiertes Europa? Sie wollen eher das gerade Gegen-teil. Ihr Radikalismus ist also gar nicht Ausdruck irgendeiner betrogenen Hoffnung, denn sie hatten keine; und alles, was in Genf und sonstwo positiv geschieht, geschieht *trotz* ihrer, *gegen* ihren Willen. Vielleicht könnte mehr geschehen, wenn *sie* nur nicht wären oder nicht *so* wären, wie sie leider sind.

Es geht langsam in Genf, es geht grauenhaft langsam. Jeden Versuch, hier radikaler zu werden – radikaler fürs Positive – würden wir als die ersten begrüßen. Aber woher Sympathien nehmen für einen Radikalismus, der das wenige noch konterkarieren möchte, was die Älteren zu Ende bringen? Sie sagen, Stefan Zweig: „Das Tempo einer neuen Generation revoltiert gegen das der Vergangenheit." Täte es das nur. Aber mir scheint, die Jüngeren finden, daß das Tempo der Älteren noch zu langsam zu einer Katastrophe führte. Sie wollen sie schneller haben, ihre geliebte Katastro-phe und die „Materialschlacht", von der ihre Philosophen hysterisch schwärmen. – Nach dem Revanchekrieg und dem Blutbad schreien, weil die Abrüstung nicht schnell genug geht? Das sind doch Perversitäten. Ich bin nicht für Perversitäten, in der Politik. Was uns irgendeiner wünschbaren Zukunft nähergebracht hat – wenn vielleicht auch nur um einen kleinen Schritt –, war am Ende die besonnene Arbeit [Außenminister Gustav] Stresemanns, keineswegs der Kampf und die Verrohung irgendeines Blitze schleudernden kleinen Hitlers.

Nein, ich will mit dieser Art Radikalismus nichts, nichts, nichts zu tun haben. Wenn das Schneckentempo anders nicht zu beschleunigen wäre, ließe ich es immer noch lieber so, wie es ist (es müßte aber anders zu beschleunigen sein). Genf bringt uns *vielleicht* nicht den Frieden; die anderen aber bringen uns die sichere Katastrophe. Ich kann mir nicht helfen, da ist mir die Ungewißheit lieber.

Es ist also so, Stefan Zweig, daß ich meine eigene Generation vor Ihnen preisgebe, oder wenigstens *den* Teil der Generation, den Sie gerade entschuldigen. Zwischen uns und denen ist keine Verbindung möglich; übrigens sind jene die ersten, die irgendeine Verbindung mit Gummiknütteln ablehnen würden. Mit Psychologie kann man alles verstehen, sogar Gummiknüttel. Ich wende sie aber nicht an, diese Psychologie. Ich will jene nicht verstehen, ich lehne sie ab. Ich zwinge mich zu der Behauptung – obwohl sie sehr gegen meine Ehre als Schriftsteller geht –, daß das Phänomen des hysterischen Neonationalismus mich nicht einmal interessiere. Ich halte es für nichts als gefährlich. Darin besteht mein Radikalismus.

Der Jahrgang 1902 konnte sagen: „La guerre – ce sont nos parents" [Der Krieg – das sind unsere Eltern]. Wie, wenn der Jahrgang 1910 sagen müßte: „La guerre – ce sont nos frères –" [– das sind unsere Brüder]? Dann wäre die Stunde da, wo wir uns bis ins Innerste zu schämen hätten, einer Generation angehört zu haben, deren Aktivitäts-drang, deren Radikalismus also, sich auf so schauerliche Weise verkehrt und ins Negative verwandelt hat.

Das Kreidekreuz

Bertolt Brecht

Brecht (1898–1956) studierte Medizin in München und schwankte lange, sich „der Literatur zu verschreiben". Als seine Stücke „Baal", „Trommeln in der Nacht" und „Im Dickicht der Städte" schon vorlagen, 1926, notierte er: „Bisher habe ich alles mit der linken Hand gemacht. Ich schrieb, wenn mir etwas einfiel oder wenn die Langeweile zu stark wurde. Würde ich mich entscheiden, es mit der Literatur zu versuhen, so müßte ich aus dem Spiel Arbeit machen, aus den Exzessen ein Laster." Er emigrierte 1933 (mit den Stationen Dänemark, Schweden, Finnland, Moskau, Kalifornien) und lebte seit 1948 in Ost-Berlin, wo er das „Berliner Ensemble" im Theater am Schiffbauerdamm gründete.

Ich bin Dienstmädchen, ich hatte eine Liebschaft
Mit einem Manne, der bei der SA war.
Eines Tages, bevor er wegging
Zeigte er mir lachend, wie sie es machen
Die Unzufriedenen abzufangen.
Mit einer Kreide aus der Rocktasche
Machte er ein kleines Kreuz in seine Handfläche.
Er erzählte mir, daß er damit
In Zivilkluft vor die Arbeitsämter gehe
Wo die Arbeitslosen anstehen und schimpfen
Und selber schimpfe und dabei den Schimpfenden
Mit der Hand zum Zeichen seines Beifalls und Mitgefühls
Einen Schlag auf das Schulterblatt gebe, worauf der Gezeichnete
Das weiße Kreuz im Rücken, von der SA abgefangen werde.
Wir lachten darüber.
Ich ging mit ihm ein Vierteljahr, dann bemerkte ich
Daß er mein Sparkassenbuch veruntreut hatte.
Er hatte gesagt, er wolle es mir aufheben
Denn die Zeiten seien unsicher.
Als ich ihn zur Rede stellte, beschwor er mir
Seine ehrlichen Absichten. Dabei
Legte er mir die Hand begütigend auf die Schulter.
Ich lief voller Schrecken weg. Zu Hause
Sah ich im Spiegel nach meinem Rücken, ob da nicht
Ein weißes Kreuz war.

1933–1945

4 Jugend kennt keine Gefahren

Zäh wie Leder, hart wie Krupp-Stahl,
flink wie Windhunde.

Adolf Hitler
(über sein Idealbild der Jugend)

Da sah ich viele marschieren
Sie sagten: ins Dritte Reich.
Ich hatte nichts zu verlieren
Und lief mit, wohin war mir gleich.

Bertolt Brecht

Hitler steckte der Jugend wieder ein Ziel: „Was wir vom kommenden Deutschland ersehnen und erwarten, das müßt ihr, meine Jungen und Mädchen, erfüllen... Ihr seid das Deutschland der Zukunft." So hatte noch niemand zu jungen Leuten gesprochen, zum ersten Mal fühlten sie sich von einem Politiker ernstgenommen. Die „neue Jugend", von Hitlers Beschwörungen verführt, stellte sich willig an die Spitze der nationalsozialistischen Bewegung, um alle noch Zögernden in die gewünschte Richtung zu dirigieren. Daß Heranwachsende (HJ-Führer) auf diese Weise Gelegenheit bekamen, Erwachsenen (Lehrern, Eltern) Anweisungen zu erteilen, mußte sie faszinieren und in ihrer Mission bestärken. Gläubig sangen die Pimpfe und Jungmädel ein Lied ihres Reichsjugendführers: „Vorwärts! Vorwärts! Jugend kennt keine Gefahren." Wie geschickt und skrupellos die Nazi-Propaganda arbeitete, machen einige der folgenden Texte erschreckend bewußt. „Führer befiehl, wir folgen dir."

Die Hingabe an die Idee des Nationalsozialismus erübrigte eigenes Denken, spiegelte Selbstverwirklichung im „Dienst für Führer, Volk und Vaterland" vor. Kritik in jedweder Form war verpönt. Die Erziehung zielte auf blinden Gehorsam ab, wie in Hitlers „Mein Kampf" nachzulesen ist.

Als er den Zweiten Weltkrieg vom Zaun brach, wiederholten sich die Jubelszenen von 1914 nicht, zu frisch hafteten noch die Erinnerungen an die furchtbare Kriegs- und Nachkriegszeit im Gedächtnis der älteren und mittleren Generation. Doch die Lektion saß: Der Führer befahl, und sie folgten. Bis zum bitteren Ende.

Hitlers Rassenwahn riß zwischen Juden und Nichtjuden eine Kluft auf, die kaum einer zu überspringen wagte. Stellvertretend für alle jungen Menschen, die erst im Schatten standen, dann unmittelbar vom Tod bedroht waren, kommt hier Anne Frank zu Wort, gestorben im KZ Bergen-Belsen 1945.

Nur wenige Jugendliche begriffen allmählich, daß Hitler ihren Idealismus schamlos ausnützte; ganz vereinzelt regte sich in ihren Reihen Widerstand gegen die Nazi-Diktatur. Die Mitglieder der „Weißen Rose" mußten ihren Mut mit dem Leben bezahlen: Am 22. Februar 1943 wurden die Geschwister Hans und Sophie Scholl, 24 und 22 Jahre alt, und der 23jährige Christoph Probst in München wegen Hochverrats hingerichtet. Das letzte Flugblatt der „Weißen Rose", verfaßt nach dem Untergang Stalingrads, analysiert kompromißlos klar die Lage:

„Wollen wir weiter einem Dilettanten das Schicksal unserer Armeen anvertrauen? Wollen wir den niederen Machtinstinkten einer Parteiclique den Rest der deutschen Jugend opfern? Nimmermehr! Der Tag der Abrechnung ist gekommen, der Abrechnung der deutschen Jugend mit der verabscheuungswürdigsten Tyrannis, die unser Volk je erduldet hat. Im Namen der deutschen Jugend fordern wir vom Staat Adolf Hitlers die persönliche Freiheit, das kostbarste Gut des Deutschen zurück, um das er uns in der erbärmlichsten Weise betrogen.

In einem Staat rücksichtsloser Knebelung jeder freien Meinungsäußerung sind wir aufgewachsen. HJ, SA, SS haben uns in den fruchtbarsten Bildungsjahren unseres Lebens zu uniformieren, zu revolutionieren, zu narkotisieren versucht. ‚Weltanschauliche Schulung' hieß die verächtliche Methode, das aufkeimende Selbstdenken in einem Nebel leerer Phrasen zu ersticken... Der deutsche Name bleibt für immer geschändet, wenn nicht die deutsche Jugend endlich aufsteht, rächt und sühnt zugleich, ihre Peiniger zerschmettert und ein neues geistiges Europa aufrichtet."

Erziehungsgrundsätze des völkischen Staates

Adolf Hitler

Aus: „Mein Kampf", Band II (1927), 2. Kapitel

Der völkische Staat hat seine gesamte Erziehungsarbeit in erster Linie nicht auf das Einpumpen bloßen Wissens einzustellen, sondern auf das Heranzüchten kerngesunder Körper. Erst in zweiter Linie kommt dann die Ausbildung der geistigen Fähigkeiten. Hier aber wieder an der Spitze die Entwicklung des Charakters, besonders die Förderung der Willens- und Entschlußkraft, verbunden mit der Erziehung zur Verantwortungsfreudigkeit, und erst als letztes die wissenschaftliche Schulung.

Der völkische Staat muß dabei von der Voraussetzung ausgehen, daß ein zwar wissenschaftlich wenig gebildeter, aber körperlich gesunder Mensch mit gutem, festem Charakter, erfüllt von Entschlußfreudigkeit und Willenskraft, für die Volksgemeinschaft wertvoller ist, als ein geistreicher Schwächling. Ein Volk von Gelehrten wird, wenn diese dabei körperlich degenerierte, willensschwache und feige Pazifisten sind, den Himmel nicht erobern, ja nicht einmal auf dieser Erde sich das Dasein zu sichern vermögen. Im schweren Schicksalskampf unterliegt selten der, der am wenigsten weiß, sondern immer derjenige, der aus seinem Wissen die schwächsten Konsequenzen zieht und sie am kläglichsten in die Tat umsetzt. Endlich muß auch hier eine bestimmte Harmonie vorhanden sein. Ein verfaulter Körper wird durch einen strahlenden Geist nicht im geringsten ästhetischer gemacht...

Der junge, gesunde Knabe soll auch Schläge ertragen lernen. Das mag in den Augen unserer heutigen Geisteskämpfer natürlich als wild erscheinen. Doch hat der völkische Staat eben nicht die Aufgabe, eine Kolonie friedsamer Ästheten und körperlicher Degeneraten aufzuzüchten. Nicht im ehrbaren Spießbürger oder der tugendsamen alten Jungfer sieht er sein Menschheitsideal, sondern in der trotzigen Verkörperung männlicher Kraft und in Weibern, die wieder Männer zur Welt zu bringen vermögen...

Analog der Erziehung des Knaben kann der völkische Staat auch die Erziehung des Mädchens von den gleichen Gesichtspunkten aus leiten. Auch dort ist das Hauptgewicht vor allem auf die körperliche Ausbildung zu legen, erst dann auf die Förderung der seelischen und zuletzt der geistigen Werte. Das Ziel der weiblichen Erziehung hat unverrückbar die kommende Mutter zu sein.

Ulmer!

Am 27. und 28. Mai 1933 vollzieht sich in dieser Stadt ein beschämendes Ereignis. Während unser Volk seit 14 Jahren um seine Einheit ringt, nachdem H i t l e r siegte, nach einem 1. Mai, an dem die Arbeiter der Stirn und der Faust alles Trennende vergaßen und ein überwältigende[s] Bekenntnis deutschen Einheitswillens ablegten, — inmitten [solchen] deutschen Erwachens wagen es die Führer klerikaler Jugendverbände, neu in die Seelen der kommenden Generation Zwietracht zu säen. Nach Konfessionen zerrissen wird deutsche Jugend auf die Straße gerufen, um g e g e n Einheit zu demonstrieren.

Deutsche!   Ulmer!

Wir aber können es uns in dieser Zeit nicht leisten, einen Konfessionskrieg in Deutschland zu entfesseln. Gebt den Unverantwortlichen, die es sich herausnehmen, aus deutschen Gläubigen politische Interessenten zu machen, die Quittung:

Schickt Eure Kinder zu Hitler, der eben Deutschlands Parteien zerbrach, der seine Klassen einte.

Führt die Deutsche Jugend in die Hitler-Jugend!

Bild unten: 1933 wurden alle Jugendorganisationen, kirchliche, politische, akademische und bündische, gleichgeschaltet, das heißt, sie gingen im Staatsverband der Hitler-Jugend (HJ) auf. Die HJ stand unter dem Motto: Jugend führt Jugend; ab 1939 war die Mitgliedschaft Pflicht. Die Beeinflussung im nationalsozialistischen Sinn begann bei den zehnjährigen Jungmädeln und Pimpfen, die den Eid ablegen mußten: „Ich verspreche, in der Hitler-Jugend allezeit meine Pflicht zu tun, in Liebe und Treue zum Führer und zu unserer Fahne, so wahr mir Gott helfe." Ihnen wurde eingetrichtert, daß sie „nichts anderes als deutsch denken, deutsch fühlen, deutsch handeln" sollten. – Die Studenten, die sich am 10. Mai 1933 in SA-Uniform an der öffentlichen Bücherverbrennung beteiligten, setzten Hitlers geistfeindliche Erziehungsgrundsätze bereits in die Tat um.

Kein Opfer ist für Deutschland zu groß

Melita Maschmann

Gleich im März 1933, mit 15 Jahren, tritt Melita in die HJ ein. Sie glaubt an den Nationalsozialismus und arbeitet später hauptberuflich für die Partei. Als Arbeitsdienstführerin ist sie im „Osteinsatz", das heißt sie betreut Umsiedler im besetzten Polen. 1943 wird sie BDM-Pressereferentin in der Reichsjugendführung in Berlin. 1945 beginnt sie im Internierungslager über ihre Schuld nachzudenken, 1963 legt sie in Form eines Briefes an ihre jüdische Schulfreundin einen Rechenschaftsbericht vor: „Fazit"; im 4. Kapitel untersucht sie das Phänomen des Antisemitismus:

In unserer Kindheit hatten wir Märchen gehört, die uns den Glauben an Hexen und Zauberer einreden wollten. Jetzt waren wir zu erwachsen, um diesen Spuk noch ernst zu nehmen, aber an die „bösen Juden" glaubten wir nach wie vor. Sie waren uns in keinem Exemplar leibhaftig erschienen, aber wir erlebten es tagtäglich, daß die Erwachsenen an sie glaubten. Man konnte schließlich auch nicht nachprüfen, ob die Erde eine Kugel und keine Scheibe war, oder genauer: Man hielt es nicht für nötig, eine solche Behauptung nachzuprüfen. Die Erwachsenen „wußten" es, und man übernahm dieses Wissen ohne Mißtrauen. Sie „wußten" auch, daß die Juden „böse" waren. Diese Bosheit richtete sich gegen den Wohlstand, die Einigkeit und das Ansehen des deutschen Volkes, das man von früh an zu lieben gelernt hatte. Der Antisemitismus meiner Eltern war ein für uns Kinder selbstverständlicher Bestandteil ihrer Gesinnung. Unser Vater entstammte dem akademisch gebildeten Bürgertum. In seiner Generation gab es noch nicht viele Juden an den Universitäten. Sie wurden wohl häufig als Eindringlinge empfunden, auch weil ihre scharfe Intellektualität ein unbequemer Ansporn war. Meine Mutter war in der Familie eines durch eigene Tüchtigkeit zu Wohlstand gekommenen „Hoflieferanten" aufgewachsen! Konkurrenzfurcht mag gerade in diesen Kreisen früh zur Ausbildung eines recht entschiedenen Antisemitismus geführt haben.

Die Eltern klagten zwar über die Juden, aber das hinderte sie nicht, aufrichtige Sympathie für Lewys [die einen Stock tiefer wohnten] zu hegen und gesellschaftlich mit jüdischen Kollegen meines Vaters zu verkehren.

Solange wir zurückdenken konnten, wurde uns dieser Widerspruch mit aller Unbefangenheit von den Erwachsenen vorgelebt. Man war freundlich zu den einzelnen Juden, die man angenehm fand, wie man als Protestant freundlich zu einzelnen Katholiken war. Aber während man nicht auf die Idee kam, *den* Katholiken feindlich gesonnen zu sein, war man es *den* Juden durchaus. Dabei ließ man sich nicht durch die Tatsache beunruhigen, daß man keine klare Vorstellung davon hatte, wer das überhaupt waren: *die* Juden. Es gab unter ihnen getaufte und orthodoxe, jiddisch sprechende Trödler und Professoren für deutsche Literatur, kommunistische Agenten und Weltkriegsoffiziere, die hohe Orden trugen, zionistische Eiferer und deutsch-nationale Chauvinisten...

Als du Ostern 1933 aus einer anderen Berliner Schule in meine Klasse kamst, befreundete ich mich mit dir, obwohl ich wußte, daß du Jüdin warst, und obwohl ich fast genau zum gleichen Zeitpunkt in die Hitler-Jugend eintrat.

Am Beispiel meiner Eltern hatte ich gelernt, daß man antisemitisch gesonnen sein konnte, ohne sich dadurch in seiner persönlichen Beziehung zu jüdischen Menschen stören zu lassen.

In dieser Haltung scheint ein Rest von Toleranz zu liegen, tatsächlich verdanke ich es aber gerade ihrer Verwaschenheit, daß ich es mir später „leisten konnte“, mit Leib und Seele einem antihumanen politischen System zu dienen, ohne deshalb Zweifel an meiner eigenen menschlichen Anständigkeit aufkommen zu lassen. Wenn ich verkündete, daß alles Unglück der Völker von den Juden herrühre oder daß der jüdische Geist zersetzend und das jüdische Blut verunreinigend wirke, war ich nicht genötigt, an dich oder den alten Herrn Lewy oder an Rosel Cohn zu denken, sondern ich dachte an das Gespenst „*der* Jude“. Und wenn ich hörte, daß die Juden aus ihren Berufen und Wohnungen vertrieben und in Ghettos eingesperrt wurden, schaltete sich automatisch eine Weichenstellung ein, die den Gedanken umging, ein solches Schicksal könne auch dich oder den alten Lewy ereilen. Verfolgt und „unschädlich gemacht“ wurde ja nur *der* Jude! Ich frage mich, ob ich bereiter gewesen wäre, mich von den selbst gesammelten Erfahrungen belehren zu lassen, wenn ich diese verhängnisvolle Zwiespältigkeit nicht von früh an vor Augen gehabt hätte. Manches spricht dafür. Dein Vater – erlaube mir, daß ich ihn als Beispiel erwähne – war ein Mensch, der genau das Gegenteil von dem verkörperte, was uns damals als typisch jüdisch geschildert wurde. Er hatte im Krieg beide Eiserne Kreuze verliehen bekommen, und seine ärztliche Praxis wurde viel von armen Leuten aufgesucht, weil sie wußten, daß er sich liebevoll bemühte, ihnen zu helfen, auch wenn sie das Honorar schuldig blieben. Während meiner Schulzeit habe ich mich in keiner der mir bekannten Familien so wohl gefühlt, wie in der euren. Hier lebten die Generationen in Freundschaft miteinander, ohne daß die Autorität der Eltern dadurch fragwürdig geworden wäre. Immer wieder durfte ich an Gesprächen teilnehmen – sei es über Theaterstücke, Bücher oder Zeitprobleme –, die für uns Kinder wahrhaft bildenden Charakter hatten. Nicht nur durch ihr geistiges Niveau, sondern auch durch das menschlich Vorbildliche, das sich in der Haltung deiner Eltern zu allen Fragen ausdrückte.

Was mich mit dir verband, war – außer einer spontanen Sympathie – das gemeinsame Interesse an literarischen und philosophischen Fragen. Du warst im Denken langsamer, aber gründlicher als ich. Mit einer Intensität, die ich bewunderte, bohrtest du dich in die Fragen hinein, schwiegst lange und überraschtest mich dann mit Lösungen, die intuitiv und geistig tiefer vordrangen, als ich es vermochte.

Auf die Frage, ob wir jemals das Problem des Antisemitismus zusammen besprochen haben, gibt mein Gedächtnis mir keine Antwort. Vielleicht ist es unterblieben, weil ich daran gewöhnt war, deine Scheu gegenüber der Erörterung sehr persönlicher Dinge zu respektieren, obwohl ich sie nicht teilte.

Genau erinnere ich mich aber daran, daß ich dir unbefangen von allen meinen Erlebnissen in der Hitler-Jugend erzählte und daß du mir mit der gleichen Unbefangenheit von dem berichtetest, was deine Geschwister in ihrer Jugendgruppe erlebten. Sie gehörten zur „bündischen Jugend", die von den Nationalsozialisten schonungslos bekämpft wurde. Der Führer dieser Gruppe war unter dem Spitznamen Tusk bekannt. Damals hieß es – und soviel ich mich entsinne, entsprach das allem, was du mir von ihm erzähltest –, daß er kommunistische Tendenzen habe. Unter den Bündischen war er für die Hitler-Jugend der Feind Nummer eins. Eines Tages erfuhr ich von dir, daß viele Freunde deiner Brüder mit ihrer Gruppe geschlossen zur Hitler-Jugend übergetreten seien. Tusk selbst war damals wahrscheinlich schon untergetaucht oder verhaftet. Das bestätigte mir etwas, worüber ich in der Hitler-Jugend häufig hatte klagen hören: die Unterwanderung der nationalsozialistischen Jugend durch bündische und sogar durch kommunistische Elemente. Wahrscheinlich war es dieser Umstand, der mich veranlaßte, über meine unklare Situation nachzudenken. Allmählich empfand ich ihre Zwiespältigkeit als unsauber und belastend. Ich kam zu dem Schluß, daß es nicht möglich sei, nationalsozialistische Jugendführerin zu sein und Freundschaft mit einer jüdischen Familie zu halten, deren Söhne einer illegalen bündisch-kommunistischen Gruppe angehörten.

Nach und nach entfernte ich mich auch äußerlich dadurch von dir, daß ich meine letzte freie Minute in den Dienst der Hitler-Jugend stellte. Innerlich hatte ich immer weniger Spielraum für Dinge, die nicht mit diesem Dienst zusammenhingen. Ob ich dich durch mein Verhalten gekränkt habe, weiß ich nicht. Ich fürchte es. Du ließest niemals leicht erkennen, was du empfandest, und ich werde wohl blind gewesen sein für die scheuen Zeichen deiner Verletztheit. [...]

Als ich im Herbst 1937 aus dem Arbeitsdienst entlassen war, wollte mich die Gestapo zu einer Art Agententätigkeit zwingen. Einer ihrer Mitarbeiter erschien am Tag nach meiner Heimkehr aus Ostpreußen in der Wohnung meiner Eltern und kam von da an wochenlang täglich, um mich unter Druck zu setzen. Von ihm hörte ich, daß für den 1. November die illegale Neugründung einer Jugendgruppe geplant sei, die bündisch-kommunistische Tendenzen vertreten werde. Die Gründung solle in deinem Elternhaus stattfinden, weil deine Brüder zu den Führern der Gruppe gehörten. Diese Vorgänge sollte ich beobachten.

Der Gestapobeamte erklärte mir, es sei festgestellt worden, daß ich der einzige zuverlässige Nationalsozialist sei, der Kontakt mit eurer Familie gehabt habe, und man erwarte daher von mir, daß ich mich in die Gruppe einzuschleichen versuche, um sie zu überwachen.

Ich lehnte dieses Ansinnen schroff ab. Es sei mir unmöglich, ehemalige Freunde zu bespitzeln, außerdem sei ich auch nicht verschlagen und diplomatisch genug für eine solche Betätigung.

Mehrere Wochen lang wurde ich täglich von neuem bedrängt, schließlich wurde meine nationalsozialistische Gesinnung in Frage gestellt. Eines Tages wurde ich zu der höchsten Berliner BDM-Führerin gerufen, und ihr, die ich seit Jahren kannte und schätzte, gelang es, mich davon zu überzeugen, daß es meine Pflicht sei, den von mir geforderten Dienst zu leisten. Nichts sei verständlicher als mein Widerstreben, aber meine ehemaligen Freunde wirkten mit an der inneren Zersetzung der Jugend durch kommunistisch-bündischen Geist. Wer die Jugend irremache in ihrer nationalsozialistischen Gesinnung, gefährde die Zukunft Deutschlands.

Ich habe dann einen Versuch gemacht, unter der Vortäuschung, daß ich mich vom Nationalsozialismus gelöst hätte, wieder Kontakt mit dir aufzunehmen. Einer großen Güte meines Schicksals verdanke ich es, daß der Dienst, zu dem ich mich durchgerungen hatte, mißlang. Er scheiterte an meiner Unfähigkeit, als Agentin tätig zu werden. Wahrscheinlich stand es mir auf der Stirn geschrieben, daß ich log, als ich wieder bei euch auftauchte und über die Nazis zu schimpfen begann. An dem Abend, für den die Neugründung der Gruppe geplant war, verschaffte ich mir unter einem Vorwand Einlaß in dein Elternhaus. Aber es gelang mir nur, mit dem Hausmädchen zu sprechen. Niemand sonst ließ sich blicken, und ich hatte nicht die Frechheit, dazubleiben, obwohl ich von dem Mädchen abgewiesen wurde. Vor dem Haus wartete der Gestapobeamte auf mich und schickte mich schimpfend fort. Nie wieder hörte ich etwas von diesen Leuten. Meine Untauglichkeit zur Mitarbeit bei ihnen galt wohl als ausreichend erwiesen.

Erst nach 1945 erfuhr ich von meiner höchsten ehemaligen Vorgesetzten in der Reichsjugendführung, daß damals erwogen wurde, mich wegen dieses Mißerfolges aus der Hitler-Jugend zu entfernen. Man behielt mich schließlich, wohl weil ich als Pressefachkraft gebraucht wurde. Die letzte Nachricht, die ich von dir bekam, brachte mir dein Vater am Morgen nach jener Nacht, in der euer Haus durchsucht und zwei von deinen Geschwistern verhaftet worden waren. Während ich es unterlassen hatte, euch vor der Gefahr, die ich auf euch zukommen sah, zu warnen, wolltest du mich vor Ungelegenheiten bewahren. Du ließest mir ausrichten, daß deine Tagebücher beschlagnahmt worden seien, in denen du über unsere Gespräche berichtet hattest. Ich sollte keinen Versuch machen, die illegale Mitgliedschaft deiner Brüder in einer Gruppe der bündischen Jugend zu leugnen.

Es ist nachträglich kaum zu verstehen, daß mir diese Nötigung zum Spitzeldienst an meinen Freunden die Augen nicht geöffnet hat. Damals habe ich sehen können und hätte erkennen müssen, mit welchen Mitteln gegen alle Jugendgruppen vorgegangen wurde, die sich nicht in die Hitler-Jugend einreihten. Aber ich habe erst etwa fünfzehn Jahre später begriffen, welch einen Wert die Selbständigkeit des Denkens und die Freiheit des Handelns bedeuten. 1937 wollte ich mit all meiner Kraft dazu beitragen, daß die deutsche Jugend in der HJ innerlich und äußerlich geeint würde. Jede Art „Sonderbündelei" schien mir gefährlich für die Zukunft des „Reiches". Die Tatsache, daß es eine Polizeibehörde gab, von der die Neubildung illegaler kommunistisch-bündischer Jugendgruppen überwacht wurde, war kein Grund für mich, am nationalsozialistischen System irre zu werden. Was mich störte, war freilich die Unnachgiebigkeit, mit der von mir verlangt wurde, daß ich meine früheren Freunde bespitzeln sollte. Konnte der Staat fordern – so fragte ich mich –, daß ich in seinem Dienst eine menschliche Gemeinheit beging? Diese Frage war genau die Stelle, an der ich hellhörig hätte werden müssen. Ich wurde es nicht. Wir hatten gelernt, daß kein Opfer für Deutschland zu groß sei. Ich hielt mich in dem konkreten Fall nicht für berechtigt, meine „privaten Gefühle" oder mein individuelles moralisches Sauberkeitsbedürfnis zu schonen.

Nichts in meinem Leben habe ich jemals so radikal aus meinem Gedächtnis verbannt wie die Erinnerung an diese traurige Episode. Es ist mir tatsächlich gelungen, diesen Verrat an dir und unserer Freundschaft bis zum Kriegsende zu vergessen.

Eine Jungmädelschar geht auf Fahrt.

An die Nachgeborenen III

Bertolt Brecht

Ihr, die ihr auftauchen werdet aus der Flut
In der wir untergegangen sind
Gedenkt
Wenn ihr von unseren Schwächen sprecht
Auch der finsteren Zeit
Der ihr entronnen seid.

Gingen wir doch, öfter als die Schuhe die Länder wechselnd
Durch die Kriege der Klassen, verzweifelt
Wenn da nur Unrecht war und keine Empörung.

Dabei wissen wir doch:
Auch der Haß gegen die Niedrigkeit
Verzerrt die Züge.
Auch der Zorn über das Unrecht
Macht die Stimme heiser. Ach, wir
Die wir den Boden bereiten wollten für Freundlichkeit
Konnten selber nicht freundlich sein.

Ihr aber, wenn es so weit sein wird
Daß der Mensch dem Menschen ein Helfer ist
Gedenkt unsrer
Mit Nachsicht.

Brief an einen jungen Katholiken

Heinrich Böll

1917–1985. Er erhielt 1972 den Nobelpreis für Literatur. Diesen Brief schrieb Böll 1958, doch die Erinnerung, mit der er seine Argumentation einleitet, gehört hierher.

Lieber Herr M.!

Als wir uns neulich bei Pfarrer U. kennenlernten, kamen Sie gerade von einem jener Einkehrtage, wie man sie für einrückende Rekruten veranstaltet. Man hatte Sie dort vor den moralischen Gefahren des Soldatenlebens gewarnt, und – wie es bei diesen Warnungen üblich ist – wurde Moral immer noch mit sexueller Moral identifiziert. Ich will mich nicht damit aufhalten, Ihnen auseinanderzulegen, welch ein immenser theologischer Irrtum in dieser Identifizierung liegt; er ist offenkundig genug; an dieser einseitigen Interpretation der Moral leidet der gesamte europäische Katholizismus seit ungefähr hundert Jahren.

Als ich in Ihrem Alter war, zwanzig, das war im Jahre 1938, ließ auch ich mich überreden, an einem Einkehrtag für einrückende Rekruten teilzunehmen. Auf der Einladung stand etwas von „geistigem Rüstzeug für den Dienst in der Wehrmacht". Der Einkehrtag fand in einem jener Klöster statt, wie sie uns das ausgehende neunzehnte Jahrhundert geschenkt hat: gelber Backstein, neugotische, dunkle Flure, in denen eine trübselige Demut sauer geworden war. Das kleine Kloster beherbergte ein Internat für junge Mädchen, die dort in der Kunst unterrichtet wurden, einen „bürgerlichen Haushalt" zu führen. Sorgfältig hatte man die am wenigsten hübschen Mädchen ausgewählt, uns nach der heiligen Messe das Frühstück zu servieren; aber es gibt kaum achtzehnjährige Mädchen, die nicht hübsch wirken angesichts der trostlosen kirchlichen Architektur des ausgehenden neunzehnten Jahrhunderts.

Nach dem Frühstück gab es das geistige Rüstzeug. Zunächst sprach der Priester, der den Einkehrtag leitete, etwa eine halbe Stunde über den Hauptmann von Kapharnaum, auf dessen schwache Schultern man seit etwa einem Jahrhundert die theologische Rechtfertigung der allgemeinen Dienstpflicht zu laden pflegt. Nun, die Toten können sich nicht wehren, und der arme Hauptmann mußte für alles herhalten, was damals an landläufigen Phrasen verzapft wurde: Volk ohne Raum, bolschewistische Bedrohung, gerechte Verteidigung. Geben Sie immer acht, junger Freund, wenn die Theologen von gerechter Verteidigung sprechen. Das Wort ist so groß und so billig, daß es eigentlich verboten werden müßte. Die Enkel jener Männer, die 1914 gefallen sind, werden heute an Atomkanonen ausgebildet, und immer noch nicht, nach 44 Jahren noch nicht, sind sich die Historiker einig darüber, wer sich im Jahre 1914 nun im Stande der gerechten Verteidigung befand. Wer sollte sich da an einem solchen Begriff trösten können? Sollten Sie jedoch nach historischen Beispielen für gerechte Verteidigung suchen, so finden Sie deren einige in der jüngsten Vergangenheit: das bolschewistische Rußland befand sich im Jahre 1941, als die deutsche Wehrmacht dort einfiel, im Zustand der gerechten Verteidigung; Dänemark, Norwegen, Frankreich – nehmen Sie sich eine Europakarte vor und zählen Sie die Länder ab.

Der Priester, der den Einkehrtag leitete, konnte sich einiger soldatischen Erfahrungen rühmen: er war im Weltkrieg Feldwebel gewesen und war einer der wenigen Träger des Pour le Mérite der Unteroffiziersklasse. Dem Vortrag über den Hauptmann von Kapharnaum – ach, dieser Hauptmannkomplex des deutschen Bürgers! – folgte eine praktische Unterweisung, die darin bestand, uns Ratschläge zu geben, wie wir bei der unvermeidlichen Teilnahme an Kompaniefesten und Kameradschaftsabenden der Trunkenheit entgehen könnten; sich vor Trunkenheit zu hüten war wichtig, weil nach Kompaniefesten und Kameradschaftsabenden immer der kollektive Bordellbesuch zu folgen pflegte; die Gefahren, vor denen wir gewarnt wurden, waren „sittliche", was bedeuten sollte: sexuelle.

Um diese Zeit, im Sommer 1938, waren die meisten meiner Schulkameraden längst aus den verschiedenen katholischen Jugendgruppen in die HJ oder ins Jungvolk übergewechselt; ich begegnete ihnen manchmal, wenn sie an der Spitze ihrer Gruppen durch die Stadt marschierten; sie lächelten mir entschuldigend zu, wenn ihre Gruppe gerade sang: „Wenn das Judenblut vom Messer spritzt...", ich erwiderte das entschuldigende Lächeln nicht. Ich weiß nicht, welche Gefahr sittlich die größere war, mit einhundert Zehnjährigen zu singen: „Wenn das Judenblut vom Messer spritzt...", oder ein sexueller Fehltritt. Ich habe einiges an Widerwärtigkeiten während der Jahre bei der Wehrmacht erleben müssen, aber nicht ein einziges Mal habe ich erlebt, daß jemand zu einem sexuellen Fehltritt gezwungen wurde; nichts imponiert den Menschen im allgemeinen mehr als eine bestimmte Ansicht über bestimmte Dinge.

Der Priester riet uns, vor solchen Kompaniesaufereien tüchtig Fleisch zu essen, in viel Fett gebraten, oder rohes Hackfleisch, gute Mettwurst; wir sollten uns eine gute Unterlage besorgen, um Trunkenheit und die damit verbundenen sittlichen Gefahren zu meiden. Mir vergeht heute noch der Appetit, wenn ich mich der Einzelheiten dieser ekelhaften Kulinarik entsinne; im übrigen waren die Ratschläge nicht nur medizinisch falsch, sondern auch rein versorgungstechnisch von einer himmelschreienden Naivität: wie sollte ein armer Rekrut etwa des Jahres 1940 oder 1941 an Fleisch kommen und zwar in solchen Quantitäten?

Es folgte dann – bedaure, aber die Dirnen spielten wirklich die Hauptrolle – eine weitere Warnung vor jenen gefährlichen Wesen; er selber hatte im Ersten Weltkrieg als Bursche eines Hauptmanns (!!) hin und wieder eine solche Dame in das Quartier des Epaulettierten holen müssen; offenbar war es ihm nie in den Sinn gekommen, möglicherweise diesen Befehl zu verweigern (was sogar juristisch möglich gewesen wäre, aber ein deutscher Katholik verweigert wohl nicht den Befehl), und nun beschrieb er uns die Taktiken, mit denen er den Lockungen dieser Personen entgangen war. Er sprach offen, so wie man eben „unter Soldaten" spricht, und diese Offenheit war schon eklig genug.

Dann gab es gemeinsames Mittagessen, es folgte eine weitere Unterweisung, die darin bestand, uns zur Tapferkeit, zum Gehorsam zu ermahnen, nach der beliebten Auffassung: die Katholiken immer vorne, wir sind doch keine Schlappschwänze. Ach, junger Freund, zwei Himmelreiche, drei, für einen Priester, der einmal die Schwachen, die Feigen, die Plattfüßler, die körperlich Untüchtigen gegen diese Turnlehrertheologie verteidigen würde. Es kam noch einmal der Hauptmann von Kapharnaum an die Reihe, dann gab es Kaffee. Waren die Mädchen, die uns bedienten, wirklich hübscher geworden oder erschien es mir nur so nach achtstündiger Gefangenschaft in diesem Gebäude?

Wir wurden entlassen. Kein Wort über Hitler, kein Wort über Antisemitismus, über etwaige Konflikte zwischen Befehl und Gewissen. Wir hatten unser geistiges Rüstzeug weg und schlichen durch die düstere Vorstadt nach Hause ...

Frankreich, 13. Juli 1940. Es ist uns leider verboten zu schreiben, wo ich mich aufhalte. Zum Teil sieht es hier ganz schön aus, ja die Feinde wollten es so haben und bekamen es auch so . . . Es ist eine große Schande für die ganze Gemeinde, wenn der Ortspfarrer nicht einmal nach so großen und schweren Kämpfen die Heimatglocken unserer lieben Heimatgemeinde läuten läßt und abwartet, bis er von oben Antwort erhält; ja, er wird seine Strafe schon erhalten dort, wo er sich zur Zeit aufhält [im Gefängnis]. Auch mancher von uns Soldaten wird dieses nicht vergessen, denn gerade in dieser Stunde hat so mancher von uns an seine liebe und treue Heimat gedacht, wo in ganz Deutschland der Sieg eingeläutet wurde, und er als alter Soldat und Seelsorger unserer Gemeinde hat es nicht getan, das sehe ich als ehrlos an, und für solche Leute haben wir im deutschen Vaterland keinen Platz.

Heil Hitler!

Frontsoldat, Jahrgang 1920
(Brief an den Bürgermeister in A.)

Der Führer hat mir die Hand gegeben

Brief einer Arbeitsmaid an ihre Eltern

Oppenau/Schwarzwald, 1. Juli 1940

Meine lieben, guten Eltern! Wie soll ich Euch beschreiben, was ich heute erleben durfte. Der 1. Juli 1940!! Ein Tag von ungeheuerer Bedeutung für mich, für uns alle, die wir Teil hatten an diesem großen Erlebnis. Es fällt mit schwer, nacheinander zu erzählen. Ich muß das Beste vorwegnehmen. Der Führer Adolf Hitler hat mir die Hand gegeben!! Er hat mich an der Schulter gefaßt!! Ich habe mich eingehängt bei ihm und bin von allen Seiten hunderte Male mit ihm zusammen gefilmt und fotografiert worden! Er hat sich mit mir unterhalten, aber nun laßt Euch erzählen, wie alles gekommen ist.

Den Auftakt wißt Ihr ja vom letzten Brief, in dem ich ausführlich berichtet habe. Nun waren wir uns heute selbst noch nicht ganz im klaren, ob die Einladung ins Führerhauptquartier wirklich zustande kommen würde. Den ganzen Sonntag schafften und putzten wir wie die Wilden, falls der Führer uns im [Arbeitsdienst-] Lager besuchen käme. Heute mittag telefonierten wir hinauf auf den Kniebis, ob die Einladung zustandekäme. „Natürlich", hieß es, „um vier Uhr kommen die Militärwagen des Oberkommandos der Wehrmacht, die euch abholen. Macht euch bereit!" Das Lager tobte! Da kam plötzlich der Bezirk an, drei hohe Führerinnen, uneingeladen wollten sie auch mit hinauf zum Führer! Wir waren empört! Aber trotz allem, unsere reinste Freude ließen wir uns nicht nehmen.

Um vier Uhr kamen also die Wagen! Neun Wagen waren es, die SS-Leibstandarte des Führers am Steuer. Der Adjutant des Führers holte die Führerinnen formell ab, wir stiegen ein in unsern blauen Leinenkleidern, weiße Blusen darunter, mit weißen Schürzen, weißen Söckchen und braunen Halbschuhen. Tadellos sahen wir aus, man sagte es wenigstens. Mit solcher Stimmung sind wir noch nie auf den Kiebis hinaufgefahren. Eine Triumphfahrt in diesen sechsrädrigen, feldbraunen Mercedeswagen, alle Menschen jubelten uns zu, alles rief: „Nehmt uns mit!" Und die SS-Posten oben auf dem Kniebis, die uns am Samstag nicht einlassen wollten, öffneten respektvoll die Schranken. Dann ging es durch ein geheimnisvolles Gelände, Bunker an Bunker, Tarnungen, Posten an Posten, Offiziere, Generäle – und plötzlich standen wir vor einem großen Bunker, dem Aufenthaltsort des Führers. Dort stiegen wir aus, dann gingen wir noch ein romantisches Stück zu Fuß, durch den Wald, über Brückchen und Steine, zu einem ganz entzückenden Holzhaus, mit großer Steinterrasse, angebauten Steintischchen, fabelhaft gedeckt, mit großen Blumensträußen geschmückt, Torten und Kuchen standen herum, alle Sorten, und es roch verführerisch nach Bohnenkaffee. Obergruppenführer Brückner ließ uns alle in einer Reihe antreten, daß der Führer uns begrüßen könne. Das Herz schlug mir bis zum Halse, ich soll ganz bleich gewesen sein, von allen Seiten surrten die Filmapparate. Foto- und Presseleute knieten vor uns nieder, um uns aus allen Stellungen aufzunehmen!

Da trat der Führer aus dem Wald heraus. Braungebrannt war er, fröhlich strahlte er uns an, wir standen ganz stumm da, in Glück und ehrfurchtvoller Ungläubigkeit. Langsam ging er an der Reihe vorbei, jedem lang in die Augen blickend, und drückte jedem von uns die Hand. Er schaute immer den nächsten an, wenn er einem die Hand drückte, meine, als seine Augen schon Aline anschauten. Kurz schaute er noch einmal zu mir zurück, dann machte er die Reihe durch. Ich fühlte einen Schauder in mir und eine Trockenheit in der Kehle, ich glaube, wenn er mich etwas gefragt hätte, ich hätte keinen Ton herausgebracht. [. . .]

Immer schauten wir auf den Führer. Der größte Mann der Welt hatte uns zu Kaffee und Kuchen eingeladen! Ein Wunder, die unscheinbaren Oppenauer Arbeitsmaiden beim Führer zu Gast! Auf einmal wechselte der Führer seinen Tisch. Da ging der Adjudant Schulze zu ihm und bat, nachher an unseren Tisch zu kommen. Wir saßen eine kurze Weile, da trat der Führer durch die Türe ein. Das Mädel links von mir rückte zur Seite und der Führer nahm Platz an unserem Tische. Nur ein Mädel saß zwischen ihm und mir und oft und oft und manchmal ganz lange schaute er mich an, indem er sich mit uns unterhielt und wir ihm Antwort gaben auf seine Fragen. Das erste, was mir auffiel: Er sah ganz anders aus als auf allen Bildern, er hatte eine rosig gebräunte Haut, helle blaue Augen, die Mundpartie vor allem ist ganz anders, als man sie sich vorstellt. Sehr gesund sieht er aus, er hat eine fliehende Stirne und die Locke hängte ihm tief herein, als er die Mütze abnahm.

„Woher wußtet ihr denn, daß wir hier oben sind?" war seine erste Frage. „Von unseren Außendiensten", sagte ich, und er wollte dann wissen, was die Außendienste sind. Das erklärten wir ihm. Er schaute uns immer wieder der Reihe nach an, und seine Augen haben wirklich etwas Magisches, fast schwärmerisch können sie manchmal schauen. [. . .]

Ein enormes Leuchten ging über sein Gesicht, dieses Leuchten kam immer und immer wieder, wenn er so schöne Gedanken aussprach. „Die Gefallenen in Frankreich sind so gering, verhältnismäßig gering. Ein Drittel der Gefallenen allein vor Verdun 1914. Nach einem 30jährigen Krieg kommt aber kein 40jähriger mehr, denn wir haben gelernt, auch besonders aus dem letzten Kriege. Ihr seid eine Formation, die für unser Land im Falle eines späteren Krieges (man muß immer mit dem Kriege rechnen) von größter Wichtigkeit sein wird. Menschen, die man eben überall einsetzen kann, die überall ihren Mann stellen."

Dann sagte er etwas von ungeheuer wichtiger Bedeutung: „Der eigentliche Luftkampf gegen England beginnt noch nicht so schnell, zuerst müssen wir alle einzelnen Punkte haben, um dann blitzartig zuschlagen zu können. Dann werden wir auch unsere Kolonien wieder bekommen, aber das darf kein Siedlungsland werden, dafür habe ich an den Osten gedacht, in die Kolonien werden nur Fachleute geschickt,

157

unter deren Leitung möglichst viel und gut gearbeitet werden kann. Sicher will auch manche von euch mal in die Kolonien." Begeisterte Zustimmung. „Also Mädels", damit erhebt er sich und wandte sich einem andern Tische zu. [. . .]

Heute (3. 7.) sagte man uns, der Führer habe in der darauffolgenden Nacht bis um 5 Uhr statt, wie sonst, bis um 3 Uhr gearbeitet! Er hat uns zwei Stunden von seiner Arbeitszeit geopfert, das werden wir ihm nie vergessen! Ich habe ihn so genau und so scharf beobachtet, wie noch nie einen Menschen. – Er muß die Wahrheit selbst sein, so ohne Falsch, so schlicht und klar kommt alles aus ihm, was er sagt. Die ungeheure Befriedigung liegt über ihm, das ernste Glück, dadurch, daß er das Höchste erreicht hat: die Verwirklichung seiner Idee.

Der Führer sagte, erst am 28. Juni hätten sich die letzten Bunker in der Maginotlinie ergeben, das muß ich Euch mündlich erklären, nämlich seine „Nestertaktik". Bitte hebt mir die Fotos gut auf, nächstens kommen neue. Und dann kommen die mit dem Führer.

Seid von Herzen gegrüßt von Eurer . . .

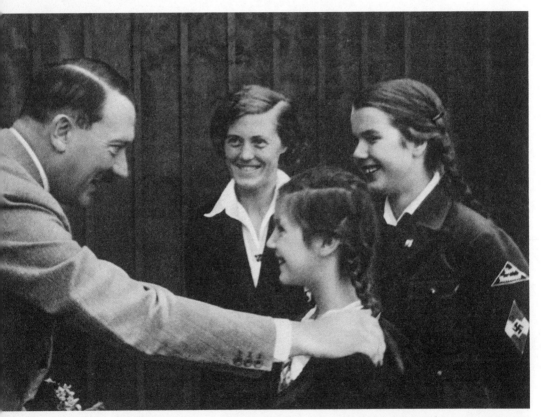

Jungmädel beim Führer. Foto von Heinrich Hoffmann, dem „Reichsbildberichterstatter der NSDAP".

Blond und blauäugig und reinrassig – diesem Idealbild der Nazis entsprachen nur die wenigsten „Volksgenossen" und am allerwenigsten die Parteibonzen selbst. Der Fünfmarkschein aus dem Jahr 1942 brachte den von der Propaganda auf allen Fotos groß herausgestellten Typ „Nordischer Mensch" millionenfach in Umlauf. Hier sehen wir ein junges Gesicht; die gereifte Altersstufe beschrieb der Partei-Ideologe Alfred Rosenberg in seinem „Mythus des 20. Jahrhunderts" (1930): „Der Nationalsozialismus wird erweisen müssen, ob er dem deutschen Arbeiter und mit ihm dem ganzen Volke nicht nur eine politische Idee, sondern auch ein Schönheitsideal von Männerkraft und -willen zu schenken imstande ist... In allen Städten und in allen Dörfern Deutschlands sehen wir hier bereits die Ansätze dazu. Die Gesichter, die unterm Stahlhelm auf den Kriegerdenkmälern hervorschauen, sie haben fast überall eine mystisch zu nennende Ähnlichkeit: eine steile durchfurchte Stirn, eine starke gerade Nase mit kantigem Gerüst, einen festgeschlossenen schmalen Mund mit der tiefen Spalte eines angespannten Willens. Die weitgeöffneten Augen blicken geradeaus vor sich hin. Bewußt in die Ferne, in die Ewigkeit."

STICHWORT: JUGEND

Aus: „Der Sprach-Brockhaus", 4. Auflage, 1944

die **Jugend**, –, 1) die erste Lebenszeit bis zum Abschluß der körperlichen Entwicklung. 2) jugendliches Wesen. 3) junge Leute: d i e J. v o n h e u t e .

Viele warten auf den Tod!

Anne Frank, Jahrgang 1929

Amsterdam, 13. Januar 1943

Liebe Kitty!

Heute sind wir wieder alle ganz verstört, und man kann nicht ruhig sein oder arbeiten. Draußen ist es schrecklich. Tag und Nacht werden die armen Menschen weggeschleppt und dürfen nichts mitnehmen als einen Rucksack und etwas Geld (dieser Besitz wird ihnen dann später auch noch abgenommen).

Die Familien werden auseinandergerissen, Männer, Frauen und Kinder. Es kommt vor, daß Kinder, die von der Schule nach Hause kommen, ihre Eltern nicht mehr vorfinden, oder daß Frauen, die Besorgungen gemacht haben, bei der Rückkehr vor der versiegelten Wohnung stehen, die Familie ist inzwischen weggeführt.

In christlichen Kreisen ist auch schon große Unruhe, weil die jungen Leute, die Söhne, nach Deutschland verschickt werden.

Jeder ist in Sorge!

Und jede Nacht überfliegen Hunderte von Flugzeugen Holland, um über deutsche Städte Bombenregen zu streuen, stündlich fallen in Rußland und Afrika Tausende von Menschen! Der ganze Erdball rast, und überall ist Vernichtung. Die Situation ist bestimmt günstiger für die Alliierten, aber noch ist kein Ende abzusehen.

Wir haben es gut, besser als Millionen anderer Menschen. Wir sitzen ruhig und sicher und sind imstande, Nachkriegspläne zu machen und uns auf neue Kleider und Bücher zu freuen, anstatt daran zu denken, daß kein Pfennig unnütz ausgegeben werden darf, weil man anderen Menschen wird helfen müssen und retten muß, was zu retten ist.

Viele Kinder hier laufen in einem dünnen Blüschen herum mit Holzschuhen an den bloßen Füßen, ohne Mantel, Mütze oder Handschuhe. Sie haben nichts im Magen, kauen an einer Mohrrübe, laufen weg aus der kalten Wohnung auf die nasse, windige Straße und kommen in die Schule, in eine feuchte, ungeheizte Klasse. Ja, es ist so weit in Holland gekommen, daß Kinder auf der Straße die Vorübergehenden um ein Stück Brot bitten.

Stundenlang könnte ich von all dem Elend erzählen, das der Krieg mit sich bringt, aber das macht mich nur noch trauriger. Es bleibt uns nichts anderes übrig, als ruhig und gefaßt das Ende dieser Notzeit abzuwarten. Die Juden warten und die Christen, die Völker und die ganze Welt und ... viele warten auf den Tod!

Anne

Wie der Krieg in mein Leben eingreift

Klassenaufsatz, Mai 1943

Ulla M., 14 Jahre, Oberschülerin

Seit vier Jahren haben wir nun schon Krieg, und mit jedem Jahr werden die Anforderungen, die an uns gestellt werden, härter. Selbst im kleinsten Alltag macht sich der Krieg bemerkbar. Aber ich habe mich schon so an die Lebensmittelmarken und an die Kleiderkarten gewöhnt, daß ich mir beinah nicht mehr vorstellen kann, wie das im Frieden alles so viel einfacher war. Aber in dieser Zeit müssen ja alle persönlichen Wünsche in den Hintergrund treten, damit der große Sieg erfochten werden kann. Viele Geschäfte haben den Verkauf über Kriegsdauer eingestellt, damit die Arbeitskräfte an wichtigeren Stellen eingesetzt werden können. In den Auslagen werden fast nur Ausstellungstücke gezeigt.

Über dem Bahnhofseingang steht in großen Buchstaben geschrieben: „Räder müssen rollen für den Sieg!" Ja, das stimmt, und das sollen wir uns alle zu Herzen nehmen. So muß ich in diesem Jahr auf die schöne Ferienreise an die See verzichten. Ist es denn nicht viel wichtiger, daß die Soldaten an der Front laufend mit Nahrung und Munition versorgt werden?

Der HJ-Dienst bietet viele Möglichkeiten, unsere Einsatzfreudigkeit unter Beweis zu stellen. Um die Weihnachtszeit beginnt überall ein fleißiges Werken und Schaffen. Puppenstuben, Pferdchen, Wiegen, Hampelmänner und vieles mehr entstehen. Aber die Mühe lohnte sich: es war eine Freude, die Kinder glückstrahlend mit ihren Geschenken abziehen zu sehen. Mir macht es auch immer Spaß, die lustigen WHW [Winterhilfswerk]-Abzeichen zu verkaufen. Unsere Sommerarbeit besteht hauptsächlich im Heilkräutersammeln. Die Blätter, zum Beispiel vom Breitwegerich, werden sorgsam gesammelt, getrocknet und dann in Säcke verpackt. In der Schule können wir bei der Altmaterialsammlung mithelfen. Wir sammeln Knochen, Flaschen, Korken, Tuben, Alteisen und vor allem Papier. Auch in das sonstige Schulleben hat der Krieg eingegriffen: Wir haben weniger Unterricht, weil wir das Gebäude mit einer anderen Schule teilen müssen. Viele Lehrer sind eingezogen, und es müssen dafür ältere Lehrkräfte einspringen. Die Stunden werden auch dann und wann durch Fliegeralarm gestört.

Jedesmal, wenn ich in den Straßen verwundeten Soldaten oder schwarzgekleideten Frauen begegne, muß ich daran denken, was für schweres Leid der Krieg in manche Familien bringt und was für große Opfer das Vaterland von vielen fordert. Im Frieden wäre unser aller Leben wohl viel einfacher, bequemer und schöner. Aber dennoch ist es, wie der Führer sagt, schön, in einer Zeit zu leben, die an die Menschen große Anforderungen stellt. Und so werden wir durch die schwere Kriegszeit alle aufgeschlossener und reifer für die hohen Aufgaben, die unser harren.

In der Fremde

Im Herbst 1940 ordnete Hitler an, die deutsche Jugend aus den luftgefährdeten Gebieten, zunächst vor allem aus den Großstädten, zu evakuieren. Die Teilnahme an der „Kinderlandverschickung" (KLV), wie die Aktion beschönigend umschrieben wurde, war freiwillig, doch als 1942 die Flächenbombardements begannen und es ums pure Überleben ging, gab es kaum noch Eltern, die sich widersetzten. HJ-Führer waren zuständig für den Transport in Sonderzügen und die Betreuung außerhalb des Schulunterrichts, also für die Ordnung in Eß- und Schlafsälen, Fahnenappelle etc., während die Leitung der rund 12 000 KLV-Lager jeweils einem Lehrer anvertraut war. Mehr als 5 Millionen Kinder wurden so bis Kriegsende vor den schweren Luftangriffen in Sicherheit gebracht – aber auch von ihren Eltern getrennt. – In Einzelfällen konnten Kinder bei Verwandten auf dem Land oder in Kleinstädten unterkommen, dann mußten sie sich in einer neuen Klasse einleben. Die NSV (Nationalsozialistische Volkswohlfahrt) siedelte Kinder unter 10 Jahren zusammen mit ihren Müttern um.

Ein vierzehnjähriges Mädchen schreibt seiner Freundin

4. Februar 1944

Meine Liebe! Ob wir uns je einmal wiedersehn? Es ist alles zum heulen. – Die 5 in Englisch wird wahrscheinlich so bleiben. Es stimmt, immer wenn man so allein ist, sei es im Klo, Badezimmer oder im Bett, denkt man nach, was wir so gemacht haben, Schulstreiche, Blutsbrüderschaft im Zimmer Deiner Mutter usw. Ach, war das schön, mit Wachskerzen, Konjackgläsern, Dolchen und Indianeranzügen. Ich habe hier ein paarmal solche Sachen erzählt, die wir zusammen gemacht haben, aber ich habe gemerkt, daß sie das auch nicht besonders gern mögen. Also halte ich lieber die Schnautze, d. h. ich wollte sagen „Mäulchen". Aber ich denke immer daran, wie gut es mir noch geht im Vergleich mit denen, wo die Familie ganz zerstückelt ist, die Mutter im Fliegergebiet, muß Geld verdienen, ein Kind hier und das andere dort, der Vater oder Bruder gefallen und die Wohnung zerstört! So was muß man sich vorstellen, das hilft.

Schüleraufsatz aus dem Jahr 1946

Als die Fliegerangriffe schlimmer wurden, kamen meine Geschwister nebst Mutter und ich durch die NSV auf das Land. Meinen Vater mußten wir zurücklassen, denn er durfte von der Bahn, wo er beschäftigt war, nicht fort, was uns allen sehr schwer fiel. Um 11 Uhr mußten wir auf der Sammelstelle sein, denn um 2 Uhr sollte der Zug abfahren. Durch die Fliegeralarme konnte der Zug erst um 6 Uhr abends abfahren. Wir waren alle eng zusammengedrückt. Die kleinen Kinder waren sehr unruhig. So fuhren wir durch die nächtliche Gegend unserem Bestimmungsort zu, der uns Zuflucht werden sollte. Nachts um 2 Uhr kamen wir an. Die Enttäuschung war groß,

162

denn kein Mensch befand sich auf dem Bahnhof. Die Bauern mußten erst verständigt werden. Es vergingen Stunden, bis sie einzeln nacheinander kamen, um uns auszusuchen wie die Tiere, denn niemand wollte Frauen und Kinder aus der Stadt aufnehmen. Es war alles sehr schrecklich, am liebsten wären wir wieder zurück in die Stadt gefahren. Endlich nach langem Suchen bekamen wir doch noch ein Quartier, wo wir uns leidlich einrichteten und trotz aller Not 2½ Jahre verbrachten.

Schüleraufsatz aus dem Jahr 1946

1943 begannen die starken Luftangriffe auf Nürnberg. Meine Eltern wollten nicht haben, daß ich jedesmal aus meiner Nachtruhe gestört würde und so kam ich ins KLV-Lager nach Sagan/Schlesien. Bis Januar 1945 ging dort alles seinen gewöhnlichen Gang und ich konnte dort weiterhin die Oberschule besuchen. Es war an einem der ersten Tage im Januar, als unser Direktor das Zimmer betrat und sagte: „Die Schule muß bis auf weiteres geschlossen werden, alle Mädchen ab der 3. Klasse müssen zum Bahnhofsdienst eingesetzt werden, um den Flüchtlingen aus Oberschlesien zu helfen." Zunächst war die Freude groß, es war doch etwas „Neues". Wir wurden zum Bahnhofsdienst von einmal je 6 und einmal je 12 Stunden eingeteilt. Auch nachts rief uns die Pflicht. Täglich rollten 20–30 Flüchtlingszüge ein. Unser Ort war Umsteigebahnhof. Was hatten die Leute doch noch alles bei sich: Betten, Koffer, Kisten, alles mußte mitgeschleppt werden zum nächsten Zug.
An einem Tag, es war der 22. 1. 45, geschah so viel Grauenvolles, daß ich es nicht vergessen kann. Ich hatte 12 Stunden Dienst. Kaum war ich am Bahnhof, so hieß es schon, ein Flüchtlingszug kommt. Es war ein Kindertransport. (Man darf sich unter einem Zug nicht geschlossene Wagen vorstellen, es waren offene Viehwagen, auch ist die Strenge des Winters zu berechnen!) Aus einem Wagen mußten wir 30 erfrorene Kinder ausladen. Sie waren alle tot. Ein Mädel von 4 Jahren, aus einem anderen Wagen, hatte starke Erfrierungen. Ich trug es auf dem Arm zur Hilfsstelle; aber es war zu spät, es war für immer in meinem Arm eingeschlafen.
Einige Stunden später war wieder ein Flüchtlingszug nach Leipzig zusammengestellt. Ein 3jähriges Mädel stand noch am Bahnsteig und rief jämmerlich nach seiner Mutti. Mit vieler Mühe fanden wir sie. Natürlich war der Zug ganz voll. Wir zwängten das Kind hinein, ein Bahnbeamter schlug die Tür in Eile zu und dem Mädel wurde der Arm abgequetscht. Das Kind mußte zurückbleiben. Nach einer halben Stunde setzte sich der Zug in Bewegung. Da warf eine Frau aus einem Wagen ein kleines, längliches Bündel. Ein kleines Kind mit ungefähr 4 Wochen lag drin. Ich entsetzte mich über die Mutter, die so etwas fertig bringen kann, trug das Kind aber gleich zum Kinderarzt, der feststellte, daß dem Kleinen gar nichts fehlte. Diese drei Erlebnisse verfolgen mich nachts im Traum und ich hatte auch wochenlang tagsüber keine Ruhe. Auch heute muß ich immer wieder an die kleinen, unschuldigen Kinder denken. Warum hat das alles sein müssen?

Fliegerangriffe auf Nürnberg

Schüleraufsätze

1946 geschrieben von Fünfzehn- und Sechzehnjährigen

Am Abend des 2. Januar 1945 ertönte plötzlich durch die stillen Straßen der Stadt Fliegeralarm. Geschwind packte ich meine Luftschutzsachen, lief über die Straße in den öffentlichen Luftschutzraum, um zu horchen, wie die Luftlage stünde. Nach einer guten halben Stunde meldete sich der Ansager im Radio und sprach: „Starke feindliche Jagd- und Kampfverbände sind im Anflug auf das Stadtgebiet!" Ich war zuerst erschrocken, denn ich wußte meine Mutter droben in unserer Wohnung. Schnaufend und pustend langte ich in unserer Wohnung an und wartete einige Augenblicke, um zu verschnaufen, bevor ich in die Küche eintrat. Meine Mutter wollte mir nicht glauben, daß es jetzt brenzlich würde und sie meinte, nach einer halben Stunde kämen die Flieger nicht mehr. Auf der Haustreppe machte sich ein Gepolter bemerkbar, eben kam die Frau S. die Treppe herunter, und meine Mutter fragte sie, ob die Flieger schon bald da seien. Die Gefragte antwortete: „Es ist höchste Zeit, daß wir in den Keller kommen."

Kaum waren wir einige Minuten gesessen, so meldete der Ansager des Radios, daß die ersten feindlichen Kampfverbände die Stadt erreicht haben, sie werden beschossen, Feindtätigkeit hat begonnen. Gleich darauf kamen die oben am Eingang des Kellers stehenden Männer heruntergestürzt, riegelten die schwere eiserne Bunkertür ab, das Licht erlosch, und nun krachte und donnerte es, als meinte man, die Hölle wäre los. Die Bänke hoben sich einige Zentimeter hoch vom Boden weg, die Wände zitterten, und der Kalk bröselte von der Decke ab. Durch die nun eingetretene Stille hörte man deutlich die Einschläge der Bomben. Ein jeder saß still in sich gekehrt da und meinte, das Jüngste Gericht wäre angebrochen.

Nach einer ¾ Stunde war der fürchterliche Angriff vorüber, denn mir dauerte es fast wie eine Ewigkeit, und ich war froh darüber, daß die Leute sich wieder laut unterhielten. Unser Bunkerwart, der sich bis jetzt still verhalten hatte, schrie: „Männer, herauf zum Löschen, Frauen und Kinder sitzen bleiben!" In dem darauf folgenden Tumult merkten wir nicht, daß der verantwortliche Bunkerordner samt seiner Frau in den sicheren Paniersbunker floh.

Über dem Keller stürzten die brennenden Häuser zusammen und verschütteten den oberen Kellereingang vollständig. Um 11 Uhr hatten wir schon keinen Sauerstoff mehr. Meine Schwester, die im Hintergrund des Kellers Luft pumpte, wurde ohnmächtig, und mein Bruder und Vetter trugen sie durch den Durchbruch in den anderen Keller hinüber, in dem bessere Luft herrschte als bei uns. Mein Bruder holte auch unsere Familie hinüber. Eine Französin holte aus dem zusammenstürzenden Haus frisches Wasser. Bis 3 Uhr war ich noch bei Bewußtsein, dann verließen mich die Sinne und ich wußte nichts mehr.

Als ich wieder aufwachte, lag ich auf dem Theresienplatz unter vielen Toten, die gräßlich verstümmelt waren. Ein Sanitäter nahm mich auf den Arm, trug mich zu einem Sanitätsauto und wir fuhren kreuz und quer durch die brennende Stadt bis es vor der Rettungsstelle Bismarckschulhaus hielt. Dort wurde ich in ein Kellerlazarett getragen und auf eine Pritsche gelegt. In dem Kellerlazarett fand ich meine drei Schwestern wieder. Meine Schwester sagte, daß wir 24 Stunden verschüttet gewesen wären und schwere Rauch- und Gasvergiftung hätten. Später wanderten wir wie Zigeuner zu meiner Schwester. Jetzt fristen wir unser Dasein in einem Behelfsheim.

Dann kam wieder ein Fliegerangriff. Wir gingen in den Keller, wir waren nicht lange dort drunten. Da auf einmal tat es einen Schlag. Das Haus stürzte zusammen, wir waren alle verschüttet. Alles war verschüttet. Ich hörte keinen Laut, ich versuchte, mich heraus zu arbeiten, aber es gelang mir nicht. Mein Großvater schrie: „Edgar, sag, wo bist du? Ich bin gleich neben dir." Ich packte ihn bei der Hand. Mein Großvater rührte sich auch noch. Meine Großmutter schrie auch. Es kamen die Flaksoldaten und gruben uns heraus. Zuerst meinen Großvater, dann mich, dann meine Großmutter. Dann meinen Onkel. Es kamen ums Leben: meine Mutter, der Hausherr.

Als wir aus unserem Luftschutzkeller herauskamen, sahen wir, daß alles kaputt war. Wir schauten in unsere Wohnung, und dann schauten wir hinaus, da sahen wir, daß bei uns vorne eine Bombe hinein ging und hinten eine hinaus ging. Da hörten wir, daß die Leute um Hilfe schrien. Wir gingen gleich vor und wollten helfen, aber es war schon zu spät. Mein Freund schrie immer um Hilfe, da bis zum Ende der Beine die Quadersteine auf ihm lagen und die brennenden Balken flogen herunter. Dann schrie er noch: „Männer wollt ihr sein? Feiglinge seid ihr, aber keine Männer!" Dann schrie er nimmer.

Unsere Flucht aus Westpreußen

Tagebuch (Rückblick, geschrieben 1946)

Gabriele Reich, 15 Jahre, Schülerin aus Westpreußen

Am **12. 1. 45** begann die zweite Offensive der Russen.

22. 1. versuchten wir abends 20.00 auf dem Bahnhof mit einem Zug fortzukommen. Die Stimmung dort, die Menschenmassen, die eingeschneiten Mumien auf den offenen Plattformen, die zugefrorenen Güterwagen, dahinter wahnsinnige Menschen im eigenen Kot – ich werde das nie, niemals vergessen; und es schneit immer noch.

23. 1. Heute 7.30 sind wir wieder daheim. Vati ist glücklich; ich bin unterwegs beinahe zusammengebrochen; die Menschenmauer auf dem Bahnhof, der Schnee, der Rucksack, ich bekam keine Luft mehr. Der alte Pauls, der in der Junkerstraße Schnee fegte, war mein Erlöser. Gegen 18.00 kommt Thea; sie bleibt nur ganz kurz. 20 Minuten später kracht's. Wir rennen in den Keller. Frau D. fragt entsetzt: „Was ist los, was ist das?" „Das Ende!" Empfand ich gar keinen Schrecken oder Furcht vor diesem Wort?

23./24. 1. Die Nacht vergeht unter Telefonieren. Wir kommen auf gute Art nicht fort. Ich höre alles wie durch dichten Nebel. Ich liege bei R. R. im Kabüs'chen und schwitze vor Angst, obwohl ich zittre durch den kalten Luftzug. Hin und wieder geht draußen eine Muni-Kiste hoch. Ich werde 15 Jahre alt.
Mein Geburtstag. Klar und eisig. Freut sich die Sonne über unsere Not? Doch die Natur ist erstarrt; oder nicht? MG-Feuer „klingt" auf. Es klingt in der Stille wie Warnung. Flugzeuge brummen. Ich stehe am „VS-Stoß" und verbrenne Geheimsachen. Ich spiele mit dem Gedanken, daß Tiefflieger jetzt runterstoßen könnten. Ich empfinde keine Furcht dabei, vielleicht heute sterben zu müssen. An meinem Geburtstag. Haben Soldaten im Feuer auch solche „Abschiedsgedanken"? 19.00 Wir versuchen, auf dem Bahnhof fortzukommen. Ich bin dagegen. Ich weiß, daß es keinen Zweck hat. Am Holländer Tor beschießen Panzer den Bahnhof. Wieder aus. 23.00 Wir versuchen zu Fuß mit Koffern an den Rädern bis Einlage zu kommen. Dort sollen Omnibusse sein, die uns zur Weichsel bringen. Die Nacht ist eisig klar. Am Alten Markt steht ein zerstörter Russenpanzer. Verkohlte Leichen davor. Ein Hund streicht als einzig Lebendes, außer uns, herum. E. scheint Beschuß zu kriegen. Hinter uns und in Richtung Marienburg Geschützdonner. Der Weg bis

166

Einlage zieht sich endlos. Vor uns ein Treck, hin und wieder Meldereiter. Es ist Wehrmacht, wir sind nicht mehr allein. Wir werden auf den Schlitten verteilt. Ich sitze wohlgeborgen neben einer alten Frau auf dem Leitschlitten, den ein Vollblutaraber, ein Schimmel, wie eine Feder zieht. Der Gespannführer ist aus Königsbrück. Ein fanatischer Soldat.

25. 1. Wir können eigentlich hier nicht bleiben, wenn der Iwan durchstößt – aber es ist still. Vati ist mit dem Rad wieder zurück. Kein Mensch hat an Unterlagen gedacht. *Er* muß sie holen. R. R. ist feige.
15.00 Es geht weiter. Der Tag ist grau, wie verhangen hinter uns, vor uns. Wer weiß, woher wir kommen? Wohin geht es? Agnes Miegel sagt: über der Weichsel drüben, Vaterland . . . Mich friert. Ich gehe immer schneller, auf einmal um mich her nichts, kein Leben, nicht ein Spatz. Mein Gott, gibt es in dieser verfluchten Öde keine Farbe, nur schwarz und grau? Lerne ich beten?
Endlich Häuser. Fürstenau, unser Vortrab hat es gemütlich gemacht. Es gibt eine fürstliche Mahlzeit. Wir sind im Gut vom Ortsbauernführer. Ich klappere am ganzen Körper. Meine Füße sind wohl angefroren. Ich schlafe ein bißchen, wie im Traum höre ich, daß draußen eine wüste Schießerei ist. Aber gegenwärtig ist mir nichts. Um 3.00 befiehlt Vati den Abmarsch.

26. 1. Wir laufen wie Maschinen. Tiegenhof liegt wie ausgestorben. Am Straßenrand sind Gefährte und Autos abgerutscht. Hinter Tiegenhof wird Leben. Ein Wagen hinter dem anderen, ein Treck und kein Ende. Der Weg zur Weichselfähre ist für Fahrzeuge gesperrt; wir kommen durch. Herrgott, war das Dein Wille?! Der Marsch ist furchtbar. Wagen sind die etwa zehn Meter hohe Böschung hinabgerutscht. Armes Deutschland – eine neue grauenvolle Völkerwanderung, wenn jetzt Flieger kämen oder die Panzer!! Acht Kilometer Treck. Eine Frau liegt am Straßenrand mit hohem Fieber. Wenn nur die Fähre „klappt". Wir schwimmen. Das Übersetzen geht ziemlich reibungslos vor sich. In Käsemark kommen wir zum Ortsvorsteher. Später in einen großen Saal. Ich liege zwischen Gepäck und Menschen, daß ich mich nicht drehen kann. Aber ich schlafe.

27. 1. 0.00 Uhr Lkw Richtung Danzig, Alarm, Christbäume [am Himmel, die das Zielgebiet markierten], Bomben und 20° Kälte, Vati Fieber. Ich sitze auf dem Boden und versuche krampfhaft an nichts zu denken. Ich glaube, sonst komme ich über die Fahrt nicht weg; oder gibt es noch ein anderes Mittel?
Keiner will uns aufnehmen, bis Vati mit dem Revolver droht. Ich bin wie erstarrt und fühle keine Kälte mehr. Ortsgruppe Uphagen bringt uns in den Diensträumen unter. Mit dem Revolver war das eine Sache. Vati hat sie dem Fahrer vorgehalten, der beim Angriff türmen wollte.

3.00 Wir sind so stur, daß uns die wahnsinnige Flakschießerei nicht erschüttert. Ich kann nur immer denken, wenn das Fenster zerspringt, das Licht – Bomben – Wir sind im Keller; ich döse vor mich hin; ein Kind schreit zum Steinerweichen. Die Füße sind erfroren. Armes Kleinvolk. 8.00 Kaffee Gdanski, Flüchtlingslager im kleinen.

Meine letzte Hoffnung zerbricht. Schneidemühl ist gefallen. In meiner Angst wird wohl das erste Mal die Gewißheit, daß der Krieg verspielt ist. Ich bin todmüde. 16.00 Wir fahren zu R. Vielleicht kann man da einmal schlafen. Ohne die Traumgespenster von jagenden Menschen, Panzerbeschuß, Paniken, Gepäck und wieder Menschen ohne Ruhe, die immer laufen.

19.00 Ich sitze mehr auf den zusammengeschobenen Ledersesseln, als daß ich liege. Ich bete das „Vater unser". Mir kommt jetzt zum Bewußtsein, wie innig man das tun kann. Lernt man das Beten immer erst in der Not? Dein Wille geschehe . . .?

2. 2. Vati ist heute mit einem Omnibus nach E. Er will versuchen, Dienst- und Privatgepäck rauszukriegen.

Thea war auch da; die ganze Familie ist in der Klinik eines ihnen bekannten Professors und hofft mit einem Lazarettzug fortzukommen. Sie sind schon am 23. 1. nachts raus.

17.00 Inspektor K., Hauptmann beim Heereszeugamt, hat angerufen. Er will vierzehn Leute bis Magdeburg mitnehmen. Morgen früh, 7 Uhr. Herrgott, ich danke Dir.

Vati ist zurück. Ohne Erfolg, zwischen Einlage und E. starker Beschuß. Einen halben Zentner Haferflocken hat er aus dem Straßengraben mitgebracht.

Vati will auch, daß wir morgen fahren. Das kann ja eine nette Kurverei geben. Möglichst noch Glatteis und Flieger.

3. 2. 9.00 Wir fahren. Von Vati konnten wir kaum Abschied nehmen. Ich sehe ihn noch draußen in der trostlosen Dämmerung stehen und spüre die zwei Finger, die er zwischen der Wagenplane durchsteckt. Ich bin wie ausgenommen. Was wird?

13.00 Wir sind zwei Wagen im Geleit seit Neustadt. Das ist eigentlich bequem zu sagen, Herrgott, Dein Wille geschehe. Oder nicht? Ist es nicht unendlich schwerer, keinen eigenen Willen zu haben? Ich werde nie so weit kommen.

Die ewige Dämmerung in dem Anhänger, die ungewisse Fahrt; da hilft nur: nichts denken.

18.00 In Dammerow wird übernachtet. Die Wirtin ist lieb, so gut, weiß sie, wieviel Liebe Flüchtlinge brauchen? Ich habe es im Herbst bei den Goldapern nur geahnt.

4. 2. 10.00 Die Abfahrt hat sich verzögert, der Motor machte schlapp. Vorläufig fährt's noch. Wir wollen heute ein schönes Stück schaffen. Ich sage mir zur

Abwechslung die „Glocke" [von Schiller] her und meinen Heinrich von Plauen. Und dann kommt wieder die Unruhe und die Kälte. Durch die Plane zieht es an meiner Ecke erbärmlich, aber ich sehe hin und wieder etwas.

Die meiste Angst habe ich vor der „Angst". Wenn ich die Furcht überwunden habe, dann weiß ich, daß Dein Wille geschehen wird.

15.00 in Körlin (hinter Kösslin) spuckt und kracht der Motor. Wir müssen in die Fabrik; das kann ja dauern. Der Kolben ist angesprungen und hat irgendein Motorteil verletzt. Das erste Mal spüren wir etwas von der N S V, wir kriegen was zu essen. Die Frau des Fabrikbesitzers holt uns rauf. Es gibt Kaffee. Der Wehrmachtsbericht ist katastrophal. Der Russe ist zwischen Pyritz und Arnswalde durchgestoßen.

18.00 Wir fahren endlich. Unser Wagen ist noch nicht angesprungen. Der Anhänger ist an den Lkw II gekoppelt, der den anderen Lkw nebst Anhänger mitschleppt. Endlich macht der Motor von Lkw I mit. Wir bleiben doch am anderen Wagen. Anscheinend hat sich Glatteis gebildet, der Wagen kommt nicht vorwärts. Wir müssen warten. Unser Anhänger hängt bald im Graben. Bei der Finsternis können wir nicht weiter. Mein Gebet heißt nur noch: Herrgott hilf.

5. 2. Endlich sind wir auf der Autobahn. Im Tankhäuschen gibt es eine warme Graupensuppe. Das tut gut. Die Fahrer wollen unbedingt nach Berlin. Das kann ja heiter werden. Am 3. war der letzte schwerste Angriff.

15.00 Wir sind in der Stadt. Zwischen Ruinen. Das ist keine Kriegsführung mehr, das ist Mord, eine Stadt so zusammenzuschlagen. Zu diesem trostlosen Bild ein trüber Himmel und Regen. Die Fahrt aus der Stadt hinaus ist furchtbar. Jeden Augenblick kann der Anhänger kippen. Ich habe kaum Angst. Wenn ich an die „Glocke" denke, höre ich immer die Worte: Hoffnungslos weicht der Mensch. – Was für einen Klang dieses Wort hoffnungslos haben kann. Man sagt es oft viel zu leicht und denkt nicht an die Bedeutung. Hoffnungslos. – Lindau bei Berlin Nachtquartier.

6. 2. Wir fahren Richtung Magdeburg. Die Nacht war ungemütlich kalt. Mutti ist gestern abend so erschöpft gewesen, daß sie trotz allem fest geschlafen hat.

14.00 Zwischen Magdeburg und Halberstadt.

Was ich gefürchtet habe, ist eingetroffen: Wir sind vor M. in einen Terrorangriff gekommen. Wagen II blieb mit zwei Anhängern auf der Autobahn. Es war mehr als lebensgefährlich. Ein Herrgottswunder, daß wir noch leben. Nun sitzen wir hier auf Wagen I, und ich kann nicht fassen, daß der Spuk vorbei ist. Ich sehe noch die Ruinen, die anklagenden in die Luft starrenden Rohre des zerstörten Benzinwerkes. Und durch dieses Chaos mit blockierter Handbremse und ohne Hupe.

15.00 Die Fahrt ist überstanden. Wir sind in Halberstadt!

7. 2. 13.00 So, jetzt fühlen wir uns wieder menschlich. Die Nacht haben wir im Leipziger überfüllten Wartesaal verbracht. Um 10.00 kamen wir hier an. Jetzt habe ich schon in der Badewanne gesessen und fühle mich wie neugeboren. Bis auf den schrecklichen Husten.

9. 2. Heute haben wir Mutti ins Krankenhaus geschafft.
14.00 Aber jetzt geht ihr's besser.
Von Vati haben wir Nachricht, er ist in Pritzwalk gelandet. Er hat bis dahin acht oder neun Tage gebraucht.

17. 2. Ich war das erste Mal in der Schule... Aber ich bin so furchtbar steif geworden. Die anderen können so unbeschwert froh sein. Mir ist, als könnte ich gar nicht mehr herzlich lachen. Dazu noch die ewigen Reibereien mit Omi...

16. 3. Wir fahren wieder einmal. In G. bauen sie Panzersperren und ähnliches. Wir lassen uns als Flüchtlinge nicht irgendwohin stecken. Vati ist damit einverstanden;... 17.00 Wir sind bei H.'s. Eigenartig überschwengliche Menschen.

18. 4. war der erste Bombenangriff auf K....

8. 5. Der Krieg ist aus. Unsere Kellerinsassen sind zum Teil wie trunken. Draußen stehen Amerikaner in Shermanpanzern. Wissen denn die Leute nicht, daß Deutschland in dieser Stunde besiegt worden ist? Jubelt man da?

Es ist der Weg in den Untergang

Franz Fühmann

1922–1984. Ein führender Schriftsteller der DDR, den das Thema, warum die Deutschen der nationalsozialistischen Ideologie erlagen, nicht losließ. – In den letzten Kriegstagen, am 3. oder 4. Mai 1945, „Berlin war gefallen, Breslau gesprengt, Köln zertrümmert, Hamburg verbrannt", geriet ihm ein Gedichtband des Expressionisten Georg Trakl (siehe S. 89) in die Hände. Dem jungen Soldaten Fühmann traten die Bilder dieser Lyrik leibhaftig vor die Augen: „Es war unser Untergang... insofern, als Trakl ja das Kommende aussprach: den Untergang einer Welt, die sich unerschütterbar fühlt und im Glauben dieser Unerschütterbarkeit handelt, wiewohl schon ihre Grundmauern beben." Aus dem Buch „Der Sturz des Engels: Erfahrungen mit Dichtung" (1982):

Es war das Ende des Nationalsozialismus, und wir zweifelten nicht am Untergang dessen, das wir mit dem Namen „Deutschland" benannten, es war ja das, was uns widerfuhr. – Der Krieg war verloren; kein Engel erschienen; der Weg zur Elbe von einem Sieger versperrt, dessen Brunnen wir zugeschüttet, dessen Apfelbäume wir umgehauen, dessen Erzgruben wir ersäuft und dessen Städte wir niedergebrannt hatten, kein Zweifel, daß er nun Rache nahm. – In dieser Stunde sah jeder ein düsteres Zeichen – das meine: ein vereister Viehwaggon voll singender ukrainischer Frauen, der ins Grau einer Februardämmerung rollte; und wir rissen die Hoheitszeichen von den Uniformblusen, die Offiziere warfen die Schulterstücke ab, die Feldgendarmen ihre blinkenden Brustschilder, und da und dort merzte SS mit glühenden Eisen ihr Sigel aus dem eigenen Fleisch. – Was blieb, war Leere; sie dehnte sich aus. – Als ich westwärts durch die Wälder zur Elbe gehetzt, wollte ich in irgendeine Fremdenlegion; ich war dreiundzwanzig, hatte ein Notabitur und konnte doch nichts als ein Maschinengewehr bedienen und gehorchen und Befehle ausführen, ein Kolonialdienst würde mich brauchen können, das war meine letzte Hoffnung, da Deutschland keine Hoffnung mehr war. Doch an allen Wegen zur Elbe und rings um die Wälder standen Soldaten in langen, erdbraunen Mänteln, mit langen Bajonetten auf den Gewehren, ihre Wachtfeuer rauchten, sie tranken und lachten, und Glocken schallten, manchmal ratterte ein Maschinengewehr, und an den Eichen schaukelten Gehenkte. – Ein Selbstmordversuch im Dickicht am Feldrain, dann war auch mein letzter Ausbruch gescheitert, und ich trottete mit den Zehntausend ostwärts, siebzehn Tage, stechende Sonne, die Kirschbäume blühten, wir aßen ihr Harz und aßen das Gras vom Rastplatz und schwammen in den Bächen und Teichen und aßen Wasser und aßen Erde und hörten die Glocken der mährischen Türme und starrten in die fremden, schon unbegreiflich vertrauten Gesichter der jungen Kirgisen, die uns eskortierten, und es war Mai. – In diesen Tagen dachte ich nichts; es war ein Gefühl vollkommenen Leichtseins, Schweben in einem leeren Raum. – Nicht mehr da, noch nicht dort. – Nach dem Schwimmen lagen wir nackt in der Sonne, träges Dasein eines Tieres, jenseits des Hungers wie der Verzweiflung, vielleicht ein paar Tage Glück des Nichts. – Ich besaß nur noch das, was ich auf dem Leib trug, und das war wenig: noch Koppel und Stiefel, schon keinen Mantel, keine Uhr, kein Feuerzeug, keine Füllfeder, kein Messer; auch kein Buch, das lag irgendwo am Wegrand; ein Tornister voll Fleischbüchsen und Trakls Gedichten, ich dachte nicht einmal, ob einer es finde und ob er drin lese, ich dachte nichts.

Und dennoch trug ich diese Gedichte als ein fahles Glühen mit mir, vor dessen Schein ich nun die Welt sah. So sieht man im Sonnenuntergang, im trüben November, eine Landschaft, wenn sich Nebel und Abendrot zu einer schwelenden Dämmerung mischen, in der Bäume und Häuser schwarz ausgefüllt stehen, die Nähe nur noch schwarz, die Ferne nicht mehr unterscheidbar, Vergehen in ein Reich der Schatten und dennoch das Walten unwirklicher Helle vor dem Bewußtsein naher Nacht. – *Dämmerung und Verfall;* es war Mai, die Kirschbäume blühten, und wir trotteten grau vor Hunger und Grauen gen Osten, zu einem Auffanglager bei Brünn, wo wir verhört wurden und kahlgeschoren und statt des abgenommenen Soldbuchs die Wojenno-Plenny-Buchstaben erhielten, gelbe Ölfarbe auf den Rükken der Uniformjacke und aufs Hosenbein und auf das Käppi, das war nun unser neues Daheim, und dann auch zum ersten Mal Verpflegung, und ich hockte im Lehm vor den überfüllten Baracken und weichte Trockenbrot in die Hirsesuppe und hörte die lautlos dröhnenden Verse:

Es ist ein Licht, das der Wind ausgelöscht hat.
Es ist ein Stoppelfeld, in das ein schwarzer Regen fällt.
Es ist ein Weinberg, verbrannt und schwarz mit Löchern voll Spinnen.
Es ist der Weg in den Untergang.

Es waren die Verse Trakls, die ich mit eigenen Zeilen vermengte, unablässig geleierte Litanei eines vergehenden, nur noch im Selbstmitleid Halt suchenden Bewußtseins. – So nahm ich Trakl mit in die Gefangenschaft, mein Grübeln und Verzweifeln trug seine Farben: Schatten, die sich vor einem erblindeten Spiegel umarmten, und auf silbernen Sohlen glitten frühere Leben vorbei. – Es war Trakls *Psalm*[1], den ich damals auswendig kannte; ich habe seinen Wortlaut lange im Gedächtnis bewahrt, und wenn man mich im Sommer 1945, auf dem Transport vom Durchgangslager Brünn zum Arbeitslager Nephtigorsk im Kaukasus, gefragt hätte, welches das bestimmende Ereignis meiner letzten Jahre gewesen, hätte ich ohne Zögern geantwortet: die Bekanntschaft mit Georg Trakls Gedicht.

1 Die ersten vier Verse lauten: „Es ist ein Licht, das der Wind ausgelöscht hat. / Es ist ein Heidekrug, den am Nachmittag ein Betrunkener verläßt. / Es ist ein Weinberg, verbrannt und schwarz mit Löchern voll von Spinnen. / Es ist ein Raum, den sie mit Milch getüncht haben."

5 Eine Generation schweigt

Wir sind die Generation ohne Bindung und ohne Tiefe. Unsere Tiefe ist der Abgrund. Wir sind die Generation ohne Glück, ohne Heimat und ohne Abschied. Unsere Sonne ist schmal, unsere Liebe grausam und unsere Jugend ist ohne Jugend...
Wir sind eine Generation ohne Abschied, aber wir wissen, daß alle Ankunft uns gehört.

Wolfgang Borchert, 1947

Für uns Jugendliche, die wir in schweren Zeiten in Kampf und Bombenhagel groß geworden sind, versucht sich eine neue Welt zu öffnen, aber es bleibt auch nur bei dem Versuch...
Jugendparteien suchen uns durch Schlagworte zu fangen. Wir aber sind skeptisch, verschlossen und mißtrauisch. Wem sollen wir folgen? An welche Autorität sollen wir noch glauben?

Ein fünfzehnjähriger Schüler, 1946

Deutschlands Situation nach der Kapitulation vom 8. Mai 1945 brachte Theodor Heuss anläßlich der Verabschiedung des Grundgesetzes auf den Kern: „Dieser 8. Mai bleibt die tragischste und fragwürdigste Paradoxie unserer Geschichte – weil wir erlöst und vernichtet in einem gewesen sind."

Wieder kehrte eine Jugend desillusioniert aus Krieg und Gefangenschaft zurück. Die Heimat war besetzt, in vier Zonen aufgeteilt, von Flüchtlingen aus den Ostgebieten überschwemmt, und ihre Städte lagen in Schutt und Asche. Anders als 1918, dachte im Chaos der zweiten Nachkriegszeit keiner an Revolution oder an die Aufstellung von Freikorps; diesmal waren die Deutschen endgültig vom Militarismus kuriert, es ging ums nackte Überleben.

Die Jugend trauerte der Nazi-Ideologie – wenn überhaupt – nicht lange nach. Fassungslos, beschämt und in ohnmächtiger Wut mußte sie zur Kenntnis nehmen, daß Hitler sie als Kanonenfutter mißbraucht und dann verraten hatte, daß von Deutschen untilgbare Verbrechen begangen worden waren, jenseits aller Vorstellungskraft. Auf viele junge Menschen wirkten die Fotos aus den Konzentrationslagern mit ihrer teuflischen Massenvernichtungsmaschinerie erschütternder als die Trümmer und das Elend um sie herum.

Sechs Millionen Juden hatten die Nazis umgebracht. Schätzungsweise sieben bis acht Millionen Deutsche waren im Zweiten Weltkrieg umgekommen, die Hälfte davon Zivilisten. 25 Millionen Deutsche lebten nicht mehr in ihren Heimatorten. Von der Nazi-Diktatur waren die Deutschen befreit, jetzt mußten sie sich mit den vier Siegermächten, die auf unterschiedliche Weise mit der „Umerziehung" begannen, arrangieren.

Seine Generation, sagte der Schriftsteller Alfred Andersch (1914–1980), sei aus dem „unbedingtesten Gehorsam in den unbedingtesten Zweifel" gesprungen. Auch die zehn und zwanzig Jahre Jüngeren ließen sich von Erwachsenen nichts mehr vormachen, sie packten das Nächstliegende an: Kinder fahndeten nach ihren Eltern, richteten sich in Ruinen Notunterkünfte ein, „organisierten" Nahrung und Kohle. Diese frühreife und, wie die Erwachsenen befanden, „verwahrloste" Jugend gewöhnte sich Ende 1945 nur mühsam wieder an den Schulbetrieb. Dafür erlernte sie die Spielregeln der Demokratie umso schneller – und ließ auf diesem Feld oft ihre Lehrer und Eltern hinter sich, denen der Untertanengeist noch tief in den Knochen saß. Endlich konnte man als junger Mensch auch mitreden, sich seine eigene Meinung über Politik, moderne Kunst oder die im Dritten Reich verbotene Literatur bilden, Kritik äußern. Zumindest in den drei Westzonen. In der Sowjetischen Besatzungszone löste eine neue Staatsautorität das Naziregime ab, und bald versuchte auch eine neue staatliche Jugendorganisation, von oben dirigiert wie in allen totalitären Systemen, die Heranwachsenden wieder politisch zu motivieren: die kommunistische Freie Deutsche Jugend (FDJ).

Nach der Währungsreform 1948 und der Gründung der Bundesrepublik Deutschland 1949 war die schlimmste Not- und Hungerzeit überstanden, das „Wirtschaftswunder" bahnte sich an. „Nach dem tiefen Fall wollte man sich behaupten", erklärte Willy Brandt 1986 in einem Interview, „dieses Aufräumen und Arbeiten, mit dem man zeigen wollte, so schlecht sind wir nun doch nicht, irgendwas können wir auch, das ist vielfach unterschätzt worden."

Und die „schweigende" Generation (für die der Buchtitel „Die skeptische Generation" des Soziologen Helmut Schelsky bald sprichwörtlich gebraucht wurde) blieb nicht im Abseits, relativ früh gab sie ihren Traum von einem radikalen Neubeginn verloren. Flakhelfer und junge Kriegsteilnehmer hatten in umgearbeiteten Uniformen zielstrebig Abitur und Studium nachgeholt; im Gegensatz zu den Heimkehrern aus dem Ersten Weltkrieg faßten sie erstaunlich problemlos wieder Fuß. Wie die Älteren konzentrierten sie alle ihre Kraft auf den Wiederaufbau des Landes. So viele reale Probleme galt es zu lösen, daß die üblichen Konflikte zwischen den Generationen in den Hintergrund traten, mehr noch: Die Auseinandersetzung mit der „braunen" Vergangenheit vieler Väter wurde verdrängt, nachdem die Entnazifizierungsbehörden ihre Arbeit einmal erledigt und die meisten Parteimitglieder als „Mitläufer" eingestuft hatten.

Am 5. Mai 1955 endete für die Bundesrepublik die Besatzungszeit. Für den nun freien und unabhängigen Staat verkündete Bundeskanzler Konrad Adenauer „den Weg des Rechtsstaates, der Demokratie und der sozialen Gerechtigkeit".

Erschöpft, verlaust, verdreckt

Carola Stern, Jahrgang 1925

Am zweiten Mai 1945 zogen wir in Wismar ein: Mutter, bis vor wenigen Tagen Frauenschaftsleiterin in unserem Dorf, Hänschen, mein vierzehnjähriger Vetter, bis vor wenigen Wochen Jungmann einer Nationalpolitischen Erziehungsanstalt, und ich, die Ahlbecker Jungmädelführerin. Bis auf einen Rucksack war unser Gepäck im Bremserhäuschen eines Güterzugs geblieben, den wir in Rostock unter russischem Beschuß fluchtartig verlassen hatten. Zu Fuß hatten wir uns in Richtung Westen aufgemacht. Wir waren erschöpft, verlaust, verdreckt, aber doch noch immer Nazis. Wismar hatten am gleichen Morgen die Engländer besetzt. Da uns nun die Russenangst nicht länger trieb, ruhten wir uns zusammen mit anderen Flüchtlingen erst mal unter einem Baum an einer Straße aus. Nach wenigen Minuten kam ein britischer Panzer angefahren. Erschrocken erhoben wir uns wieder und folgten furchtsam dem geflüsterten Kommando einer alten Frau, die Arme hochzuheben und ein weißes Taschentuch zu schwenken. Dies war der Augenblick, in dem ich aufgab — mich dem Feind ergab. Jedenfalls so empfand ich es. Sahen die Insassen dieses Panzers den Trupp mit den hocherhobenen Händen und den verängstigten Gesichtern gar nicht, oder scherten sie sich einfach nicht um ihn?
In dem gleichen Augenblick, in dem der Panzer da an uns vorüberrollte, wurde mir bewußt, daß der Feind zu unserer Unterwerfungsgeste gar nicht aufgefordert, sie nicht einmal beachtet hatte, und die widersprüchlichsten Gedanken fuhren mir durch den Kopf. Hatte ich mich nicht gedemütigt? War nicht mein Stolz verletzt? Doch wer hatte ihn verletzt? Statt eines tragisch-schicksalschweren Augenblicks, wie ich ihn eben noch zu erleben meinte, mußte ich mir eingestehen, daß die Szene etwas Lächerliches hatte und ungeeignet für großartige Gefühle war. Kurzum, die ganz persönliche Kapitulation in der alten Hansestadt mißlang. [. . .]
Mir schwirrten wieder die widersprüchlichsten Gedanken durch den Kopf. In Erinnerung an die preußischen Tugenden, die mir so viel bedeuteten, auch in Erinnerung an die vielen Treuelieder, die wir gesungen hatten, wollte ich jetzt, im Unglück, doch nicht untreu werden und anders denken als bisher. Doch hatte unser Führer uns nicht selbst im Stich gelassen [Hitler hatte am 20. April in Berlin Selbstmord begangen], sich einfach so davongemacht? So hatten wir doch nicht gespielt!
Dann wieder schien alles gleichgültig, wichtig nur das Nächstliegende zu sein: was zu essen finden, irgendwo auch ein Paar heile Strümpfe, sich durchschlagen und überleben. Der Gedanke an Mitschuld kam nicht auf, näher lag Zynismus: Man müßte einen englischen Soldaten angeln und mit ihm nach England gehen... Abenteuerlust. Die Vorstellung, endlich von der kleinen Insel an der Odermün-

dung, und sei es auch auf diese Weise, von zu Hause weg und in „die Welt" zu kommen, erleichterte die Situation. Inmitten des Schlamassels war ich neugierig auf das Leben, wie es neunzehnjährige Mädchen sind.

Manchmal versuchte ich, mir auf unserem Heuboden vorzustellen, wie wohl Frieden sei. Dann träumte ich davon, in einem türkisfarbenen Abendkleid am Arm eines befrackten Kavaliers zum Opernball zu gehen. Darf ich bitten, gnädige Frau! sagt der Kavalier, und die beiden wiegen sich im Walzertakt, wandeln, Sekt schlürfend und charmant parlierend, zwischen rotem Samt, vorbei an vergoldeten Balustraden und unter funkelnden Lüstern aus Kristall, und alle Ballbesucher schauen bewundernd auf die türkisfarbene Robe und ihre Trägerin.

Solche Träume darf man nicht zerstören; auf einem Ball bin ich noch nie gewesen. Es mag am sechsten oder siebten Mai gewesen sein, da fanden wir eine bessere Bleibe. Zusammen mit dem Vetter war ich stundenlang von Haus zu Haus gegangen und hatte an jeder Wohnungstür nach einer Unterkunft gefragt. Ein großer hagerer Mann so um die Vierzig nahm uns mit Mutter schließlich auf. Er erwies sich als hilfsbereit und sehr penibel. [. . .]

Unser Gastgeber, stellte sich heraus, war einer der leitenden Gestapoleute in der Stadt gewesen. Da er damit rechnen mußte, abgeholt zu werden, sollten wir danach die Wohnung hüten.

Während andere am achten Mai endlich befreit von der Gestapo waren, hatten wir, die Nazis, sie nun erstmals auf dem Hals. Innerhalb von wenigen Minuten verwandelte sich unsere Dankbarkeit in Furcht, mitverantwortlich gemacht, womöglich auch noch mitgenommen zu werden, und wir beschlossen, uns so schnell wie möglich aus dem Staub zu machen.

Den achten Mai erlebten wir mit dem Gestapo-Mann. War es direkt an diesem Tag oder kurz danach? In Wismar fand unter der Beteiligung britischer, kanadischer und sowjetischer Truppen eine große Siegesparade statt, denn in der alten Hansestadt begann jene Linie, die bis Wittenberge führte und an der die Einheiten der siegreichen Alliierten sich getroffen hatten. Wenn wir auch der Meinung waren, nun müsse jeder an sich selbst denken, und Verbrechen hätten wir, die kleinen Nazis, im Unterschied zu unserem Wirt ja nicht begangen, an diesem Tag lebten wir in Kumpanei mit ihm. Ein guter Deutscher, so befanden wir, hält sich der Parade fern und trauert um die Niederlage.

Sowohl an diesem Tag wie auch an den nächsten mußten alle Leute in der Stadt, die ins Rathaus wollten, um sich Papiere und Lebensmittelkarten zu besorgen, über auf den Rathaustreppen ausgelegte und mit Stahlhelmen befestigte Hakenkreuzfahnen gehen. In langen Sätzen sprangen ich und Hänschen um die Fahnen herum und waren sehr enttäuscht, daß niemand uns bestrafte. Abends in der Wohnung erzählten wir von unserer Heldentat und freuten uns, als Mutter und der Wirt wohlgefällig nickten.

Erst spät begann ich, nach der eigenen Schuld zu fragen. Meine Einsicht finde ich am genauesten im Lebensbericht Jewgenia Ginsburgs formuliert, einer Jüdin aus Kasan, die achtzehn Jahre im Archipel Gulag leben mußte. Über die Jahre davor, da sie eine gläubige Kommunistin war, schrieb sie jene Sätze, die von so vielen einst gläubigen Nationalsozialisten bis heute nicht gesagt worden sind: „In schlaflosen Nächten tröstet das Bewußtsein nicht, daß man nicht unmittelbar an Mord und Verrat beteiligt war. Denn nicht nur der hat getötet, der zugeschlagen hat, sondern auch jene, die das Böse zugelassen haben, ganz gleich wodurch: durch das gedankenlose Wiederholen gefährlicher Theorien; das wortlose Heben der rechten Hand, das halbherzige Schreiben von Halbwahrheiten. Mea culpa . . .“

HEILBRONNER CHRONIK 1945

13. April. Nach 9 Kampftagen ist Heilbronn vollständig von den Amerikanern besetzt. Lt. Col. Montgomery setzt den früheren Oberbürgermeister Beutinger als neuen Oberbürgermeister ein.

14. April. Erste Brotausgabe durch Bäckereien und Konsumverein ohne Marken.

16. April. Anschlag einer amerikanischen Proklamation „Ruhe und Anstand wahren!“ Die Ausgehzeit wird auf 7 bis 9 Uhr und auf 15 bis 17 Uhr festgesetzt.

20. April. Die Ausgehzeit wird von 7 bis 18 Uhr verlängert.

Ende April. Auf dem Gelände in und um den VfR-Platz werden Zehntausende von deutschen Kriegsgefangenen gesammelt, die dort tage- und nächtelang im Schlamm stehen müssen.

2. Mai. Freigabe der amerikanischen Pontonbrücke über den Neckar für den zivilen Fahrzeugverkehr in beschränktem Umfang.

5. Mai. Nachmittags brennt erstmals wieder das elektrische Licht, soweit die Leitungen noch intakt sind.

6. Mai. Gründung des Gewerkschaftsbundes im Konsum durch einige alte Funktionäre.

8. Mai. Waffenstillstand. Die furchtbare „Bilanz“: Bei den Luftangriffen auf Heilbronn kamen 7071 Kinder, Frauen und Männer ums Leben, bei den Kampfhandlungen um Heilbronn 67 Zivilpersonen. Von rund 26 000 Wohnungen waren nur noch 5295 (20 Prozent) völlig unbeschädigt, 13 424 (über 50 Prozent) waren total zerstört.

9. Mai. Wiedereinführung der Lebensmittelkartenbewirtschaftung.

10. Mai. Die Ausgehzeit wird von 6 bis 20.30 Uhr ausgedehnt. Aufruf des Oberbürgermeisters an die Bevölkerung, die aus den Lagern gestohlenen Lebensmittel und Waren wieder zurückzugeben.

8. Juni. Erste Umbenennungen von Straßen.

11. Juli. Die Stadt wird zum Zuzugssperrgebiet erklärt, da die erhaltenen Wohnungen bereits überbelegt sind.

Öffnung des Lagers Wiesengrund

Wendelgard von Staden

Ihre Erinnerungen tragen den Titel „Nacht über dem Tal. Eine Jugend in Deutschland" (1979). Die Autorin, eine geborene von Neurath, kehrte nach dem Abitur, 1943, auf das Gut ihrer Eltern zurück. In einem abgeschirmten Tal ganz in der Nähe wurde ein Konzentrationslager errichtet. Zusammen mit ihrer Mutter versucht sie, den halbverhungerten Juden aus dem Osten zu helfen. Im Frühjahr 1945 besetzen die Franzosen den Ort. Am 18. April berichtet die französische Soldatenzeitung „Patrie" über das Lager Wiesengrund:

„*Hier in diesem Lager gibt es keine Verbrennungsöfen, keine Gaskammern. Hier gibt es ganz einfach nur den Tod, den Tod durch Unterernährung zum Beispiel, durch Tuberkulose oder Fleckfieber. Ursprünglich war das Lager in Vaihingen ein Konzentrationslager für die polnischen Juden aus Radom. Beim Rückzug im Oktober 1944 mußten die Deutschen jedoch eine große Anzahl der Gefangenen evakuieren. So wurde das Lager Wiesengrund errichtet. Hierher schickte man alle jene Gefangenen, die zu schwach oder durch Krankheit arbeitsunfähig waren. Aus ganz Deutschland kamen sie: von Neckarelz, von Trier, von Dachau. Es waren bis zu zweitausendvierhundert Franzosen, Polen, Rumänen, Russen. Ohne Öfen, ohne Decken, nackt unter der Gefangenen-Uniform. Während des letzten Winters schliefen sie zu zweit auf einer Pritsche, um sich warm zu halten, bedeckt mit Ungeziefer. Unzählige starben an Ruhr, an blutiger Darmentzündung, an Unterernährung und an Tuberkulose. Dreißig Tote täglich. Zu alldem brach im Januar eine Fleckfieber-Epidemie aus... Zweitausend Tote wurden in den Gruben um das Lager herum begraben. Die, die überlebten, mußten arbeiten, überwacht teils von deutschen SS-Wachen, teils von französischen Milizen.*
Eintausenddreihundert Gefangene blieben am 1. April zurück. Die französischen Truppen rückten näher, und die Deutschen evakuierten alle jene, die marschfähig waren, ungefähr sechshundert. Sechshundertachtzig wurden nun befreit. Tagelang schon hatten sie nichts mehr gegessen."

Die Zeitung fanden wir in unserem Haus. Und wir sahen dort die Bilder von den Häftlingen. Wir hatten viel vom Lager gewußt. Aber wie es in seiner ganzen Wirklichkeit war, das hatten selbst wir nicht einmal geahnt. Die Franzosen hatten das Lager geöffnet. Sie hatten einfach die Tore aufgeschlossen, die verbliebenen SS-Wachen erschossen oder gefangengenommen. Vom Lager setzte sich nun ein Zug in Bewegung: Todkranke, sterbende, schwankende, kriechende Menschen kamen den Weg hinauf zum Hof vom Hermann Schneider und die Dorfstraße hinunter. Zum Wirtshaus Zur Krone und in das Haus vom Bausch. In die Bäckerei und in den Hof.

Überallhin bewegten sich die dürren Gestalten, barfuß oder in den schlurfenden Holzstiefeln, mit den grünen Gesichtern und glasigen Augen, bedeckt mit Wunden und von Läusen geplagt. Hätte ich es nicht mit eigenen Augen gesehen – wie sie am Wegrand liegenblieben und starben, wie sie versuchten, Hühner zu erhaschen, hinfielen und nicht mehr hochkamen, wie sie sich mit den Würsten aus den Speisekammern der Bauern auf die Straße setzten und sie aßen, wie sie sich Sonntagsanzüge überzerrten und die Zylinder aufsetzten – hätte ich das alles nicht selbst gesehen, ich würde es keinem glauben, der es mir erzählte. Wie aus Dantes Inferno, wie der Zug der Lemuren, waren diese ersten Schritte der verbliebenen Insassen des Lagers Wiesengrund in die Freiheit.

Einige saßen auf dem Misthaufen beim Pferdestall und versuchten gemeinsam, ein Huhn zu rupfen. Einer fuhr auf einem Kinderfahrrad und fiel immer wieder hin. Aber mit zäher Geduld stieg er wieder auf den viel zu tief sitzenden Sattel. Welche krochen ins Göppelhaus, wo die Kartoffeln lagerten, und aßen sie roh. Andere legten sich von Schwäche übermannt in die Betten der Bauern. Und wieder andere wanden sich in Magenkrämpfen vor der Mauer am Kirchgarten. Manche starben lächelnd, weil sie seit Jahren zum ersten Mal wieder den Magen gefüllt hatten. Sie waren freundlich, nein, sie waren gar nichts zu den Deutschen des Dorfes. Mit ihren eingefallenen Gesichtern, die Totenköpfen glichen, versuchten sie zu essen, etwas anzuziehen oder einfach nur umherzulaufen. Sie krochen zwischen den verängstigten Dorfbewohnern herum, die sich in einer Stube ihrer Häuser zusammengedrängt hatten oder noch in den Kellern saßen. Sie krochen über umgestürzte Truhen und am Boden zertrampelte Habseligkeiten.

Mit schweigender Verzweiflung sah meine Mutter zu: „Sie müssen doch ärztliche Hilfe bringen. Sie können das doch nicht einfach so lassen!" Das Wasser war bereits unsauber geworden. Man wurde gewarnt, davon zu trinken. Im Dorf brach Typhus aus. Tagsüber war es sehr warm und trocken. Die Gefahr einer Seuche wurde immer größer. Die Frühjahrssonne schien heiß und golden. Überall blühte es. Doch zwischen Himmel und Erde bestand kein Zusammenhang mehr. [...]

Drei Tage nach Öffnung des Lagers, als der Weg hinunter zum Steinbruch von toten Häftlingen gesäumt war, sie in Bauernbetten starben und noch immer keine ärztliche Hilfe von den Franzosen geleistet wurde, ging meine Mutter noch einmal zu dem Offizier. Derselbe junge Leutnant mit den braunen Augen ließ uns eintreten. Der elegante Offizier stand wieder hinter dem Schreibtisch auf. Er sah müde aus. Als wir eintraten, griff er nach einem Stöckchen. Meine Mutter erklärte, daß dringend etwas geschehen müsse. Fieber griffe um sich und die Häftlinge stürben wie die Fliegen. Wir Deutschen könnten nichts tun. Leise flehte sie ihn an: „Mein Herr, ich bitte Sie von ganzem Herzen, retten Sie doch diese Menschen." Der Offizier neigte seinen Kopf etwas zur Seite und sah uns aus dunklen, schmalen Augen an: „Es seid doch ihr gewesen, ihr Deutschen, die solche brutale Schweinerei begangen habt. Lassen Sie mich doch in Ruhe, Madame." Damit ging er zur Tür, riß sie auf und deutete mit dem Stöckchen, dessen Silberknauf in der Sonne blitzte, zur Straße. Doch er sprang mit einem Satz zurück. Auf der Schwelle, direkt vor seiner Tür, kniete ein Häftling. Bis hierher war er gekrochen. Die Ordonnanzen hatten ihn nicht gesehen. Er hob das Gesicht zu uns, die wir hinausgehen wollten. Ein Gesicht, das einem Totenkopf glich, mit Wunden überdeckt. Er bewegte lautlos die Lippen. Wir starrten auf die Gestalt. Sie hob die Hände flehend zu uns auf und sank dann in sich zusammen. Meine Mutter drehte sich nach dem Offizier um. Es fiel kein Wort. Aber in ihren Augen lagen Wut und Verzweiflung. Wortlos stiegen wir über den zusammengesunkenen Häftling und gingen zur Straße.

Kurz danach fuhren Lastwagen durch das Dorf. Die Häftlinge wurden eingesammelt. Wie Säcke wurden sie von den Soldaten gepackt und auf die Wagen geworfen. Einen über den anderen. Stöhnend, fluchend, sterbend wurden sie zurück in das Lager Wiesengrund transportiert. Die Soldaten zerrten sie aus allen Ecken, allen Häusern und Betten. Barfuß oder mit einem Schuh, mit einer Jacke oder einer Hose von einem Bauern an, wurden sie ins Lager zurückgebracht. Dann wurden die Tore wieder verschlossen.

Der Kommandeur der Truppen im Ort gab dem Bürgermeister den Befehl, für das Lager sofort Verpflegung aufzubringen. Zwei Unteroffiziere erschienen bei uns, um meine Mutter als Dolmetscherin mitzunehmen. Der Bürgermeister würde erschossen werden, wenn er nicht in den nächsten Stunden Verpflegung für sechshundert Menschen ins Lager schaffen ließe.

Über die Sache hat meine Mutter folgende Aufzeichnung hinterlassen:

„Die Franzosen brachten den Bürgermeister und mich in einem Auto zum Lager. Dort, wo als Absperrung die Schranke über den Feldweg gezogen war, wo das Schilderhaus für die Posten stand, ließen sie uns aussteigen. Die Offiziere führten uns einen kleinen ausgetretenen Pfad hinauf zur Lehmgrube. Dort sahen wir die Wirklichkeit des Lagers Wiesengrund. Die Offiziere zogen vor den Toten in der Grube ihre Mützen und standen schweigend davor. Dann sagte einer zu uns: ‚Für diese Heldentaten ist Ihr Volk verantwortlich.‘

Sie führten uns zurück zum Lagerzaun, vor dessen Tor Posten mit aufgepflanztem Bajonett standen. Plötzlich stürzte ein großer Häftling an den Zaun, riß an den Gittern und brüllte: ‚Verbrannte, vergaste Familien. Das habt ihr getan. Mit meinen Händen werde ich euch zerreißen. Auch mein kleiner Sohn! Drei Jahre war er alt. Meine Mutter. Meine Frau. Alle habt ihr getötet.‘ Der Offizier sah uns an. Er sagte kein Wort.

Wir versuchten, die Verpflegung für das Lager zu beschaffen. Der Bürgermeister sollte alle Deutsche im Dorf für diese Arbeit holen. Aber es schien fast unmöglich, genügend Helfer zu finden. Die Frauen und Mädchen hielten sich noch immer in den Stollen versteckt. Ich bat die Polen und die Russen, mit uns zu kommen. Sie saßen in ihren Unterkünften mit den marokkanischen Soldaten zusammen. Der Rotwein floß in Strömen. Erst zögerten sie, meiner Bitte nachzukommen. Aber dann standen sie doch auf und halfen.

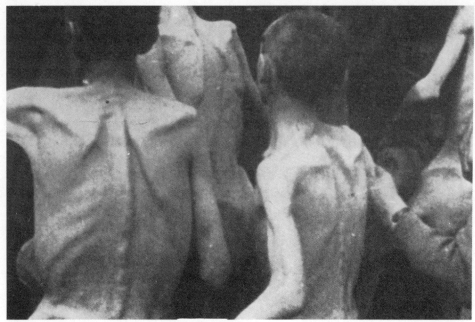

Ein Archivbild aus dem Konzentrationslager Dachau. Die Häftlinge bekamen dort als Verpflegung
morgens: ½ Liter Ersatzkaffee
350 g Brot als Tagesration
mittags: 6mal wöchentlich 1 Liter Rüben- oder Weißkohlsuppe
1mal wöchentlich 1 Liter Nudelsuppe
abends: 4mal wöchentlich 20 bis 23 g Wurst oder Käse und ¾ Liter Tee
3mal wöchentlich 1 Liter Suppe.

Eine Frau kam weinend mit der Nachricht, daß sich dreißig Soldaten in ihrem Haus eines Mädchens bemächtigt hätten. Ich bat den Offizier, er möge eingreifen. Und er ging mit mir zu dem Haus. Auf der Treppe drängten sich Soldaten. Als sie uns kommen sahen, flüchteten sie durch Türen und Fenster. Es war eine sehr fromme Familie. In der kleinen Wohnstube hingen Bibelsprüche an der Wand. Verstört und zersaust, die Kleider halb vom Leib gerissen und nur notdürftig in einen Mantel gehüllt, brachte ich die Frauen in unser Haus. Das Grauen stand noch in ihren Augen. Aber sie kamen mit zum Wiesengrund, um das Essen zuzubereiten!"

Alle männlichen Einwohner wurden verpflichtet, beim Abtransport der Lagerinsassen in Krankenhäuser und Sanatorien zu helfen. Sie kamen abends zurück voller Entsetzen über das, was sie gesehen hatten: „Die Kranken auf den nackten Pritschen, die wenigen Decken", so erzählten sie, „sind fortgelaufen vor lauter Läusen. Die Wanzen haben die Läuse gefressen. So etwas hat der liebe Herrgott noch net gesehen. Wir haben die Toten in das Loch tragen müssen. Leicht sind sie gewesen, nix mehr dran. Und jetzt kommen wir in das Lager." Das glaubten wir alle.

Wir waren sicher, daß die Franzosen das ganze Dorf in die Baracken sperren und den Stacheldraht hinter uns schließen würden.

Doch die Franzosen zündeten die Baracken an. Mit dickem Qualm brannten sie nieder, ein paar Tage und Nächte lang. Das ganze Dorf atmete auf. Das Täle war wieder frei. Lediglich verkohlte Balken lagen noch auf der Wiese. Auf der früheren Lehmgrube wurde ein Kreuz errichtet für die zweieinhalbtausend, die dort begraben lagen und deren Namen man nicht kannte.

Im Sommer blühte im ganzen Täle der rote Mohn. Er blühte dort nur dieses eine Jahr.

Wenn der Himmel Papier
und alle Meere Tinte wären,
könnte ich mein Leid
und das Leid um mich herum
nicht beschreiben.

Chaim, 14 Jahre
(ermordet in einem KZ)

Das Wort „Frieden" kommt mir ganz komisch vor

Frank Baer, Jahrgang 1938

In den letzten Kriegsmonaten brach die Ostfront zusammen, die Kinderlandverschickungs-lager (siehe S. 161) in Westpolen und der Tschechoslowakei mußten überstürzt geräumt werden. Klassen wurden auseinandergerissen und von ihren Lehrern getrennt, viele Schüler versuchten sich auf eigene Faust nach Hause durchzuschlagen. – Der Roman „Die Magermilchbande" (1979) erzählt – auf Tatsachen gestützt – die Abenteuer einer Handvoll Berliner Kinder, die zunächst im Bayerischen Wald landeten. Das Mädchentagebuch von Frau Marga Ullrich diente dem Autor als Vorlage für Billes Eintragungen:

Sonntag, den 29. April 1945. Nun hängen wir schon seit 5 Tagen hier in Königshütt herum. Zu 20 hausen wir in der eiskalten Scheune, alle guten Geister haben uns verlassen, die anderen wohnen wenigstens in der Schule, aber hier zieht es ja wie Hechtsuppe. Augenblicklich sitze ich auf einem Blechsitz auf einer Maschine. Mit Susi hab ich Kartoffeln gebettelt, sie roh reingeschnitten in eine Büchse, bißchen Fett rein und am Feuer gebraten. Es schmeckt. Das Fett hat die Schneekuh [ihre Geschichtslehrerin] organisiert, wenn wir die nicht hätten, wären wir längst verhungert.
Vor zwei Tagen kamen die Amis. Abends standen sie in der Scheunentür. Wir haben uns gleich ganz fest an den Händen gefaßt und eine Kette gemacht, daß sie nicht eine rausziehen konnten, aber sie haben nur gelacht. Sie sehen auch nicht anders aus als wir. Auf dem Helm haben sie in klein ihre Fahne mit den Sternchen gemalt und darüber ein Netz. Zwei Neger waren auch dabei, huch schrecklich. Gestern abend haben wir ihnen Lieder vorgesungen und bekamen Schokolade und „chewing gum".

Mittwoch, den 2. Mai 1945. Draußen ist ein richtiger Schneesturm und in meinem Bauch ist auch Sturm. Gestern hab ich mit Schwettchen die letzte Büchse Fleisch heimlich gegessen, Kartoffeln zerdrückt und das Büchsenfleisch rein und viel Brennesseln dazu und Salz, wir konnten schon nicht mehr, den Rest mußte ich mir richtig reinekeln. Das hab ich jetzt davon, dauernd muß ich raus. Vorhin kam Frau Gschwentner, die Bäuerin, und sagte, daß der Führer am 30. April seinen „Verwundungen" erlegen ist. Zum Abendessen gab's ein Ei und eine Stulle, aber bei mir geht ja zur Zeit sowieso alles durch wie warmes Wasser.

Donnerstag, den 10. Mai 1945. Das Wichtigste, das geschehen ist, ist wohl, daß „Friede" ist. Vorgestern nacht ist er ausgebrochen. Das Wort „Frieden" kommt mir ganz komisch vor. Jetzt können einem die Flugzeuge nichts mehr tun, verdunkeln braucht man auch nicht mehr. Ob wir bald wieder Schokolade und Kleidung kriegen? Die Schneekuh kam gestern noch und erzählte, daß die Berliner alle aus den Häusern gekommen wären und sich vor Freude umarmt hätten. Ob meine Lieben auch dabei waren? Sie sagte auch, daß Berlin ganz von den Russen erobert worden wäre, alles wäre zerstört, am schlimmsten wäre es im Osten, zum Glück wohnen wir im Westen. Die Bevölkerung soll sich in den Vororten aufhalten, da sind die Meinen sicher zu Tante Lucie gezogen und wohnen im Gartenhaus. Die Schneekuh wollte noch mehr erzählen, aber da kam Marianne [die ehemalige Lagermädelschaftsführerin] und fletzte sich so hin und da ging sie leider raus.

Sonnabend, den 12. Mai 1945. Heute ist wieder eine Bullenhitze. Die Schneekuh sagte heute morgen, wenn wir Weihnachten zu Hause wären, könnten wir froh sein. Das mache ich aber nicht mit, da türme ich. Ich bin alleine in der Werkstatt, die anderen sind alle beim Essen. Hoffentlich wird mein Magen bald besser.
Puh, war das eben ein Schreck. Ich habe mir am Bach meinen Kopf gewaschen (nach 7 Wochen!) und hab mich auf die Wiese gelegt zum Trocknen und das Hemd halb hoch, um schön braun zu werden. Auf einmal kommt ein amerikanischer Panzer. Ich kuck mich um, da winken sie: „Hallo Baby!" Ich denke: „Ihr Idioten!" und leg mich wieder hin. Aber der Panzer fährt nicht ab. Da zieh ich vorsichtshalber meine Strickjacke an, und da kommt auch schon die ganze Besatzung runter. Dann unterhielten wir uns auf englisch. „What an age are you?" meinte einer. Dreimal mußte ich fragen, dann kapierte ich erst. Sie quatschen schrecklich schnell.
Eben kam nochmal eine Korona in die Werkstatt rein. Es ist furchtbar, nirgends ist man sicher vor den „soldiers". Ich hab sie gefragt, ob sie was zu essen bringen können. Ja, sie wollen demnächst was bringen. Tolle Masche, was?

Montag, den 14. Mai 1945. Die „armies" haben wirklich was zu Essen gebracht, eine Büchse „Schinken mit Eier", eine Büchse Tomaten, eine Büchse Käse und Fleisch lose und Kekse und Brause, wir haben alles geteilt. Zeitungen brachten sie auch, „Frankfurter Neue Presse", was da so alles drinsteht, Junge, Junge. Auch Fotos haben sie uns gezeigt, haufenweise Leichen wie Gerippe so dünn. Ganz schrecklich. Wenn ich denke, daß Onkel Herbert auch im KZ war, du lieber Gott. Abends hat uns Marianne eine Standpauke gehalten. Wir sollen die „armies" nicht beachten, auch sagte sie, daß die Fotos nur Propaganda wären und vielleicht in Dresden geknipst nach der Bombardierung. Dann fing sie wieder mit ihrer alten Leidensgeschichte an, daß sie ihrer Mutter in Ostpreußen nicht mal ein paar Blumen aufs Grab legen kann und mit ihrem Nationalsozialismus. Wenn ich an Marianne denke, wird mir schlecht.

Dienstag, den 15. Mai 1945. Gestern sind drei aus der Fünften abgehauen. Wenn ich das gewußt hätte, wäre ich mitgegangen.

Freitag, den 18. Mai 1945. Zu abend gab's wieder nur eine Kelle Mehlsuppe und ein Mohnblatt von Stulle, davon soll man satt werden. Danach kam die Schneekuh und meinte, wir sollen es uns durch den Kopf gehen lassen, was wir einmal werden wollen.

Sie meinte, früher war es ja meistens so, daß wenn ein Mädchen aus der Schule kam, irgendeinen Beruf nahm und dann nach fünf Jahren heiratete, aber jetzt wäre es anders geworden. Wir müßten einen praktischen Beruf ergreifen, wo wir, wenn Not kommt, auch Geld verdienen können. Jetzt brauchen sie wieder Aufbaukräfte, und die Tüchtigsten sind dann am besten dran. Meine einzige Sorge ist: Ich weiß nicht, was ich werden will. Ich will dasselbe werden wie Inge. Aber was will Inge werden? Vielleicht Apothekerin wie Ulla? Aber das ganze Leben lang immer dasselbe? Ich weiß auch nicht recht.

Gestern sind schon wieder drei bei Nacht und Nebel abgehauen.

Samstag, den 19. Mai 1945. Heute hatte ich Küchendienst. Bin endlich wieder mal satt geworden. Die andern klauen ja auch, ist ja der Zweck der Sache.

Marianne schimpfte, wir sollen nicht mit den Amis über Politik quatschen. Eine hätte gesagt: „Hitler ist ein Mörder", und dabei schaute sie mich so komisch an, dabei hat keine von uns was gesagt, ich möchte bloß wissen, wer die blöde Petze ist, die alles weitertratscht. Wenn ich nur erst aus dem Betrieb hier raus wäre, es ist ekelhaft.

Draußen ruft der Negus schon wieder sein „Juchhu", das er so gut kann. 19 ist er erst, die anderen 20. Zwei Jahre sind sie schon von zu Hause fort, naja wir auch. Sie haben Angst, daß sie nach Japan müssen, da ist der Krieg noch. Ich kann mich so darüber ärgern, daß ich nur noch so wenig zum anziehen habe. Das blaue Kleid könnte ich jetzt so gut gebrauchen. So ein Mist.

Mittwoch, den 23. Mai 1945. Wir werden jetzt überhaupt nicht mehr satt. Die Amis sind am Sonntag morgen abgehauen, und die Futterrüben, die wir uns in letzter Not immer geholt haben, sind jetzt auch alle. Sonntag war Pfingsten und Muttertag in einem, wie gern wäre ich da zu Hause gewesen.

Eben bestellte uns die Schneekuh, daß wir einzeln auf Bauernhöfe kommen sollen in ein Dorf in der Nähe. Vielleicht gibt's da mehr zu essen. Schlechter kann's auch nicht werden.

Donnerstag, den 24. Mai 1945. Es ist jetzt nachts halb 12 Uhr. Ich befinde mich augenblicklich in einer ganz enormen Stimmung. Heute war ein schicker Tag. Mittags kamen neue Amis, die zogen gleich in das Gasthaus nebenan, und am Nachmittag waren sie schon herüben. Dann ging ich abends mit Schwettchen und Susi Kartoffeln klauen. Als wir zurückkamen, machten wir absichtlich Lärm, daß die Amis herauskamen. Wir sagten ihnen, daß wir vor Hunger „potatoes" klauen müßten. Endlich gelang es uns, daß sie es verstanden. Sie meinten, wir sollten warten. Wir schüttelten unsere Kartoffeln aus den Hosenbeinen, und dann kamen sie schon mit Büchsen und Keksen, Schokolade, Klopapier, Zigaretten, Kaugummis usw. Wir teilten alles auf. Morgen paffen wir erstmals. Jetzt ade, ich muß noch auf den Eimer („mal müssen") und dann „switch out the light". –

Sonntag, den 27. Mai 1945. Kinder wie die Zeit vergeht, man kommt ja kaum zur Besinnung. Freitag sind wir also losgefahren mit drei „trucks" von den Amis. In zwei Dörfern hatten wir Pech, dann kamen wir in diesem hier an. Es heißt Schwarzbach. Hier sind wir alle untergekommen. Ich bin mit Schwettchen zusammen in einem Hof, der ein bißchen außerhalb liegt. Eine Sägemühle ist dabei. Der Sägemüller heißt Vogt, aber eigentlich ist nur seine Frau da, schon ziemlich alt. Er soll irgendwo versteckt sein, damit ihn die Amis nicht finden, weil er in der Partei war, sagt Frau Kulick. Auch sagt sie, daß er ganz wild war, als die Amis kamen, und daß ihn seine Frau gefesselt hat, damit er nicht gegen sie kämpfen konnte. Frau Kulick ist eine Evakuierte aus Leipzig. Außer ihr wohnen noch zwei Polen da, die sollen nächste Woche wegkommen, und ein alter Knecht und eine Flüchtlingsfamilie aus Pommern mit vier Kindern und noch ein Mädchen die Tilli heißt. Sie ist mit den drei Berlinern aus Kusice zusammen, die wir schon mal auf dem Marsch getroffen haben. Heute früh waren sie in der Kirche. Sie wohnen auf dem Nachbarhof. Die Schneekuh sagte, daß wir deshalb von Königshütt hierher gegangen sind, weil hier die Züge nach Berlin durchfahren. Der Bahndamm ist ganz in der Nähe. Sie sagt, der Bürgermeister von Berlin hat gesprochen, daß die KLV sofort zurück soll und die Rote Armee hat schon Wagen ausgeschickt. Na hoffentlich stimmt es.

Zurück in Deutschland
Briefe an Hermann Broch

Volkmar von Zühlsdorff

> Der Schriftsteller Hermann Broch (1886–1951) emigrierte 1938 in die USA und kehrte nicht wieder in seine Heimat Österreich zurück. Sein Briefpartner dagegen, ebenfalls Emigrant, brannte darauf, am Wiederaufbau eines demokratischen Deutschlands mitzuwirken. Zühlsdorff (geboren 1912) betrachtet die Deutschen selbst als Opfer; er möchte den skeptischen Broch davon überzeugen, daß der Nazi-Geist erloschen sei.

Bremen, 21. November 1946. . . . in Bremerhaven waren nichts als Stein- und Schutthaufen, zum Teil schon zu Erde werdend, auf denen Gräser, Disteln und ein paar Blumen wachsen. Irgendwo ragt dann ein verbogenes Stahlgerüst, ein Träger oder das Skelett eines Lifts heraus. Und darüber, das Grauen der Verwüstung nur betonend, die Zeichen weitergehenden Lebens: Nachfrage und Angebot von Habseligkeiten, Anschläge der Militärregierung, Verbote, Material aus den Trümmern zu entnehmen. Und dazwischen fahren auf den öden Straßen (die vom deutschen Arbeitsdienst vom Schutt geräumt sind) knatternde Jeeps und sonstige Vulgaritäten, auch Straßenbahnen hie und da mit Pappe statt Fensterscheiben, und Kinder spielen, wie überall. Als wir herkamen [im Oktober 1946], waren es noch ziemlich viele, die meisten barfuß. Jetzt wo ziemlicher Frost ist, sieht man immer weniger, sie müssen zu Hause bleiben, weil sie keine Schuhe haben, viele im Bett, weil es keine Kohle gibt. Das ist überhaupt das schlimmste, vielleicht noch ärger als der Hunger selbst: die Kälte, gegen die man sich nicht wehren kann und die einem unablässig Energie entzieht, die man nicht hat, weil es kein Fett gibt. (Die Fettration pro Tag und pro Person für Frühstück, Mittag- und Abendessen ist insgesamt sieben Gramm.) [. . .] Die Rationen sind so, daß die Menschen von ihrer physischen Substanz zehren und langsam verhungern – mit viel Würde und ohne großes Klagen (leider!, denn die mangelnde Dramatik scheint das etwa noch vorhandene Gewissen unserer Mitweltbürger völlig zu beruhigen), aber eben doch verhungern.

Amorbach im Odenwald, 27. Mai 1947. Sie tadeln einmal Ihre Freunde in Österreich, daß sie Ihnen über Kälte und Hunger schreiben und dafür nicht über Zerknirschung. Aber der Hunger ist so unhöflich vordringlich und nimmt die Gedanken der Menschen oft mehr in Anspruch, als der Würde zuträglich wäre. Der Wille zum Leben ist meist ungemein stark, sobald es einmal darauf ankommt. Wenn sie genug zu essen hätten, würden sie sich mehr mit psychologischen Problemen befassen und über Schuldfragen nachgrübeln, daß es eine Freude wäre. Aber so gehen sie ohnehin durch ihr Fegfeuer, und wer will sagen, daß es nicht hart genug sei? Der Prozeß der geistigen Verwandlung geht im Stillen vor sich. [. . .]

Sie fragen mich: Wo sind die Nazis? Daß die politischen und militärischen Führer zum Teil aufgehängt, zum Teil im Gefängnis sind, wissen Sie ja. Die Gruppe von Menschen, die Verbrechen begangen haben, sind oder werden vor Gericht gestellt. Drittens gibt es dann etwa 40 000, die in Lagern sitzen. Viertens einige Millionen, darunter alle Parteimitglieder, die vor die Spruchkammern kommen und Bußen erhalten oder freigesprochen werden. Aber wenn ich Sie recht verstehe, meinen Sie die alle nicht. Sie meinen jene, die keine Nazis waren, d. h. nicht in der Partei oder sonstigen nationalsozialistischen Organisationen, sondern frühere Sozialdemokraten, Deutschnationale, Zentrumsleute, was weiß ich, die an sich nichts getan haben, aber die keine Revolution gegen Hitler auf die Beine gebracht haben. Also jene breite Masse, die den Untergrund jeder Diktatur bildet, sei es in Italien, Spanien, Südamerika, in Asien oder sonstwo. Die sind einfach noch da, soweit sie nicht in Kriegsgefangenschaft sitzen oder gefallen oder umgekommen sind, und sind wieder Sozialdemokraten, Deutschnationale, Zentrumsleute usw.

Aber sie sind anders. Hitler hat auf ihnen herumgetrampelt, dann ist das Grauen des Krieges über sie hinweggegangen, die Niederlage und das Elend, das folgte, und alles das war nicht spurlos.

Völker werden ja durch die Geschichte geführt, daß sie durch das, was sie erleben und an sich erfahren, lernen, und diese unmittelbare Erfahrung ist wahrscheinlich der einzige Weg, durch den sie lernen. Ich habe mir natürlich, als ich nach Deutschland zurückkam, die Frage gestellt, ob der Nationalsozialismus, wenn die Umstände so wären, daß er noch einmal kommen könnte, eine Chance hätte. Heute bin ich zu der Überzeugung gekommen, daß er keine Hoffnung hat, am allerwenigsten unter der Jugend. Er ist erloschen und ausgebrannt, und alle Bemühungen, woher immer sie kommen, werden ihn nicht zum Leben erwecken können. Freilich, ob nicht noch einmal eine Welle über uns hinweggehen wird, die unter dem Namen Antifaschismus die Frevel des Nationalsozialismus wiederholt, das will ich nicht mit ebensolcher Gewißheit behaupten –

Das Trümmerkind

Helmut Brasch
Aus: „Ulenspiegel", Jahrgang 1, 1945/46, Heft 26

Meine Mutter sagt, es hat 'ne Zeit gegeben,
Wo die Häuser alle janz jewesen sind.
Viele Bäume standen manchmal dicht daneben,
Und im Frühjahr rauschten die dann so im Wind.

Und die Fenster hatten alle janze Scheiben –
Mutter liegt schon lange in de Charité[1].
Wie se wegjing, sagte se, ich soll ehrlich bleiben.
Vater ham se abjeholt nach Plötzensee[2].

Ehrlich bin ich ja soweit bisher jeblieben,
Nur die Strümpfe hab ick mir orjanisiert.
Doch auch dazu hat mir nur die Not jetrieben,
Und ick hab mir vor mir selbst dabei geniert.

Oskar handelt jetzt mit Amischokolade,
Davon habe ick noch keene abjekricht,
Und ick traue mir nich an die Nachttischlade,
Wo doch da ein janzer Kasten davon liegt...

Uff'n Hof, da hinten, bei die morschen Planken,
Steht Herr Dünnebier, der war in die Partei,
Und er wird sich mit Frau Olga Zielke zanken,
Denn er sagt, die olle Kuh war ooch dabei.

Hier bei uns zu Haus is keener bei jewesen,
Vater war schon immer alter Demokrat.
Trotzdem ham se alle den VB[3] jelesen,
Weil's die andren Blätter nich jejeben hat.

---

1 Bekanntes Berliner Krankenhaus.
2 Strafanstalt in Berlin-Charlottenburg; dort wurden die Widerstandskämpfer nach dem 20. Juli 1944 hingerichtet.
3 „Völkischer Beobachter"; 1920–1945 das Zentralorgan der NSDAP.

Manchmal hör ick so die alten Leute flennen:
„Ach, wie rosenrot war doch die Jugendzeit!"
Is man jut, daß wir es jar nich anders kennen,
Kommt man wenijstens nicht in Verlegenheit.

Na, nun will ich aber mal nach Hause wandern,
Sonst frißt Oskar det Jemüse janz alleen,
Denn der denkt ja meist nicht jerne an die andern,
Und heut abend muß ick noch nach Hering stehn.

Trümmerjugend.

Einer muß es doch tun

Skizze von einer Reise in die östliche Zone

Hans Werner Richter, Jahrgang 1908

Aus: „Der Ruf", Heft 1, 15. August 1946

> *Die Zeitschrift „Der Ruf. Unabhängige Blätter der jungen Generation" erschien in München, herausgegeben von Alfred Andersch (1914–1980) und H. W. Richter, dem Begründer der literarischen „Gruppe 47". Sie war politisch, warb für ein „vereintes sozialistisches Europa" und wandte sich gegen jede Kollektivschuld. Im April 1947 wurde „Der Ruf" von der amerikanischen Militärregierung verboten.*

Der Zug nach Berlin braucht sieben Stunden. In meinem Abteil sitzt eine Herde von Halbwüchsigen. Sie sind schlecht gekleidet und sehen verwahrlost aus. Die Säcke, die sie bei sich führen, haben sie voller Zucker, Kartoffeln und anderer Waren. Sie sind, wie ich im Verlauf ihrer eigenen Unterhaltung erfahre, nirgends gemeldet, gelten als tot und treiben Schwarzhandel von der Grenze bis nach Berlin. Sie sitzen alle auf ihren Bänken, schlafen oder unterhalten sich. Die Frauen stehen, aber keiner der Halbwüchsigen erhebt sich während der sieben Stunden, um ihnen Platz zu machen. Plötzlich entsteht ein Gespräch um den U-Boot-Krieg, dann um den Luftkrieg. Alle sprechen sehr sachkundig, durcheinander. Namen wie Mölders, Prien und Udet fallen. Jeder weiß alles besser als der andere. Eine junge Frau, die am Fenster steht, sagt: „Wissen Sie, mein Mann war Oberleutnant, und der meint..." – Sie wird von einer tiefen und verschlafenen Stimme aus einer Ecke unterbrochen: „Mensch, sagen Sie bloß keinem, daß Ihr Mann Offizier war. Von denen haben wird gerade genug." Darauf erhebt sich ein wilder Streit über den Wert der Offiziere. Ich blicke zum Fenster hinaus. Die ersten Laubenkolonien am Rande Berlins fliegen vorbei. Ich habe Berlin sechs Jahre nicht gesehen. Nun will das merkwürdige, ängstliche und einengende Gefühl des Heimkehrenden in mir aufsteigen. Der Zug fährt langsam aus Charlottenburg hinaus. Wie ein zerbeultes, zerbrochenes Spielzeug blickt der Turm der Gedächtniskirche herüber. Die Wilhelmshallen, der Gloriapalast, das Capitol, sie alle wirken nur noch wie aus Baukästen gebaute und von einem Riesengott nachlässig zertretene Kinderbauwerke. Dahinter erscheinen die letzten Bäume des Tiergartens, einsam, verlassen, und dann Ruine an Ruine. Ich versuche ein schmerzliches Gefühl von Erinnerung und Wehmut zu unterdrücken. Am Bahnhof Friedrichstraße steige ich aus. Die U-Bahn bringt mich hinaus nach Wilmersdorf. Am Abend sitze ich im Kreis früherer Freunde. Sie sind alle aus russischer, französischer, amerikanischer Kriegsgefangenschaft zurückgekehrt. Sie haben oft von diesem ersten Wiedersehen nach dem Krieg geschrieben und gesprochen. Nun ist es soweit. Nun wird nur wenig gesprochen, sehr wenig. Einer sagt etwas über die Aufgaben der jungen Generation, von den sozialistischen Aufgaben, die auf uns warten und auf die wir jahrelang gewartet haben. Alle lächeln resigniert. Es entspinnt sich eine Diskussion, ob es Zweck habe, mitzuarbeiten, oder ob es nicht besser sei, abseits zu stehen und zu warten, bis die ersten Garnituren gegangen wären. Dann sagt einer, es ist der Jüngste unter ihnen: „Was wollt ihr eigentlich? Einer muß es doch tun. Wenn nun jeder so denken würde, wenn jeder davonlaufen wollte, nur weil ihm dies und jenes nicht gefällt! Wer sollte es denn tun und wer wird es tun? Die Schlechtesten, die Korrupten, kurz die Minderwertigsten! – Ich habe das Gefühl, das alles schon einmal gehört zu haben. Vor fünf, zehn, zwölf Jahren. Es ist schon so lange her!"

Tauschhandel und Schwarzer Markt blühten in den ersten Nachkriegsjahren – im Westen wie im Osten. Kinder und Jugendliche betrieben dieses Geschäft als höheres Indianerspiel und standen den Erwachsenen an Gerissenheit kaum nach. Geld war nichts wert, Sachwerte zählten; man sprach von der „Zigarettenwährung". – Plakat aus dem Museum für Deutsche Geschichte in Ost-Berlin.

Warum
schweigt die junge Generation?

Hans Werner Richter
Aus: „Der Ruf", Heft 2, 1. September 1946

Selten in der Geschichte eines Landes, das einen Krieg und mehr als einen Krieg
verlor, hat sich eine derartige geistige Kluft zwischen zwei Generationen aufgetan
wie heute in Deutschland. In Deutschland redet eine Generation, und in Deutschland schweigt eine Generation. Und während die eine sich immer mehr in das
öffentliche Gespräch hineinflüchtet, während sie, gleichsam in eine Wolke von
bußfertigem Weihrauch gehüllt, in die beruhigenden Schatten der Vergangenheit
flieht, versinkt die andere immer mehr für das öffentliche Leben in ein düsteres,
nebelhaftes Schweigen. Spricht die eine, die ältere Generation, der anderen, ihr
nachfolgenden, jede geistige und sittliche Fähigkeit mit professoraler Selbstver-
ständlichkeit ab, so sieht die jüngere nur mit erstaunter Gleichgültigkeit diesem
seltsamen Gebaren zu und schweigt.

Schweigt diese Generation, weil sie unfähig ist zu sprechen, schweigt sie, weil sie die
Feder und das Wort nicht so geschliffen zu führen vermag wie jene, die aus den
Hörsälen heraus- oder in sie hineingetreten sind, um mit dem Wort das Wort zu
erschlagen? Ist diese Generation noch mit Gedankengängen belastet, die „denazifi-
ziert" werden müssen, oder hält sie noch immer die Handgranate geistig in der
Hand, die sie gestern zu entsichern gezwungen wurde?

Eine Generation schweigt! Sie schweigt, weil man sie nicht verstehen will; sie
schweigt, weil sie nicht verstehen kann. Zwischen dem Nichtverstehenwollen und
dem Nichtverstehenkönnen liegt eine Welt, liegt das Erlebnis, liegt der Krieg, liegt
jene vom Grauen umwitterte Frage nach der brüchig gewordenen Existenz des
Menschen, die aus der Erfahrung lebendig geworden ist und die in der zweiten
Hälfte dieses Jahrhunderts alle geistigen Bindungen des Abendlandes erneut in Fluß
zu bringen scheint.

Der Mensch, der junge Mensch, der zwischen diesen beiden Kriegen aufgewachsen
ist, der durch ein Inferno der Not, des Hasses, der Leidenschaft, der Begeisterung
und des Rausches schritt, der Jahre der Einsamkeit und der geistigen Einengung auf
den Kasernenhöfen ertrug und der schließlich durch die Hölle des Krieges, durch
den Todestaumel der Front und durch die seelische Abgeschiedenheit der Gefange-
nenlager ging, er hat sich gewandelt. Er ist zutiefst in seinen seelischen Bindungen
erschüttert worden. Er hat immer an der äußeren Grenze der menschlichen Existenz
gelebt, dort, wo das Pendel des Lebens nicht in der Mitte ruht, sondern wohin es

194

ausschlägt, wenn es in fortwährender Bewegung ist, in der Nähe des Hasses, in der Nähe brausender Begeisterung, in der Nähe des Todes.

An dieser äußersten Grenze der menschlichen Existenz ist das Erlebnis ein anderes, gewinnt es tiefere und größere Bedeutung, gräbt es sich in das seelische Sein des Menschen ein und formt und gestaltet ihn nach seinem Gesetz. Zugleich schleudert es ihn, der in den festgefügten ethischen, moralischen und geistigen Werten eines vergangenen Jahrhunderts ruht, aus diesen heraus, und gleich einer Landschaft, die, vom Blitz erhellt, unter einer regenschwangeren Gewitterwand sich duckt, erscheint ihm die menschliche Gesellschaft im Zwielicht irrationaler Kräfte und Mächte.

Der Mensch, gestern noch der Herr der Schöpfung, ist dem Menschen fragwürdig geworden. Seine Existenz ist zutiefst bedroht. Sein Bild, errichtet durch die Arbeit der Jahrhunderte, sinkt zu dem Transparent herab, das von Schlagworten gekennzeichnet ist. Das Bild selbst zerfällt, zerfällt vor dem grauenvollen Erlebnis dieser Zeit, das von der Inquisition bis zum Fronterlebnis, vom Konzentrationslager bis zum Galgen reicht. Über diesen immer noch andauernden Zerfall eines wohlgeordneten menschlichen Bildes können auch die schönsten Professorenreden nicht hinwegtäuschen.

Das aber ist das Erlebnis dieser jungen Generation, die in diese Welt hineinwuchs, die in ihr sich kämpfend zu bewähren suchte, die Niederlage nach Niederlage erlitt, ganz gleich ob als Hasser oder als Bewunderer eines vulkanischen politischen Ausbruchs, die ihren Glauben zusammenbrechen sah, wo immer sie auch geglaubt haben mag, und die nun schweigend eine unendliche Flut von wohlgemeinten Reden über sich ergehen lassen muß.

Ja, diese Generation schweigt, aber sie schweigt nicht, weil sie etwa zu ratlos wäre, sie schweigt nicht, weil sie nichts zu sagen hätte oder die Worte nicht fände, die notwendig wären, um das zu sagen, was gesagt werden muß. Sie schweigt aus dem sicheren Gefühl heraus, daß die Diskrepanz zwischen der bedrohten menschlichen Existenz und der geruhsamen Problematik jener älteren Generation, die aus ihrem olympischen Schweigen nach zwölf Jahren heraustrat, zu groß ist, um überbrückbar zu sein. Sie weiß, daß jenes Bild des Menschen, das die ältere Generation von ihren Vorvätern ererbt hat und das sie nun wieder errichten möchte, nicht mehr aufgebaut werden kann. Sie weiß, daß dieses Bild endgültig zerstört ist. Sie weiß es vielleicht nur intuitiv, aber sie weiß es.

Aus der Perspektive dieses intuitiven Wissens heraus gewinnen die Dinge des menschlichen Lebens ein anderes Gesicht, werden sie dem äußeren Bild jener Landschaft adäquat, deren Profil von den Ruinen und Trümmern der großen Städte gezeichnet ist. Der moralische, geistige und sittliche Trümmerhaufen, den ihr eine wahrhaft „verlorene" Generation zurückgelassen hat, wächst ins Unermeßliche und erscheint größer als jener real sichtbare. Vor dem rauchgeschwärzten Bild dieser abendländischen Ruinenlandschaft, in der der Mensch taumelnd und gelöst aus allen überkommen Bindungen irrt, verblassen alle Wertmaßstäbe der Vergangenheit. Jede Anknüpfungsmöglichkeit nach hinten, jeder Versuch, dort wieder zu beginnen, wo 1933 eine ältere Generation ihre kontinuierliche Entwicklungslaufbahn verließ, um vor einem irrationalen Abenteuer zu kapitulieren, wirkt angesichts dieses Bildes wie eine Paradoxie.

Aus der Verschiebung des Lebensgefühls, aus der Gewalt der Erlebnisse, die der jungen Generation zuteil wurden und die sie erschütterten, erscheint ihr heute die einzige Ausgangsmöglichkeit einer geistigen Wiedergeburt in dem absoluten und radikalen Beginn von vorn zu liegen.

Generationen

Rose Ausländer, Jahrgang 1907

Wir erkennen uns nicht
zu weit zwischen uns
die Jahre

Feuer
brannte ein Loch
in die Zeit

Die Sterne
zu weit zwischen uns

Der Fixstern
kennt nur
sich selber

Deutschland, Mai 1946

Tagebuch

Max Frisch

1911 in Zürich geboren. Schweizer Staatsbürger. Schriftsteller und Architekt. In den Stücken „Nun singen sie wieder" (1945), „Als der Krieg zu Ende war" (1949) und „Andorra" (1961) setzt Frisch sich mit dem Faschismus, Antisemitismus und der schuldhaften Verstrickung in Kriegsgreuel auseinander.

Vor allem ist es natürlich das Elend, das jede Veränderung, noch wo sie möglich wäre, mehr und mehr verhindert. Wenn ich in tödlicher Lungenentzündung liege und man meldet mir, daß mein Nachbar gestorben sei, und zwar durch mein Verschulden, mag sein, ich werde es hören, ich werde die Bilder sehen, die man mir vor die Augen hält; aber es erreicht mich nicht. Die tödliche Not, die eigene, verengt mein Bewußtsein auf einen Punkt. Vielleicht sind manche Gespräche darum so schwierig; es erweist sich als unmenschlich, wenn man von einem Menschen erwartet, daß er über seine eigenen Ruinen hinaussehe. Solange das Elend sie beherrscht, wie sollen sie zur Erkenntnis jenes anderen Elendes kommen, das ihr Volk über die halbe Welt gebracht hat? Ohne diese Erkenntnis jedoch, die weit über die bloße Kenntnis hinausgeht, wird sich ihre Denkart nie verwandeln; sie werden nie ein Volk unter Völkern, was unsrer Meinung nach das eigentliche Ziel ist. Für ein Volk, das nur sich selber sieht, gibt es bloß zweierlei: Weltherrschaft oder Elend. Die Weltherrschaft wurde versucht, das Elend ist da. Und daß es gerade dieses Elend ist, was eine Erlösung aus jener Denkart abermals verhindert, das als das Trostlose –.

Was geschehen müßte?

Das erste ist Nahrung, die allerdings auch bei den Siegern teilweise fehlt, und das andere, was man vorschlagen möchte, wäre die Erlaubnis für junge Deutsche, daß sie für einige Zeit in andere Länder reisen können. Viele sind zwar schon draußen gewesen; sie kennen die Normandie und den Kaukasus, aber nicht Europa; sie lernten alles nur als Sieger kennen. Jedenfalls ist es nicht möglich, daß sie in ihrem Land, selbst wenn sie das Verlangen danach haben, zu einer Übersicht gelangen können; es fehlen ihnen nicht nur die Nachrichten, es fehlt die Entfernung; sie sehen die Besatzung, deren Fehler sie als eigenes Alibi verwenden, und fast niemand, der dort lebt, entgeht diesen augenscheinlichen Verwechslungen von Ursache und Folge. Anderseits zeigt es sich fast ohne Ausnahme, daß junge Deutsche, die ein halbes oder ein ganzes Jahr in einem andern Land sind, vieles anders sehen, und sicher können es nur Deutsche sein, die es den Deutschen sagen.

Als ein Werbeargument für Rouge, Gesichtspuder und Wimperntusche führte eine Wiesbadener Firma ungeniert die Schatten der „schicksalsschweren Zeit" ins Feld. Von den Frisuren abgesehen, hätte die Zeichnung auch für die BDM-Gliederung „Glaube und Schönheit" Reklame machen können. – Diese Anzeige erschien am 4. Januar 1947 im „Spiegel".

P 2/46

Jugend und SCHÖNHEIT

Das strahlende Geschenk der Jugend, die unbewußte natürliche Schönheit, steht unter dem Schatten unserer schicksalsschweren Zeit. Nicht unbekümmert, nicht jubilierend ist das Wesen einer Jugend, die wie die unsere wissend um Sorge und Schwere vergangener und künftiger Jahre heranwächst.

Darum ist es wichtig, durch eine sorgfältig abgestimmte Körperpflege das Lebensgefühl zu steigern. Dem Wissen um Entbehrung soll sich ausgleichend gegenüberstellen die bewußte Pflege von Körper und Schönheit, um so ein wenig Lebensfreude zu vermitteln, derer wir so dringend bedürfen.

Was gehört zu einem guten Verlierer?
Klassenaufsatz, November 1947

Hans U., 16 Jahre, Schüler
(Humanistisches Gymnasium)

Eigentlich sollte doch zuerst gefragt werden: Was ist ein oder wer ist ein Verlierer?
Ist nicht der Verlierer einer, der sich selbst verloren gibt, ist also, kurz und bündig,
„verlieren" nicht etwas Individuelles? Ich glaube, daß das nicht immer so ist. Bei
dem Beispiel, das wir täglich vor Augen haben: Deutschland, ist es bestimmt nicht
so. Denn das Verlieren Deutschlands im Krieg war zweifellos abhängig von seinem
Versagen während der Zeit der Machtergreifung Hitlers, es war also ein logisches
Aufeinanderfolgen.
Für den Sport gilt: Ein guter Verlierer, der die Überwindung mit Humor hinnimmt,
wird charakterlich immer ein besserer Mensch sein als ein aufgeblasener Sieger.
Ganz bestimmt ist es bitter, wenn man nach ununterbrochenen Siegen plötzlich
überwunden wird, aber dann heißt es eben fair zu sein, und dann, beim Sport ist ja
noch nicht alles verloren, man kann durch Anstrengung noch vieles erreichen...
Nach der Schlappe macht sich der faire Sportler erneut ans Training.
Genau, oder beinahe genau dasselbe ist es nun heute in Deutschland. Wir haben
verloren, warum, habe ich schon eingangs gesagt. Nun gilt es, wieder sich erneut ans
Training zu machen, daß wir den Anschluß nicht verpassen. Nur etwas ist verschie-
den mit dem Sport: Der Sportler soll sich freuen am Sieg des anderen, das Volk aber
soll lernen aus der Niederlage. Wenn wir jetzt verbittern, werden wir nie, nie mehr
das Volk der Dichter und Denker werden, sondern ein Land der nissigen,
verbockten Spießer, die auf anfängliche Erfolge und Bluffs hereingefallen sind,
bleiben, oder wir werden zum Kolchosenstaat Rußlands herabsinken, denn vom
Elend zum Kommunismus in heutiger Form ist es nur ein Schritt. Und in dieser
Gefahr ist heute Deutschland, überall kann man die Vorboten seiner Gestalt sehen:
im Zug, in der Straßenbahn, überall. Um dieser Gefahr aber zu entgehen, müssen
wir, wohl oder übel, heute gute Verlierer sein. Wir müssen wissen, daß *wir* die
Schuld tragen am heutigen Elend, daß *wir* am heutigen Elend selber schuld sind, und
wir müssen uns nicht auf die Sieger verlassen. –
Aber, die Brecht'sche These: „Erst kommt das Fressen, dann kommt die Moral"
wird durchdringen, und unaufhaltsam wird unser Wagen, auf dem wir alle sitzen, ob
politisch Verfolgter oder Nationalsozialist, in die Tiefe rasen, und dort werden wir
alle zerschellen. Dann, in späten Jahrtausenden, wird dann ein Sänger singen von
der Sage der Deutschen, wie sie als Volk, das ähnlich den Griechen war, weil sie

nicht lernten aus der Geschichte, untergingen, ein begabtes Volk, aber oft brutal und unfair. Und spätere Geschlechter werden unsere Fehler wiederholen in neuem Kreislauf. So wird es werden, wenn wir nicht umkehren und *gute* Verlierer werden, die fair und anständig kämpfen um erneute Gleichberechtigung.

Doch ist ein Volk aus Individuen zusammengesetzt. Wenn wir alle Selbstunterricht im anständigen Verlieren nehmen und uns nicht auf fremde Hilfe verlassen, dann werden wir wieder zu einem anständigen Volk werden. Doch gehört zu diesem frischen Anfangen nach der Niederlage hauptsächlich Energie – und diese mangelt vielen.

Lektion

Arnfrid Astel, Jahrgang 1933

Ich hatte
schlechte Lehrer.

Das war
eine gute Schule.

Briefe in die Schweiz

an Onkel und Tante

Hermann K., Jahrgang 1931, Schüler

22. September 1947. Am ersten Tag nach meiner glorreichen Abfahrt von Euch möchte ich Euch noch einmal für alles vielmals danken. Es waren nicht nur in materieller Hinsicht die schönsten Ferien, die ich genossen habe. Ich glaube, daß ich auf dieser Reise sehr viel gelernt habe. Es ist doch riesig interessant, wie ein Volk jenseits der deutschen Grenze lebt. Ganz besonders hat mich das große Nationalbewußtsein beeindruckt, obwohl ich immer noch nicht weiß, ob es das Richtige ist. Eine ganze große Völkerverbindung fände ich doch noch am besten. Natürlich kein solch lässiger Verein wie die UNO oder der Völkerbund. Auch der Völkerbund hat Hitler nicht gehindert, obwohl er von mehr als einer Seite gewarnt worden war. Und das ist seine und des Auslands große Schuld. Das glaube ich, und so sehe ich die Welt an, Ihr müßt es nicht als persönliche Beleidigung auffassen.
Die Reise ging gut, und dank Eurem Proviant auch nahrhaft vonstatten. In Friedrichshafen sah ich wieder die ersten Ruinen, von denen man noch nicht sagen kann, daß neues Leben aus ihnen blüht. Es ist merkwürdig, aber die Ruinen fallen einem wieder viel mehr auf, als bei Euch die ganzen Häuser. Auch die Menschen sind so ungepflegt geworden, zerlumpt von Kopf bis zu Fuß: es ist schrecklich. Bei Euch war eben kein Krieg und kein Hitler. Wir könnten's auch so haben. Ich finde eben so schrecklich, daß anno 33 Hitler legal an die Macht kam und nicht putschte wie etwa Mussolini. Das ist einer der Hauptvorwürfe, die man gegen das deutsche Volk machen kann: Ihr habt ja Hitler selbst in den Sattel gehoben. Na ja, das gehört ja nicht her.
Es ist ganz plötzlich Herbst geworden. Ich glaube, daß es auch einen extremen Winter gibt! Man munkelt, daß wir in der Schule ¼ Jahr Kohlenferien bekommen werden, und ziemlich sicher scheint es zu sein, daß uns fleischlose Monate bevorstehen. Das ist schon allerhand, solche Aussichten!

27. Dezember 1947. Unsere Weihnachtsgeschenke waren diesmal wirklich fürstlich. Und dabei waren nicht nur die Geschenke zu bewundern, sondern die Ausdauer, mit der nach den Geschenken gefahndet wurde. Und der Ideenreichtum, der die Schenkenden „beseelte", muß man beinahe sagen, ist direkt phänomenal. Mir fällt um alles in der Welt nichts ein, ich bin ein stumpfer Mensch. Ich hätte z. B. für meine Schwestern nichts gehabt, wenn nicht zwei Tage vor dem Heiligen Abend die

Sonderzuteilung der Hooverspeisung gekommen wäre. Diese Zuteilung haben die amerikanischen Soldaten bestritten, und man muß sagen, die haben sehr nobel geschenkt. Jeder Junge bekam 2 Stangen Schokolade, 8 Bonbons, 6 Gutsle, eine Büchse Plumpudding. Das war sehr anständig.

Für den Vater habe ich eine Art Kneipzeitung gemacht, die über seine Hasenzucht handelt. Diese Hasenzucht hat sich sehr bewährt und unseren Speisezettel über Weihnachten um viel Fleisch vermehrt. Manche Leute essen aus Vorurteil kein Hasenfleisch, aber wir finden, es schmeckt wie Geflügel. Man sollte eben mal wieder eine Gans oder ein Huhn daneben verzehren können zum Vergleich. Vielleicht am nächsten Weihnachten.

8. März 1948. Schon wieder kam ein Fettpaket, Marke Margarine. Die Antwort auf solche Dinge ist dann meistens ein fröhliches Gebrutzel in der Küche, und das Gesamtergebnis sind fette Gesichter. Sie sind schon so fett, daß man sich beinahe schämt, ein solches zu haben. Es hat sich nämlich eingebürgert, daß das Loben des guten Aussehens (welch ein Satz!) als halbe Beleidigung betrachtet wird. Überhaupt scheint es aufwärts zu gehen. Die Tabakration wurde um die Hälfte erhöht, was ein großes Plus bedeutet. Die Männer bekommen jetzt im Monat 40 Zigaretten, und die Frauen 20. Das ist schnell verpufft. Der Mensch behilft sich aber und baut selber Tabak. Jeder behauptet, seiner rieche wie Amizigaretten, wenn man es aber genauer besieht, ist es ganz gemeines Kraut. Ihr könnt Euch nicht denken, was alles geraucht wird. Ich höre das immer im Zug, wie man da angibt. Der eine sagt da: „Jetzt ist meine Seegrasmatratze verbraucht, jetzt kommt das Sofa dran." Wenn er dann anfängt zu rauchen, stinkt es aber noch bedeutend übler, man könnte meinen, es sei Roßhaar. Es gibt ja dolle Sorten: die berühmte Mischung Feld, Wald und Wiese, oder Marke Bahndamm, oder Marke Handgranate – anzünden und wegwerfen.

4. April 1948. Bei uns geht eine schreckliche Grippe herum. Es ist eine richtige Epidemie, die wahrscheinlich auf die Ernährung zurückzuführen ist. Wahrscheinlich gibt es im Mai und Juni kein Fleisch, und statt Nährmitteln wird es Datteln geben. Na ja, wir haben es immer noch gut gegenüber den vielen, die seit Monaten nur Brot kriegen.

Es gibt noch andere Epidemien: die Kriegspsychose zum Beispiel. Jedermann schreit, wie es werden wird, wenn . . . Und jeder weiß sich in Schauermärchen noch zu überbieten. Die einen werden, wenn die Russen kommen, fliehen, die anderen bleiben. Jeder hat vage Vorstellungen, wie es werden wird. Wahrscheinlich wird es aber noch schlimmer werden. Glaubt Ihr an den Krieg? Die Westlichen Aliierten werden Berlin wohl verlassen. Das wird ein schwerer Prestigeverlust für sie sein, was ihnen aber nichts ausmachen wird. Chamberlain flog 1938 auch nach München, um den Frieden zu erhalten. Wenn es dann losgeht, werden die Russen im ersten

Ansturm den Kontinent überrennen... Manche behaupten ja, die Amerikaner würden uns absichtlich nichts zu essen geben, daß die Russen dann ein ganz verarmtes Land vorfinden sollten. Es ist das Schema der verbrannten Erde. Wir bemühen uns, bis es soweit ist, so gut zu leben als möglich. Zum Beispiel jetzt Ostern, das wir prima verlebt haben, bei richtigen Zuckerhasen und einem Behelfskrokantei aus braunem Zucker und Haferflocken.

6. Mai 1948. Jetzt muß ich mich aber endlich für das tolle Kaffee-Paket bedanken, und dann noch das viele Milchpulver! Kaffee ist etwas, das wir schon lange nicht mehr auf dem freien Markt bekamen. Auf dem Schwarzen Markt wird für das Pfund 300 Mark gezahlt, der Kurs ist aber 250. Er ist von 350 Mark gefallen, ein Zeichen, daß Bohnenkaffee beim „gemeinen Volk" nicht den Wert hat wie etwa Zigaretten. Die kosteten ziemlich konstant bis jetzt 5 Mark das Stück, oder 80 Mark die Schachtel zu 20 Stück; man sieht, im Dutzend ist es billiger, und der *black market* kann auch kulant sein.
Zur Zeit leidet alles an einer Währungsreformpsychose. Jedermann hofft und hofft, es scheint aber in absehbarer Zeit nichts zu kommen.

17. Mai 1948. Ich bin im höchsten Triumph, gestern kamen die Zigaretten an. Die Luft hat sich in Ozon verwandelt, und die Vorhänge bekommen schon einen leicht gelblichen Anflug. Alle gehen ehrfürchtig um mich herum, denn ich bin der Mäzen, und wer sich gut mit mir stellt, darf manchmal ziehen oder bekommt sogar eine Kippe...
„Es ist ein Kreuz mit unserer Jugend", so kann man von den Alten hören, „sie bringt keine Energie mehr auf die Beine, schafft nicht, was wir kaputt gemacht haben, neu, nein da waren wir schon besser. Wir setzten uns ins gemachte Bett und hatten an Kaisers Geburtstag frei, und manchmal durften wir dann den König sehen, und wir wurden dann sogar ab und zu mit einem huldvollen Kopfnicken bedacht. Wir waren immer sehr fleißig und hatten keine anderen Interessen, als uns möglichst bald vorteilhaft zu verheiraten. Wenn er Akademiker war und sie reich, so konnte man gar nicht fehlen. Und heute? Heute hat die Jugend keine anderen Interessen mehr als das, was ihr gefällt, und sie hat doch so viel zu tun, wer soll denn das aufbauen, was wir dem Großdeutschen Reich geopfert haben??? Die Jugend, die Hoffnung, unser Stolz. Aber was tut sie? Sie hat nur Schlager, Tanz und Frechheiten und Flausen im Kopf, und will sehr viel klüger sein als wir."
Ich hoffe, Ihr seid nicht zu entsetzt, aber es gibt wirklich heute bei uns noch schrecklich spießige Familien, denen aller Esprit fehlt und die noch Wörter wie „das schickt sich nicht" im Munde führen. Manche halten es schon für anstößig, wenn ich mit „jungen Damen" Tennis spiele. Ich bin bloß froh, daß da meine Eltern nicht so sind.

6. Juli 1948. Die Volkshochschule ist sehr rührig und bringt allerhand wirklich nette Sachen bei, aber man hat den Eindruck, daß sie Defizit auf Defizit macht. Es ist auch kein Wunder bei den Preisen, die heutzutage verlangt werden. So verlangte kürzlich das erste Quartett Stuttgarts für einen Bach-Abend sage und schreibe 600 Mark. Es wäre schade, wenn diese Einrichtung einginge, ich glaube aber nicht, daß sie sich nach der Währungsreform wird halten können. Sie wird eingehen wie die vielen Bühnen und Bühnchen, die es heute gibt. Allein in Stuttgart sind es 16 Bühnen. Nun kommt ein ganz besonderer Schlager nach Stuttgart: Werner Finck [siehe S. 134] macht seine lang ersehnte Mausefalle auf. Schon lange spricht man davon, aber bis jetzt rührte sich nichts, denn Werner Finck fand das Leben in der Schweiz besser als bei uns und gastierte in Zürich. Er ist eine ganz große Nummer und wohl einer der besten Kabarettisten, die wir haben. In Berlin leitete er die Katakombe, und in einem Nachkriegskabarett sagte er: „Na, in Berlin konnte man schon Angst bekommen, da braußten die SA und SS vorbei, schrien Heil!, verbrannten Bücher und drohten mit Aufhängen, ich muß sagen, ich hatte Angst. Wenn ich natürlich gewußt hätte, daß die alle nur Mitläufer waren, so hätte ich keine solche Angst gehabt." (Mitläufer ist alles, was vom Entnazifizierungsgesetz betroffen ist, hohe Nazis und kleine, hauptsächlich aber die großen: Es ist nämlich die mildeste Stufe!) Habt Ihr einmal von Werner Finck gehört?

7. November 1948. Mit meiner Schule geht es nicht recht vorwärts, ich muß Privatstunden nehmen. Bei meinen Gängen zu diesem Menschen komme ich durch halb Stuttgart, und es ist ganz toll, wie wieder alles aufgebaut wird, wie einst im Mai. Die Geschäfte haben wieder die schönsten Auslagen [nach der Währungsreform vom 20. Juni 1948], man kann sie nur nicht kaufen. Die Stuttgarter „Revolte" richtete sich gegen zwei Hauptluxusgeschäfte, man warf die Scheiben dieser Läden ein. Wenn die MP [Military Police] nicht gekommen wäre, wär alles viel harmloser abgegangen, denn deren Erscheinen machte die Menge noch nervöser. Und mit Recht, denn diese Kerle rückten mit schweren Panzern an, hatten Maschinenpistolen um und waren bereit, es mit jedem, der ein lautes Wort von sich geben wollte, aufzunehmen. Es war einfach lächerlich.

Wunschtraum

der Abiturienten ist das Studium

Aus: „Heilbronner Stimme", 27. Juli 1948

Wenn in diesen Tagen 96 Jungen und Mädchen mit dem Abitur in der Tasche der Schule „lebe wohl" sagen, ... liegen dreizehn lange Schuljahre hinter den glücklichen Prüflingen, und voll Stolz können sie als erste seit Jahren auf eine neunjährige Oberschulzeit zurückblicken. Obwohl für die heutige Generation der Schritt von der Schulbank hinaus ins Leben nichts mehr von dem früheren erwartungsfrohen Nimbus besitzt – allein die Hälfte der Abiturienten waren Kriegsteilnehmer – so ist doch für die meisten unter ihnen ein einschneidender und entscheidungsvoller Punkt ihres Lebens erreicht. Dunkel liegt die weitere Zukunft vor ihnen. Die Wünsche und Hoffnungen gelten hochgesteckten Zielen. Ob sie sich realisieren lassen, in einer Zeit wie der unsrigen? ... Arzt, Jurist, Techniker, Naturwissenschaftler und Mathematiker, Volkswirt, Geistlicher und Kaufmann waren die Berufswünsche, die wir am häufigsten hörten. Studieren wollen sie fast alle, allen widrigen Umständen zum Trotz. Ja, man muß sich wundern und zugleich freuen, mit welchem Elan die Jungen an die Dinge herangehen. „Wenn nötig, verdienen wir uns auf irgendeine Weise zuerst das Geld dazu, aber wir werden es schon schaffen", das ist etwa der Grundton ihrer Einstellung.

Doch auch bei den Mädchen ist nicht viel von dem Lyzeumstyp der einstigen „höheren Töchter" übriggeblieben. Für sie steht heute der praktische Beruf im Vordergrund, wobei die meisten inzwischen ihre Studienpläne leise weinend zu Grabe getragen haben.

„Einige meiner Kameradinnen sind bereits bei der Firma Ackermann als Arbeiterinnen eingestellt", erzählt eine jener unternehmungslustigen Zwanzigjährigen mit bezauberndem Augenaufschlag, „eigentlich wollte die eine davon Medizin studieren, aber jetzt muß sie Geld verdienen, da ihr Vater entlassen ist." Das sind unsere Abiturientinnen im Nachkriegsjahr 1948. Welch ein Unterschied gegen früher.

Außerdem wurde in diesem Jahr zum ersten Mal am Ende der 6. Klasse eine Prüfung für den Übergang in die Oberstufe (Klasse 7–9) abgehalten, die jedoch keine Berechtigungsprüfung für das öffentliche Leben darstellt und auch nicht mit dem früheren „Einjährigen" identisch ist. Aus Raummangel ist es uns in diesem Jahr leider noch nicht möglich, die Namen der einzelnen Abiturienten (es sind 58 Jungen und 38 Mädchen) zu veröffentlichen.

Geeinte Jugend sichert die
ZUKUNFT DEUTSCHLANDS
FDJ LANDESLEITUNG THÜRINGEN

*Die Freie Deutsche Jugend (FDJ) ist
die Nachwuchsorganisation der SED
(Sozialistische Einheitspartei
Deutschlands). In den Schulen för-
dert sie in Arbeitsgemeinschaften die
staatsbürgerliche Erziehung und be-
reitet auf die Jugendweihe vor, die an
die Stelle von oder neben Konfirmation und Erstkommunion getreten
ist. Aber auch die Freizeit versucht
die FDJ zu kontrollieren, indem sie
Rockkonzerte und Tanzveranstaltungen organisiert; in FDJ-Heimen
und Betrieben gibt es heute rund
6 000 Amateur-Diskotheken. – Wer
sich um einen Studienplatz oder ein
Stipendium bewerben will, kommt
um die „freiwillige" FDJ-Mitglied-
schaft nicht herum.*

Die Freie Deutsche Jugend kann ihre Aufgabe nur erfüllen, wenn sie
die führende Rolle der SED anerkennt . . .
Manche Leute werden einwenden, die FDJ sei doch keine
Parteijugend. Das ist richtig. Die FDJ ist die breite
Massenorganisation der ganzen friedliebenden und demokratisch
gesinnten deutschen Jugend. Die FDJ ist jedoch die Jugend des
Fortschritts. Deshalb müssen die Mitglieder der FDJ die
fortschrittlichste Wissenschaft beherrschen lernen . . . und diese
fortschrittliche Wissenschaft, das ist die Lehre von Marx, Engels,
Lenin und Stalin.

Walter Ulbricht
(1893–1973)

206

STICHWORT: JUGEND

Aus: „Der kleine Brockhaus", 1949

Jugend, 1) die Gesamtheit der noch nicht mit eigener Leistung in das Gemeinschaftsleben Eingefügten, damit sowohl das Objekt der Erziehung, die diese Einfügung zum Ziel hat, wie die „Zukunft" der Gemeinschaft, als Fortsetzung oder Veränderung ihrer Lebensform. In Zeiten polit. und weltanschaul. Zersplitterung kämpfen daher die einzelnen Gruppen um den Einfluß auf die J. Zuweilen entspringen polit. oder geist. Bewegungen in dieser selbst (Jugendbewegung). Die Unterschiede der seel. Haltung und der Einstellung zu den Kulturwerten erzeugen einen Generationengegensatz von wechselnder Stärke, der sich zum Konflikt steigern kann. Nach Katastrophen, wie Kriegen und polit. Zusammenbrüchen, die die J. aus ihrer Erziehung herausreißen, in ihrem Reifeprozeß stören, durch Auflösung der Ordnungen und Bindungen aus der Bahn werfen und vielfach vor unlösbare Probleme stellen, sehen sich Erziehung, Jugendpflege, vor allem die J. selbst vor schweren Aufgaben.

2) der Lebensabschnitt vom Beginn der Geschlechtsreife (Pubertät) bis zu ihrem Abschluß. Während die noch zur Kindheit gehörige Vorpubertät durch Kraftüberschuß und Weltzugewandtheit gekennzeichnet ist, setzt die Pubertät mit einer mehrere Monate währenden „negativen Phase" ein (ablehnende Stellung zu Umwelt und Mitmensch, Trotz, Launenhaftigkeit). Die Pubertät ist ein tiefgreifender leiblich-seel. Wandlungsprozeß: Ausbildung der sekundären Geschlechtsmerkmale, Hervortreten des Geschlechtstriebs. Dieser äußert und entwickelt sich zunächst zwiespältig: einerseits als sexuelle Erregung, die oft zu Ersatzbefriedigung führt (Onanie), andrerseits als Drang zur Auswirkung der Persönlichkeit und zur Hingabe an gemeinschaftl. oder sachl. Ziele. [...]

Die *Adoleszenz* (vom Abschluß der Pubertät und des körperl. Wachstums bis etwa zum 25. Lebensjahr) führt zur Vereinigung der beiden Triebstrukturen, damit zur Herausbildung des Persönlichkeitsgefühls und der Haltung zur Umwelt. Sie ist die Zeit der „Wanderjahre": erlebnisoffen, unternehmungsfroh, an Zweckzusammenhänge und Nützlichkeitserwägungen noch nicht gebunden, vielmehr von Lebensmut und unbedingtem Streben erfüllt, darum von entscheidender Bedeutung für den Bildungsprozeß des Menschen und für seine Lebensgestaltung; das Festwerden im Beruf (Gesellzeit) und der Übergang zu eignen Leistungen erfolgt. [...] Der Aufschwung der J. kann auf die späteren Lebensphasen, im idealen Fall (z. B. Goethe) auf das ganze Leben ausstrahlen und verleiht dann dem Menschen bis ins Alter die Fähigkeit zu Begeisterung, Schöpfertum und spontanen Wandlungen.

Die vier Archimedischen Punkte

Kleine Neujahrs-Ansprache vor jungen Leuten

Erich Kästner

[. . .] Rund heraus: das alte Jahr war keine ausgesprochene Postkartenschönheit, beileibe nicht. Und das neue? Wir wollen's abwarten. Wollen wir's abwarten? Nein. Wir wollen es nicht abwarten! Wir wollen nicht auf gut Glück und auf gut Wetter warten, nicht auf den Zufall und den Himmel harren, nicht auf die politische Konstellation und die historische Entwicklung hoffen, nicht auf die Weisheit der Regierungen, die Intelligenz der Parteivorstände und die Unfehlbarkeit aller übrigen Büros. Wenn Millionen Menschen nicht nur neben-, sondern miteinander leben wollen, kommt es aufs Verhalten der Millionen, kommt es auf jeden und jede an, nicht auf Instanzen. Das klingt wie ein Gemeinplatz, und es ist einer. Wir müssen unser Teil Verantwortung für das, was geschieht, und für das, was unterbleibt, aus der öffentlichen Hand in die eigenen Hände zurücknehmen. Wohin es führt, wenn jeder glaubt, die Verantwortung trüge der sehr geehrte, wertgeschätzte Vordermann und Vorgesetzte, das haben wir erlebt. Soweit wir's erlebt haben . . .
Ich bin ein paar Jahre älter als ihr, und ihr werdet ein paar Jahre länger leben als ich. Das hat nicht viel auf sich. Aber glaubt mir trotzdem: wenn Unrecht geschieht, wenn Not herrscht, wenn Dummheit waltet, wenn Haß gesät wird, wenn Muckertum sich breitmacht, wenn Hilfe verweigert wird, – stets ist jeder einzelne zur Abhilfe mitaufgerufen, nicht nur die jeweils „zuständige" Stelle.
Jeder ist mitverantwortlich für das, was geschieht, und für das, was unterbleibt. Und jeder von uns und euch – auch und gerade von euch – muß es spüren, wenn die Mitverantwortung neben ihn tritt und schweigend wartet. Wartet, daß er handle, helfe, spreche, sich weigere oder empöre, je nachdem. Fühlt er es nicht, so muß er's fühlen lernen. Beim einzelnen liegt die große Entscheidung.
Aber wie kann man es lernen? Steht man nicht mit seinem Bündel Verantwortung wie in einem Wald bei Nacht? Ohne Licht und Weg, ohne Laterne, Uhr und Kompaß?
Ich sagte schon, ich sei ein paar Jahre älter als ihr, und wenn ich bisher auch noch nicht, noch immer nicht gelernt habe, welche Partei, welche Staatsform, welche Kirche, welche Philosophie, welches Wirtschaftssystem und welche Weltanschauung „richtig" wären, so bin ich doch nie ohne Kompaß, Uhr und Taschenlampe in der Welt herumgestolpert. Und wenn ich mich auch nicht immer nach ihnen gerichtet habe, so war's gewiß nicht ihr, sondern mein Fehler.
Archimedes suchte, für die physikalische Welt, den einen festen Punkt, von dem aus er sich's zutraute, sie aus den Angeln zu heben. Die soziale, moralische und

politische Welt, die Welt der Menschen nicht aus den Angeln, sondern in die rechten Angeln hineinzuheben, dafür gibt es in jedem von uns mehr als einen archimedischen Punkt. Vier dieser Punkte möchte ich aufzählen.

Punkt 1: Jeder Mensch höre auf sein Gewissen! Das ist möglich. Denn er besitzt eines. Diese Uhr kann man weder aus Versehen verlieren, noch mutwillig zertrampeln. Diese Uhr mag leiser oder lauter ticken –, sie geht stets richtig. Nur wir gehen manchmal verkehrt.

Punkt 2: Jeder Mensch suche sich Vorbilder! Das ist möglich. Denn es existieren welche. Und es ist unwichtig, ob es sich dabei um einen großen toten Dichter, um Mahatma Gandhi oder um Onkel Fritz aus Braunschweig handelt, wenn es nur ein Mensch ist, der im gegebenen Augenblick ohne Wimperzucken das gesagt und getan hätte, wovor wir zögern. Das Vorbild ist ein Kompaß, der sich nicht irrt und uns Weg und Ziel weist.

Punkt 3: Jeder Mensch gedenke immer seiner Kindheit! Das ist möglich. Denn er hat ein Gedächtnis. Die Kindheit ist das stille, reine Licht, das aus der eigenen Vergangenheit tröstlich in die Gegenwart und Zukunft hinüberleuchtet. Sich der Kindheit wahrhaft erinnern, das heißt: plötzlich und ohne langes Überlegen wieder wissen, was echt und falsch, was gut und böse ist. Die meisten vergessen ihre Kindheit wie einen Schirm und lassen sie irgendwo in der Vergangenheit stehen. Und doch können nicht vierzig, nicht fünfzig spätere Jahre des Lernens und Erfahrens den seelischen Feingehalt des ersten Jahrzehnts aufwiegen. Die Kindheit ist unser Leuchtturm.

Punkt 4: Jeder Mensch erwerbe sich Humor! Das ist nicht unmöglich. Denn immer und überall ist es einigen gelungen. Der Humor rückt den Augenblick an die richtige Stelle. Er lehrt uns die wahre Größenordnung und die gültige Perspektive. Er macht die Erde zu einem kleinen Stern, die Weltgeschichte zu einem Atemzug und uns selber bescheiden. Das ist viel. Bevor man das Erb- und Erzübel, die Eitelkeit, nicht totgelacht hat, kann man nicht beginnen, das zu werden, was man ist: ein Mensch.

Wiederbewaffnung

Erich Ollenhauer

1901–1963. Vorsitzender der Sozialistischen Arbeiterjugend 1928–1930, Emigration 1933, seit 1952 Vorsitzender der SPD.

Aus der Debatte im Deutschen Bundestag vom 15./16. Dezember 1954

Ich hoffe, niemand in diesem Hause ist sich heute noch darüber im Zweifel, daß die große Mehrheit der jungen Menschen in unserem Volk einen neuen Militärdienst nicht will.

(Beifall bei der SPD.)

Es handelt sich hier um eine elementare Bewegung von einer Breite und Tiefe, wie wir sie selten in unserem Volk erlebt haben.

(Erneuter Beifall bei der SPD. – Unruhe in der Mitte und rechts.)

Das Törichtste, meine Damen und Herren, was Sie, die Sie für die Verträge [Pariser Verträge: Beendigung des Besatzungsregimes, Beitritt zur NATO; sie wurden Ende Februar 1955 im Bundestag mit großer Mehrheit – gegen die Stimmen der SPD – verabschiedet und traten am 5. Mai 1955 in Kraft] sind, tun könnten, wäre, wenn Sie sich damit beruhigen wollten, daß es sich hier um kommunistische Machenschaften oder um eine politische „Ohne-mich-Stimmung" handelt. [. . .] Der Widerstand gegen die deutsche Aufrüstung bei den jungen Menschen beruht auf einer ganz anderen Ebene. Da ist zunächst ein Denken und Fühlen in diesen jungen Menschen, das ich als Demokrat aus ganzem Herzen begrüße.

(Beifall bei der SPD.)

Sie haben den Barras satt. Sie wollen nicht noch einmal die ganzen idiotischen Auswüchse eines geistlosen Militarismus erleben,

(Lebhafter Beifall bei der SPD.)

der die Achtung vor der Würde des Menschen zerstört.

(Zurufe von der Mitte: Wer will denn das? – Gegenrufe von der SPD.)

Diese Haltung der jungen Menschen ist mir viel lieber als die jener jungen Deutschen nach dem Ersten Weltkrieg, die schon wenige Monate und Jahre nach dem Ende des Schreckens sich wieder wohlfühlten in Uniform und im militärischen Schliff. Wir fanden sie in den Freikorps wieder.

(Zurufe rechts.)

In der heutigen Haltung der großen Mehrheit der jungen Menschen liegt eine große Chance für den Fall, daß wir wieder als freie Nation auch militärische Verpflichtungen zu übernehmen haben. Diese jungen Menschen werden die Militärdienstzeit immer als ein Opfer und nicht als eine Krönung ihres Lebens empfinden.

(Beifall bei der SPD. – Abg. Stücklen: Opfer für die Freiheit!)

Sie werden auch in der Uniform Staatsbürger und Menschen bleiben wollen.

(Beifall bei der SPD und bei den Regierungsparteien.)

Wenn dieser Geist lebendig bleibt, dann wären wir in Deutschland endlich auf dem Wege zu einer Normalisierung des Verhältnisses zwischen Armee und Volk. [. . .] Es gibt noch ein zweites Element in der Haltung dieser jungen Menschen. Es ist eine politische Überlegung. Es ist ein Argument, das Sie alle kennen, nämlich das Argument: Hat das Opfer, das man von uns verlangt, noch einen Sinn? Solange diese jungen Menschen nicht durch eine überzeugende Anstrengung der Mächtigen dieser Welt für eine friedliche Lösung des deutschen Problems sich selbst überzeugt fühlen, daß es keinen anderen Weg gibt als den, durch die Organisation der freien Welt unsere Freiheit und unser Leben zu verteidigen, so lange werden sie ihre Skepsis nicht überwinden können.
(Sehr wahr! bei der SPD.)
Und diese überzeugende Anstrengung ist bisher nicht gemacht worden, von beiden Seiten nicht.
(Zuruf von der Mitte: Und von der SPD nicht!)
Das Unverständnis der Sowjets für die Sehnsucht der Menschen nach Frieden und Freiheit überrascht die jungen Menschen nicht.
(Abgeordneter Dr. Becker: Na also!)
Viele von ihnen haben nach den schrecklichsten Erfahrungen, die ein junger Mensch machen kann, nichts anderes erwartet. Aber meine Damen und Herren, sie zweifeln auch an uns, an dem Westen.
(Sehr wahr! bei der SPD. – Zuruf von der Mitte: An Ihnen?)
Das ist bitter. Sie sind nicht davon überzeugt, daß es unausweichlich und sinnvoll ist, das von ihnen verlangte Opfer zu bringen.
(Zurufe von der Mitte.)
Meine Damen und Herren, das ist nicht nur die Sorge einer Jugend, die in ihrem Skeptizismus viel reifer ist, als viele Erwachsene es wahrhaben wollen –
(Beifall bei der SPD.)

Der Schrei nach Aktualität

Wolfdietrich Schnurre, Jahrgang 1920

Ihr fordert, daß wir etwas schreiben sollen,
was zeigt, wie all das Grau'n wir überwanden?
Ihr fragt, ob wir denn immer schweigen wollen
und ob „in Schreibtischfächern" nichts vorhanden?

Ja, glaubt ihr denn, wir könnten unsre Tode
wie Brunnenwasser aus dem Schachte winden?
Nur, weil das Läutern heute grad mal Mode,
so meint ihr, sollten wir uns auch drein finden?

Was fuchtelt ihr mit eurer Zensorrute:
„Wo bleibt, ihr Jungen, heut das Aktuelle?"
Nur, weil den Leuten „aktuell" zumute,

tät's Not, daß man sich ihnen unterstelle?
Tragt *ihr* denn die Vergangenheit am Hute?
Wir tragen sie an andrer Stelle.

6 Die Halbstarken

One, two, three o'clock, four o'clock, rock,
Five, six, seven o'clock, eight o'clock, rock,
Nine, ten, eleven o'clock,
Twelve o'clock, rock,
We're gonna rock around the clock tonight.

1955

Bei manchen Gammlern ist es so: Sie sind einfach nur Gammler, weil sie es einfach nicht mehr aushalten, im Getriebe unserer Zeit, wo's immer nur heißt: lernen müssen und nochmals lernen, lernen – das stinkt denen dann. Da schalten die dann einfach ab und laufen weg und gammeln... Über die Spießbürger wird natürlich geschimpft, und daß man halt raus will aus dem Zwang der Gesellschaft. Ja also, Gammlertum – würde ich sagen –, das gab's immer schon. Es gab immer schon Leute, die nichts arbeiten wollten aus Faulheit. Aber heute, da ist das anders, da ist das Gammeln einfach zeitbedingt, weil ja alle Leute – besonders die Älteren – so stur sind und immer in Hast. Das vertragen viele von uns nicht, denen geht alles zu schnell, viel zu schnell, man hat ja kaum mehr Zeit für sich selber...

Bruno F., 16 Jahre, 1968

Mitte der fünfziger Jahre lief das Leben in der Bundesrepublik wieder in halbwegs normalen Bahnen. Zwar mahnten immer noch Baulücken und vereinzelte Ruinen an den Krieg, und auch die ersten Bundeswehrsoldaten weckten ungute Erinnerungen, aber die Flüchtlinge hatten sich nun eingewöhnt, die Arbeitslosenzahl war unter die Millionengrenze gefallen, die ärgste Wohnungsnot behoben; man konnte sich fast alles leisten und „war wieder wer".

Inzwischen wuchs eine Generation heran, die das Dritte Reich nur noch vom Hörensagen kannte und sich allenfalls dunkel an Bombennächte, kalte Stuben und leere Teller erinnerte. Für den Nachholbedarf der Älteren, ihren Konsumrausch und das ewige Gerede von Karriere und Geld, fehlte ihr jedes Verständnis. Warum rackerten die sich ab bis zur Erschöpfung? Das konnte doch nicht der Sinn des Lebens sein.

Die Wirtschaftswunderkinder, oft Schlüsselkinder, suchten sich neue Idole: den coolen Typ James Dean, Elvis Presley, die Beatles, die Rolling Stones. Schon die Lautstärke dieser Musik schloß die Erwachsenen aus. Nachts rotteten sich die Teenager zusammen und lärmten auf den Straßen herum. Bei Rock 'n' Roll-Konzerten schlugen sie, um die Stimmung so richtig anzuheizen, die Stühle zu Kleinholz. Trotzdem nahm man sie nicht ganz ernst, diese „Halbstarken", und mit der Elvis-Schmalzlocke und ihren Petticoat-Freundinnen wirkten sie äußerlich eigentlich auch recht harmlos. Daß die Pilzköpfe der Beatles, die wenig später Mode wurden, ganze Familiendramen heraufbeschworen, klingt ein Vierteljahrhundert später kaum mehr glaubhaft. Die Gammler, Abkömmlinge der amerikanischen Hippies, ließen sich noch längere Mähnen wachsen und ungepflegte Bärte dazu; ob sie Anstoß erregten oder nicht, war ihnen egal, Geld war ihnen egal, sie machten einfach nicht mehr mit.

Einige grundlegende Veränderungen, deren Tragweite sich oft erst im nachhinein offenbarte, fallen in die vorhergehende und diese Zeitspanne: 1945 wurde die erste Atombombe gezündet, 1946 der erste Computer gebaut, 1953 die für die Gen-Technik entscheidende Erkenntnis gewonnen. 1952/53 trat das Fernsehen in Deutschland seinen Siegeszug an (1969 gab es in der Bundesrepublik und West-Berlin fast 16 Millionen Teilnehmer); immer mehr Bürger konnten sich ein Auto anschaffen, und parallel dazu wurden für Autobahnen immer breitere Schneisen durch Städte und Wälder geschlagen. Die Vollbeschäftigung lockte Zigtausende von Gastarbeitern in unser Land. 1957 eröffnete der sowjetische Sputnik I das Zeitalter der Raumfahrt. 1961 baute die DDR eine Mauer quer durch Berlin, das traurige Symbol der deutschen Teilung, und 1962 kam die Antibabypille bei uns auf den Markt.

Von Amerika ausgehend, griff Mitte der sechziger Jahre eine studentische Protestbewegung auf die Bundesrepublik über. Die Halbstarken, die Beatle-Fans („All you need is love") und die Gammler hatten sich nur um sich selbst gekümmert und wollten sich in ihren (Hasch-)Träumen nicht stören lassen („Get off of my cloud", sang Mick Jagger). Ihre Aktionen wie ihre Verweigerungen entsprangen dem Trotz einer gelangweilten Jugend. Jetzt aber beherrschten zunehmend politische Themen die Auseinandersetzung: Atomwaffen, der Vietnamkrieg, Tyrannei und Korruption im Iran, die Linken-Hetze der Springer-Presse (Bild-Zeitung). Das neu erwachte kritische Bewußtsein durchleuchtete auch die Vergangenheit der Väter-Generation mit unnachsichtigerem Blick. So mußte sich Bundeskanzler Kurt Georg Kiesinger, NSDAP-Mitglied von 1933 bis 1945, von Günter Grass 1966 in einem offenen Brief fragen lassen: „Wie soll die Jugend in diesem Land jener Partei von vorgestern, die heute als

214

NPD auferstehen kann, mit Argumenten begegnen können, wenn Sie das Amt des Bundeskanzlers mit Ihrer immer noch schwerwiegenden Vergangenheit belasten? Wie sollen wir der gefolterten, ermordeten Widerstandskämpfer, wie sollen wir der Toten von Auschwitz und Treblinka gedenken, wenn Sie, der Mitläufer von damals, es wagen, heute hier die Richtlinien der Politik zu bestimmen? Wie soll fortan der Geschichtsunterricht in unseren Schulen aussehen?"

Die verwunderte Frage der Nachbarn, warum es hierzulande keine zornigen jungen Männer gebe [wie in England]: dieses Erbe und kein Zorn? Eben, dieses Erbe. Zorn wäre Ausdruck eines Autoritäts-konfliktes. Wenn die Söhne sich auflehnen, sind die Väter gemeint, die Welt, die sie repräsentieren, also eine zumindest äußerlich noch intakte Welt. Nach 1945 aber fanden die jungen Männer in Deutschland nur Trümmer vor. Was die Väter geschaffen hatten, war so ungeheuerlich, daß es jeder Anprangerung spottete. Und die Väter selbst waren keineswegs große Verbrecher, gegen die man sich hätte empören mögen, sondern erbärmliche Verführte, feige Mitmacher, willige Opfer eines Systems von Irrsinn und Barbarei, das jetzt zusammengebrochen war . . .

Karl Markus Michel

ins lesebuch für die oberstufe

Hans Magnus Enzensberger, Jahrgang 1929

lies keine oden, mein sohn, lies die fahrpläne:
sie sind genauer. roll die seekarten auf,
eh es zu spät ist. sei wachsam, sing nicht.
der tag kommt, wo sie wieder listen ans tor
schlagen und malen den neinsagern auf die brust
zinken. lern unerkannt gehn, lern mehr als ich:
das viertel wechseln, den paß, das gesicht.
versteh dich auf den kleinen verrat,
die tägliche schmutzige rettung. nützlich
sind die enzykliken zum feueranzünden,
die manifeste: butter einzuwickeln und salz
für die wehrlosen. wut und geduld sind nötig,
in die lungen der macht zu blasen
den feinen tödlichen staub, gemahlen
von denen, die viel gelernt haben,
die genau sind, von dir.

Auch eine Vorbereitung

Alfred Kantorowicz

1899–1979. Literaturwissenschaftler und Publizist. Er emigrierte 1933, lehrte nach dem Krieg an der Humboldt-Universität in Ost-Berlin und übersiedelte 1957 in die Bundesrepublik. Die folgende Aufzeichnung ist dem zweiten Band seines „Deutschen Tagebuchs" (1961) entnommen. – In der Jugendweihe, die seit 1955 in der DDR als Ersatz für Konfirmation und Erstkommunion gefeiert wird, geloben Vierzehnjährige, ihre „ganze Kraft für die große und edle Sache des Sozialismus einzusetzen".

Berlin, 18. Oktober 1956. Meine Studenten wissen von ihren verschiedenen Kartoffel- oder sonstigen „Einsätzen" häßliche Einzelheiten zu erzählen, Nuancen fortschreitender Verrohung. [. . .] Noch besorgniserregender waren Berichte über Ereignisse, die sich in Gruppen von Schülern abgespielt hatten, die zur Vorbereitung der „Jugendweihe" eine Gemeinschaftsfahrt ins Erzgebirge machten. Der Gruppenführer, ein Lehrer nach dem Herzen und dem Geist unseres Volksbildungsministers Lange, ließ die Jungs bei vorgeblichen Verstößen gegen die Disziplin nachts vor der Tür antreten und im Hemd zehn Minuten strammstehen – die Temperatur war auf null Grad abgesunken. Der Vorfall war mir aus Schilderungen der „Erziehungsmethoden" in Nazi-Konzentrationslagern bekannt; doch daß man Knaben von vierzehn Jahren auf diese Weise zur „sozialistischen Jugendweihe" ermannt, ist wieder ein wenig mehr, als ich bislang für möglich hielt.

DATEN AUS DER DDR

18. 1. 1956 Die Volkskammer verabschiedet das Gesetz über die Schaffung der Nationalen Volksarmee (NVA) und des Ministeriums für Verteidigung. Vorbild für die NVA wird die Armee der UdSSR.
30. 4. 1956 Das erste Regiment der NVA leistet seinen Schwur auf den Arbeiter- und Bauernstaat.
24. 1. 1962 Einführung der allgemeinen Wehrpflicht.
16. 10. 1962 Das Politbüro des Zentralkomitees der SED beschließt die Bildung von Kommissionen für Sozialistische Wehrerziehung; die FDJ soll die Jugendlichen ideologisch auf den Waffendienst vorbereiten.

Die Wiederbewaffnung der Bundesrepublik, ein Schachzug der westlichen Alliierten im Kalten Krieg, wurde im Bundestag (siehe S. 210) und in der Öffentlichkeit leidenschaftlich diskutiert. Ein Gesetz zur Ergänzung des Grundgesetzes vom 26. Februar 1954 hatte die Wehrhoheit der Bundesrepublik begründet. Am 2. Januar 1956 wurden die ersten freiwilligen Einheiten der Bundeswehr in Andernach aufgestellt, am 6. März 1956 beschloß der Bundestag mit den Stimmen der SPD das „Wehrergänzungsgesetz", das die Voraussetzungen für die Einführung der allgemeinen Wehrpflicht schuf, und am 1. April 1957 rückten die ersten Wehrpflichtigen der Bundesrepublik, 9700 an der Zahl, für zwölf Monate in die Kasernen ein. Das Leitbild des „Staatsbürgers in Uniform" sollte den Unterschied zwischen der alten deutschen Wehrmacht und der neuen Bundeswehr deutlich machen. Aber es war gar nicht so einfach, die militärischen Traditionen im demokratischen Sinn umzuformen, was sich äußerlich schon an den Kasernennamen – wie hier in Amberg – ablesen ließ.

Zur Bundeswehr

1. April 1957

Zwei Rekruten des Jahrgangs 1939

– Ja, ich habe 1955 als Tischler ausgelernt und habe jetzt zwei Gesellenjahre hinter mir und wohne im Kreis Hagen und bin an und für sich mit gemischten Gefühlen hergegangen, denn freiwillig hätte ich mich niemals gemeldet, weil mein Vater im Krieg gefallen ist, und meine Mutter wurde von den Russen verschleppt, und deshalb sage ich mir: Jetzt bin ich gezogen und gehe auch her, denn um so schneller ist das eine Jahr um, und dann bin ich frei.

– Wir waren ja ziemlich skeptisch. Wir hatten das Gefühl, nun eine tote Zeit anzutreten. Wir wollen an und für sich studieren, aber das wird ja nun um ein bis anderthalb Jahre hinausgezögert... Wir müssen uns natürlich erst hineingewöhnen, aber wir wurden ziemlich freundlich empfangen, und das scheint auch so zu bleiben, also ich bin auch zufrieden.

Eine deutsch-jüdische Geschichte

Daniel Cohn-Bendit

Aus der Rede, die Cohn Bendit (geb. 1945; im Mai 1968 ein Wortführer der französischen Studentenrebellion) am 23. November 1986 im Rahmen der Reihe „Reden über das eigene Land: Deutschland" in den Münchener Kammerspielen hielt:

Der Mann, der verantwortlich dafür ist, daß ich in Deutschland lebe, heißt Franz Josef Strauß. Es ist eine ganz einfache Geschichte, und es ist eine deutsch-jüdische Geschichte. Ich bin in Frankreich geboren. Die Alliierten landeten 44, im Juni, in Frankreich, und im Juli/August bin ich gezeugt worden – ein Kind der Freiheit also – wurde aber staatenlos, denn meine Eltern haben mich bei meiner Geburt nicht zum Franzosen erklären lassen. Sie meinten, wir gehen eh nach Amerika, „das gelobte Land", und „deswegen brauchst du nicht Franzose zu werden, du wirst Amerikaner werden". Wir haben die nötigen Papiere nicht gekriegt, die Amerikaner wollten nicht zu viele jüdische Einwanderer. Ich lebte also in Frankreich und blieb staatenlos.

Meine Mutter nahm mich 1958, als ich dreizehn war, mit zurück nach Deutschland, denn mein Vater (der dort lebte) war krank. Er hatte Krebs, und meine Mutter – die Familie ist im Endeffekt stärker als man glaubt – wollte ihn pflegen. Ich war dann in Deutschland im Internat, in der Odenwaldschule, und da stellte sich dann die Frage, weil ich immer noch Staatenloser war, was wirst du nun? Ich hatte schon damals überhaupt keine Lust, eingezogen zu werden. Wenn ich etwas wußte, was ich nicht werden wollte, war es Militär, und mein Vater sagte, es gebe einen Erlaß des Ministers für Verteidigung, Franz Josef Strauß, der folgendes besagte: Kinder jüdischer Eltern dürfen zur Bundeswehr, wenn sie wollen, müssen aber nicht. Deswegen habe ich mich entschlossen, mit 15, Deutscher zu werden. Ist das nicht eine Ironie des Schicksals, daß ein Mensch die deutsche Staatsangehörigkeit gewählt hat, um nicht Militär zu werden? Ich finde das wunderbar!

Ich bestimme hier, sagt der Vater

Erika Runge

Aus dem Fernsehfilm: „Ich heiße Erwin und bin 17 Jahre"

Der Vater:
Wenn du dich nicht in unserer Gesellschaftsordnung einfügst, dann wird mit dir, wird es mit dir einmal ein ganz schlimmes Ende nehmen. Das laß dir von mir gesagt sein! Was stellst du dir eigentlich unter unsrer, unter Gesellschaftsordnung vor? Sag mir das! Die Regierung hat uns was zu sagen, die bestimmt, wie alles verläuft. Der Betrieb, hat dir was zu sagen. Dein Meister, wohl gemerkt, merk dir das, was ich dir sage, der hat auch dir was zu sagen! Und nicht aufmucken im Betrieb! Die Bundeswehr läuft auch über deinen, über dein, in deinem Leben weiter mit. Da wirst du auch mal reinkommen, und das wird dir auch mal ganz gut tun. Aber scheinbar willst du das alles gar nicht wahrhaben, was hier läuft. Hier zu Hause, mit deinen 17 Jahren, streckst du deine Füße bei mir untern Tisch. Und ich bestimme hier, was gemacht wird, und nicht du! Das merk dir mal!

„Halbstarke" in einem Kino.
Rock 'n' Roll-Rhythmen steigerten ihre
Aggressionslust, endlich war mal was los.

Geometrie

Josef Berlinger

Seit's an Feanseh gibd
is ausm Kreis der Familie
a Häubkreis woan

STICHWORT: JUGEND

Aus: „rowohlts deutsche enzyklopädie" Nr. 94, 1959 (Hans Heinrich Muchow: „Sexual-reife und Sozialstruktur der Jugend")

Auf der **gegenwärtigen Jugend** lastet die Unmöglichkeit, überhaupt noch feste und klar konturierte, überhaupt noch spielbare Rollen und Verhaltensweisen zu übernehmen. Ist schon ein junger Mensch immer schwer daran, wenn er versucht, sein Leben und seine Welt, d. h. sich selbst zu gestalten, so ist er heute vor eine schier unlösbare Aufgabe gestellt. Gab es früher gewisse Institutionen im Sozialen, an denen ganze Rollen oder wenigstens Verhaltensmuster festgemacht waren, gab es früher gewisse Normen und Leitideen im Geistig-Moralischen, nach denen er sich orten konnte, so entfällt das alles heute fast gänzlich. Der junge Mensch von heute wirft Rollen, zu denen er vorübergehend greift, Gestalten, zu denen er sich vorübergehend formt, immer wieder weg, entweder weil die Gesellschaft ihn darin mißdeutet oder weil er sich selbst darin überlebt oder klischiert vorkommt. So läßt sich verstehen, daß die jungen Menschen heute entweder ent-staltet bzw. ungestaltet bleiben und höchstens gewisse modische Varianten, flüchtig und wechselnd, durchspielen oder aber zu extremen Seinsformen vorzustoßen trachten, die dann freilich in unserem Zeitalter der Restauration, in dem die Erwachsenen meistens wieder in die Paßform ihrer „alten Anzüge" geschlüpft sind, als asozial, abwegig oder pathologisch gelten, ja, gelten müssen. Und doch steht zu erwarten, daß nur Nicht-Konformität die Jugend jene Lebensform und jene Gestalt ihrer selbst finden lassen wird, die der geschichtlichen Zeit gemäß und vielleicht zukunftsträchtig ist.

Der Motorradunfall

Gerd Gaiser

Gaiser (1903–1976) durchleuchtet in seinem Hauptwerk, dem Roman „Schlußball" (1958),
kritisch die Wirtschaftswunder-Mentalität. Diese im folgenden Jahr veröffentlichte Erzählung könnte eine Episode daraus sein. – Mitte der fünfziger Jahre stieg die Jugend vom Rad
auf den Motorroller oder aufs Motorrad um; Sturzhelme zu tragen, war weder üblich noch
Vorschrift.

Dem Hergang hatte ich nicht von Anfang an folgen können; ich denke aber, die
Witterung muß dabei im Spiel gewesen sein. Es fiel kein Regen, doch war es
feuchtkalt; ein Nebel drückte herein und machte die Straßen schlüpfrig. Ich sah nur
den Funkenflug und hörte das kreischende Schmettern, einen ungehörigen, aufsäs-
sigen Laut, der Unheil anzeigte. Sogleich fingen Menschen zu laufen an.
Täglich ereignen sich in unserer Stadt Verkehrsunfälle. Sie müssen zum Wochen-
schluß addiert werden können, und die Ziffern erscheinen dann auf einer großen
Tafel ähnlich solchen, die den Wasserstand oder Spielergebnisse anzeigen. Die erste
Ziffer ist weiß und verzeichnet die Zahl der Unfälle, die zweite, gelbe, gibt die Zahl
der Verletzten an. An dritter Stelle folgt eine rote Ziffer, die in der Regel einstellig
bleibt oder auch eine Null; das sind die Toten. Solche, die in den Kliniken noch eine
Weile aushielten und dann erst sterben mußten, erscheinen nicht. [...]
Um die Stelle ballte sich, als ich hinzukam, schon ein dunkler Knäuel. Das Motorrad
lag in der ausgesparten Mitte, dunkel kotverspritzt; daneben wälzte sich undeutlich
der Fahrer. Er lag auf dem Gesicht, und da auch seine Hände in dunklen
Handschuhen steckten, gab es da drunten keinen hellen Fleck. Aber überhell auf
dem schwarzen, vom Nebel seifigen Pflaster lag zwei Schritte weiter die Beifahrerin
ausgestreckt. Sie lag da wie eine Puppe, die mit Wucht auf den Boden geschleudert
worden ist, gehorsam und unbeseelt. Ihr Gesicht aufwärts, die Lider herabgefallen,
alles ganz hell in einem hellen Kranz von Haaren, der sich auf dem Pflaster
ausbreitete. Es konnte ihr nichts ausmachen, daß die Menschen sie alle anstarrten.
Der Sturz hatte ihr den Rock hochgerissen und beide Füße aus den Schuhen
gezogen; ihre Wäsche, gutes adrettes Unterzeug, war vom Gürtel an zu sehen, die
hellbestrumpften Beine bis zu den Fußspitzen. Sie lag in einer absurden Anmut, das
eine Knie leicht angezogen, hielt still und war weg und rührte sich nicht. Ihr Gesicht
sah gesammelt aus. Es hatte den törichten, angestrengten Ausdruck von Kindern,
die Schlafen spielen.
Inzwischen sah ich, daß der Fahrer weitergekommen war und sich empormühte. Er
strebte auf, betäubt wie ein Boxer, der sich wieder stellen will. Daran, daß er zu
stöhnen anfing, merkte man, daß sein Bewußtsein deutlicher kam. Er kroch, bis er

den Fuß einer Straßenlaterne umgreifen konnte. Dorthin waren es vielleicht zweieinhalb Schritte. Er zog sich heran, bis er aufgerichtet saß.

Es war ein Sonntagabend, und die Kinos hatten soeben geschlossen. Die Leute, die herumstanden, kamen aus den Kinos. Sie kamen aus der Vorstellung und verfolgten auch diesen Verlauf weiter mit einer sachverständigen, selbstvergessenen Neugier. Manche trugen einen Ausdruck wie verschwommenes halbes Lächeln.

Auch der Verunglückte hob jetzt sein Gesicht gegen die Zuschauer. Er stand inzwischen aufrecht, lehnte mit einer Schulter gegen den Mast und stopfte die Faust in seine rechte Seite. Er hatte sein Gesicht hergewandt, schien aber niemand zu sehen und auf nichts zu warten. Er war ganz allein. Nach ein paar Augenblicken ließ sein Stöhnen nach; der Mann wurde ruhiger und behielt nur die Faust in der Seite. Zu der Begleiterin wandte er sich nicht um. Vielleicht hatte er sie vergessen. Auch sie war allein. Sie lag dort hinten, das weiße Bild, regungslos, heftig gesammelt, nicht anzusprechen. Auf ihrer Fahrt hatten sie sich gemeinsam verhalten. Jetzt war die Fahrt abgeschnitten. Jedes verhielt sich wieder für sich.

„Jesus nein", sagte eine ältere, wenig ansehnliche Frau und sah herum, „will denn gar niemand zu dem Fräulein hingehen? Nimmt ihr denn niemand den Kopf auf den Schoß?"

„Ist überhaupt ein Arzt benachrichtigt?" rief ich. Aber niemand antwortete. Ich rief noch einmal: „Bitte, hat schon jemand einen Arzt geholt?"

Ein paar Gesichter wandten sich zu mir, gestört und mich flüchtig musternd. Ein Bursche gerade vor mir sagte: „Regen Sie sich nicht auf. Das hat alles seinen Gang."

Ich fing an zu laufen, bis ich an einem Haus ein Arztschild sah, aber es ging durch einen Hof, und das eiserne Gittertor war verschlossen. Zeit verstrich, bis ich Verständigung bekam. Es war eine weibliche Stimme, die aus dem Dunkel antwortete. – „Ich sage Bescheid", entgegnete die Stimme lustlos, und dann, umkehrend, noch einmal am Fenster, weiter lustlos: „Dafür sind wir aber nicht da." – Das Fenster klappte.

Ich hätte nun nicht zu dem Auflauf umzukehren brauchen, doch eine sonderbare, ungenaue Trauer trieb mich wieder hin. Zudem, ich wollte mich finden lassen, falls der Arzt kam und ich durch meinen Anruf Kosten verursacht haben sollte.

Wenig hatte sich verändert, nur schien die Spannung gebrochen, die Mienen flauer geworden. Außerdem aber kniete jetzt eine Frau am Boden; ich kann nicht sagen, ob es dieselbe Frau war, die vorhin geklagt hatte, daß niemand den Kopf des Mädchens auf seinen Schoß nehmen wolle. Es war eine ältere, nicht elegante Person. Ihre Handtasche lag neben ihr am Boden, und auf den Knien des Mädchens lag ein Mantel, der offenbar gleichfalls dieser Frau gehörte. Sie hatte die Ohnmächtige angehoben und hielt ihren Kopf in ihren Schoß gelegt. Das Bewußtsein des Mädchens schien jetzt zu kämpfen; sie fing an, mit den Beinen auszuschlagen, als wehre sie sich. Ihr Gesicht verzerrte sich leidend.

Inzwischen sah ich auch den Apparat in Bewegung, der für solche Fälle zuständig ist.

224

Zunächst erschien Polizei; jeder Beamte führte aus, was sich für ihn gehörte. Zwei arbeiteten mit einem Meßband, ein dritter hielt ein Buch in der Hand und richtete Fragen an den Fahrer. Der Fahrer antwortete auf die Fragen. Es war ihm anzumerken, daß das Antworten ihn anstrengte, aber er gab sich wohl seinerseits Mühe, den Ablauf einzuhalten. Die Polizei rief nach Zeugen.

Der Bursche von vorhin hatte recht gehabt, ich hätte mich nicht einzumischen brauchen. Signal: der Krankenwagen. Den Mann hieß man vorne Platz nehmen; gehorsam, auch jetzt noch ohne einen Blick auf das Mädchen, bückte er sich hinein. Das Mädchen lag flach ausgestreckt auf einer Bahre. Die Bahre verschwand schnell, waagrecht, sachkundig eingeführt, in dem Wagenkasten. Fertig, die Türen klappten. Ungeschickt zog die alte Frau ihren Mantel an sich, der auf dem Mädchen gelegen hatte.

Als der Wagen anfuhr und die Menge teilte, blickte die Frau hinter dem Wagen her, und ich blickte von dem Wagen zu der alten Frau. Die übrigen Zuschauer blickten dem Wagen nicht nach und schenkten auch der alten Person keine Beachtung. Linkisch stand die Person noch eine Weile, erinnerte sich dann ihrer Handtasche, die noch am Boden lag, und entfernte sich gleichfalls.

Ich wartete ein paar Augenblicke, ob noch der Arzt käme, dessen Nachtruhe ich in meinem Ungeschick gestört hatte. Aber niemand erschien. So erwuchsen mir keine Ungelegenheiten.

Anderen Tages kam ich mit einem der Oberärzte unseres städtischen Krankenhauses, mit dem ich befreundet bin, ins Gespräch. Man wird es verständlich finden, daß ich das Bedürfnis empfand, über die Verunglückten etwas zu erfahren. Ich hatte angefangen, ihm von dem Hergang zu berichten.

„Eine Menge Leute sahen sich das an", wiederholte ich in meiner ungenauen Trauer. „Aber etwas zu empfinden schien nur eine einzige Person, diese ältere unscheinbare Frau, die sich zu dem Mädchen bückte und es in ihre Arme nahm."

„Vielleicht", entgegnete der Arzt, „hat das gut ausgesehen. Es ergab eine Figur. Den Fall aber, einen Bruch der Schädelbasis, hat es bedauerlich kompliziert."

„Klar. Trotzdem paßt mir etwas nicht."

„Hör sich das einer an", sagte der Arzt, „und das bloß, weil Sie Grund und Zweck nicht auseinanderhalten wollen. Sie möchten wohl irgendwo leben, wo Grund und Zweck noch ein und dasselbe sind."

„Wo könnte das der Fall sein?"

„Sie sagen es ja selber. Im Bild. Einen Schädelbruch soll man liegen lassen."

Die Beatles

Siegfried Niedergesäss, Jahrgang 1945

Als die Beatles 1962 ihre erste Platte *Love Me Do* veröffentlichten, war die Welt grau und traurig. Überall bestimmten die Erwachsenen, was zu geschehen habe. Jugendliche wurden nicht nach ihrer Meinung gefragt. Niemand interessierte sich für ihre Wünsche. Niemand hörte ihnen zu. [. . .] Der Rock 'n' Roll war tot – so behaupteten die Erwachsenen. Und sie waren froh darüber. Marilyn Monroe starb in diesem Jahr, James Dean war schon sieben Jahre tot. Die alten Idole hatten ausgespielt. Von ihnen gab es nur noch Platten und Filme, aber die waren alt. Etwas Neues war nicht zu erkennen. [. . .]
Und in diese Welt platzten die Beatles. Nur auf diesem Hintergrund läßt sich ihr Erfolg erklären. Hinter ihnen standen zunächst keine Industriebosse und cleveren Manager. Im Gegenteil: „Die Zeit der Gitarrengruppen ist vorbei", mußten sie mehrmals hören. Und so wie sie sich als Freunde zusammengerauft hatten, kamen die Leute, die Macher hinter den Kulissen dazu. Manager Brian Epstein, der vom Geschäft im Grunde keine Ahnung hatte, sich erst bei Fremden und Freunden die nötigen Ratschläge holen mußte. Er wollte etwas Neues probieren. Und die Beatles rissen ihn mit ihrem Schwung mit. Ebenso erging es Produzent George Martin, für den die Beatles eine der letzten Chancen waren, um überhaupt noch etwas auf seinem Gebiet zu werden. Es war eine eigenartige Mischung aus Überdruß, Mißerfolg und Ehrgeiz, die die Beatles und ihre Macher letztlich nach oben brachte. Jeder hoffte auf den großen Wurf, aber keiner wußte, wie er gelingen sollte. Man wollte nur etwas machen, etwas Neues.
Natürlich ging nicht alles schlagartig wie bei einer Explosion, so wie es heute gelegentlich dargestellt wird. Es dauerte seine Zeit. 16 Jahre war ich damals, ging noch in die Lehre. Samstags oder sonntags durften wir nicht tanzen gehen – höchstens zu einem Schulfest oder einem Tanzstundenball. Aber das war steif und langweilig. Mädchen mußten formvollendet zum Tanzen aufgefordert werden. Dann wurden Walzer getanzt. Es war unsere Lehrzeit. Wir waren nicht mehr jung, sondern kleine Erwachsene, und sollten jetzt lernen, richtig erwachsen zu werden. Und viele akzeptierten das.
Ich nicht. Ich liebte Rock 'n' Roll und Jeans. Durfte aber weder Jeans tragen noch Rock 'n' Roll hören. „Halbstarkenhosen" und „Negermusik" – diese Worte bekam ich fast täglich zu hören. Aber es gab Möglichkeiten. Heimlich hörte ich die englischen oder amerikanischen Soldatensender, und Cliff Richard war für mich der absolute Top-Star. Die erste Beatles-Platte, die ich bewußt hörte, war *She Loves You*. In die englischen Hitparaden kam sie im August 1963, bei uns schaffte sie es

Anfang 1964. Die erste Platte, die von den Beatles in den deutschen Hitparaden notiert wurde, war im Oktober 1963 *Twist And Shout.* Und als die erste Beatles-LP *Please, Please Me* in Deutschland erschien, bemühten sich die Kritiker mit verstaubtem Vokabular um eine Beschreibung. „Die jungen Löwen mit den qualmenden Gitarren", „Die zentrale Tanzschaffe der weltberühmten Vier aus Liverpool", „Wir wünschen Ihnen viel Spaß mit dieser Combo" und „Über die Beatles-Perücken kann man streiten, über die Musik nicht" – das waren damals die Formulierungen, die jeder als unheimlich progressiv emfpand, über die heute nur jeder müde lacht. „Weltberühmt" waren die Beatles noch keineswegs, „Combo" war eine weitverbreitete Bezeichnung für eine vierköpfige Tanzkapelle, und mit dem Wort „Perücken" sollten die „langen Haare" weniger wichtig gemacht werden. Quizmaster stülpten sich im Fernsehen Perücken über ihre kurzgeschorenen Haare, machten sich auf diese Weise über die Beatles lustig. Im Karneval und auf Jahrmärkten wurden sie zu einem beliebten Thema. Erwachsene schimpften über die laute Musik, über das verrückte Aussehen.

Aber wir ließen uns die Beatles nicht verbieten. Wer als erster mit der neuen Beatles-Platte auftauchte, war in der Klasse der absolute König. Wir ließen uns die Haare wachsen wie sie. Es waren Kämpfe um Millimeter. Dabei waren nur die Ohren ein wenig bedeckt. Heute tragen selbst Soldaten der Bundeswehr die Haare länger als wir damals. In dieser Zeit wurden auch bei uns die ersten Gruppen gegründet. Mitschüler lernten die Songs auswendig, mieteten am Wochenende Säle in Gasthöfen. Dort trafen wir uns zum Tanzen, dort spielten wir die englischen Hits nach. Gingen wir aus dem Haus, zogen wir uns im Keller heimlich um, Jeans, Hemden mit runden Kragen, kragenlose Jacken – so wie sie die Beatles trugen. Unsere Eltern ahnten nichts davon. Merkten sie etwas, gab es Krach. Wir aber wollten endlich unser eigenes Leben führen. Wir ließen uns nichts mehr sagen, ließen uns nicht mehr herumschubsen. Die Beatles taten es auch nicht mehr. Im Gegenteil: Sie machten sich lustig über Autoritäten, Schule, Politiker, über alles, was die scheinbar heile Welt so fest zusammenfügte. Und wie sie hatte jeder von uns seine privaten Kämpfe auszufechten: Stars und Fans hatten die gleichen Erlebnisse, die gleichen Wünsche. Und wir lernten eine neue Sprache.

Die Beatles 1963. Englische Fan-Postkarte.

Aus dem Wörterbuch der Beatles

Aus dem 1964 erschienenen Taschenbuch „Die Beatles kommen" von Dennis Bow:

„fab"	– so viel wie fabelhaft. Das wichtigste Beatle-Wort. Es ersetzt Prima, Dufte, Großartig. Jeder Fan benutzt es. Was hält ein Fan von den Beatles? Klar. Sie sind fab!
„Gobbo"	– so viel wie Angeber, Wichtigtuer. Das Schlimmste, was man in den Augen der Beatles sein kann: ein Gobbo. Denn sie hassen alles, was arrogant, humorlos und angeberisch ist. Sie hassen jeden Gobbo.
„abhängen"	– so viel wie ablehnen, nicht mehr mitmachen. Wenn es einem Beatle zu dumm wird, wenn er mit einer Sache nichts mehr zu tun haben will, dann hängt er eben ab.
„weich"	– so viel wie geistig minderbemittelt. Ganz klarer Begriff. Ein Beatle sagt nie: „Ich kam mir wie ein Trottel vor" – er sagt schlicht: „Ich war weich."
„drin"	– so viel wie dazugehörig: zu den Jungen, den Flotten, die den Beat verstehen und mitmachen. Die Verständnis haben für die junge Welle, ob sie nun sieben oder siebzig Jahre alt sind.
„draußen"	– so viel wie nicht drin. Leute, die sich sehr überlegen fühlen, wenn sie über harmlose Verrücktheiten der Jungen herziehen. Verstaubte und verknöcherte Menschen – sie sind alle weit draußen.

Und was heißt eigentlich „Beatle"?
„Beatle" ist eine Mischung aus „Beat" = Rhythmus und „Beatle" = Käfer. Es ist ein Wortspiel, erfunden von John Lennon, der geradezu eine Leidenschaft dafür hat, mit den Worten zu jonglieren und ihnen einen neuen Sinn zu geben.

Journalismus als Menschenjagd

Reinhard Lettau, Jahrgang 1929

Aus: „Kursbuch" 7, September 1966

Die *Berliner Morgenpost* vom 9. März 1966 berichtet unter der Überschrift „Jugendamt soll gegen Gammler einschreiten", daß „erboste Passanten" ihren jugendlichen Mitbürgern zugerufen haben: „Alle ins Arbeitshaus." In dem Bericht findet sich kein Wort des Widerspruchs gegen solche Parolen. Der *Abend* vom 9. März 1966 bezeichnet diese Berliner Bürger, die tatsächlich nur dadurch charakterisierbar sind, daß sie aus Gründen, die niemanden etwas angehen, keine Lust haben, zum Friseur zu gehen, als „verwahrloste Jugendliche". Der *Tagesspiegel* vom gleichen Tage ist etwas differenzierter. Gammler gehören zur „Internationale der beatniks, sind so ungepflegt wie möglich, arbeitsscheu, leicht reizbar, betont krawallfreudig und allergisch gegen Uniformträger". Für diese Allergie scheint der *Tagesspiegel*, der eben sein 20jähriges Jubiläum feierte, kein Verständnis zu haben. Er fährt fort: „Das ‚Recht auf Versammlungsfreiheit', die grundgesetzlich veranker-te ‚Würde und Unantastbarkeit' des Menschen überhaupt führen sie täglich im Munde, wenn sie ihren Mitmenschen so sehr auf die Geschmacksnerven gegangen sind, daß sich die Obrigkeit zum Einschreiten gezwungen sieht."
Die Beispiele für dergleichen Aufforderungen zur Intoleranz, für mangelnden Respekt vor der Meinung und dem Aussehen des Anderen, sind so grob und vielfältig, daß man sich damit begnügen kann, sie aufzuzählen. Aufschlußreich sind z. B. die Berichte über die vorübergehende Festnahme des Sohnes des Regierenden Bürgermeisters, Lars Brandt. Unter der Überschrift „Brandt-Sohn war wieder mal dabei" berichtet der *Kurier* vom 5. März 1966, daß Lars Brand als „Rotzjunge" beschimpft wurde, „weil er sich schützend vor die Gammler gestellt hatte". Die *Morgenpost* gleichen Datums berichtet, daß Passanten „dem Sohn des Regierenden Bürgermeisters wegen seines Eintretens für Toleranz Prügel angeboten" hätten. Sie und die anderen Berliner Zeitungen finden die Tatsache, daß ein Mitbürger in diesem angeblich demokratischen Land physisch bedroht wird, wenn er für Toleranz eintritt, ganz und gar nicht kommentierwürdig. Der *Abend* vom gleichen Tage überschreibt seine Meldung über diesen Vorfall mitleidig-hochnäsig mit dem Schiller-Zitat: „Schnell fertig ist die Jugend mit dem Wort..." Selbstverständliche demokratische Prinzipien zu vertreten, das charakterisiert der *Abend*, den man als eine freiwillige Springer-Zeitung bezeichnen kann, als Jugendleichtsinn. Die *Morgenpost* vom 10. März 1966 spricht von „Mähnenvagabunden". *Die Welt* vom gleichen Tage greift tief in die Saiten. Diese „Zusammenrottungen", schreibt sie, boten „übrigens auch eine Gelegenheit zur Einmischung für kommunistische

230

Provokateure". Sie verschweigt aber, daß genau zwei Tage vorher die Provokationen der von der West-Berliner Presse angestachelten sogenannten Passanten einem Mann Gelegenheit zu antisemitischen Hetzreden gaben, wie man einer Meldung des *Abend* vom Vortage entnehmen kann.

Die Welt liefert ein erschütterndes Beispiel für den Einfluß der Gammler. Das muß man langsam lesen: „Ein junges Mädchen war mit einem sittsam geflochtenen Zopf erschienen, hatte eine Weile zugesehen und dann löste sich die Jugendliche sichtbar auf – mit einer wilden Mähne wurde sie gegenüber den Polizisten renitent." Der *BDM*-Sprache dieses Satzes entspricht der Schluß dieses sogenannten „Berichtes" der *Welt*: „Hier nämlich (in umliegenden Restaurants) gibt es gute Anhaltspunkte für die Behörden, die Zellen dieses Unwesens zu erkennen und, sofern sie sich gegenüber der Bevölkerung als schädlich erweisen sollten, auszumerzen."

Viele der Worte dieses freiwilligen Springer-Schreibers, insbesondere aber das letzte Wort, gehören zweifellos zur Vernichtungssprache der deutschen Konzentrationslager. Was aber noch bedeutsamer ist: dieser Artikel, und mit ihm viele andere, zeigt, daß man es sich zu leicht macht, wenn man sagt, in Deutschland stünde es schlecht um die Demokratie, weil die Deutschen leider eine schlechte Regierung hätten. Der Druck kommt von unten. In Hunderten von Leserbriefen und in Artikeln wie dem oben zitierten werden „die Behörden" immer wieder angefleht, „einzuschreiten". In der *Morgenpost* vom gleichen Tage wurden Leserbriefe veröffentlicht, in denen „Durchgreifen" gefordert wird, und zwar gegen „diese dreckigen Elemente". Vielleicht das schlimmste Zeugnis hierfür findet sich in der *B.Z.* vom 9. März 1966. Dem nun schon üblichen Gammlerartikel ist ein Foto beigefügt, auf dem man ganz deutlich erkennt, wie ein Passant einem jungen, sogenannten Gammler einen Fausthieb versetzt. Schonenderweise hat aber die *B.Z.* das Gesicht des aggressiven Passanten durch einen schwarzen Querstrich unkenntlich gemacht. [...]

Bliebe zu diesem Thema vielleicht noch nachzutragen die sehr leise, lakonische Meldung des *Abend* vom 11. März 1966, derzufolge ein 16jähriger Lehrling, den man gezwungen hatte, sein Beatle-Haar abzuschneiden, Selbstmord beging. An dem Tag, an dem er sich tötete, gab es in West-Berlin keine Zeitung, in der Mitbürger nicht auf das Abscheulichste verunglimpft wurden, weil sie eine Frisur hatten wie er.

231

Nachkriegszeit

Godehard Schramm, Jahrgang 1943

Ich habe gewußt, was Krieg ist, aber nicht spüren können, was er wirklich ist. Vielleicht fiel uns darum die Beschimpfung unserer Väter so leicht. In meinen Schulen ist der Krieg ein „Phänomen" geblieben. [...]
In der Uniform eines Bundeswehrsoldaten war alles eine Übung, ein Spiel. Nichts Ernsthaftes. Diese Uniform schmeckte, wie die ganze Armee, nach einer Verlegenheitslösung. Eine negativ determinierte Armee muß eine Farce bleiben. Unglaubwürdig wie die Adenauerschen Beteuerungen, wie die halbherzigen Europa-Reklamen. Nein, nicht „Nachkriegszeit"! Zeit verräterischer Ratlosigkeit – das könnte stimmen.
Aber das Wort „Nachkriegszeit" hält sich so hartnäckig in unserem Wortschatz ...
Überlistet uns die deutsche Sprache, als könnten die Wörter, klüger als wir, unser wahres Ich uns spiegelhaft enthüllen, uns vorauseilend? Denn sonst müßten wir doch von Friedenszeit sprechen und Fremden zeigen können: seht her, das sind unsere Friedens-Denkmale ... Oder ist der sorglose, landzerstörerische Neu- und Wiederaufbau unsere deutsche Art, Friedensdenkmale zu bauen?
Hamsterhaft sehe ich meine Mutter mit Lebensmittelmarken einkaufen. Hilflos wütend seh ich den noch jungen Vater schimpfen, wenn nach dem „Dritten Reich" gefragt wurde: „Hört doch auf, immer im selben Dreck zu wühlen!" Beide sehe ich in einer beinahe ergreifenden und zugleich heimlichtuerischen Geste die Fotografien ihrer Jugendgeliebten verbrennen – und also verraten. Ein Berg von Falschheit – Nachkriegszeit!
O ja, ich kann das alles verstehen! Das Böse vergessen, als wär's ein sündiger Rausch gewesen, ein großer, blutbefleckter Rausch. Endlich aus dem Land in fremde Länder reisen, nichts mehr von unseliger Politik wissen wollen, ungeschehen machen, einfach leben und wennschon, dann soll man halt alles zulassen. Und so geschah es, das Wunder, das deutsche: der andere Rausch – tausend Möglichkeiten nebeneinander gelten lassen, Toleranz und Pluralismus und und und. Den bösen Traum abschütteln und sich überfluten lassen von allem, den Minderwertigen spielen, den Sitzengebliebenen, den deutschen Trottel – auch das: Nachkriegszeit. Verrat als überall konvertierbare Währung. [...]
Ich habe noch den bitteren Nachgeschmack der vergeblichen Vergangenheitsbewältigung manchmal auf den Lippen. Leichenfledderei – weil ohne Konsequenzen. Dieser suggestive Irrtum: man könne neu beginnen – ohne Auswechseln aller Beteiligter! So wurde uns 1945 als das Jahr Null eingeschwatzt. Nachkriegsbetrug!

Die außerparlamentarische Opposition

Rudi Dutschke

Aus: „Der Spiegel", 10. Juli 1967

Spiegel: Herr Dutschke, Sie studieren an der FU (Freie Universität) und gelten als einer der intellektuellen Urheber der Studentenunruhen in Berlin.

Dutschke: Ich denke, daß Personen gesellschaftliche Konflikte aktualisieren, aber nicht produzieren können. Ich bin in dieser Auseinandersetzung zwischen der Obrigkeit und den antiautoritären Studenten von West-Berlin einer der Studentenführer, wenn Sie so wollen. Aber ich könnte diese Rolle nicht spielen, wenn es die vielfältigen Konfliktsituationen studentischen Lebens nicht gäbe.

Spiegel: Es ist die Rolle eines Revolutionärs, die Sie spielen?

Dutschke: Ich denke, daß sich heute – die Bezeichnung Kommunist, Sozialist oder was auch immer besagt dabei nichts mehr – derjenige als Revolutionär begreifen muß, der durch intellektuelle Arbeit und sinnliche Erfahrungen zu der Erkenntnis kommt, diese Gesellschaft kann und soll verändert werden. Diese Gesellschaft ist unfähig, sich aus sich heraus qualitativ zu verändern.

Spiegel: Warum gehen Sie nicht in eine Partei, um Veränderungen zu bewirken?

Dutschke: Die Parteien lassen sich nur noch als Instrumente der Exekutive benutzen. Wie steht es um die innerparteiliche Demokratie bei CDU und SPD? Wo ist da noch Selbsttätigkeit der Parteimitglieder? Was geschieht auf den Parteitagen? Die Parteitage von CDU und SPD entsprechen den stalinistischen Parteitagen der KPdSU der dreißiger Jahre: keine Selbsttätigkeit von unten, nur noch Manipulation von oben; Führer, die keinen Dialog mit ihrer Basis führen; verselbständigte Führungselite, die es gar nicht mehr will, daß eine Diskussion stattfindet – weil nämlich die praktisch-kritische Diskussion Ausgangspunkt der Infragestellung der bürokratischen Institutionen wäre. Und das will man nicht. Die Parteien sind nur noch Plattformen für Karrieristen.

Spiegel: Die ganze Richtung paßt Ihnen nicht?

Dutschke: Ich denke, daß die Parteien und das Parlament nicht mehr die Wünsche, Interessen und Bedürfnisse von vielen Menschen repräsentieren. Wir haben eine Interessendemokratie. Eine Vielfalt von Interessengruppen trifft sich an der politischen Börse und macht in der Anerkennung des bestehenden Staates nur noch einen Scheinkampf um den Anteil am Brutto-Sozialprodukt.

Spiegel: Sie möchten an der Börse mitspielen?

Dutschke: Die Studentenschaft war in der Geschichte der Bundesrepublik an dieser

Börse von Anfang an nicht beteiligt, kann darum am Ende des Wirtschaftswunders erst recht von der Börse als gleichberechtigter Partner – gleichberechtigter Partner in Anführungszeichen – nicht akzeptiert werden. [. . .]

Spiegel: Sie sind für die Abschaffung des Parlamentarismus, so wie er in der Bundesrepublik heute existiert?

Dutschke: Ja. Ich denke, daß wir uns nicht zu Unrecht als außerparlamentarische Opposition begreifen. [. . .] Wenn wir sagen *außer*parlamentarisch, soll das heißen, daß wir ein System von direkter Demokratie anzielen – und zwar von Rätedemokratie, die es den Menschen erlaubt, ihre zeitweiligen Vertreter direkt zu wählen und abzuwählen, wie sie es auf der Grundlage eines gegen jedwede Form von Herrschaft kritischen Bewußtseins für erforderlich halten. Dann würde sich die Herrschaft von Menschen über Menschen auf das kleinstmögliche Maß reduzieren.

Spiegel: Das ist eine uralte Utopie.

Dutschke: Ich denke, wir können gegenwärtig sicherlich nicht davon ausgehen, daß die Herrschaft von Menschen über Menschen insgesamt in absehbarer Zeit verschwinden wird. Aber ich denke, daß diese Gesellschaft im Laufe eines langen Prozesses der Bewußtwerdung von vielen und immer mehr werdenden Menschen tatsächlich das Stadium erreicht, da die Menschen das Schicksal in die eigene Hand nehmen können, nicht mehr bewußtlos als unpolitische Objekte von oben durch die Bürokratie, durch das Parlament oder durch was auch immer manipuliert werden. [. . .]

Spiegel: Herr Dutschke, wie viele Studenten an der Freien Universität – würden Sie glauben – hegen dieselben oder ähnliche Gedanken wie die, die Sie in diesem Gespräch geäußert haben?

Dutschke: Hunderte haben den bewußten Wunsch nach direkter Veränderung ihrer individuellen und gesellschaftlichen Situation.

Spiegel: Ein paar hundert von 16 000?

Dutschke: Tausende sympathisieren mit uns. Unsere Vollversammlungen beweisen es.

Spiegel: Sie halten sich nicht für einen versponnenen Einzelgänger?

Dutschke: Nein.

Spiegel: Herr Dutschke, wir danken Ihnen für dieses Gespräch.

1968–1977

7

Trau keinem über 30

Viele von uns wurden mit dem Polizeiknüppel politisiert.

Gaston Salvatore

Es hilft nichts, das Unvollkommene heutiger Wirklichkeit zu höhnen oder das Absolute als Tagesprogramm zu predigen. Laßt uns statt dessen durch Kritik und Mitarbeit die Verhältnisse Schritt für Schritt ändern! Ich verstehe den Unwillen über alle Trägheit in der menschlichen Gesellschaft bis in die Kirchen hinein. Zeitlebens bin ich selber ein ungeduldiger Mensch gewesen. Ich bin es immer noch... In dieser meiner eigenen Ungeduld verstehe ich sogar die radikalen Gruppen der unruhigen Jugend. Aber gerade sie kann ich aus meiner eigenen Ungeduld nur zur Verstärkung derer rufen, die den langen Marsch der Reformen bereits vor ihnen angetreten haben und fortzusetzen entschlossen sind.

Gustav W. Heinemann, 1969

„Alles ist politisch", „Trau keinem über dreißig", „Macht kaputt, was euch kaputtmacht" – mit diesen und ähnlichen Parolen revoltierte die studentische Jugend 1967/ 1968 gegen den Staat ihrer Väter. Der seit einigen Jahren schwelende Generationenkonflikt brach in voller Schärfe aus: Nicht mehr Äußerlichkeiten wie lange Haare und Gammel-Look standen zur Diskussion, sondern grundsätzliche politische Themen. Dabei stellten die Kinder der Nazi-Generation jede Autorität in Frage und verachteten alle „über dreißig", weil die erst blind Hitler nachgelaufen waren und dann nach 1945 kein sozial gerechteres Gemeinwesen geschaffen hatten.

Die 68er erprobten neue Formen des Zusammenlebens, gründeten Kommunen, die Vorläufer der heutigen Wohngemeinschaften, und antiautoritäre Kinderläden; sie wechselten ihre „Beziehungskisten", funktionierten Vorlesungen in Teach-ins, Versammlungen in Sit-ins und Happenings um, kurz: pfiffen auf das Establishment. Bis in die Wohn- und Klassenzimmer hinein schwappte die antiautoritäre Welle.

In den Großstädten demonstrierte die Jugend gegen den Vietnam-Krieg und die Notstandsgesetze, gegen den Hunger in der Dritten Welt und gegen Atomraketen. Verkrustete kapitalistische Gesellschaftsformen wollte sie umkrempeln und die Massen mobilisieren. Seit die SPD zusammen mit der CDU/CSU in Bonn regierte (Große Koalition 1966–1969), wandte sich die junge Linke enttäuscht von Willy Brandt ab und begriff sich als Außerparlamentarische Opposition (APO). Mit der Kampagne „Enteignet Springer" versuchte sie auch die Arbeiter politisch zu motivieren, doch der Funke sprang nicht über, die theoretisierenden Studenten erreichten nicht den einfachen Mann in den Fabriken, der längst nicht so unzufrieden war wie sie – und wie sie annahmen. Nur Rudi Dutschke (1940–1979), führender Kopf des Sozialistischen Deutschen Studentenbundes (SDS), besaß Ausstrahlung und demagogische Fähigkeiten. Als er im April 1968 durch ein Attentat schwer verletzt wurde, gingen in der ganzen Bundesrepublik noch einmal Zehntausende auf die Straße. Danach verlor die Studentenbewegung an Kraft, und mit Beginn der sozial-liberalen Koalition 1969 verlor sie zudem ihren erklärten Gegner: Die Konservativen saßen nun selbst auf den Bänken der Opposition.

Kanzler Brandt band mit dem Versprechen, mehr Demokratie zu wagen, die APO in seine Politik ein. Die 1972 erlassene Amnestie für „Demonstrationsdelikte" bewirkte, daß die aufmüpfigen Studenten nicht in den Untergrund abtauchten, sondern weiterstudierten und bürgerliche Berufe ergriffen. Da die neue Regierung ihre Impulse in Reformen umzusetzen begann, verlor die aktive Politik für die Jugend an Interesse – eine Hinwendung zum Privaten, die sich auch in der Literatur spiegelte (neue Innerlichkeit).

Im Bildungsbereich geschah etwas für die Chancengleichheit, das Volljährigkeitsalter wurde 1974 von 21 auf 18 herabgesetzt, die Position der Auszubildenden rechtlich besser abgesichert, der § 218 entschärft. Unter dem Motto „Mein Bauch gehört mir" hatte sich dafür vor allem die Frauenbewegung stark gemacht, die seit den frühen siebziger Jahren für die Gleichberechtigung der Frau in Familie, Beruf („Gleiches Geld für gleiche Arbeit") und in den Parteien ficht.

Mit dem zunehmenden Drogenkonsum von Schülern und Lehrlingen, vor allem aber von arbeits- und ausbildungslosen Jugendlichen schob sich ein neues Problem in den Vordergrund. Vom Hasch stiegen sie rasch auf harte Drogen um, oft sackten sie in die Kriminalität ab.

Eine kleine radikale Gruppe junger Männer und Frauen kappte alle Bindungen und sagte unserem Staat den „bewaffneten Kampf" an. In ihrer ideologischen Verblendung meinten die Terroristen, ihr Unbehagen an der parlamentarischen Demokratie berechtige sie zu Sprengstoffanschlägen und brutalen Morden. Nach dem Alptraumjahr 1977 verlor die RAF auch in der extremen Linken ihren Rückhalt, es wuchs aber eine zweite und dritte Terroristengeneration nach, die Mitte der achtziger Jahre erneut schwere Verbrechen verübte.

Politiker wie Bundespräsident Heinemann und sein Nachfolger Walter Scheel bemühten sich, der unruhigen Jugend gerecht zu werden. Ihrer überkritischen Haltung, der „Staatsverdrossenheit", ging Scheel in einer Rede vom 8. Oktober 1977 auf den Grund: „Ist die ältere Generation daran so ganz unschuldig? Vielleicht hat sie, bewußt oder unbewußt, vom Nationalsozialismustrauma geplagt, den Eindruck vermittelt, man könne den Staat eher lächerlich machen als ihn vergöttern. Beides ist gleich falsch. Aber man fällt von einem Extrem allzuleicht in das nächste. Das richtige Verhältnis eines demokratischen Bürgers zu seinem Staat würde ich mit den Worten ‚kritische Sympathie' beschreiben. Haben wir so etwas unseren Kindern vorgelebt?"

Gespräch mit zwei SDS-Leuten

Tagebuch

Max Frisch

Berzona, März 1968. Gespräch mit zwei SDS-Leuten in Canero. Sie heißen Wetzel und Amendt; einer sehr schick und fröhlich, der andere mit blondem Ernst, aber auch weltmännisch. Zum Glück habe ich in letzter Zeit einiges in dieser Sache gelesen. Spät genug, aber grad noch zur Zeit – sonst hätten sich die beiden nicht entfalten können. Ihre kanalisierte Intelligenz. Jemand am Tisch hält sich bei Frage oder Widerspruch nicht an die Terminologie, er scheidet aus. Das richtige Bewußtsein hat jetzt sein Vokabular. Die revolutionäre Masse, die Arbeiterschaft, wird viel zu lernen haben, um zu begreifen, daß ihre Erlösung gemeint ist und daß sie für ihre Erlösung unentbehrlich sein wird. Zum Establishment sehr offen: Zur Zeit können Sie uns noch nützen, später natürlich nicht mehr. Abends langes Spaghetti-Essen mit Chianti und Feuer im Kamin. Aufklärer mit Bereitschaft zur Gewalt, dabei die Zauberformel: Gewalt gegen Sachen, nicht gegen Personen. Und wenn die Sachen bewacht werden von Personen? Es wird Tote geben.

RICHTIG
STUDIEREN
HEISST:
MIT SICH
SELBST
UNZUFRIEDEN
SEIN!

Wandbeschriftung an der Pädagogischen Hochschule in Berlin im Jahr 1968.

238

Über die Praxis der Schülerbewegung

Ezra Gerhardt

Aus dem von Günter Amendt herausgegebenen Taschenbuch
„Kinderkreuzzug oder Beginnt die Revolution in den Schulen?"
(1968)

An die Lehrer.
Mit den Lehrern meine ich natürlich nicht die üblichen Lehrer. Da gibt's nichts mehr zu reden, da macht man nur noch was. Aber da taucht plötzlich eine ganz neue Sorte auf. Sozialistisch nennen die sich. Und üben Solidarität, mit den Schülern, natürlich. Wie wir uns gefreut haben!
Mit den neuen Lehrern gab's eine neue Kampagne. Die Kampagne nannte sich: „Ihr müßt verstehen . . . " Wir verstanden. Aber plötzlich durfte man's Maul nicht mehr aufmachen. „ . . . da steckt doch der Genosse Lehrer drin!" Und dann wurde Solidarität geübt und gemeinsam um die gefährdete Lehrerexistenz gebangt.
Aber Zensuren gab's trotzdem. Und wer gefehlt hat, hat eben gefehlt. Dafür gibt's nun mal das Klassenbuch. *Minna von Barnhelm* hat er auch mit uns gelesen. So sind nun mal die Vorschriften.
Dafür gab's mal 'nen flotten Brecht.
Wenn ihr ratlos dasteht und uns fragt, was ihr überhaupt machen könnt als Lehrer, dann antworten wir:
Im Unterricht nichts. Bei Konflikten auch nichts. Haltet euch da raus. Aber sonst könnt ihr sehr viel machen:
Zum Beispiel: Uns eure Wohnung zur Verfügung stellen, damit wir's mal ruhig treiben können.
Zum Beispiel: Einen Spionagedienst einrichten, damit wir uns auf alles schön einrichten können (Klassenbücher klauen etc.).
Zum Beispiel: Euch in der Klasse für alles entschuldigen, was ihr tut, vielleicht wird dann den anderen Schülern auch mal klar, was ihr für Scheiße baut, bauen müßt.
Jedenfalls von pädagogischen Experimenten haben wir genug. Vielleicht merkt mancher nach der zehnten Zwangsversetzung, daß er in der Schule als Lehrer uns nicht helfen kann. Vielleicht können wir dann mal was *zusammen* machen. Das glaube ich sogar.

Propaganda der Tat

Michael Baumann

„Bommi" Baumann (geb. 1948), einer der Gründer der „Bewegung 2. Juni" und als Terrorist steckbrieflich gesucht, forderte schon früh seine Freunde auf, „die Knarre wegzuschmeißen". Er wuchs in Ost-Berlin auf und arbeitete als Betonbauer. 1967 stieß er zur Kommune I, wurde einer der „umherschweifenden Haschrebellen" und lebte jahrelang im Untergrund und im Ausland. 1975 erschienen seine Selbstbekenntnisse „Wie alles anfing" (hier folgt ein Ausschnitt aus dem 2. Kapitel über die Jahre 1966–1968), die zunächst verboten wurden. Wegen Bankraubs und eines Sprengstoffanschlags verbüßte er ab 1981 eine dreieinhalbjährige Freiheitsstrafe.

Die Revolution machst du ja auch für dich selber, die muß alle Spektren enthalten, daß du dich darin entfalten kannst und irgendwie in die richtige Bahn kommst, damit dich nicht immer wieder kleinbürgerliche Geschichten zurückwerfen, je radikaler du rausbrichst, um so besser eigentlich. Die herkömmlichen Mechanismen, die auf dich einwirken, sind viel stärker, als wenn du für dich selber eine extreme Ausnahmesituation schaffst durch irgend'ne Handlung, irgend'ne Tat, mit der kommst du dann doch besser klar, weil du an irgend einer Stelle das Handeln bestimmst. Da wird nicht mit dir gemacht, sondern du hast noch Einfluß darauf. Dann kommt es darauf an, ob du deine Stärke richtig eingeschätzt hast, das ist auch ein eigenes Erkennen gleichzeitig.

Es gibt dann noch die Propaganda der Tat, das ist etwas anderes, da entscheidest du zwar auch für dich, aber innerhalb einer Massengeschichte, ganz konkret in einer Straßenschlacht. Da bildest du die Propaganda der Tat, indem du da irgendwo in der ersten Reihe stehst und Steine gegen die Knülche wirfst. Dein Verhalten agitiert in dem Rahmen anders, als wenn du eine Nacht- und Nebelaktion machst, die wieder durch Medien bekannt wird. Da ist die Entscheidung viel individueller für dich beschlossen. Bei so einer Straßenschlacht ist es die Propaganda der Tat. Da machst du es auch nicht mehr als einzelner. Daß ein paar Leute sich zusammentun und Steine schmeißen und die Bullen einfach nicht rankommen lassen, da wird für die anderen Stärke demonstriert, dann machen sie mit, dann können sie zeigen, wir sind nicht nur Schlachtvieh, und kriegen immer den Knüppel auf den Kopf, wir können uns wehren, das geht, das ist ein anderes Verhältnis, es gibt eben mehrere Facetten da auf dem Gebiet.

Bis zu dem Attentat auf Rudi [Dutschke am 11. April 1968] war ich dann schon voll in den politischen Geschichten drin, habe mich auch als politisch Handelnder verstanden. Ganz bewußt und habe Revolution auch schon als Alternative gesehen, als Vorbild Kuba oder China, oder auch die Vorkommnisse in Kronstadt [1921 wurde ein Matrosenaufstand durch die Rote Armee niedergeworfen]. Rußland oder DDR hatten mir immer weniger gesagt zu der Zeit. Das hab ich alles so gekannt. Ich lese seit 65 gerne und viel, und habe immer irgendwie ein Buch mitgehabt und gelesen in den Arbeitspausen oder im Bus, ich lese ja keine Springer-Zeitung.

Ich bin dann aus der K I raus und bin wieder arbeiten gegangen. Ich habe manchmal zuhause gewohnt, oder teilweise gab es dann schon andere Wohnungen von den Dope-Leuten in Berlin. Da ist denn über das Livingtheatre doch schon die Droge nach Berlin gekommen.

Da ich eben zu allen Scenes Zugang hatte, zur Polit-Scene genauso wie zur Dope-Scene, konnte ich mich dann breiter bewegen, in so'ner Vorstadt wie Märkisches Viertel genauso wie in so'ner Arbeiterkneipe. Das war eigentlich ein ganz gutes Verhältnis, also habe denn wie gesagt och manchmal in so'ner Bude in Kreuzberg gehaust oder habe auch manchmal in so'ner Band Beatmusik mitgemacht, so Mundharmonika, habe gesungen, war fürchterlich bestimmt, aber hat einfach Spaß gemacht. Gearbeitet habe ich immer auf dem Bau als Steinsetzer oder eben als Betonbauer.

Zu Ostern habe ich Rudi schon gekannt, aus dem SDS und überall her. Der Rudi war auch anders als die Studenten. Ich war oft mit ihm zusammen in der Uni-Mensa, wo ich denn da gegessen habe, ist sowieso billiger, habe am Tisch mit ihm gesessen und denn gequatscht oder habe denn später auf sein Kind aufgepaßt. Ich habe mit Rudi immer ein duftes Verhältnis gehabt. Er war ein abgefahrener Typ, verstehst du, auf seinem Level echt ein higher Typ gewesen. Das hat ja eigentlich seine ganze Ausstrahlung ausgemacht. Darum war er auch irgendwo der wichtigste Mann, den

Rudi Dutschke durchbricht mit SDS-Freunden die Gittersperren vor dem Gerichtsgebäude in Berlin-Moabit am 27. November 1967, dem ersten Verhandlungstag gegen Fritz Teufel. Unter Einsatz von Schlagstöcken und Wasserwerfern treibt die Polizei die Demonstranten auseinander. Am 22. Dezember 1967 wird der Kommunarde Teufel von der Anschuldigung, bei der Anti-Schah-Demonstration am 2. Juni 1967 mit Steinen geworfen zu haben, freigesprochen.

wir hatten, weil er war ja wirklich voll drauf, kannste sagen. Rudi war echt in Ordnung, war och ein solidarischer Typ und ein dufter Kerl.

Seine Reden waren immer so abstrakt, die hat ja kein Mensch verstanden, also ich nicht, aber wenn du so mit ihm gesprochen hast, da war er irrsinnig dufte, war ein ganz normaler, ganz natürlicher Mensch wie jeder andere, und das ist ja echt das Wichtigste. Aber er hat eben die Power, da hast du sofort gesehen, der Mann, das ist kein Bücherwurm oder Sprücheklopper, der steht echt hinter seiner Sache. Wenn du ihn oben im SDS in der Wohnung gesehen hast, hat er immer aufgeräumt und gesorgt.

Bei dem Typ hast du gemerkt, der betrügt dich nicht.

Das ist ja auch eine wichtige Sache, warum viele Arbeiter nicht auf diese Studentensache eingestiegen sind. Instinktiv siehst du immer, das ist ja eigentlich der Typ von oben, mit dem du immer den Trouble hast. Da ist ja immer noch das gesunde Mißtrauen. Irgendwo ist das Mißtrauen denn doch noch so verwurzelt, das ist eigentlich noch das letzte intakte Klassenbewußtsein, das beim Arbeiter noch da ist. Daß sie auf diese Studentensache, diese APO-Sache, nicht eingestiegen sind, ist echt eine Frage von Klassenbewußtsein.

Gerade die deutsche Arbeiterklasse ist nun von allen immer wieder verschaukelt worden, sei es nun von den Sozis, oder von Mad-Hitler. Jeder ist gekommen und hat sie nur angeschissen, die Reihe durch, von rot bis schwarz, von links nach rechts, das ist in keinem Land so gelaufen wie in Deutschland, und da ist es klar, daß sie auf nichts mehr einsteigen.

Und bei Rudi, so'nem Typen, hast du sofort gemerkt, der ist in Ordnung, der Typ, der geht genauso wie du durchs Feuer. Der verkrümelt sich nicht, wenn es Dicke kommt. Bei den anderen Studenten habe ich rein emotional erst einmal für mich die Sache abgescheckt, wie verhält er sich auch wo anders.

Wenn ich heute überlege, wie ich rein emotional oder rein instinktiv die Leute gesehen habe, hat sich das jetzt bestätigt. Da sind einfach so'ne Jungs gewesen, bei denen schon immer irgendwo eine gewisse Arroganz da war, echt. Da war dieses Mißtrauen auch berechtigt. Ich habe da erst mal so zugehört und abgescheckt, weil ich mich da erst mal so reindenken mußte in solche Sachen, solche Prozesse. Ich habe da nie groß was gesagt.

Ich bin aus meinen Kreisen eigentlich so ganz alleine rübergedropt. Den Polittrip haben nicht so viele mitgemacht, da war ich so der Erste, aus diesen Kreisen, der da echt eingestiegen ist. Ich habe immer Flugblätter mitgenommen so zur Arbeitsstelle zwischendurch, oder Maobibeln oder „Enteignet Springer"-Plaketten oder das Extrablatt [Vorläufer des Extradienst. Wochenzeitschrift der Berliner APO]. Überall wo ich war, habe ich Flugblätter durchgesteckt, oder Freunden, die ich noch aus der Schule kannte, habe ich Bücher in die Hand gedrückt. Also den Kreis, den ich gerade so erreicht habe, habe ich versucht zu agitieren.

242

Handschellen

Reiner Kunze

Dieser Text bezieht sich auf das Ende des „Prager Frühlings": Am 21. August 1968 besetzten Truppen des Warschauer Paktes die seit Anfang des Jahres einen liberaleren Kurs steuernde Tschechoslowakei. Zum Entsetzen vieler DDR-Bürger nahmen an dieser Aktion auch Einheiten der Nationalen Volksarmee teil. – Reiner Kunze (geb. 1933), der 1977 aus der DDR in die Bundesrepublik übersiedelte, verschärft seine Anklage durch den Hinweis, daß die Nazi-Verbrecher 1945 von den Siegermächten menschlicher behandelt wurden als ein Jugendlicher in der DDR 1968.

„Nach einer letzten Inspektion . . . wurden wir, jeder von einem Soldaten begleitet, aber ohne Handschellen, am 19. November 1945 zum erstenmal in den Gerichtssaal geleitet . . ." (Albert Speer, Angeklagter im Nürnberger Kriegsverbrecherprozeß)

„Ich war nur vier Monate inhaftiert, dann kam die Amnestie", sagte S., Pfleger in einer thüringischen Heilanstalt. „Ich hatte Flugblätter gegen den Einmarsch in die Tschechoslowakei hergestellt und in der Nacht vom 25. zum 26. August an Bäume und Klingelbretter gezweckt. Ungefähr acht. Aber ich hatte noch mehr. Den Text weiß ich nicht mehr genau. Am Schluß hieß es: Bürger, erwacht! . . .
Schlecht bin ich während der Haft nicht behandelt worden. Nur vor dem Untersuchungsgefängnis haben sie mich an den Haaren aus dem Auto gezogen . . . Und dann mußte ich nackt vor den Polizisten stehen und die Anstaltsordnung lesen . . . Einmal haben die Schließer mit mir Fangball gespielt – das heißt, ich war der Ball. Da wird man von einem zum anderen gestoßen, und manche stehen so, daß man sie nicht sieht; dann denkt man, man stürzt. Hinterher zittern einem ganz schön die Knie . . .
Zur Verhandlung bin ich in Handschellen und unter zwei Mann Bewachung über den Gefängnishof geführt worden. Das Urteil lautete auf anderthalb Jahre Jugendgefängnis. Das ist nicht Werkhof, sondern schärfer. Aber in der Begründung hieß es, das Gericht habe mein Alter berücksichtigt, und deshalb sei die Strafe so mild ausgefallen. Ich war fünfzehn."

Hauptsache man erlebt was

Wolfgang Bauer

1941 in Graz geboren. Seine Stücke, eine „Mischung aus grellen Effekten, trivialen Sensationen und sprachlicher Authentizität" (B. Henrichs), machten Anfang der siebziger Jahre auf den deutschen Stadttheatern Furore. – „Change" wurde 1969 in Wien uraufgeführt. Blasi, ein Schlosser aus der Provinz, will Maler werden; als erstes spannt er dem Maler Fery die Freundin (Guggi) aus. Bild II:

Die Damen- und Herrenboutique Peter & Mary. Finster auf der Bühne. Man hört Blasis Horex Regina heranbrausen, leise auslaufen. Schritte. Manipulieren an einem Schloß. Kratzen. Feilen. Sperrversuche. Hämmern, Klopfen. Leichtes Rütteln – längere Zeit; dann öffnet sich eine Tür, die Schritte auf der Bühne – im Modelager der Boutique.

Blasi   Jetzt müßte man wissen, wos Licht is. *Es wird Licht. Blasi betrachtet erfreut die Umgebung.* Komm rein! Ja, komm schon! Draußen tät i net stehnbleiben.

Guggi   Du bist wahnsinnig, Blasi!

Blasi   Ich?! Wieso bin ich wahnsinnig?

Guggi   Du machst noch Licht!

Blasi   Sonst sich i ja nix.

Guggi   Daß du da einfach einbrichst! Du spinnst.

Blasi   Schließlich und endlich bin ich ja gelernter Schlosser.

Guggi   Und wenn wer kommt?

Blasi   Wer soll kommen? Is jetzt vielleicht Hauptgeschäftszeit? Vier Uhr früh. Genau die richtige Tageszeit zum Einkaufen.

Guggi   Einkaufen, du bist vielleicht a Nummer...

Blasi   Hast du gsagt, ich soll mir was zum Anziehn kaufen oder net?!

Guggi   Ja, aber doch net so... gemma lieber.

Blasi   Du hast vollkommen recht, i brauch neue Hadern. I bleib jetzt in Wien; ein Maler meines Formats muß piekfein gschalnt sein. Da gibts ja wirklich die herrlichsten Sachen... *Kramt.* Such du dir auch was aus!

Guggi   Such du zuerst... ich sag, obs paßt oder nicht.

Blasi   Was heißt paßt... *Schlüpft in ein Sakko, hält ein grelles Hemd dazu.* Geht das? Was?

Guggi   *holt schüchtern eine grüne Hose heraus:* Die dazu... *betrachtet ihn –* sehr dezent.

Blasi   *entsetzt:* Dezent is das?

Guggi lacht: Eben nicht... *sieht eine Kappe* – setz auf! Wunderbar! Großartig...
    Blasi betrachtet sich sichtlich zufrieden in einem Spiegel.
Blasi   Schön! Ich bin richtig schön...
Guggi   Aber wirklich!
Blasi   Such dir auch was aus.
Guggi   Ich hab Angst.
Blasi   Blödsinn... mir kann heut nix passieren... ich spür das genau... ich bin
    einfach in Form... weißt, es gibt Momente, Puppihasi, wo man einfach in
    Form is...
Guggi   *hält sich Mini vor:* Schau.
Blasi   Gekauft.
    Sie suchen weiter, sie schmücken sich.
Guggi   *beiseite:* Sag, stehst du wirklich so auf mich?
Blasi   Ich steh auf alles, was sagst zu der Kravattn?
Guggi   Na... ja schön... sag stehst wirklich so auf mich?
Blasi   Was heißt „so"?
Guggi   Na, i frag nur...
    Pause. Sie probieren.
Blasi   A, du meinst, weil ich die ganze Zeit „ich liebe dich" gsagt hab?
Guggi   Schau, paßt das?
Blasi   Na. Weil ich das gsagt hab?
Guggi   Ja, deswegen auch...
Blasi   *zieht Jacke an, tanzt vor dem Spiegel:* Ich liebe dich! Ich liebe dich! Ich liebe
    dich! *Zeigt sich die Zunge.* Weißt, was das is?
Guggi   Na. *Wirft ein Kleid beiseite.*
Blasi   Das ist genauso wie: Mahlzeit! Mahlzeit! Mahlzeit! oder Guten Morgen!
    Guten Abend!... oder wie au weh! oder wie sehr schön, sehr schön, sehr
    schön! Das is halt irgendwas, was man sagt...
Guggi   Bei dir kenn ich mich ehrlich gsagt no net ganz aus.
Blasi   Weißt, was man sagt, is egal, die Hauptsache man erlebt was dabei... man
    kann in einem Tag mehr erleben als andere in ihrem ganzen Leben... *Zieht
    Bademantel an.* Du mußt das Glück wie ein K r r r a k e gierig an dich
    reißen... uuuäääääää! *Er geht mit krakenartigen Bewegungen auf sie zu, sie
    weicht erstaunt kichernd zurück, schließlich umfängt er sie mit seinen
    Tentakeln.* Uäääääää!
    *Sie entkommt, er kreist sie langsam und „magisch" wieder ein, uäääääää
    brüllend.*
Guggi   Schrei net so!
    Blasi wird aber immer lauter.
    Bitte, sei still!

Er wirft sie auf die Kleider, umtanzt sie, leiser werdend, liebliche Laute ausstoßend, beugt sich über sie und zwitschert wie ein nettes Vogerl, kitzelt sie. Er soll bedrohlich, unberechenbar, witzig sein.

Blasi   „Ich liebe dich!" *Kitzelt sie.* Uäääääää! *Zwitschert wieder. Sticht sie mit dem Finger in den Bauch. Man hört einen Wecker abgehn.*

Guggi   Was ist das?

Blasi   Wecker. Jetzt aber nix wie weg. *Er rafft soviel Kleider er halten kann zusammen.*

Guggi   Laß die Sachen!

Blasi   Nimm auch was mit.

Guggi   Laß die Sachen da, *will ihm die Kleider entreißen.*

Blasi   Bist still!

Guggi   *reißt an seinen Kleidern:* Laß! *Schreit:* Du bist ja wahnsinnig!

Blasi   *wirft die Kleider zu Boden, schlägt Guggi brutal nieder:* Dummes Hendl! *Nimmt wieder die Sachen, rennt hinaus, läßt seine Horex Regina an, rauscht ab.*

Vorhang.

Der junge Herr C. – und ich
Über einen Generationsbruch in Deutschland

Horst Krüger, Jahrgang 1919
Aus: „Süddeutsche Zeitung", 2./3. Januar 1971

Gestern abend auf dieser Party. All die Versuche mit C. wieder; soviel Vergeblichkeit, unbeschreiblich. Er kam erst nach elf in die Gesellschaft. Er kam jung, bleich, wild, zugleich sehr schick und brachte mit seinem Mädchen einen Hauch von Revolution in diesen gediegenen Kreis: Professoren, die gleich etwas verängstigt aufblickten. Die jungen Leute hier in der Stadt gehen neuerdings ja abends zu Demonstrationen, zum Sit-in, zum schönen Handgemenge mit der Polizei wie die älteren zum Symphoniekonzert. Sie sind abonniert auf Protest wie ihre Eltern auf „Tosca" und fragen sich nachts beim Auseinandergehen, also so gegen zwei in der Morgenstunde: Und wohin gehen wir morgen abend? Treffen wir uns beim Amerikahaus, beim israelischen Reisebüro oder beim spanischen Konsulat? Wo ist denn was los morgen abend, hier in der Stadt?
Deshalb also, nur deshalb kam er verspätet, der junge Herr C., von dem ich immer nicht weiß, nicht ausmachen kann, was er eigentlich treibt: tagsüber und bei Sonnenschein. Solche Fragen sind merkwürdig unstatthaft, unziemlich geworden: Ist er eigentlich nun ein Student, ein Künstler, ein Filmmacher, ein Verschwörer? Sind das die Tupamaros? Ich meine manchmal, man könnte sie auch für die jüngste, modische Variante jenes bourgeoisen Völkchens halten, das bei Puccini noch schlicht „Die Boheme" hieß. Die Stadt ist ja voll von solchen liebenswerten und aufgeregten Geschöpfen: Wuschelköpfen, Pilzköpfen, Black-Panther-Köpfen, wütenden Anarchisten, Christusgestalten, gewaltigen Bartträgern, also Oberammergauern, die alle wie Söhne Bakunins aussehen, obwohl sie meistens nur Söhne von Autohändlern, von Schuhfabrikanten und Oberregierungsräten sind, aus Wiesbaden-Biebrich zum Beispiel. Es ist sicher: Die Stadt, ach, unsere ganze Republik ist schöner geworden im Bild dieser neuen Jugend, die die Kostüme der Revolution, ihre Protestgewänder anmutig und lässig trägt wie Mannequins. Es ist Deutschlands beste und fröhlichste Jugend, die von 1970. So etwas Ungebrochenes und Freies, auch Freches, hatten wir mindestens seit 1848 nicht mehr. Zunächst also, meine ich, muß man sie einfach gern haben.
Gestern abend also bei dieser Party, beim immer neuen Versuch des Gesprächs, Versuch, sich an ihn heranzuschleichen, seine Welt auszuspähen, also Kommunikationsversuche, wurde mir plötzlich auf eine abrupte und lähmende Weise bewußt: Gib auf, laß das sein, es ist sinnlos, da dringst du nicht ein. Ob es an seiner Nickelbrille lag, die, modisch dürr, mich immer an unsere Gasmaskenbrillen 1940 erinnerte? Ich wußte plötzlich: Das ist eine vollkommen neue Generation, die in

einer ganz anderen Welt lebt als du – unvergleichlich. Eigentlich sind wir ja nur dreißig Jahre auseinander, aber es ist wie hundert Jahre. Es führt keine Brücke über diesen Abgrund der Zeit, der uns trennt. Er und ich, das ist noch einmal Deutschland, zweigeteilt. Es sind einfach dreißig deutsche Jahre dazwischen, natürlich besondere, extreme Jahre: 1940 und 1970, zweimal zwei Zwanzigjährige. Was ist das eigentlich für ein Volk, dachte ich, in dem es solche Generationssprünge, so radikale Brüche und Zeitschübe gibt? Ich bin ja nicht gerade ein Traditionalist. Ich war schon immer der Meinung, daß jede Generation sich selbst durchwursteln muß, Erfahrungen sind eigentlich nur machbar, nicht überlieferbar, und schließlich und endlich hängt jede Generation doch an ihrem eigenen Galgen. Aber etwas Berührung, ein Hauch von Nähe und Nachbarschaft sollte doch sein. Zum Beispiel das Wort: Du, Du, ich höre Dich, die Väter die Söhne, und umgekehrt. So etwas ist nicht mehr möglich. Es ist nicht mehr möglich hierzulande, daß ein Fünfzigjähriger mit einem Zwanzigjährigen spricht. Es gibt nur Verfehlung, Verstummen, vielleicht auch Verachtung – gegenseitig.

Der junge Herr C.: ich habe ihn also reden, sich ausdrücken lassen auf seine Weise. Es klang mir manches wie Chinesisch. Ich schwieg die meiste Zeit, beobachtete seine Gesten, die locker und überaus sicher waren. Sein Lächeln müßte man wohl gewinnend nennen? Ich dachte: eigentlich hat er ganz recht, wenn er uns ablehnt: die Alten. Die Jungen sind wirklich anders. Traue keinem über dreißig. Das Wort ist zwar politisch dumm, aber generationsmäßig ist es so unzutreffend nicht. Was weiß ich denn von seiner Welt? Der junge Herr C., der intelligent, beinah belustigt vom nächtlichen Handgemenge mit Frankfurter Polizisten erzählte, kam mir in meiner skeptisch zurückgelehnten Beobachterhaltung plötzlich wie etwas Biologisches, eine Pflanze zum Beispiel, ein sehr exotisches Gewächs vor, das einfach auf anderem Boden wuchs. Sein Erdreich war doch schon anders, fuhr es mir durch den Kopf: er wuchs auf fettem, sattem, gut gedüngtem Boden, schon vollklimatisiert, als er 1950 geboren wurde. Frische Saat, die auf fettem Boden wuchs und prächtig gedieh in unserem milden Wohlstandsklima. Alles Glashäuser, Gewächshäuser einer ziemlich perfekten Zivilisation, so ein richtiges Wohlstandskind einer kapitalistischen Gesellschaft, die endlich einmal funktionierte in Deutschland, zum erstenmal übrigens in unserer Geschichte. Zum erstenmal haben wir doch seit 1948 eine Wirtschaft, die klappt, die läuft und läuft und läuft, beinah krisenfest. Wann gab es das je in diesem Jahrhundert bei uns? Und später dann diese Jazz- und Rockwellen, der neue Blues, der neue Sound, Pop und Porno, etwas Marxismus und etwas Drogenkult. Man wickelte sie so richtig ein in diese Protestwatte der Jugendkultur, und nun sind diese Larven ausgeschlüpf, sie werden flügge, sie beginnen zu fliegen, und nun wundern wir uns, daß sie so sind, wie sie sind: anders, fremdartig, exotisch, ohne Zusammenhang mit den Älteren. Sie stammen wirklich aus einem anderen Äon. Wir hörten noch [die Pianistin] Elly Ney mit geschlossenen Augen, Beethoven ausbreitend, weit. Die nur noch die Rolling Stones oder Jimmy Hendrix. Da sind schon Welten dazwischen. Und natürlich: im Wohlstand läßt es sich wohl protestieren. Das ist gar nicht verächtlich, nicht böse gemeint. Es meint nur die ökonomischen Implikationen der politischen Moral.

Und wir? Wir Fünfzigjährigen, die wir ratlos, etwas kopfschüttelnd, im Geheimen doch aber auch etwas neidisch vor dieser neuen Jugend stehen, sprachlos? Es gibt sie ja kaum noch, diese Fünfzigjährigen, die also etwa 1920 geboren wurden. Die meisten sind tot: Krieg und Gefangenschaft, Nazis oder Naziopfer. Das putzte sich gegenseitig schnell weg, und ich sage mir, eigene Jugend bedenkend: nun werd bloß nicht sentimental noch, und rührselig, die eigenen Narben befingernd. Für die anderen, die Zuschauer, ist das immer abscheulich, eigentlich widerlich, wenn einer kommt die eigene Tiefe ausbreitet und sagt: uns ging es eben so schlecht, uns Armen. Trotzdem, man wird es mir doch nicht als Wehleidigkeit auslegen, wenn ich sage: wir kommen natürlich aus Bruch, aus Brachland, aus dem Schotter deutscher Geschichte, wir hatten ein mieses Erdreich und wenig Licht. Wir wuchsen auf in dem Wirrwarr der zwanziger Jahre, die so golden nicht waren. Wir gingen zur Schule im Gedränge, Geschiebe, Geschubse der Weimarer Republik. Wir erfuhren zu Hause am Abendbrottisch, wenn die Eltern etwas mürrisch redeten, was Inflation, was Weltwirtschaftskrise, was Arbeitslosigkeit ist zu Hause: Entlassung des Vaters. Ich besinne mich, daß mein Vater oft Notverordnungen studierte. Uns Kinder scherte das wenig, man spürte nur: irgendwo ist hier Angst im Haus.

Und daher trugen wir brave Straßenanzüge, trugen Scheitel, kurz und preußisch geschoren und hatten oft Pickel im Gesicht und wuchsen so hinein in den deutschen Faschismus, dienten ihm, halbwüchsig als Kinder, kämpften den großen Nibelungenkampf der deutschen Nation gegen den Osten mit, zwanzigjährig, und wurden dann 41 oder 42 mißtrauisch, jeder für sich, waren vielleicht schon 43 heimliche Antifaschisten, auch jeder für sich, und krochen dann, auch jeder für sich, etwas verdreckt und verhungert, über diese Schwelle, das Wunder, das 45 hieß. Wir sind doch alle, die übrig blieben, nur eins: 45er. Was für die einen „der Zusammenbruch" war, war für uns eine Art Neugeburt. Von diesem Wunder, daß aus lauter Feuer und Tod wieder richtiges, gutes, freies Leben wird, kommt kein Fünfzigjähriger in diesem Lande los. Er kann deshalb nicht mehr so fröhlich kaputtmachen. Es ist schon wahr: irgendwo sind wir alle ein bißchen konservativ. Ich meine, aus gutem Grund.

Das alles, ich weiß, sollte man nicht hochholen. Man sollte es nicht wieder nach oben zerren. Ich weiß, wie der junge Herr C., solches anhörend, reagieren würde: Nun hören Sie doch bloß auf mit diesem alten Kram. Wen interessiert denn das? Diese vermoderten Geschichten will doch niemand mehr hören. Kriegshauspostillen, widerlich. Alles alte Esel. Traue keinem über dreißig. Ich habe es also nicht ausgebreitet: meine Welt, meine Vergangenheit an diesem Abend. Ich habe auf der Party geschwiegen. Ich werde mich hüten, meine Jugend gegen ihre aufzurechnen. Es ist jeder in seine eigene Vergangenheit verstrickt. Es kommt keiner heraus aus seinen Archiven der Zeit: zweimal Kindheit – da gibt es gar nichts aufzurechnen. Die Posten sind nicht zu addieren. Ich weiß nur: hier liegt die Wurzel der Trennung. Es gibt keine Möglichkeit hierzulande, die Erfahrungen des Zwanzigjährigen und des Fünfzigjährigen zu konfrontieren, abzutasten, vielleicht sogar auszutauschen. Es trennen uns Welten für immer. Man muß einfach den Mut haben, sich das einzugestehen. Wir werden uns immer fremd bleiben, die Väter und die Söhne. Es gibt einen Generationsbruch hierzulande, der bleibt. Es gibt nur Distanz, Schweigen, Verwundern, auch etwas Verachtung – gegenseitig.

Berliner Para-Phrasen

Nicolas Born (1937—1979)

Unsere Geduld ist am Ende.
Wir haben es satt uns von einer Mehrheit
auf der Nase herumtanzen zu lassen.
Wir haben es satt die Stadt vom Radau-
Verleger beleidigen zu lassen
(: wenn er Berlin unappetitlich findet
soll er doch in den Osten gehen).
Wir haben es satt uns das Demonstrationsrecht
rationieren zu lassen.
Wir haben es satt uns von administrativen Krakeelern
in Deutsch unterrichten zu lassen.
Wir haben es satt uns von gewaschenen Schlägern
schlagen zu lassen.
Wir haben es satt uns von kurzmähnigen Greifern
greifen zu lassen.
Wir haben es satt den Kudamm von uniformiertem Mob
blockieren zu lassen.
Seht sie euch genau an diese Typen, dann wißt ihr
denen kommt es nur darauf an
unsere freiheitliche Grundordnung zu zerstören.

Wir haben es zu tun mit einer Handvoll Radikaler
mit dem harten Kern der Reaktion
der Gewalt predigt.
Diese Handlanger des Kapitalismus
wollen eine jugendfreie Notstandsgesellschaft.
Sie wollen die Jugend abschaffen
im Rahmen der Unverhältnismäßigkeit der Mittel
aber was sie an deren Stelle setzen wollen
darauf sind sie bisher die Antwort schuldig
geblieben.

Element

Reiner Kunze

Im Sommer 1973 fanden in Ost-Berlin im Zeichen der „antiimperialistischen Solidarität" die „X. Weltfestspiele der Jugend und Studenten" statt, an denen mehr als 25 000 Jugendliche aus über 120 Staaten teilnahmen. – Die FDJler, Mitglieder der einzigen in der DDR zugelassenen Jugendorganisation, tragen blaue Uniformhemden.

Auf sein Bücherbrett im Lehrlingswohnheim stellte Michael die Bibel. Nicht, weil er gläubig ist, sondern weil er sie endlich einmal lesen wollte. Der Erzieher machte ihn jedoch darauf aufmerksam, daß auf dem Bücherbrett eines sozialistischen Wohnheims die Bibel nichts zu suchen habe. Michael weigerte sich, die Bibel vom Regal zu nehmen. Welches Lehrlingswohnheim nicht sozialistisch sei, fragte er, und da in einem sozialistischen Staat jedes Lehrlingswohnheim sozialistisch ist und es nicht zu den Obliegenheiten der Kirche gehört, Chemiefacharbeiter mit Abitur auszubilden, folgerte er, daß, wenn der Erzieher Recht behalte, in einem sozialistischen Staat niemand Chemiefacharbeiter mit Abitur werden könne, der darauf besteht, im Wohnheim auf sein Bücherbrett die Bibel stellen zu dürfen. Diese Logik, vorgetragen hinter dem Schild der Lessing-Medaille, die Michael am Ende der zehnten Klasse verliehen bekommen hatte (Durchschnittsnote Einskommanull), führte ihn steil unter die Augen des Direktors: Die Bibel verschwand, und Michael dachte weiterhin logisch. Die Lehrerin für Staatsbürgerkunde aber begann, ihn als eines jener Elemente zu klassifizieren, die in Mendelejews Periodischem System nicht vorgesehen sind und durch das Adjektiv „unsicher" näher bestimmt werden.

2

Eines Abends wurde Michael zur Betriebswache gerufen. Ein Herr in Zivil legte ihm einen Text vor, in dem sich ein Ich verpflichtete, während der Weltfestspiele der Jugend und Studenten die Hauptstadt nicht zu betreten, und forderte ihn auf zu unterschreiben. – Warum? fragte Michael. Der Herr blickte ihn an, als habe er die Frage nicht gehört. – Er werde während der Weltfestspiele im Urlaub sein, sagte Michael, und unter seinem Bett stünden nagelneue Bergsteigerschuhe, die er sich bestimmt nicht zu dem Zweck angeschafft habe, den Fernsehturm am Alex zu besteigen. Er werde während der Weltfestspiele nicht einmal im Lande sein. – Dann könne er also unterschreiben, sagte der Herr, langte über den Tisch und legte den Kugelschreiber, der neben dem Blatt lag, mitten aufs Papier. – Aber warum? fragte Michael. Der Text klinge wie das Eingeständnis einer Schuld. Er sei sich keiner Schuld bewußt. Höchstens, daß er einmal beinahe in einem VW-Käfer mit Westberliner Kennzeichen getrampt wäre. Damals hätten sich die Sicherheitsorgane an der Schule über ihn erkundigt. Das sei für ihn aber kein Grund zu unterschreiben, daß er während der Weltfestspiele nicht nach Berlin fahren werde. – Was für ihn ein Grund sei oder nicht, das stehe hier nicht zur Debatte, sagte der Herr. Zur Debatte stehe seine Unterschrift. – Aber das müsse man ihm doch begründen, sagte Michael. – Wer hier was müsse, sagte der Herr, ergäbe sich einzig aus der Tatsache, daß in diesem Staat die Arbeiter und Bauern die Macht ausübten. Es empfehle sich also, keine Sperenzien zu machen. – Michael begann zu befürchten, man könnte ihn nicht in die Hohe Tatra trampen lassen, verbiß sich die Bemerkung, daß er die letzten Worte als Drohung empfinde, und unterschrieb. Zwei Tage vor Beginn seines Urlaubs wurde ihm der Personalausweis entzogen und eine provisorische Legitimation ausgehändigt, die nicht zum Verlassen der DDR berechtigte, und auf der unsichtbar geschrieben stand: Unsicheres Element.

3

Mit der topografischen Vorstellung von der Hohen Tatra im Kopf und Bergsteigerschuhen an den Füßen, brach Michael auf zur Ostsee. Da es für ihn nicht günstig gewesen wäre, von Z. aus zu trampen, nahm er bis K. den Zug. Auf dem Bahnsteig von K., den er mit geschulterter Gitarre betrat, forderte eine Streife ihn auf, sich auszuweisen. „Aha", sagte der Transportpolizist, als er des Ausweispapiers ansichtig wurde, und hieß ihn mitkommen. Er wurde zwei Schutzpolizisten übergeben, die ihn zum Volkspolizeikreisamt brachten. „Alles auspacken!" Er packte aus. „Einpacken!" Er packte ein. „Unterschreiben!" Zum zweitenmal unterschrieb er den Text, in dem sich ein Ich verpflichtete, während der Weltfestspiele die Hauptstadt nicht zu betreten. Gegen vierundzwanzig Uhr entließ man ihn. Am nächsten Morgen – Michael hatte sich eben am Straßenrand aufgestellt, um ein Auto zu stoppen – hielt unaufgefordert ein Streifenwagen bei ihm an. „Ihren Ausweis, bitte!" Kurze Zeit später befand sich Michael wieder auf dem Volkspolizeikreisamt. „Alles auspacken!" Er packte aus. „Einpacken!" Diesmal wurde er in eine Gemeinschaftszelle überführt. Kleiner Treff von Gitarren, die Festival-Verbot hatten: Sie waren mit einem Biermann-Song oder mit der Aufschrift ertappt worden: *Warte nicht auf bessere Zeiten.* Sein Name wurde aufgerufen. „Wohin?" – „Eine Schweizer Kapelle braucht einen Gitarristen", sagte der Wachtmeister ironisch. Er brachte ihn nach Z. zurück. Das Konzert fand auf dem Volkspolizeikreisamt statt. „Sie wollten also nach Berlin." – „Ich wollte zur Ostsee." – Der Polizist entblößte ihm die Ohren. „Wenn Sie noch einmal lügen, vermittle ich Ihnen einen handfesten Eindruck davon, was die Arbeiter-und-Bauern-Macht ist!" Michael wurde fotografiert (mit Stirnband, ohne Stirnband) und entlassen. Um nicht weiterhin verdächtigt zu werden, er wolle nach Berlin, entschloß er sich, zuerst nach Osten und dann oderabwärts zur Küste zu trampen. In F. erbot sich ein Kraftfahrer, ihn am folgenden Tag unmißverständlich weit über den Breitengrad von Berlin hinaus mitzunehmen. „Halb acht vor dem Bahnhof." Halb acht war der Bahnhofsvorplatz blau von Hemden und Fahnen: Man sammelte sich, um zu den Weltfestspielen nach Berlin zu fahren. Ein Ordner mit Armbinde fragte Michael, ob er zu einer Fünfzigergruppe gehöre. – „Sehe ich so aus?" – Der Ordner kam mit zwei Bahnpolizisten zurück. „Ihren Ausweis!" Michael weigerte sich mitzugehen. Er erklärte. Er bat. Sie packten ihn an den Armen. Bahnhofszelle. Verhör. Die Polizisten rieten ihm, eine Schnellzugfahrkarte zu lösen und zurückzufahren. Er protestierte. Er habe das Recht, seinen Urlaub überall dort zu verbringen, wo er sich mit seinem Ausweis aufhalten dürfe. – Er müsse nicht bis Z. zurückfahren, sagten die Polizisten, sondern nur bis D. Falls er jedoch Schwierigkeiten machen sollte, zwinge er sie, das Volkspolizeikreisamt zu verständigen, und dann käme er nicht zu glimpflich davon. Ein Doppelposten mit Hund begleitete ihn an den Fahrkartenschalter und zum Zug. „Wenn Sie eher aussteigen als in D., gehen Sie in U-Haft!" Auf allen Zwischenstationen standen Posten mit Hund. In D. erwarteten ihn zwei Polizisten und forderten ihn auf, unverzüglich eine Fahrkarte nach Z. zu lösen und sich zum Anschlußzug zu begeben. Er gab auf. Auf dem Bahnsteig in Z. wartete er, bis die Polizisten auf ihn zukamen. Nachdem sie Paßbild und Gesicht miteinander verglichen hatten, gaben sie ihm den Ausweis zurück. „Sie können gehen." – „Wohin?" fragte Michael.

Nachhall

Hier wird nicht gespielt! Eure Zeit ist vorbei, geht nach Hause!
(Polizeistreife zu Jugendlichen, die am 8. August 1973, drei Tage nach Abschluß der Weltfestspiele, auf dem Alexanderplatz Gitarre spielten).

Als Michael aus den Bierstuben kam, wirkte der Platz wie leergekippt. Unterhalb des Warenhauses sprang ein Motor an: Der Jugend-Müll wurde eben abgefahren. Und eine Scherbe schändete den Platz: er. Zwischen Posten, die dastanden wie schnell gewachsene Gehölze. Polizeigrün. Immergrün.

Seine Gitarre lag nicht mehr auf dem Brunnenrand. Sie hatten seine Gitarre. Sie hatten eine Geisel.

Der Polizist sagte: „Ihre Gitarre suchen Sie? Kommen Sie mit."

Während Michael im Gang des Polizeigebäudes neben den anderen stand, das Gesicht zur Wand und die Arme erhoben, wurde der Tag ausgeschrien. „Schuhe ausziehn! Wenn du nicht sofort die Schuhe ausziehst, kriegst du eins in die Schnauze, und wo *die* Pfote hinhaut, dort wächst kein Gras mehr!"

Sie hatten auf der Brunneneinfassung gesessen: Lehrlinge, Schüler, Rentner. Viele Passanten waren stehen geblieben und hatten ihnen Beifall gespendet, vor allem den beiden Ungarn. Der eine hatte fast Funken aus den Saiten geschlagen.

Auf dem Ordnungsstrafbescheid über 10 Mark, mit dessen Entgegennahme Michael um drei Uhr morgens sein Instrument auslöste, stand: Störung des sozialistischen Zusammenlebens (Spielen mit Gitarre).

254

Natürlich Jeans!

Ulrich Plenzdorf

Jeans – im Westen seit Mitte der fünfziger Jahre heißgeliebt, in der DDR fast eine Weltanschauung. – Ulrich Plenzdorf (geb. 1934) übersetzte Goethes Briefroman „Die Leiden des jungen Werthers" in die Sprach- und Gefühlswelt der modernen Jugendlichen: „Die neuen Leiden des jungen W." (1973); daraus:

Natürlich Jeans! Oder kann sich einer ein Leben ohne Jeans vorstellen? Jeans sind die edelsten Hosen der Welt. Dafür verzichte ich doch auf die ganzen synthetischen Lappen aus der Jumo, die ewig tiffig aussehen. Für Jeans konnte ich überhaupt auf alles verzichten, außer der *schönsten Sache* vielleicht. Und außer Musik. Ich meine jetzt nicht irgendeinen Händelsohn Bacholdy, sondern echte Musik, Leute. Ich hatte nichts gegen Bacholdy oder einen, aber sie rissen mich nicht gerade vom Hocker. Ich meine natürlich echte Jeans. Es gibt ja auch einen Haufen Plunder, der bloß so tut wie echte Jeans. Dafür lieber gar keine Hosen. Echte Jeans dürfen zum Beispiel keinen Reißverschluß haben vorn. Es gibt ja überhaupt nur eine Sorte echte Jeans. Wer echter Jeansträger ist, weiß, welche ich meine. Was nicht heißt, daß jeder, der echte Jeans trägt, auch echter Jeansträger ist. Die meisten wissen gar nicht, was sie da auf dem Leib haben. Es tötete mich immer fast gar nicht, wenn ich so einen fünfundzwanzigjährigen Knacker mit Jeans sah, die er sich über seine verfetteten Hüften gezwängt hatte und in der Taille zugeschnürt. Dabei sind Jeans Hüfthosen, das heißt Hosen, die einem von der Hüfte rutschen, wenn sie nicht eng genug sind und einfach durch Reibungswiderstand obenbleiben. Dazu darf man natürlich keine fetten Hüften haben und einen fetten Arsch schon gar nicht, weil sie sonst nicht zugehen im Bund. Das kapiert einer mit fünfundzwanzig schon nicht mehr. Das ist, wie wenn einer dem Abzeichen nach Kommunist ist und zu Hause seine Frau prügelt. Ich meine, Jeans sind eine Einstellung und keine Hosen. Ich hab überhaupt manchmal gedacht, man dürfte nicht älter werden als siebzehn – achtzehn. Danach fängt es mit dem Beruf an oder mit irgendeinem Studium oder mit der Armee, und dann ist mit keinem mehr zu reden. Ich hab jedenfalls keinen gekannt. Vielleicht versteht mich keiner. Dann zieht man eben Jeans an, die einem nicht mehr zustehen. Edel ist wieder, wenn einer auf Rente ist und trägt dann Jeans, mit Bauch und Hosenträgern. Das ist wieder edel. [...]

Ich fing meinen Bluejeans-Song an, den ich vor drei Jahren gemacht hatte und der jedes Jahr besser wurde.

> Oh, Bluejeans
> White Jeans? – No
> Black Jeans? – No
> Blue Jeans, oh
> Oh, Bluejeans, jeah
>
> Oh, Bluejeans
> Old Jeans? – No
> New Jeans? – No
> Blue Jeans, oh
> Oh, Bluejeans, jeah

Vielleicht kann sich das einer vorstellen. Das alles in diesem ganz satten Sound, in *seinem* Stil eben. Manche halten *ihn* für tot. Das ist völliger Humbug. Satchmo ist überhaupt nicht totzukriegen, weil der Jazz nicht totzukriegen ist. Ich glaube, ich hatte diesen Song vorher nie so gut draufgehabt. Anschließend fühlte ich mich wie Robinson Crusoe und Satchmo auf einmal. Robinson Satchmo.

Werbung

Aus: „Ulmer Forum", Heft 15, Herbst 1970

𝕷𝖊𝖝𝖎𝖐𝖔𝖓 𝖉𝖊𝖗 𝕭𝖔𝖚𝖗𝖌𝖊𝖔𝖎𝖘𝖎𝖊

**Und wenn ich 80 werde:
Kinder bleiben Kinder
und Eltern bleiben Eltern!**

Jetzt, wo wir aus dem Gröbsten raus sind, können wir uns ein Kind leisten

Jeder Mensch hat ein Recht auf das Lebensnotwendigste: Ein Bett und Gardinen an den Fenstern

Normalerweise träume ich nie

Ich habe immer Angst, das Letzte zu geben, und irgendwie finde ich es auch abstoßend!

Die Leute kucken schon

Vom im Bett Lesen bekommt man schlechte Augen

Werden Sie mal so alt wie ich

Seit ich verheiratet bin, vertrage ich keine Gurke mehr

Ich glaube, meine Kinder könnten mit völliger Freiheit überhaupt nichts anfangen

Ein junger Mann sollte sich anstrengen, an seine Karriere denken, seßhaft werden, sich Sicherheiten schaffen, sparen, und dann daran denken, eine Frau in den Haushalt einzubringen

Immer hübsch auf dem Teppich bleiben

Früher hat es das nicht gegeben

Es gibt Sachen über die man nicht spricht

Er kommt zwar aus kleinen Verhältnissen, aber er ist wirklich intelligent!

Kriege wird es immer geben

Die Anzeigen der Modebranche waren 1970 noch nicht vom Gammel-Look infiziert, Bürger kleideten sich ordentlich. Die Herren trugen Schlips, die Damen – werbeträchtig lächelnd – Korsetts. Natürlich lehnte die fortschrittliche Jugend solche Requisiten ab, sie konnten nur Ausdruck einer spießigen Gesinnung sein. Diese Collage verhöhnt die gängigen dummen Redensarten.

Mädchenlied

Volker Ludwig

Für Feministinnen liegen die Wurzeln der Frauenunterdrückung klar zutage: Es ist die seit Jahrhunderten festgelegte und bis heute in den Familien anerzogene Rollenverteilung zwischen den Geschlechtern. Männer machen Karriere, Frauen kümmern sich um Haushalt und Kinder. Ihr Ziel, die Aufhebung der geschlechtsspezifischen Arbeitsteilung, wollen die „Emanzen" über den Abbau dieser unterschiedlichen Rollen erreichen. Auch Frauen sollen sich im Beruf verwirklichen können, indem Männer ihnen einen Teil der Hausarbeit und Kindererziehung abnehmen. Die Frauenbewegung zwang die Männer zum Umdenken, speziell die Politiker unter ihnen. Auf dem Weg zur vollen Gleichberechtigung wurden inzwischen wichtige Schritte getan. Das alte Argument, daß Mädchen eines Tages ja doch heiraten, ist nach Auskunft eines Arbeitsamtsdirektors 1986 nicht mehr zu hören; auch das Kinderkriegen bedeutet für immer mehr Frauen nicht mehr das Ende ihrer Erwerbstätigkeit. 1976 erlernten 2,6 % der weiblichen Lehrlinge einen Männerberuf, 1986 stieg die Zahl auf 8,2 % an.

Wo man den Hebel ansetzen muß, demonstrierte 1975 das Berliner *Grips Theater* mit seinem Stück „Mensch Mädchen!"; daraus das von Birger Heymann vertonte Lied:

Mädchen, laßt euch nichts erzählen!
Wehrt euch, traut euch, bis es glückt!
Laßt euch länger nicht befehlen,
was sich für ein Mädchen schickt!

Mädchen, laßt euch nichts verbieten,
was ein Junge machen darf!
Sagt, wovor soll'n wir uns hüten?
Grad' auf sowas sind wir scharf!

    Wenn's uns Spaß macht,
    können wir Raketen bauen,
    klettern über jeden Zaun,
    rennen, ringen, raufen, rotzen,
    Fußballspielen, motzen, klotzen,
    Spiel- und Bandenführer sein.
    So wird's sein.

    Wer hat sich das wohl ausgedacht,
    was „man" als „braves Mädchen" macht?
    Häkeln, stricken, backen, putzen.
    Nur das Kleidchen nicht beschmutzen.
    Haare kämmen, Püppchen wiegen,
    weil wir sonst kein Männlein kriegen –?

Mädchen, laßt euch nichts erzählen,
Wehrt euch, traut euch, bis es glückt!
Laßt euch länger nicht befehlen,
was sich für ein Mädchen schickt!

Mädchen, laßt euch nichts verbieten,
was ein Junge machen darf!
Sagt, wovor soll'n wir uns hüten?
Grad' auf sowas sind wir scharf!

Rudi G., Fixer

Barbara Schäuffelen
Aus: „Südwest Presse", 12. Dezember 1974

Drei Jahre lang nahm Rudi G. Drogen. Jetzt ist er tot. Er starb achtzehnjährig an einer Überdosis Morphium. Immer mehr Jugendliche verfallen Drogen oder greifen zur Flasche. Hilfesuchende Eltern werden oft mit zweifelhaften Ratschlägen abgespeist. Hilfe ist kaum möglich, nur einer von hundert Konsumenten harter Drogen kann von der Sucht befreit werden.

Rudi nahm erst schwächere Drogen, wie Haschisch, dann immer stärkere. Da sich der Körper an das Rauschgift gewöhnt, muß zur Erzielung gleicher Wirkung die Dosis ständig erhöht werden. Obwohl Mutter und Geschwister – der Vater war kurz vor Rudis erstem Trip gestorben – von der Sucht des Jüngsten wußten und sich alle Mühe gaben, ihn davon abzubringen, erreichten sie nichts. In ihrer Ohnmacht und Verzweiflung rannte die Mutter, wie sie sagt, „von Pontius zu Pilatus", von Amt zu Amt, von Behörde zu Behörde. Wohl wurde Beistand gewährt, er blieb jedoch ohne Erfolg.

Das lag mit daran, daß Rudi von seiner Umwelt fast unbemerkt in die Drogenabhängigkeit hineinschlitterte. Schnelle und wirkungsvolle Hilfe ist jedoch nur zu Beginn einer Sucht möglich. Wohl wunderte sich Elisabeth G. über das oftmals seltsame Verhalten des Sohnes, sie vermochte es jedoch nicht richtig zu deuten. Als sich der Junge, dem der Lehrer überdurchschnittliche Intelligenz bescheinigte, von seinen Schulfreunden zurückzog, war man lediglich befremdet. Erst als Rudi nicht mehr zur Arbeit ging und ganze Nächte wegblieb, erkannten Mutter und Geschwister die Gefahr, in der der Junge schwebte.

Vor dem endgültigen Absturz konnte ihn jedoch zu diesem Zeitpunkt niemand mehr bewahren. Obwohl er der Mutter immer wieder versprach, keine Drogen mehr zu nehmen, entdeckte sie eines Tages in seinem Zimmer ein Gummiband und einen angebrannten Löffel, er war zum Fixer geworden.

In ihrer Not wandte sich Elisabeth G. an die Kripo und an das Sozialamt. Den Rat eines Kriminalbeamten, den inzwischen Siebzehnjährigen tüchtig durchzubleuen, wollte und konnte die Mutter ebensowenig befolgen, wie den Satz des Stadtjugendpflegers verstehen: „Da ist nichts zu machen, den Rudi wird man eines Tages tot im Straßengraben finden."

Zunächst jedoch fand ihn die Kripo mit einer Tablette und steckte ihn in der Annahme, daß es sich um Rauschgift, nicht jedoch um eine Schlaftablette handelte, wie der Junge versicherte, für acht Wochen in Untersuchungshaft. Trotz des Einspruchs seiner Mutter mußte er bis zur Verhandlung, bei der er freigesprochen wurde, einsitzen.

Auf diesen Schock hin versuchte er nochmals, ohne Drogen auszukommen. Er arbeitete ein paar Wochen, dann flippte er endgültig aus. Von Weihnachten 1973 bis zu seinem Tod im Oktober 1974 lungerte er ohne zu arbeiten zu Hause herum und erbettelte von seiner Mutter täglich ein paar DM, die er in Drogen umsetzte. Nachdem ein Gespräch mit zwei Psychologen einer Jugendberatungsstelle ergebnislos geblieben war und in der städtischen jugendpsychiatrischen Beratungsstelle erst in sechs Monaten ein Termin zu bekommen war, rief die Mutter den Rettungswagen. Aber auch der Arzt konnte hier nicht helfen.

Schließlich schnitt sich Rudi – sechs Wochen vor seinem Tod – die Pulsadern auf. Obwohl er im Psychiatrischen Landeskrankenhaus versicherte, die Entziehungskur durchstehen zu wollen, entwich der im Krankenblatt als ruhig und nachdenklich beschriebene Patient nach vierzehn Tagen.

Wieder einmal wollte er dem Rauschgift entsagen. Er schnitt sich die Haare und suchte Arbeit. Als er keine fand, floh er erneut in die Scheinwelt der Drogen, aus der er dann nicht wieder erwachte. Seine Freunde, bei denen er auf seinen letzten Trip gegangen war, hatten wohl bemerkt, daß er sich eine Überdosis gespritzt hatte. Aus Furcht vor einer Verhaftung riefen sie jedoch keinen Arzt. Eine Rettung wäre wahrscheinlich möglich gewesen.

Ob Rudi aber hätte geheilt werden können, ist mehr als fraglich. Wie Dr. M. vom Psychiatrischen Landeskrankenhaus in Schussenried erklärt, könnte den Statistiken einiger Großkrankenhäuser zufolge von 100 Konsumenten harter Drogen maximal einer von der Sucht befreit werden. Ein wirkungsvolles Rezept für chronisch Rauschgiftabhängige, ob sie nun psychisch (wie Rudi) oder physisch süchtig sind, gibt es auch heute noch nicht. Trotz Entziehungskuren und anschließender intensiver psychologischer Betreuung ist die Rückfallquote erschreckend hoch.

Der in diesem Zusammenhang meist vorgebrachte Einwand, daß der Konsum leichter Drogen abnimmt, trifft nicht auf alle Gebiete der Bundesrepublik zu. Denn immer wieder tauchen, wie jetzt in Oberschwaben, Dealer auf, die jungen Leuten zunächst kostenlos Haschisch zur Verfügung stellen. Auch beim zweiten Mal verteilen sie den Stoff, ohne auf Bezahlung zu drängen. Wenn aber dann die Neugierde zur Abhängigkeit, der Rausch zur Sucht geworden ist, dann bitten die Händler zur Kasse.

Da sich der Handel mit Drogen zunehmend auf kriminelle Kreise verschoben hat, die ausgezeichnet organisiert sind, wie der zuständige Dezernent der Kripo versichert, sind die Treffer der Polizei auf diesem Gebiet mehr oder weniger Zufallsergebnisse.

Der erste Snief

Christiane F.

> Die Zahl der Drogentoten, darunter überwiegend junge Menschen, stieg bis 1979 steil an (1977: 380 Tote, 1978: 430 Tote, 1979: 623 Tote, 1980: 494 Tote, 1981: 360 Tote, 1985: 315 Tote, 1986: 330 Tote). Aufsehen erregte das Buch „Wir Kinder vom Bahnhof Zoo" der heroinsüchtigen Berliner Schülerin Christiane F. (aufgeschrieben nach Tonbandprotokollen), das auch verfilmt wurde. Sie geriet mit dem Gesetz in Konflikt, kam vom Heroin los, wurde wieder rückfällig. Alles fing damit an, daß sie mit zur Clique gehören wollte und aus Neugier „mal 'nen Trip warf".

Irgendwie mußte sich in den Wochen, in denen mir Tabletten, Shit und LSD nichts mehr gegeben hatten, meine Einstellung zu H geändert haben. Jedenfalls waren die unüberwindlichen Barrieren, die zwischen mir und den Fixern gewesen waren, offenbar weg. [. . .]

Es war also nicht so, daß ich armes Mädchen von einem bösen Fixer oder Dealer bewußt angefixt wurde, wie man es immer in Zeitungen liest. Ich kenne niemanden, der praktisch gegen seinen Wunsch angefixt wurde. Die meisten Jugendlichen kommen ganz allein zum H, wenn sie so reif dafür sind, wie ich es war. [. . .]

Wir gingen in einen Hauseingang, und Bernd teilte das Dope ganz gerecht in drei Teile. Ich war jetzt unheimlich geil auf das Zeug. Da war kein Nachdenken, kein schlechtes Gewissen. Ich wollte es sofort probieren, um endlich mal wieder echt gut drauf zu kommen. Vor der Spritze hatte ich Angst. Ich sagte den beiden: „Ich will nicht drücken. Ich sniefe." Bernd sagte, was ich machen müßte, obwohl ich das aus dem Gequatsche über H längst wußte.

Ich sog das Pulver sofort durch die Nase ein. Alles, was ich spürte, war ein beißend bitterer Geschmack. Ich mußte Brechreiz unterdrücken und spuckte dann doch eine Menge von dem Zeug wieder aus. Dann kam es aber unheimlich schnell. Meine Glieder wurden wahnsinnig schwer und waren gleichzeitig ganz leicht. Ich war irrsinnig müde, und das war ein unheimlich geiles Gefühl. Die ganze Scheiße war mit einem Mal weg. Kein „It is too late" mehr. Ich fühlte mich so toll wie noch nie. Das war am 18. April 1976, einen Monat vor meinem 14. Geburtstag. Ich werde das Datum nie vergessen.

Hühnchen und Bernd gingen in das Auto von einem Fixer, um sich den Druck zu setzen. Ich ging schon vor ins Sound [Diskothek].

Mir machte es jetzt nichts mehr aus, allein zu sein. Ich fand es unheimlich cool, allein zu sein. Ich war wahnsinnig stark. Ich setzte mich im Sound auf eine Bank. Astrid kam, sah mich an und fragte sofort: „Mensch, bist du auf H?" Astrid war zu der Zeit meine beste Freundin.

Plakat 1970.

Ich rastete trotzdem aus, als sie so dämlich fragte. Ich schrie: „Hau ab, Mensch. Mach, daß du wegkommst." Ich wußte nicht, warum ich so ausflippte. [. . .]

Ich bildete mir ein, ich würde ein Wochenend-Fixer bleiben. Jeder, der mit H anfängt, bildet sich das ein, obwohl er natürlich niemanden kennt, der Wochenend-Fixer geblieben ist. Ich bildete mir obendrein noch ein, ich könnte Detlef davor retten, ein richtiger Fixer zu werden. Das waren so die Lügen, mit denen ich happy war.

Mein Unterbewußtsein glaubte diese Lügen wahrscheinlich nicht. Wenn mich jemand auf H ansprach, rastete ich aus. Ich brüllte rum und schrie „abhauen". Wie nach dem ersten Snief, als Astrid mich anmachte. Und ich begann, alle Mädchen in meinem Alter zu hassen, denen ich ansah, daß sie auf dem gleichen Weg waren wie ich. Ich machte sie in der U-Bahn und im Sound aus, die kleinen Hasch- und Trip-Probiererinnen, die sich schon so anzuziehen versuchten wie Fixerbräute, die zwölf- und dreizehnjährigen Trebegängerinnen, die im Sound rumlungerten. Ich sagte mir immer: „Das miese kleine Stück landet beim H." Obwohl ich sonst sehr ausgeglichen war, machten mich diese Mädchen richtig aggressiv. Ich haßte sie echt. Ich kam damals nie darauf, daß ich mich eigentlich selber haßte.

Elan

Kurt Bartsch, Jahrgang 1937
Aus: „Tintenfisch. Jahrbuch für Literatur" 4, 1971

Als man endlich auch darüber sprach
Wie schwierig es sein würde
Das Ziel zu erreichen
Spuckten einige in die Hände
Und machten es sich
In den Startlöchern bequem.

Kein Zweifel, die Gesellschaft hatte sich in kurzer Zeit qualitativ
geändert. Dahingeschwunden waren die aktiven Empörer, die
Revolutionäre in den Untergrund gegangen, die Revoluzzer zurück in
die bürgerlichen Familien, von denen sie hergekommen waren; die
Energie, die die jungen Aufrührer auf die Straße getrieben hatte,
erwies sich als längst verbraucht, was übrig blieb vom großen Schrei
sprach mit Flüsterstimme, benahm sich auf artige Weise entmutigt und
langsam.

Gerhard Zwerenz
1975

Helfen Sie

Walter Scheel

Aus der Ansprache des Bundespräsidenten zum 30. Jahrestag der Beendigung des Zweiten Weltkrieges, gehalten am 6. Mai 1975

Ich weiß, daß es immer mehr Menschen gibt, die von unserer dunklen Vergangenheit nichts mehr hören mögen. Sie sind es leid, so sagen sie, in Sack und Asche herumzulaufen, weil Verbrechen begangen wurden, an denen sie keinen Anteil gehabt haben.

Aber darum handelt es sich nicht. Es ist unsinnig – natürlich –, von einem jungen deutschen Mann oder einer jungen deutschen Frau zu verlangen, sie sollten büßen für etwas, das vor ihrer Geburt verübt wurde. Es geht nur darum, daß wir, die wir alle Deutsche sind und Deutsche sein wollen und Deutsche sein sollen, diese dunkle Phase unserer Geschichte in unser Bewußtsein aufnehmen und sie nicht verdrängen. [...]

Der Jugend meines Landes möchte ich heute sagen: die ältere Generation hat in einer entscheidenden Phase unserer Geschichte versagt. Dafür gibt es viele Gründe, und wenn man sich bemüht, wird man das Versagen wenn nicht entschuldigen, so doch verstehen. Aber diese Generation hat auch dafür gelitten. Ihre Jugend verging in Krieg, Hunger, Unsicherheit, Tyrannei und wieder Krieg und wieder Hunger. Sie, die Jüngeren, Sie haben es sehr viel leichter gehabt. Es ist leichter, ein guter Demokrat zu sein, wenn man in gesicherten demokratischen Verhältnissen aufwächst. Das ist das eine.

Das andere ist: Die ältere Generation wünscht, daß Ihnen, den Jungen, erspart bleibt, was sie, die Älteren, verfehlt, verschuldet, erlitten haben.

Unsere Bitte an Sie, die Jüngeren ist: Lassen Sie sich nicht verführen von Demagogen und Wirrköpfen, die Ihnen weismachen wollen, daß der Zweck die Mittel heiligt, die Gewalt predigen, die das Recht verächtlich machen, die rauben und entführen und schießen und morden. Glauben Sie ihren Worten nicht, und wenn sie noch so gut im Ohr klingen. Sie lügen.

Wir haben erfahren, wohin der Weg führt, der um illusionärer Ziele willen die Interessen, die Wünsche und Bedürfnisse der Menschen mißachtet, mit Füßen tritt. Seit dem Verbrechen von Stockholm [Besetzung der dortigen deutschen Botschaft durch Terroristen am 24. April 1975; sie erschossen zwei Geiseln und zündeten das Gebäude an] sollten wir es alle ganz genau wissen.

Kein Staat ist vollkommen. Auch der unsere nicht. Doch vergleichen Sie ihn. Noch keiner deutschen Generation wurden solche Chancen geboten, wie dieser Staat sie Ihnen bietet. Das wissen die Älteren, die zum Teil drei verschiedene Staatswesen erlebten.

Helfen Sie, diesen Staat besser zu machen, Mißstände, Verstaubtes, Ungerechtes zu beseitigen. Sie dürfen es, Sie sollen es und Sie können es auch. Dieser Staat ist es wert, daß Sie sich um ihn bemühen.

Die schmerzliche Erfahrung der Älteren und die Unbefangenheit der Jüngeren müssen zusammenwirken. So werden wir gemeinsam die Zukunft bestehen.

STICHWORT: JUGEND

Aus: „Meyers Enzyklopädisches Lexikon", 9. Auflage, 1975

Jugend, phys. und psych. Altersstufe (soziolog. auch Altersgruppe) zwischen Kindheit und Erwachsensein. Die J. beginnt dementsprechend mit der Geschlechtsreife und schließt mit der Übernahme voll verantwortl. gesellschaftl. Erwachsenenrollen ab. Biolog. und medizin. wird häufig auch als J. die gesamte Entwicklung eines Individuums von Geburt an bezeichnet. Andererseits aber wird zuweilen schon die späte Kindheit bzw. frühe Pubertät als sog. *Pubeszenz* nicht mehr zur J. gerechnet. Im Strafrecht wird zwischen dem noch nicht strafmündigen Kind, dem Jugendlichen und dem Heranwachsenden unterschieden. Zivilrechtlich ist der Begriff der Volljährigkeit von Bedeutung.

Die lange Phase der Kindheit und J. beim Menschen ist eine Folge der anthropolog. Retardation. Durch Akzeleration demgegenüber und eine (hpts. mit dem Anwachsen des Wissens notwendige) Verlängerung der Ausbildung wird die Phase der J. ständig weiter ausgedehnt.

Die unterschiedl. Definitionen sozialer Reife in den einzelnen Gesellschaftsbereichen (z. B. Wehr-, Wahl-, Berufs-, Ehe-, Strafreife) erschweren der J. die soziale Orientierung, konfrontieren sie mit Rollenkonflikten und Orientierungsschwierigkeiten insbes. im Übergang von spontan-familiären zu öffentl.-kooperativen und arbeitsteilig rational organisierten Lebensbereichen. Besondere Gesellungsformen der J. (Cliquen, Banden, Starclubs u. a.) lassen ihre zunehmende Ausgliederung aus altersheterogenen sozialen Gebilden (z. B. Familie, Verwandtschaft) erkennen. J. wird dadurch einerseits selbständige Sub- bzw. Teilkultur, kann aber ihre Formung durch das jeweilige nach Herkunft und Erziehung bestimmte Milieu nicht überwinden.

Wie ich Rocker wurde

Pico, 22 Jahre

1954 als uneheliches Kind geboren, 1957 in eine Pflegestelle gegeben; 1958 Unterbringung im Kinderheim B., 1969 im Jugendwohnheim W.; 1970 Sonderschulabschluß. Seine erste Arbeitsstelle kündigt er nach zwei Monaten. 1969 hatte er sich einer Rockerbande angeschlossen, er treibt sich in Hamburg herum. Zweimal im „Knast" wegen Diebstahl und Körperverletzung, 1973 zu 3 Jahren, 9 Monaten Jugendstrafe verurteilt wegen Vergewaltigung. – Eva Rühmkorf, die Leiterin der Jugendanstalt Hamburg-Vierlande, läßt Pico in ihrem Buch „Wer unten ist, der fällt auch tief" (1977) zu Wort kommen.

Da im Heim kam ich nicht gut mit den Jungs zurecht, darum bin ich meistens nach der Schule noch weggefahren oder durch die Gegend gegangen. Dabei habe ich ganz zufällig ein paar Leute kennengelernt, die saßen im Park und tranken da rum und grölten rum. Zu der Zeit war ich gerade 14 Jahre alt. Na ja, und da bin ich bei den Leuten vorbeigegangen, da hat mich einer von denen angerufen, ich bin auch stehengeblieben, weil ich Angst hatte. Da hat mich der eine gefragt, wo ich hin will. Ich habe es dem Typ gesagt, wo ich wohne usw.; da sagte er auf einmal, ich solle mich mit auf die Bank setzen, wo die anderen auch sitzen, das habe ich auch gemacht. Sie gaben mir ein Bier, ich mußte davon brechen, da haben die Typen tierisch gelacht. Plötzlich fragte einer von den anderen, ob ich nicht jeden Tag herkommen will und immer ein paar Brote mitbringen will. Ich habe ja gesagt, weil ich Angst hatte. Und ich hielt auch das Versprechen. Das habe ich ungefähr zwei bis drei Wochen gemacht, dann bin ich nach einer weiteren Zeit aus dem Heim abgehauen und bin zu den Typen gegangen, wo sich rausstellte, daß es Rocker sind. Ich mochte die Rocker auf einmal irgendwie, sie waren irgendwie ganz anders als die anderen im Heim.
Erst wollten die Rocker mich nicht dabehalten, aber nach einer Weile hat einer gesagt, daß ich das Maskottchen sein soll, von da ab ging es dann erst richtig los. Ich habe von einem Rocker eine Lederhose bekommen und eine Woche später eine Lederjacke, da war ich echt stolz.
Aber nach einer Weile bin ich dann von den Bullen gegriffen worden und bin wieder ins Heim gebracht worden, aber ich bin ja dann bald nach W. gekommen, von da aus bin ich fast nur noch auf der Flucht gewesen. Dann habe ich immer mehr Rocker kennengelernt, im 2000 und Ratsherren [typische Hamburger Rockerkneipen Anfang der siebziger Jahre] usw. Am meisten aber war ich in der Stresemannklause gewesen, da fing ich dann auch langsam das Trinken an, und mutiger wurde ich da auch schon, denn da waren viele Rocker, und alle mochten mich irgendwie. Ab und zu haben welche mit mir Training gemacht [= ausprobiert, wie viele Schläge er verträgt] und haben immer gesagt, daß das nötig ist, damit ich mich auch durchsetzen kann. Mittlerweile habe ich dann auch die ersten Schlägereien gehabt und wurde

dann auch langsam anerkannt, ich habe meinen Spitznamen verpaßt bekommen, so wie fast alle Rocker einen Spitznamen haben. Dann wurde ich immer bekannter und wilder, bis ich dann in den Knast kam, und als ich wieder rauskam, ging alles wieder von vorne los. So lernte ich so gut wie alle Rocker kennen.

So wurde ich Rocker!

Wie ich mir das Rockerleben vorgestellt habe, als ich älter wurde:

Man müßte eine Maschine haben, eine eigene kleine Insel in der Nordsee oder so. Fünfzig Mann müßte man sein mit Clubabzeichen und alle nicht unter 18 Jahre. Und dann schöne Fahrten machen nach verschiedenen Ländern, das würde Bock bringen. So müßte das Rockerleben glatt sein.

Im Knast.
Selbstporträt eines
jugendlichen
Strafgefangenen
aus der Anstalt
Hamburg-Vierlande.

Irregeleitete „Idealisten"

Heinrich Böll
Aus: „Die Zeit", 16. September 1977

(Nach der Entführung des Arbeitgeberpräsidenten Hanns-Martin Schleyer am 5. September, bei der seine vier Begleiter erschossen wurden.)

Wir sollten aus unserer Geschichte wissen, daß der Gegensatz Verbrecher – Idealist keiner ist. Ich weiß nicht, wie viele, wahrscheinlich Hunderttausende, aus Idealismus Nazis geworden sind; sie sind nicht alle Verbrecher geworden, und es sind nicht alle Verbrecher, die in der Naziwelle mitschwammen, Idealisten gewesen; es gibt da Mischungen, Übergänge, und es gibt – nicht nur in den Ländern, wo die häßlichen Deutschen wohnen – krude Formen des Materialismus, die einen jungen Menschen zum Idealisten machen können, ohne daß er ins Verbrecherische absinken muß. So einfach jedenfalls ist die Alternative nicht; es hat keinen Sinn, die geistige Auseinandersetzung auf diesem Niveau zu beginnen. Wenn alle, aber auch alle Vorschläge zur Behebung der Arbeitslosigkeit in einer Aufforderung zum Konsum bestehen (irgendeiner sprach sogar vom „fröhlichen Konsumieren"), wird es immer mehr „Idealisten" geben; ob sie irregeleitet werden, hängt von uns ab, von uns allen, ganz gleich, wie wir uns definieren, und es wäre nicht nur bedauerlich, es wäre verhängnisvoll, wenn sich „linke" oder „rechte" Festungen bildeten.
Während ich dies schreibe, ist das Schicksal von Herrn Schleyer noch ungewiß (Informationsstand vom Mittag des 13. 9. 77). Ich hoffe, daß er wohlbehalten bei seiner Familie ist, wenn dieser Artikel erscheint.

Ich glaube nicht, daß wir es nach der skeptischen Jugend und dann der unruhigen Jugend heute schlechthin mit einer ausgesperrten, mit einer ihrer Entfaltungsmöglichkeiten beraubten Jugend zu tun hätten. Ebenso entschieden wende ich mich dagegen, die junge Generation pauschal zu diffamieren oder ein Klima der Jugendfeindlichkeit zu erzeugen, etwa nach dem Motto: „Trau keinem unter 35!"
Ich denke, unserer Zeit fehlt ein wenig die Gelassenheit, um das Auf und Ab der Generationen und um die Probleme, die sich daraus ergeben, mit Ruhe zu bedenken.

Helmut Schmidt
1977

Dringend gesuchte Terroristen

Im Zusammenhang mit dem

- **dreifachen Mord an Generalbundesanwalt Buback und zwei seiner Begleiter am 7. 4. 1977 in Karlsruhe**

- **Mord an Jürgen Ponto am 30. 7. 1977 in Oberursel**

- **vierfachen Mord und der Entführung von Hanns-Martin Schleyer am 5. 9. 1977 in Köln**

werden gesucht:

Albrecht, Susanne
1. 3. 51 Hamburg
Besonderes Merkmal: wulstige Lippen

von Dyck, Elisabeth
11. 10. 50 Borstel

Krabbe, Friederike
31. 5. 50 Bentheim

Maier-Witt, Silke
21. 1. 50 Nagold

Plambeck, Juliane
16. 7. 52 Freiburg im Breisgau

Schulz, Adelheid
31. 3. 55 Lörrach

Speitel, Angelika
12. 2. 52 Stuttgart

Sternebeck, Sigrid
19. 6. 49 Bad Pyrmont

Viett, Inge
12. 1. 44 Stemwarde

Im Jahr 1977 erreichte die Terrorwelle in der Bundesrepublik ihren Höhepunkt mit den Morden an Generalbundesanwalt Buback und zwei Begleitern, Jürgen Ponto, Hanns-Martin Schleyer (19. Oktober) und vier Begleitern und Flugkapitän Schumann (16. Oktober). Von den Fahndungsplakaten blickten junge Gesichter. Bundeskanzler Helmut Schmidt stellte in der Traueransprache für Siegfried Buback klar: „Terroristen sind nicht als Systemkritiker zu verstehen, die sich leider nur in der Wahl ihrer Mittel vergreifen, sondern sie sind Verbrecher, vor Gott wie vor den Menschen, und wer ihnen hilft, der leistet Beihilfe zum Verbrechen." – Auch Rudi Dutschke, Wortführer der APO-Generation und selbst Opfer eines Mordanschlags, distanzierte sich im September 1977 von den Terroraktionen: „Als Sozialist bekämpfe ich die Vertreter der herrschenden Klasse politisch und den außerparlamentarischen und parlamentarischen Möglichkeiten gemäß – nicht mit der sich von der Bevölkerung abwendenden Methode des individuellen Terrors... Unsere Kritik und Schärfe der Auseinandersetzung mit dem individuellen Terrorismus muß deutlicher als vorher werden."

8 Moment-aufnahmen heute

„Diese ewigen Zwänge machen mich noch kaputt."
„Welche Zwänge meinst du?"
„Ich meine die Zwänge überall. Ich kenn' ja nichts anderes."
„Wie möchtest du also leben."
„Ich möchte frei leben und mein Leben selbst bestimmen." [...]
„Du bist jetzt 22 Jahre alt. Du weißt noch nicht, was du wirklich willst?"
„Doch. Ich will ja. Ich will ja was machen. Es kribbelt mir unter den Nägeln. Ich kann aber nicht warten. Sonst verlier ich den Biß."

Botho Strauß

Ich hasse Leute, die viel reden und viel ändern wollen, aber danach nichts in die Tat umsetzen.

Hendrik, 18 Jahre, Lehrling, 1984

Und heute? Fast scheint es, daß Trends und Moden nie zuvor so rasch wechselten, oder besser: gleichzeitig in dieser Vielzahl nebeneinander bestanden. Kaum glaubt einer, ein paar Erscheinungen auf einen Nenner bringen zu können, irgendwo neue schöpferische Impulse zu entdecken, schon prägt er einen Begriff. Es gibt Ökos und Müslis, Spontis, Skinheads und Punks, Mods, Teds, Softies und Computerkids, Popper, junge Autonome, die no-future- und die Null-Bock-Generation, die Turn-schuh- und die Walkman-Generation, und der strahlende Wimbledon-Sieger Boris hat uns 1985 prompt die geschmeidige „Wende"-Jugend beschert. Machen wir es uns mit dieser Flut von Benennungen zu einfach? Oder ist das Miteinander vieler, oft sich widersprechender Tendenzen ein Charakteristikum unserer Zeit?

Jugend wird in einem bisher nicht gekannten Maße beobachtet – und kopiert. Ihre Gewohnheiten und modischen Spielereien oder Uniformierungen greifen immer schneller auf die Älteren über (bahnbrechend waren seinerzeit die Jeans). Alternative Strömungen, die im besten Glauben das einfache Leben mit selbstgezogenem Salat oder handgesponnener Wolle preisen, werden förmlich aufgesogen, Schocks wie Punkfrisuren und -klamotten in kürzester Zeit vermarktet. An dieser Entwicklung ist nicht allein die Werbung schuld, die seit jeher Attribute wie jung, interessant, begehrenswert in eine Reihe stellt, die Ursachen liegen tiefer – in der Bereitschaft der heutigen Elterngeneration, von ihren Kindern zu lernen, einfach, weil die ihnen in manchem über sind, etwa auf dem Elektronik-Sektor. Man spricht wieder mehr miteinander, hört aufeinander und zieht hin und wieder am selben Strang.

Gegen Atomenergie, Umweltverschmutzung und für eine friedlichere Welt demon-strieren junge und alte Menschen gemeinsam. Die Älteren überwinden ihre Obrig-keitshörigkeit und betreiben in Bürgerinitiativen, dem Beispiel der Jugend folgend (von Anarchos und Chaoten abgesehen), eine außerparlamentarische Politik. Unbe-absichtigt erzielte die antiautoritäre Bewegung mit ihrer Warnung vor allen „über 30", und damit waren ja besonders „die da oben" gemeint, einen paradoxen Späteffekt: Sie hat die Barrieren zwischen jung und alt abgebaut und das Verhältnis entkrampft. Auch heute noch, genau wie in den zurückliegenden 100 Jahren, setzen sich junge Leute bewußt vom bürgerlichen Lebensstil der Erwachsenen ab. Aber sie suchen nicht mehr die Konfrontation, sondern gehen einfach ihren eigenen Weg, nüchtern und ohne viel zu sagen oder zu fragen. Sie fühlen sich frei.

Selbstbestimmung ist ein Schlüsselwort. Man hat der Jugend der achtziger Jahre vorgeworfen, ihr fehlten politische Ideen – wobei häufig nicht bedacht wird, daß eben die glorifizierten 68er ihre Eltern und Lehrer sind, das heißt Erwachsene, denen sie *nicht* gleichen möchten. Die damalige Aufbruchstimmung ist zur „Betroffenheit" geschrumpft, oft in Diskussionen bis zum Überdruß von APO-Opas breitgetreten; Schüler heute belächeln ihre Erzieher nachsichtig, die ungute Zustände anderswo wortreich anklagen, in ihrem konkreten Aufgabenbereich aber jegliche Zivilcourage vermissen lassen. Vorbilder sind sie nicht.

Die schlechten Zukunftsaussichten zwingen die Schulabgänger, erst einmal die in Reichweite liegenden Ziele anzusteuern. Wer auf die hohe Jugendarbeitslosigkeit illusionslos reagiert, Wunschträume zurückstellt und dafür lieber konstruktive Vor-schläge einbringt, weil er die allgemeinen Probleme sieht, ist deshalb noch lange kein Anpasser. Ein wenig ähnelt die Situation der Nachkriegszeit: Alle spüren, daß wir in einem Boot sitzen, die Konflikte zwischen den Generationen sind entschärft. War damals der Wiederaufbau nur gemeinsam zu schaffen, so müssen heute auch alle ihre Ansprüche zurückschrauben und vernünftig zusammenwirken, um die Umweltzerstörung aufzuhalten. Die Reaktorkatastrophe von Tschernobyl und die chemische Verseuchung des Rheins hämmerten dies im Jahr 1986 selbst dem naivsten Optimisten ein.

Die Heranwachsenden stehen dem Staat zwar überwiegend kritisch gegenüber, wollen ihn aber nicht abschaffen. Deshalb erfüllen sie als Soldaten ihre Pflicht, obwohl der Dienst sie häufig anödet. Und als „Zivis" übernehmen sie 20 Monate lang, ohne viel Aufhebens zu machen und ohne ausreichende Vorbereitung (ein schlimmes Versäumnis der zuständigen Behörden!), psychisch schwer belastende Aufgaben in Behindertenheimen und Sterbekliniken. Vielleicht verändert diese stille Energie und Freundlichkeit unsere Gemeinschaft nachhaltiger, als das schon nach einem Jahr verpuffte Feuer der Studentenrevolte. Willy Brandt sagte über die heutige Jugend: „Für mich ist sie die am wenigsten aggressive Generation, die ich kennengelernt habe. Und eine solche Generation gibt es in vielen Ländern. Sie ist nicht mehr auf die gleiche Art politisch wie die Jugend der sechziger Jahre. Aber die müssen doch nicht dieselben werden wie ihre Vorgänger. Die können doch von anderer Qualität sein als frühere Generationen."

Der Staat ist mir völlig egal

Ein Gespräch mit sechzehnjährigen Mädchen über den Terrorismus

Susanne von Paczensky

Aus: „Die Zeit", 7. April 1978

Von den Zielen der Terroristen habt ihr gesagt, wißt ihr nicht viel. Was man deutlich sieht, sind die Taten, wollt ihr die auch verteidigen?

Anita: Nein, das nicht (Zögernde Ablehnung). Meine Verteidigung läuft nur darauf hinaus, wie die dazu kommen. Daß man als Linker eben an der Schwerfälligkeit dieses Staates verzweifeln kann. So wie in dem Mescalero-Artikel: man kann ja die „klammheimliche Freude" [über den Mord an Generalbundesanwalt Buback] irgendwie verstehen, aber die Gewalt natürlich trotzdem ablehnen.

Karla: Es gibt ja auch Linke und Liberale, die sich vom Terrorismus bedroht fühlen, die im Beruf und in ihrer Freiheit beschränkt sind, weil man sie für Sympathisanten hält. Die grenzen sich nun sehr eifrig gegen die Terroristen ab, ich kann das gut verstehen. Ich finde auch, daß die Terroristen gar nicht dem Staat schaden, sondern der fortschrittlichen Bewegung.

Mir scheint, daß es da zwei Lager gibt, eines, in dem die Menschen sich hauptsächlich vom Terrorismus bedroht fühlen und dagegen geschützt werden wollen, und eines, in dem die Leute sich mehr von der staatlichen Reaktion bedroht fühlen und dagegen protestieren, und daß jedes Lager die andere Seite kaum wahrnimmt. Scheint euch das auch so ähnlich?

Karla: Ich fühle mich auch vom Staat bedroht, nicht von den Terroristen. Wenn ich selbst entführt würde – ja, ich weiß nicht. Das ist nicht real für mich, sondern sehr weit weg. Wenn ich mal mit Leuten rede, die sich vom Terrorismus bedroht fühlen, dann versuche ich ihnen das zu vermitteln: daß sie meine Angst fördern, wenn sie vom Staat mehr Sicherheit fordern. Das ist aber sehr schwierig; wenn Leute Angst haben, kannst du mit ihnen gar nicht mehr reden. Das ist wohl auch ein Ziel der Terroristen, daß alles erhitzter wird und emotionaler.

Betty: Ich finde, man darf nicht so theoretisch sein. Wenn ich mich schon bedroht fühlen soll, dann eher von den Terroristen. Was soll die Regierung denn anders machen als Großfahndung und sowas? Sollen die denn etwa sagen „wir sind liberal, wir haben Verständnis", und einfach wegsehen? Ich bemühe mich ja auch, die Terroristen zu verstehen. Ich finde es auch falsch, wenn man immer sagt, die Gesellschaft ist schuld.

Was sagen denn eure Mitschüler zu diesen Fragen?

Karla: Wir haben da auch Leute, die sich vom Terrorismus bedroht fühlen, weil sie so 'ne Art Schleyer-Kinder sind. Es wehren sich aber wohl beide Seiten gegen das Thema. Ich blocke es auch ab, weil man immer in so eine Position gedrängt wird, sich reinwaschen zu müssen – ich hab' ja nichts damit zu tun – oder sonst wird man völlig abgelehnt. Ich will sie auch nicht immer verteidigen. Wenn sie diese Reaktionen hervorrufen oder sogar einplanen, daß die Freiheit beschnitten wird, dann muß ich das ablehnen wegen der Unmenschlichkeit.

Betty: Ich würde auch nicht gern in der Schule darüber reden, weil man in eine ganz andere Position gedrängt wird, als man eigentlich hat. An meiner Schule sind ja die meisten für die Todesstrafe.

Karla: Ja, Leute, mit denen du ganz normalen Kontakt hast, mit denen du täglich zusammen bist, die sagen plötzlich: die muß man alle abknallen. Das schockt mich, ich hab' da mit Angst zu tun, wegen Faschismus und so. Das geht mir unheimlich nahe, wenn die „abknallen" sagen.

Betty: Wenn man sich wehrt und vielleicht sagt: Du spinnst, wieso gleich Todesstrafe, dann heißt es nur „du oller Sympathisant". Die sagen „entweder oder", „abschießen oder mitkämpfen". Ich hab dann keine Lust, das lang und breit zu erklären, wo sie das gar nicht interessiert. [...]

Ihr sagt alle, daß ihr euch nicht mit dem Staat identifiziert. Könnt ihr das mal erklären?

Anita: Wir dürfen ja auch noch nicht wählen.

Karla: Ich kann nicht sagen, daß ich ihn entschieden ablehne, es ist keine so aktive Sache. Er ist mir einfach völlig egal. Ich kann mir nur vorstellen, daß ich hinter einem Staat stünde, der gar keiner mehr ist, der mich ganz direkt betrifft. Wenn alles stadtteilmäßig selbstverwaltet würde oder so, wenn alles lokal und begrenzt mich selbst betreffen würde, dann würde ich versuchen, da mitzumachen. Aber wenn die Gesetze in Bonn verabschieden, wie 88 a [dieser Paragraph stellte die verfassungsfeindliche Befürwortung von Gewalttaten unter Strafe], dann sagt man eben: na ja, ist Scheiße, und dann ist es auch schon vorbei.

Anita: Vielleicht liegt es auch an unserem Alter. Ich habe überhaupt nicht das Gefühl, daß mich irgendwas betrifft.

Mitgerissene Zuhörer bei einem Open Air Festival 1978 in der Provinz. Die Scorpions, Joan Baez und Genesis hatten 60000 Jugendliche angelockt. Über Frank Zappas Auftritt schrieb das „Ulmer Forum" (Heft 48): „Der geniale Kompositeur der Rockmusik bestätigte seine Meisterschaft des Gratwanderns zwischen den Stilen. Sein parodistisches Musiktheater, zynisch, zuweilen dreckig in der Wortwahl, populär-musikalisch aber Tabubarrieren einreißend durch die Vermengung von Disco-Sound, ekstatischem Free-Jazz, atonaler E-Musik und theatralisch-groteskem Chorgesang, ist musikalische Metapher für die Zerrissenheit, die Perspektivlosigkeit vieler junger Menschen."

Wie sieht die Zukunft aus?

Schülerumfrage

In den Jahren 1977 bis 1980 wurde im gesamten Bundesgebiet an verschiedenen Schultypen das Thema „Wie ich mir die (meine) Zukunft vorstelle" gestellt. Die rund 2500 Jungen und Mädchen im Alter von 10 bis 20 Jahren wußten, daß sie für ihre Aufsätze keine Noten bekamen.

Es ist vielleicht nicht gut, sich die Zukunft selber schon auszumalen, denn es besteht die Gefahr, daß man dann nur noch Enttäuschungen erlebt. Aber was hat es für mich einen Sinn, ihr pessimistisch entgegenzusehen? Worauf soll ich mich dann noch freuen? Also träume ich von einer schönen Zukunft.

Heidi, 16 Jahre (Gymnasium)

Ich stelle mir die Zukunft so vor, daß die Erde übervölkert ist, und wir andere mit dem Mond, vielleicht sogar mit dem Mars, ständige Verbindung haben. Die Erde ist dann nur noch ein dreckiger Ball in der Hand des Menschen, der damit spielt. Vielleicht wird die Erde sogar ganz untergehen, denn irgendwann kommt ein neuer Anfang, wo wir wieder primitiv anfangen müssen, wie vor Jahrmillionen.

Udo, 16 Jahre (Hauptschule)

Es gibt keinen Krieg mehr, wenn sich alle Nationen zusammenschließen. Die Terroristen sind alle im Gefängnis und können keine Politiker mehr entführen. Die Atombombe ist verboten. Das Wettrüsten hört auf. Die Entwicklungsländer werden sehr stark von den Industriestaaten unterstützt. Es gibt antiautoritäre Schulen. Es werden mehr Arbeitsplätze geschaffen, damit es keine Arbeitslosen mehr gibt. Es muß auch mehr Lehrstellen für Schulabgänger geben. Es gibt neue Gesetze. Es werden mehr Grünflächen geschaffen. Mofas darf man endlich wieder frisieren. Die Schüler bekommen mehr Taschengeld. Ich werde Ladenbesitzer. Jedem Bürger steht ein kleiner Garten zu, damit er sich von der Arbeit erholen kann. Das Rauchen in der Schule ist erlaubt, wenn die Eltern damit einverstanden sind.

Sven, 16 Jahre (Hauptschule)

Ich stelle mir meine Zukunft nicht vor. Ich lasse sie einfach locker auf mich zukommen, und plötzlich ist sie da. Wesentlich anders als die Gegenwart wird die Zukunft sowieso nicht.

Helmut, 18 Jahre (Gymnasium)

Die Zukunft liegt vor mir wie ein schwarzes Loch, in das ich einfach hineinfalle. Davor habe ich Angst, und deshalb versuche ich, das Jungsein (verbunden mit Schule und den vielen Freiheiten, die ich jetzt noch habe), möglichst lange hinauszuziehen. Natürlich ist mir klar, daß dies unmöglich ist, und ich versuche, mir über mich selbst und über das, was ich wirklich will, klar zu werden.

Louise, 16 Jahre (Gymnasium)

Ich stelle mir die Zukunft so vor, daß sich die Menschen noch weniger achten, als sie es bis jetzt tun. Es wird bestimmt noch mehr Arbeitslose geben, es wird zwar immer versprochen: „Wir werden die Arbeitslosigkeit eindämmen." Aber wurde sie schon eingedämmt? Ich stelle mir die Zukunft nicht sehr rosig vor.

Alexander, 16 Jahre (Hauptschule)

Wie sieht die Zukunft jedes einzelnen aus? Das hängt von jedem einzelnen selbst ab. Jeder baut sich ein Haus. Ob er sich dann später darin wohlfühlt, das hängt davon ab, wie er sich eingerichtet hat.

Monika, 16 Jahre (Gymnasium)

Das Schlagwort „no future"

Krawalle bei öffentlichen Gelöbnisfeiern der Bundeswehr, Hausbesetzungen in Berlin, Demonstrationen in Brokdorf und Gorleben und die Auseinandersetzungen um den Bau der Startbahn West des Frankfurter Flughafens veranlaßten den Deutschen Bundestag 1981, eine Enquete-Kommission „Jugendprotest im demokratischen Staat" einzusetzen (auf diese Untersuchungs-Kommission bezieht sich die Karikatur). Sie kam zu dem Ergebnis, daß hier nicht ein klassischer Generationenkonflikt vorliege – zumal auch Ältere gegen die Umweltgefährdung protestierten –, sondern eine Reaktion auf ungelöste gesellschaftliche Probleme. Aus dem Schlußbericht der Enquete-Kommission vom 12. Januar 1983:

In vielen Stellungnahmen der Jugendlichen selbst und auch in den Ausführungen der Sachverständigen und Jugendverbandsvertreter wurde auf die Zukunftsangst als eine Ursache des jugendlichen Protests verwiesen.

Als Gründe für ihre Zukunftsangst führen Jugendliche zum Beispiel an:
– Arbeitslosigkeit und generelle Verschlechterung der Ausbildungschancen und Berufsaussichten für Jugendliche,
– zunehmende Zerstörung der natürlichen Umwelt, gewachsener Lebenszusammenhänge und der persönlichen Beziehungen,
– fortschreitendes Wettrüsten und zunehmende Kriegsgefahr,
– weitere Einengung der persönlichen Entfaltungsspielräume durch die Ausdehnung wirtschaftlichen Denkens und Handelns auf alle Lebensbereiche, durch Bürokratisierung und staatliche Kontrolle,
– Probleme wachsender Minderheiten in der Wohlstandsgesellschaft.

Viele Jugendliche bedrückt die Angst, ob man in der Zukunft überhaupt noch ein lebenswürdiges Dasein führen könne und ob die Welt in Zukunft für Menschen noch bewohnbar sei.

In dieser Angst um ihre Zukunft äußern sie den Verdacht, daß die Erwachsenen, die heute die Entscheidungen für die Zukunft treffen, ihrer Verantwortung für die Erhaltung menschenwürdiger Lebensbedingungen nicht gerecht würden. Auf der anderen Seite seien sie selbst von wirklicher Mitsprache und Mitentscheidung ausgeschlossen, obwohl sie diese sich abzeichnenden bedrohlichen Fehlentwicklungen „auszubaden" hätten.

Unter den protestierenden Jugendlichen sind es vor allem die Jugendlichen ohne Schulabschluß und Berufsausbildung, die sich in einer überaus schwierigen Lage befinden und besonders häufig von Arbeitslosigkeit betroffen sind. Sie verfügen nicht über die Fähigkeiten und Kenntnisse, ihre eigenen Interessen wirksam zu vertreten und können deshalb in vielen Fällen auf Verhandlungsangebote der Behörden gar nicht eingehen. Auch unter den Hausbesetzern gibt es diese Gruppe, die weder konkrete Ziele kennt, noch in der Lage ist, planvoll vorzugehen. Hier entstehen Hilflosigkeit und Wut, die gelegentlich zu Akten sinnloser Gewalt führen. Diese Jugendlichen haben zu anderen Protestgruppen in der Regel auch nur kurzlebige Beziehungen. Gleichwohl üben sie mit ihrer Hoffnungslosigkeit und Aggressivität auch auf andere Jugendliche Einfluß aus. Das Schlagwort „no future" trifft auf sie besonders zu.

Horst Haitzinger: „Wir suchen die Ursache für den Jugendprotest."

Weil's Spaß macht

Benny Härlin

Aus: „Kursbuch" 65, Oktober 1981

Am 22. September 1981 läßt der Berliner Senat acht von 157 besetzten Häusern räumen. Der achtzehnjährige Klaus-Jürgen Rattay, von der Polizei auf eine Hauptstraße abgedrängt, wird von einem Bus erfaßt und stirbt. Seit Ende 1980 kam es in West-Berlin immer wieder zu Jugendunruhen und Hausbesetzungen. Politiker warfen den jungen Leuten nach vergeblichen Verhandlungsversuchen „Theorie- und Sprachlosigkeit" vor. Dagegen verwahrte sich der Berliner Journalist Härlin in seinem Aufsatz „Von Haus zu Haus – Berliner Bewegungsstudien":

Es stimmt auch nicht, daß sie sprachlos wären, sie sprechen viele verschiedene Sprachen: die des abgebrochenen Hauptschülers und die des Diplompolitologen, die Soft-Sprache des Alternativen und die Macho-Sprache des Punk. Was an eigenen Begriffen oder besser gemeinsamen Code-Worten kreiert wurde, zeichnet sich vor allem durch Vieldeutigkeit, Offenheit für unterschiedliche Bedeutungen oder aber durch ganz banale Prägnanz aus. Es ist die Rede von Power, Widerstand und Leben, von den Betonfaschisten, den Plastikfressern und den Schweinen. Nicht ist die Rede von Kommunismus oder Sozialismus, auch nicht von Öko-Sozialismus. Und das A im Kreis, das weder an Häuserwänden noch in Flugblättern fehlen darf, steht nur einigen für Anarchie, sonst eher für Anders oder „Wir wollen alles – aber subito". „A wie Abschaum, Asozial, Arbeitslos, Ananasmarmelade, AKW, Autonomie" las ich einmal auf einer Lederjacke ... „Die 68er Opas", schreibt ein Teil der Bewegung, „haben immer noch nicht begriffen, daß wir nicht für die Öffentlichkeit kämpfen, sondern für uns, und zwar nicht gegen einen Mißstand, sondern für ein selbstbestimmtes Leben in allen Bereichen. Autonomie, aber subito! ... Wir machen Aktionen nicht für die tierisch-ernste Revolution, sondern weil's Spaß macht."

Der Schlankheitsfimmel vieler junger Damen wird auf diesem Linolschnitt eines Zweiundzwanzigjährigen leise bespöttelt. Wenn das Hungern allerdings zu einer selbstzerstörerischen Sucht wird, helfen ironische Bemerkungen oder wohlgemeinte Ratschläge nicht weiter. Bei der Magersucht und der Freß-/Brechsucht handelt es sich um schwere psychische Erkrankungen – ausgelöst durch Vereinsamung, Leistungsdruck oder sonstige persönliche Probleme –, von denen überwiegend Frauen im

Alter zwischen 15 und 30 Jahren betroffen sind. Ihre Gedanken kreisen ständig um das Essen und ihr Körpergewicht. Da sie die Ernsthaftigkeit ihrer Erkrankung nicht erkennen, lehnen die meisten Magersüchtigen eine Behandlung ab. Das ist verhängnisvoll, denn das lange Hungern kann bleibende organische Schäden verursachen und zum Tode führen. In etlichen Städten gibt es neuerdings Selbsthilfegruppen für Magersüchtige.

Anmachen

Michael Tonfeld, Jahrgang 1950

Morgen ist Samstag
da ziehe ich mich salopp-sportlich an
frisch gewaschene Haare, gekämmter Bart
lässig eine „Boyards" rauchen
Cola, aber nicht aus dem Glas
damit ich den linken Zeigefinger
in den Flaschenhals stecken kann
ohne zu lächeln
den linken Mundwinkel leicht hochgezogen
unheimlich cool am Rand der Tanzfläche stehen
und gelangweilt ins Leere sehen
ab und zu die Augenbrauen heben, die Nasenflügel weiten
überlegen grinsen und dabei den Rauch
durch die Nasenlöcher stoßen
nichts reden, wenn sie vorbeigeht
sie ganz einfach am Oberarm fassen, sagen:
„Kurz nach Mitternacht vorm Ausgang"
und sie dann mir nichts dir nichts
verdutzt stehen lassen

– irre!

Friede ist für Jugendliche heute ein zentrales Thema. Sie bevölkern die Kirchentage, engagieren sich in der Friedensbewegung und sind bereit, Opfer an Zeit und Kraft für eine bessere Welt zu bringen. Dies gilt vor allem für die vielen jungen Männer, die ihren Friedenswillen aktiv bekunden, indem sie eine gegenüber dem „Bund" um ein Drittel längere Dienstzeit in Kauf nehmen. Das Netz der sozialen Hilfen für kranke, behinderte und alte Menschen würde zusammenbrechen, wenn kirchliche und staatliche Stellen von heute auf morgen auf die früher als „Drückeberger" verleumdeten, inzwischen jedoch allgemein geschätzten Zivildienstleistenden verzichten müßten.

Das Foto zeigt die bisher beeindruckendste Aktion der Friedensbewegung: Am 22. Oktober 1983 bildeten rund 200 000 Demonstranten eine 108 km lange Menschenkette von Stuttgart über die Schwäbische Alb nach Ulm, um gegen die Stationierung amerikanischer Mittelstreckenraketen zu protestieren. An manchen Stellen, wie hier auf der B 10, hätte die Kette ohne weiteres verdoppelt werden können.

Zivildienst

Volkart Wildermuth, Jahrgang 1962

Die ISB (Individuelle Schwerstbehinderten Betreuung) bewahrt viele Kranke vor der Unterbringung in einem Pflegeheim. Dieser Bericht stammt aus dem Jahr 1983. Wer aus Gewissensgründen den Kriegsdienst verweigert, muß seit dem 1. Januar 1984 zwanzig – statt bisher sechzehn – Monate zivilen Ersatzdienst leisten. 1989 steht eine weitere Erhöhung der Dienstzeit bevor.

Morgens, kurz vor acht, der Wecker klingelt. Raus aus dem Bett, Katzenwäsche, ein Lächeln aufgesetzt und in das Zimmer über den Flur: „Morgen Gabi." Die Arbeit fängt an.

Gabriele ist schwer behindert, und ich bin ihr Zivi. Sie kann ihre Muskeln nicht mehr genau steuern, nur mit äußerster Konzentration trifft sie mit dem Löffel den Mund oder fährt ein paar Meter in ihrem Rollstuhl, und langsam wird es schlimmer. So muß sie alles mit mir machen, ob es aufs Klo geht oder ob sie einen Brief schreiben will, immer bin ich dabei.

Ich setze Gabi in den Rollstuhl und schüttle ihr Bett auf. Jeder Handgriff ist festgelegt, so hat es der Zivi vor mir schon gemacht. Es gibt nicht viel zu reden, Gabi ist ein Morgenmuffel. Wir fahren mit dem Aufzug hoch, Gabi wohnt in einer Einliegerwohnung bei ihren Eltern. Zum Frühstück setzt sich auch ihre Mutter zu uns. Während ich Gabi füttere, reden wir über dies und das, meistens über Ärger mit dem Geschäft oder mit dem Hausarzt. Wenigstens streiten sich Mutter und Tochter nicht. Ich bin froh, als ich mich kurz hinter die Zeitung zurückziehen kann. Seit dem Abendessen ist das die erste Zeit für mich allein. Sonst geht alles ganz nach Gabis Willen, von der Art, wie das Waschbecken zu reinigen ist, bis zum Kneipenbesuch am Abend.

Für meinen Kopf ist das kein Problem, schließlich bin ich ja dazu da, daß Gabi ihr eigenes Leben nach eigenen Vorstellungen leben kann. Aber wenn ich in meiner Dienstwoche fast die ganze Zeit nur Anweisungen befolgen muß, ist es eben auch mein Leben, über das sie da bestimmt. Einmal bin ich Werkzeug, dann Vertrauter. Ein fast Fremder, der mitten in der Familie lebt, jeden Streit mitbekommt, ohne sich einmischen zu können. Schwankend zwischen meinem sozialen Anspruch und nervigem Alltag.

Wir fahren zum Metzger ins Dorf einkaufen. Eine alte Frau in schwarzem Kleid begegnet uns. Sie kennt Gabi aus der Zeit, als sie noch gesund war. „So a schees Mädle und so arm dran." Sie geht weiter, ohne auf die Antwort zu hören. Das treibt Gabi zur Weißglut, dieses falsche Mitleid, das sie nicht ernst nimmt. Ganz anders der Metzger. Die beiden tratschen über Hausschlachtungen und das unerschöpfliche Werheiratetwen. Manchmal muß ich übersetzen, es braucht eine Zeit, sich in Gabis undeutliche Sprache hineinzuhören. Ein Kind will ihren Dackel streicheln. Seine Mutter, eine Schulfreundin von Gabi, erkundigt sich nach der Familie und verspricht, mal wieder auf einen Kaffee vorbeizukommen. Gabi ist für eine Weile wieder dabei in ihrer Gemeinschaft, und auch ich gehöre ein wenig dazu; das Wichtigste sind eben nicht Geburtstagsfeste mit viel Besuch, sondern der geglückte Alltag im Dorf.

Abends sitzen wir oft zu zweit herum und wissen nichts Rechtes mit uns anzufangen. So ganz auf einer Wellenlänge sind wir eben nicht. Zivis werden nicht nach Sympathie, sondern nach Bedarf zugeteilt. Dabei kommen wir gut miteinander aus. Nur die Stunden, wenn nichts zu tun ist, die dehnen sich einfach. Da ist Hausarbeit auf einmal gar nicht so übel. Ich habe auch den Elan verloren, jeden Abend für Unterhaltung zu sorgen. Oft bin ich so müde, daß ich froh bin, ins Bett zu kommen. Gabi ruft nachts, damit ich sie wieder richtig hinlege (allein kann sie das nicht, ihre Glieder verkrampfen sich). Diese Nacht nur fünfmal; ich bin weniger vom nächtlichen Aufstehen erschöpft als vom zu leichten Schlaf, ich darf sie ja nicht überhören.

Heute mittag kommt mein Kollege zur Ablösung. Ich habe dann eine Woche frei, um körperlich und seelisch wieder fit zu werden. Wir gehen noch einmal spazieren, ich schiebe Gabi den Weinberg hoch. Die Spaziergänge lassen uns beiden Ruhe zum Abschalten oder Nachdenken. Wenn wir uns dann irgendwo hinsetzen, dem Hund zusehen, wie er Schafe jagt, kommt ein Gespräch auf: über die Schmerzen in den Beinen, den frechen Neffen oder über den jungen Mann, der ihr so gefallen hat. Langsam rollen wir zurück.

Es lohnt sich doch, ein wenig von meinem Leben aufzuschieben und es Gabi abzugeben. Für immer könnte ich das nicht, aber eine Dienstzeit, das ist nicht zuviel.

Beim Bund

Selbstgespräche eines Wehrpflichtigen

Thomas-Alexander Hubert
Aus: „Schwäbische Zeitung", 1. September 1984

Was wir brauchen, sind Männer – wirbt die Bundeswehr. Dienstag, Einberufungstag in einer Kaserne auf der Schwäbischen Alb. 14 Uhr, ein langer Gang, junge Männer mit Sporttaschen. Du rauchst die erste Zigarette beim Bund. Oberflächliche Konversation, Gespräche über Bier und Autos.
Kaum zwei Stunden sind die neuen Rekruten da, noch 456 Tage Bund liegen vor ihnen, schon liegt das magische Wort „Wochenende" in der Luft.

> *„Die Rekruten sind alle glücklich und dankbar, hier dienen zu dürfen", sagt der Kommandeur beim Gelöbnis der Rekruten.*

Die erste Nacht wird unruhig, der rauhe Albwind zieht durch die Fensterrahmen. Um zwanzig nach fünf wirst du geweckt. Pünktlich geweckt und schlimmer: laut geweckt. Das erste was du hörst sind Verwünschungen, Flüche. Du suchst im Halbschlaf deinen Spindschlüssel. Im Waschraum das Chaos; du stehst in der Schlange, als gäbe es da vorne Karten für den VfB Stuttgart und nicht kaltes Wasser.

> *„Fahrn wir dann in Stellung, geht es endlich los, rufen wir hurra, hurra zum Gegenstoß", mußt du auswendig lernen.*

Die Begrüßung der Hupfer in der Kantine beim Frühstück ist wie eine Premiere im Theater, Vorhang auf – gefräßige Stille, Einzug der Hupfer in Reih und Glied von links, dann infernalisches Geklapper Hunderter von Messern und Gabeln. Du hörst Trillerpfeifen und einen Riesenchor von „Hupfer"-Rufern. Es ist beeindruckend. In drei Monaten wirst du selbst dann „Hupfer" brüllen, bis dir die Birne rot anläuft, wenn die Neuen kommen. Und wirst dich freuen wie ein Kind an Ostern. Die Altgedienten protzen mit ihrer Lage, ihrer Restdienstzeit. Und sie zeigen ihre Maßbänder. Schadenfreude befriedigt das schlichte Gemüt.

> *Rechnest du schon: wie lange noch bis Freitag?*

Die Einkleidung: Das hektische Tempo bestimmt die Paßform der Uniformen. Jetzt lachst du noch über die ungeheuer altmodischen Unterhosen. Nach der ersten Winterwache ziehst du aber gleich zwei an. Mit Papier dazwischen, das gibt Wärme. Und zitterst aber trotzdem noch vor Kälte. Die Kampfstiefel tragen ihren Namen zu Recht; sie einzulaufen, gleicht oft einem schmerzhaften, qualvollen Kampf.
Das Sozialgefüge in den Stuben stabilisiert sich sehr schnell. Paß also auf: ruck-zuck ist einer der Trottel, der Depp. Weil vielleicht langsamer, unsportlich, oder weil er kein Bier mag. Weil er keine lauten Lieder singt.

Den Gruppentrottel gibt's schließlich überall, sagt man. Stimmt vielleicht. Nur bei der Bundeswehr kann er sich nicht zurückziehen in sein Schneckenhaus, kann sich nicht abkapseln, kann nicht ausweichen in seine Privatsphäre. Weil du die nämlich nicht hast beim Bund. Wie auch, solange es noch den Zwang zur Gemeinschaftsunterkunft gibt.

„Verdreckt und verlaust, doch immer auf Draht, das ist der deutsche Panzersoldat", grölen schon Hupfer in der Kantine.

Doch nicht nur Frust und Aggressionen gibt's, auch Spaß. Und den oft nicht zu knapp. Sogar verordneten Spaß. Die Umgebung ist neu und fremd. Das bindet, schafft das Gefühl: „Wir sitzen ja schließlich alle im selben Dampfer". Das Gefühl wird bei der Bundeswehr als Kameradschaft bezeichnet. Und die ist oftmals Pflicht. Ein Kameradschaftsabend ist Dienst. Dabeisein ist ein Muß. Doch Kameradschaft gibt es dann auch nicht nur auf Befehl: Bei Märschen wird der Schwache mitgezogen, du nimmst ihm Gepäck ab. Du spendierst auch dein Freßpaket von zu Hause, läßt die anderen deinen „Playboy" anschauen.
Was Nerven kostet: „Jawoll" zu sagen und „Nein" zu denken. Frei im Denken ist natürlich jeder, im Sprechen schon weniger und im Handeln erst recht nicht. Dein Trost: Es gibt zwar einen Spind-, einen Ausrüstungs- und Kleidungsappell, aber noch keinen Gehirnappell.

„Ein Soldat entschuldigt sich nicht", erklärt der Kompaniechef während der Grundausbildung.

Er kann sich ja auch gar nicht entschuldigen, weil er keine Fehler macht. Fehler macht beim Bund sowieso keiner. Ein Soldat bedankt sich auch nicht, denn er bekommt ja nur, was ihm zusteht. Du hast also, kurz gesagt, nichts anderes zu tun, als Soldat zu sein und vor allem: dich auch als solcher zu fühlen. Dafür ist dann die Aktuelle Staatsbürgerliche Information für die Soldaten gedacht. Üben kannst du das Ganze 15 Monate lang. Wenn's nicht klappt, dann setzt du zumindest eine dienstfrohe Miene auf. Denn die ist sehr gefragt beim Bund.

Ist es schon Freitag?

Dienstschluß, Freitagnachmittag. Appell, das „Wort zum Sonntag" vom Kompaniechef. „Fahrt langsam", sagt er und erzählt lange Geschichten. Die Zeit wirst du nachher bei der Nachhausefahrt, der Nato-Rallye, wieder einholen müssen.

„Ich bin Bundeswehrsoldat, ein toller Typ, und ich hab mein Vaterland so schrecklich lieb", trällert's im Schlager. Freitagnachmittag, ja dann hast du dein Vaterland ganz furchtbar lieb.

Draußen, vor der Kaserne Nebel, Heckenrosen neben der Straße. Wenn sie wieder blühen, ist deine Dienstzeit zu Ende. Du schaltest in den dritten Gang, gibst Gas. Stacheldraht und Heckenrosen, Drill und Spaß bleiben hinter dir. Alles vergessen für zwei erbärmliche Tage: Wochenende.
Und dann ist wieder Montag, du Hupfer!

Punk in Berlin-Kreuzberg

Wolf, 20 Jahre

Aus: „Die Zeit", 7. September 1984

Am Anfang (Mai 1981) hab ich bei meinem Bruder gewohnt, der ging arbeiten und ich war immer alleine zu Hause. Hab mir Musik reingezogen und wußte überhaupt nicht, was ich machen sollte, bin halt in 'n Park gegangen. Irgendwann sind wir dann zu den Besetzern in die Bülowstraße gegangen und haben gefragt, ob wir einziehen können, und die meinten o. k. Da bin ich nach ein paar Monaten wieder rausgeschmissen worden, weil ich nicht gecheckt habe, was das heißt, mit Leuten zusammenzuwohnen. Ich war besoffen oder bekifft, hab mich um nichts gekümmert, und damals ging das ja noch ab, so mit Instandsetzen.
Bei den Hausbesetzern das Politische, USA is' Scheiße und so, hab ich sofort akzeptiert. Vorher hatte ich ja mit Politik nicht viel zu tun, 'ne Kirchenbesetzung hab ich mal in Düsseldorf mitgemacht, als die Freie Republik Wendland in Gorleben geräumt wurde. Da hatte ich 'nen Kumpel, der hat mich aufgeklärt, was das ist, Atomkraft.
Punk bin ich geworden, weil ich in Berlin so viel ätzende Langhaarige getroffen habe. Mit ein paar Langhaarigen hab ich mich mal in Kreuzberg in 'ner Kneipe gekloppt, weil die mich rausschmeißen wollten. Oder die Volltrottel, die dir erzählen, daß du keine Milch trinken darfst, weil sie von Kühen geklaut ist! Mit Punkmusik hatte das weniger zu tun. Ich kannte die schon, Ramones oder Sex Pistols, aber ich hatte ja nie 'n Plattenspieler.
Ich hab mir die Haare hochgestellt und bin erst mal durch die Gegend gezogen. Damals konnteste ja noch wirklich alles kaputtschlagen. Das fand ich echt geil, wenn dir da 'ne Scheibe nicht gepaßt hat . . . Einmal, das war lustig, da bin ich mit meinem Bruder an 'nem Möbelgeschäft langgelaufen und da kam so 'ne Touristengruppe, die fragten: „Hallo, bist du ein Hausbesetzer?" und lachten dabei so blöde. Da hab ich 'n Stein aufgehoben und voll in 'ne Scheibe geprellt. Die haben nur noch dumm geguckt.
Daß die Bürger sich vor den Punks verpissen, weil sie Muffe haben, das kenn ich nur vom Hörensagen, in Westdeutschland ist das vielleicht noch so. Hier gehe ich über die Potsdamer Straße, und plötzlich kommt 'ne Oma auf mich zu und fragt ganz nett, wie spät's denn ist. [. . .] Die die Macht haben, die haben sich auch nicht an die Punks gewöhnt. Vielleicht würde ich ja auch so ein Schwein werden, wenn ich Macht hätte, ich weiß es nicht. Auf jeden Fall, wenn du als Punk beim Schwarzfahren in der U-Bahn erwischt wirst, mußt du erst mal ein paar Stunden mit auf die Wache. Und

dann die Bullen. Wenn du besoffen bist und festgenommen wirst, kriegst du regelmäßig die Fresse voll. Ich bin vielleicht dreißigmal festgenommen worden und fünfmal davon zurecht. [. . .]

Alk ist halt immer da, weil er legal ist. Und dann trink ich halt, weil ich sonst keinen Spaß habe und mich alles langweilt. Außerdem sehe ich zuviel, wenn ich nüchtern bin. Die ganze Scheiße sehe ich dann, die so abgeht, mit den Bullen und was weiß ich . . . alles eben. Das ist nicht gut für die Gesundheit, aber ich glaube, ich komme sowieso lieber mit 30 unter 'n Auto. Selber umlegen bring ich glaub ich nicht. Ich wollte es einmal, weil alles keinen Spaß mehr gemacht hat, aber ich hab's nicht gepackt. Ich hab mir 'nen Strick um den Hals gebunden und bin losgegangen aufs S-Bahngelände und wollte mir einen Baum suchen. Dann bin ich am nächsten Tag in meinem Bett aufgewacht. Ich war total besoffen.

Nee, das hat nichts mit Punks, no future und so zu tun. Das sind die Politiker, die no future machen, nicht ich. In hundert Jahren gibt's keine Menschen mehr, wenn sie es nicht bald checken, und sie checken es nicht. Der Wald stirbt, und wir werden alle an Krebs sterben. Ich sterbe an Krebs und du auch. Alle.

Sara

Katrin Thier, 13 Jahre

Was da eigentlich genau passiert ist, weiß ich nicht mehr. Mutter sagt, das machte nichts, ich sei ja so lange bewußtlos gewesen.

Aber an einige Sachen kann ich mich trotzdem gut erinnern. Da ist das hilflose, flehende Gesicht von Sara, mit dem eigentlich alles begann. Sara stand an der Ecke des Hauses, umlagert von Jungen, die lachten und sie mit Steinen und Beeren bewarfen. Dabei kann Sara nichts dafür, daß sie Ausländerin ist und nur einen Arm hat.

Sie ist doch Spitze! Und nun war sie zurückgedrängt worden und wurde von den Jungen geärgert. Als ich das sah, bekam ich eine Wut. Ich rannte zwischen die Übeltäter, vergaß, daß sie in der Überzahl waren, und schlug zu.

Einfach so, nach links und rechts. Mein einziges Ziel war, Sara zu schützen, die sich nicht wehren konnte, weil sie im Vietnamkrieg einen Arm verloren hatte.

Plötzlich faßt mich jemand hart im Genick und schleudert mich zu Boden. Die drei anderen Jungen fangen an, auf mich einzuschlagen. Das macht mich erst recht wütend, und ich kratze wie eine Katze. Währenddessen hat Sara versucht, sich davonzumachen. Erfolglos. Ich habe nun jedoch einen Gegner weniger. Ich schlage wie eine Wilde um mich und kann mich immer wieder entwinden. Was dann passiert, weiß ich kaum noch. Irgendwie verliere ich jedenfalls das Gleichgewicht und falle rückwärts auf die Straße.

Quietschen, Schreie, Schmerz, aus! . . .

Gestern bin ich aufgewacht, alles tat mir weh. Zwei Tage war ich bewußtlos gewesen. Wegen Sara! Warum ärgern die Jungen sie eigentlich so oft?

Immer wieder sehe ich, wie Menschen ausgestoßen werden, nur weil sie anders sind – anders aussehen, anders sprechen.

Ich verstehe das nicht. Alle reden sie von Frieden und von Toleranz. Warum tun sie das, wenn sie nicht einmal ihre Mitmenschen akzeptieren – die Gastarbeiter, die Behinderten?!?!

Vorbildliches leistet seit 1981 eine Arbeitsgemeinschaft „Naturschutz" der Hauptschule im Bildungszentrum Rems-Neckar. Sie bewirtschaftet den Schulgarten, schuf am Schulgebäude und auf dem Schulgelände Nist- und Unterschlupfmöglichkeiten für verschiedene Vogelarten, Insekten und Fledermäuse, pflanzte Obstbäume, Beerenobststräucher und Wildgehölze, legte eine Naturwiese und eine Schutzfläche für Eidechsen an und in Zusammenarbeit mit dem Gymnasium einen 75 Quadratmeter großen Schulteich für Amphibien und Wasserpflanzen. Die Schüler erfahren durch diese Einsätze, die teilweise an schulfreien Samstagen und in den Ferien erfolgen, was Ökologie praktisch ist und daß sich ihre Arbeit lohnt. Wenn in einem an der Schule aufgehängten Nistkasten nun schon im dritten Jahr Turmfalken brüten und sich ein Jungvogel sogar einmal aufs Fenstersims verirrt, dann befriedigt das vielleicht noch mehr als die beiden Preise, die der AG mittlerweile für ihre Umweltaktivitäten zugesprochen wurden. Im Februar 1985 fuhr die AG an einem Wochenende zur Riedpflege nach Laupheim, um seltenen Pflanzen- und Vogelarten im dortigen Osterried einen Lebensraum zu erhalten. Der Deutsche Bund für Vogelschutz hatte eine Spezialmähmaschine besorgt, die freie Flächen ins Ried mähte. Trotz naßkalten Wetters waren die Schüler mit Eifer dabei, das abgemähte Schilf auf große Haufen zu rechen.

Eine Pfadfindergruppe (VCP; Schüler und Lehrlinge) entwarf und baute einen Spielplatz nach ihren Vorstellungen – in fast 3000 Arbeitsstunden. Die Stadt stellte den Platz in einem Neubaugebiet und das Material zur Verfügung. Bei der Einweihung im Herbst 1984 betonte der zuständige Beamte des Garten- und Friedhofamtes zweimal, es sei viel Verwaltungsarbeit angefallen, die Stadt habe eigentlich nichts gespart. Daß die Anlage phantasievoll und phantasieanregend ist, vom üblichen Schema also in erfreulicher Weise absticht, darüber fiel von städtischer Seite kein Wort.

Ratschläge sind auch Schläge

Claus Peter Müller-Thurau, Jahrgang 1947

Ein Achtzehnjähriger schrieb Weihnachten 1984 seinen Eltern: „Ihr haltet unsere Sprache für degeneriert. Nun ja, ich glaube vielmehr, daß die deutsche Sprache im Moment ihre jüngste Sprachumwandlung erfährt. Damit Ihr ihr nicht vollkommen hilflos gegenübersteht, will ich Euch dieses kleine Büchlein schenken. Vielleicht trägt es auch dazu bei, daß Ihr uns in Zukunft besser oder zumindest nicht mehr mißversteht." – Es handelte sich um „Laß uns mal 'ne Schnecke angraben. Sprache und Sprüche der Jugendszene" (1983); daraus:

Wenn Pimo in die Disco geht, um *eine Alte aufzureißen,* ist er sprachlich auf der Höhe seiner Zeit und Clique – sein Wünschen und Wollen freilich ist so zeitlos wie Essen und Trinken.

Pimo aber ist die Vorstellung ein Greuel, den Fußspuren seiner Eltern zu folgen, und genauso geht es der *Schnecke,* die ihn angetörnt hat:

Mach mich nicht an, Alter! Auf Deinem Typ steh' ich nicht! Pimo – nur nicht ausklinken – geht flippern. Danach wird er versuchen, eine andere *Tussi anzugraben.* Schließlich ist Pimo kein *Schlaffi.* Er wird seinen *kleinen Wuschermann* schon machen. Und wenn dann eine *Gretel voll auf ihn abfährt* – Pimo ist zum Troste seiner Eltern wachsam: Er wird ihr keinen *Braten in die Röhre schieben.* In der Verhütung kennt er sich aus – also keine *Panik auf der Titanic!*

Pimos rhetorische Grundausstattung ist für Feministinnen zum (Auf-)Heulen, und seinen Eltern würde sie, falls ihr Gehör mitmacht, die Sprache verschlagen. [. . .]

Pimo ist achtzehn Jahre alt, wohnt bei seinen Eltern und ist Auzubildender. Auch amtlicherseits ist es korrekt, wenn man „Azubi" sagt. Was dies bedeutet, ist in einer atemberaubenden Formulierung festgelegt:

„Auszubildende sind im Rahmen der Ausbildung von Ausbildern auszubilden."

So glatt kann Pimo das, was mit ihm passiert, nicht definieren – vielleicht, weil es nicht so glatt läuft. Wohl bemüht man sich um ihn, wohl ist alles gut organisiert und vielleicht auch durchdacht – aber die „Sandkastenspiele", die die Erwachsenen für ihn inszenieren, wollen einfach nicht enden. Was immer er tut, bleibt für seine Umwelt wirkungslos, ohne ernsthafte Konsequenzen, wird außerhalb seines Ausbildungsbereiches kaum ernstgenommen. Auf dem Papier steht zwar, daß Pimo „wahlberechtigt", „deliktfähig", „prozeßfähig", „geschäftsfähig" und „strafmündig" ist – er aber hat das Gefühl, daß die Welt sich auch ohne ihn dreht.

Wie, fragt sich Pimo, kann man mit Eifer Fußball spielen, wenn es keine Tore zu schießen gibt?

Wie kann man die zuständigen Ratschläge ertragen, wenn man im Grunde doch nicht darf?

„Ratschläge", sagen Pimo und viele seiner Altersgleichen, *Ratschläge sind auch Schläge.*

Studieren für die Arbeitslosigkeit?

Ein Besuch bei Lehramtsstudenten der Chemie

Aus: „Uni Journal", Heft Nr. 1/85

(Der Text entstand im Reportage-Kurs des Rhetorischen Seminars der Universität Tübingen)

Chemiebau der Universität Tübingen, vierter Stock, Raum A. Hier sind die Studenten der „Chemie Lehramt" zu finden. Viele sind nicht übriggeblieben, an den zwölf Laborplätzen stehen nur vier Studenten. Bernd versucht gerade, Koffein, ein weißes Pulver, zu isolieren. Die Brühe, die im Rundkolben schwappt, ist aber grünlichtrüb, als ob er sie aus einem Moorsee geholt hätte.

Bernd hat im Wintersemester 81/82 mit dem Studium begonnen. Sein Jahrgang war der erste, bei dem die Warnungen vor der Lehrerarbeitslosigkeit Erfolg hatten: statt 30 Studenten kochten mit einem Mal nur noch acht ihre Analysen. Bernd ließ sich von den düsteren Prognosen nicht ins Bockshorn jagen. Das chemische Arbeiten macht ihm Spaß, besonders wenn er solange herumknobelt, bis er aus Tee vom Supermarkt genügend Koffein isoliert hat, das er beim Assistenten abliefern kann. Aber täglich acht Stunden und mehr im Industrielabor zu stehen, das wäre nichts für ihn. Im Beruf will er lieber mit Menschen als mit Destillationsapparaturen umgehen. Bernd versuchte es deshalb erst gar nicht mit einem Diplomstudium, Zielrichtung Industrie: „Ich will Lehrer werden, auf jeden Fall. Und ich geh davon aus, daß ich's werd." Er ist eben Optimist: „Schlechte Aussichten? Acht Leute fangen pro Semester mit ‚Chemie Lehramt' an, vielleicht vier machen Staatsexamen. Was sind da schlechte Aussichten?" Die Zahlen sprechen leider gegen ihn. Noch nicht einmal zehn Prozent der Absolventen werden in den Schuldienst übernommen.

Seine Kommilitonen/innen sind durch ähnliche Überlegungen zum Lehramtsstudium gekommen. Regina zum Beispiel. Ihrem Kittel mit den vielen bunten Flecken und kleinen oder größeren Löchern sieht man an, daß sie eifrig experimentiert. Für Reihenversuche in der Industrie oder Forschungsprobleme fern von ihrem Leben möchte sie sich aber nicht kaputtarbeiten. Wenn sie an der Schule keine Arbeit findet, will sie Krankenschwester werden. Soweit denkt Regina aber noch nicht, vorerst freut sie sich auf ihre Referendariatszeit: „Da kann ich wenigstens zwei Jahre das machen, was ich eigentlich will."

Gudrun, die zusammen mit Regina eine Reaktionsgeschwindigkeit bestimmen muß, sieht ganz schwarz. Wenn sowieso nur wenige eingestellt werden, glaubt sie, als Frau, gar keine Chance zu haben. Dazu kommt noch etwas anderes: „Du mußt zehn mal besser sein als vor fünf Jahren. Das ist deprimierend, wenn du weißt, du bist gut, und du wirst gedrückt." Es ist eben leichter, einem Referendar mit Note Drei die Anstellung zu verweigern, als einem mit Note Eins. Doch diese Gedanken verdrängt

Gudrun die meiste Zeit, sonst könnte sie den Streß des Doppelstudiums (ihr zweites Fach ist Deutsch) gar nicht durchstehen. Und das Staatsexamen will sie auf jeden Fall machen; vielleicht werden ja irgendwann wieder Lehrer gebraucht. Bis dahin empfiehlt ihr das Arbeitsamt eine Karriere als Pharmavertreter oder Umschulung auf elektronische Datenverarbeitung. Insoweit sind die naturwissenschaftlichen Lehrer ihren geisteswissenschaftlichen Kollegen gegenüber im Vorteil: nach der Umschulung soll es gar nicht mehr so schwer sein, eine Arbeit zu finden. Die Umschulung will allerdings finanziert sein. Und die verhinderten Lehrer müssen sich dann mit dem Beruf abfinden.

Das finde er gar nicht so schlimm, meldet sich Martin hinter einigen Glasgeräten hervor zu Wort: „Man muß flexibel sein und auch eine Zeit der Arbeitslosigkeit in Kauf nehmen, irgendwann wird die Arbeitszeitverkürzung schon kommen." Martin studiert die Fächerkombination mit der größten Einstellungsquote: Chemie und Biologie. Zusätzlich zu seinem Studium arbeitet er noch in einer Arbeitsgruppe zum Thema Immunbiologie mit. In Biologie wird er zusätzlich noch das Diplom machen. Vorerst geht's ihm um den Spaß an der Chemie. Wenn's mit der Chemie später eh nichts wird, will er sich wenigstens im Studium ausgetobt haben. Und dafür ist der Studiengang „Chemie Lehramt" nun wirklich geeignet: Platz gibt's, weil nur so wenige studieren. Zu viert stehen ihnen drei Abzüge für das Arbeiten mit giftigen Substanzen zur Verfügung; ein Verhältnis, von dem Diplomstudenten nur träumen. Durch die geringe Studentenzahl ist auch der Kontakt zu Professoren und Assisten- ten besser. Einer verrät gerade Bernd, warum sein Koffein nicht weiß werden will: er hat vergessen, einen kleinen Hahn zu schließen.

Lisas Berufspläne

Johanna Walser

In ihrem zweiten Buch, „Die Unterwerfung", erzählt Johanna Walser (geb. 1957) von Lisa, die gegen den Willen ihrer Eltern Sprachen lernen möchte. Das unsichere Mädchen legt ihr Abitur in der Abendschule ab und beginnt zu studieren. Aber nun stellt sich heraus, daß sie sich überfordert hat: Ihre „niederwerfenden Erfahrungen" holen sie ein, sie muß zeitweilig ein psychiatrisches Krankenhaus aufsuchen. – Hier steht Lisa noch am Anfang ihres anstrengenden Weges, den niemand so recht begreifen kann:

Da Lisas Zeugnis, aufgrund ihrer Noten in naturwissenschaftlichen Fächern, nicht überragend war, die Mutter ihr abriet, weiter in die Schule zu gehen, und Lisa drängte, doch einen gefragten Beruf zu erlernen, Lisa außerdem den Eltern finanziell nicht mehr zur Last fallen wollte, beschloß Lisa, arbeiten zu gehen und nebenher zu versuchen, in der Abendschule das Abitur zu machen. Lieber, dachte Lisa, in der Fabrik arbeiten und dabei immer denken, diese Arbeit tue man nur vorläufig, bis man sich fortgebildet habe, als etwas zu lernen, durch das man sich lebenslang zu einer Tätigkeit verpflichtet fühlen würde, die einem trostlos vorkäme. Möglicherweise würde sie ja das Abitur oder sonst einen Abschluß nie schaffen, sondern ihr Leben lang in der Fabrik die Dressur von ein paar Handgriffen ablaufen lassen müssen, aber die Erwartung, einmal angenehmere Arbeit zu finden, würde nie aufhören, und abends könnte sie darauf hinarbeiten. Allerdings gelang es Lisa nicht, ihre Mutter mit ihrem Plan zu versöhnen; überzeugt, Lisa eigne sich am besten zur Kindergärtnerin, hatte sie solange auf die Kindergartenverwaltung eingeredet, ohne Lisa etwas davon zu sagen, bis Lisa dort als Praktikantin angenommen worden wäre, was sie aber ablehnte, obwohl die Tränen der Mutter sie immer wieder angriffen. Die Konkurrenz, die dich da erwartet, sagte die Mutter, dein Wunsch blendet dich, du verschwendest Zeit und Kraft, um am Ende abgewiesen zu werden. Ich habe doch nur meine Augen, antwortete Lisa, und sehe eine Möglichkeit für mich, eine Arbeit zu bekommen, die mir sehr läge, diese Möglichkeit aber ist mir viel wert, ich möchte ihr nachhängen, bis sie anfängt, wirklich zu werden oder zertreten werden muß. Irgendwelche Sicherheiten will ich gar nicht; wenn sie meinen doch unwiderlegten Wunsch ausschließen, kommen sie mir trostlos vor. Ungelernt mußt du eben gar alles machen, wenn es dann nicht so kommt, wie du es dir denkst, sagte die Mutter. Schon, aber zu der Möglichkeit, der Tür, die zu etwas Schönerem führt, kann man dann noch eine Weile hinsehen, antwortete Lisa, ich würde mich nie zu endgültig irgendwo einrichten, immer auf einen Wind warten, der manches aufwirbeln könnte.

Eigentlich hätte Lisa Büroarbeit vorgezogen, konnte aber nur eine Arbeitsstelle in der Gärtnerei kriegen. Lisas Finger spielten auf dem Tisch wie kleine Tiere, während sie im Hinterzimmer eines Büros der Gärtnerei wartete, bestellt zu einem Einstellungsgespräch. Wie wenn man ein Mittel ausprobiert, dessen Wirkung man nicht kennt, so kam es Lisa vor, mit dieser Arbeit anzufangen, von der sie hoffte, sie lähme sie nicht zu sehr mit Abendmüdigkeiten, da abends ihre Schule begann. Womit würde sie wohl die Tage in diesem Betrieb verbringen? Daß sie mit dem Garten zusammenhängende Arbeiten bisher nie besonders gemocht hatte, fiel ihr jetzt wie zum Trotz dagegen ein, daß sie es gleich würde verschweigen müssen. Seltsam, jemandem gegenüber zu sitzen und, fast unwillkürlich, das und das sorgfältig zu verschweigen. Das ist immer so und jedem gegenüber. Aber mochte sie Pflanzen nicht trotzdem sehr gern? Vielleicht würde sie Pflanzen noch näherkommen. Vielleicht würde sich etwas sehr Schönes durch diese Arbeit zwischen Lisa und den Pflanzen entwickeln. Lisa dachte, wenn es trostlos wäre, würde sie die Trostlosigkeit durch alle ihre Spielarten hindurch verfolgen, bis sie sich ihr ergäbe mit ihrem Geheimnis, dann wollte Lisa von der Krankheit an der Welt ganz erfaßt werden, in ihre Fieber hineingeworfen werden, mit allem, was sie war. Vielleicht würde ihr aus dem Nichts eine rettende Hand zuwachsen, vielleicht würden sich Antikörper in ihr bilden. Nur nichts sagen von Abendschule, nahm Lisa sich vor, das könnte bei dem, der sie gleich verhören würde, folgende Taste anschlagen: Zwei Sachen nebeneinander, von denen man bloß eine richtig machen kann. Wenn der, der sie gleich verhören würde, nur nicht nach ihren weiteren Plänen bohren würde. Warum sie nur arbeiten, nicht eine Ausbildung beginnen wolle? Keine gefunden? Sie könne sich glücklich schätzen, die Gärtnerei könne noch einen Lehrling vertragen. Ein solcher Zufall! Diese unzuverlässigen Arbeitsämter! An so etwas könne das Glück junger Menschen scheitern. Wäre Lisa nicht schachmatt durch so einen Angriff? In diesem Augenblick sah Lisa eine Frau das Gärtnereigelände verlassen, die zu weit entfernt und zu ähnlich ihrer Mutter war, als daß Lisa sie eindeutig als eine fremde Frau und Nicht-Mutter hätte identifizieren können. Mein Kind sollte einen sicheren Beruf lernen, geben Sie ihm, statt einer Arbeitsstelle einen Ausbildungsplatz, denn es versteigt sich in unerreichbare Berufspläne, solange man es nicht festbindet in eine Berufsrichtung, in der man ihm seine Kräfte abfordert, so daß es nicht heimlich seine Anstrengung an Tätigkeiten vergeudet, die weder ihm noch sonst jemandem irgend etwas nützen. So könnte die Mutter die Gärtnerei auf Lisa vorbereitet haben, die damit zu einer Falle werden würde, der nur durch entschlossenen schnellen Rückzug zu begegnen wäre.

Beruhigt durch die Gleichgültigkeit des Chefs der Gärtnerei ihr gegenüber, zerstreuten sich Lisas Befürchtungen. Sie wußte nicht, woher diese Gedanken gekommen waren. Ihre Mutter achtete doch nichts höher als Lisas Recht, selbst über ihr eigenes Leben zu entscheiden. Warum dann diese Gedanken? Ich bin ein Gedankenverbrecher, Mutter, gerade bist du mir zum Opfer gefallen, dachte Lisa. Im Augenblick, als der Chef zu Lisa sagte, am Montag könne sie anfangen, bereute Lisa auf einmal, nicht noch nach einer anderen Stelle gesucht zu haben, und kam sich grundlos schon wie gefangen vor, wie wenn man meint, eine Schlinge am Hals zu spüren, obwohl man weiß, daß das nur eingebildet ist und man, wenn man mit den Händen nach ihr fassen will, ins Nichts langt. [...]

Obwohl Lisa oft tagelang an frischer Luft irgendwelche Pflanzen entwurzelte, kam es immer häufiger vor, seit sie arbeitete, daß sie am Morgen aufwachte, bevor sie aufgewacht war. Das heißt, sie wachte nur zum Schein auf, lief herum, wie wach, so daß die anderen glaubten, sie sei wirklich wach, während sie in Wirklichkeit noch gar nicht aufgewacht war. Als habe die Nacht sie in Eis getaucht, tastete sie mit fühllosen Händen umher, wo sie eigentlich sei. Manchmal wachte sie sogar ganze Tage lang keine einzige Sekunde auf. Zwar war sie ziemlich abgetrennt von den anderen dadurch, aber niemand schien es zu merken. Sie wußte nicht, wer oder was sie hätte anrufen müssen, damit sie aufgewacht wäre. Ihr Wecker jedenfalls, der nun einmal eine schrille Stimme haben mußte – er war so gebaut –, die eher geeignet schien, den Wunsch nach einem noch tieferen Schlaf zu wecken, in dem man solche Schrillheiten überhört, schaffte es ebensowenig, wie die immer besorgte Stimme der Mutter beim Frühstück und all die Anreden von Kollegen, Bekannten und Freunden. Vielleicht förderten gerade die Tätigkeiten, die Lisa aufgetragen wurden, ihren Schlaf, denn gleichförmig hatte sie ein paar Handgriffe lange Zeit zu wiederholen. Eine eiserne Wiege, gegen die sie nicht ankam. Jeden Tag fürchtete Lisa, am Abend nicht genügend wach zu sein, um in der Schule soviel aufzunehmen, wie gerade nötig war, um nicht zu scheitern. Den ganzen Tag trank sie Tee, um dieses Schlafgespenst, das sich schwer an sie hinhing, so daß sie ihr doppeltes Gewicht zu tragen hatte, mitschleppen zu können. War sie an einem Abend besonders wach und hielt das bis in die Nacht, dann arbeitete sie manchmal die ganze Nacht hindurch für die Schule, um die schulischen Rückstände aufzuholen, die ihr eine Reihe von Abenden beschert hatte, an denen sie, unfähig zu lesen, vor ihren Büchern gesessen war, trotzig darauf wartend, daß es ihr doch gelingen müsse. Was bildete sich ihr Körper ein, ihren Plan von Abiturmachen einfach durchstreichen zu wollen?

Internationales Jahr
der Jugend
1985

Die Vereinten Nationen riefen 1985 das „Internationale Jahr der Jugend" aus und stellten es unter das Motto: „Mitwirkung – Entwicklung – Frieden". Die drei Köpfe des Signets sollen ausdrücken, daß die Jugend gemeinsam eine friedliche Welt für alle anstrebt.

Jahr der Jugend

Umfrage

Aus: „Abendzeitung", München, 16./17. März 1985

> Die Stadt München machte für das „Internationale Jahr der Jugend 1985" 1,25 Millionen DM locker für rund hundert Projekte und Veranstaltungen: Rockmusik und Theater, Arbeitskreise und Diskussionen. Die Themen: Jugendarbeitslosigkeit, Frieden, ausländische Jugendliche, Mädchen-Probleme, Kultur, Ökologie, internationale Begegnungen.

Ich erwarte mir vom Jahr der Jugend, daß wir Punker endlich ein Zentrum kriegen, wo wir uns ungestört treffen können. Das Veranstaltungsprogramm spricht mich aber gar nicht an. Da werden lauter Diskussionsabende angeboten, wo man sich dann doch bloß rumstreitet. Besser als dieses blöde Gelaber find ich große Feiern. Da ist es dann viel leichter, Kontakt mit anderen Jugendlichen zu finden ... Was ich wichtig fände, wären Programme für arbeitslose Jugendliche – aber solche, in denen mehr drinsteckt, als bloß schöne Sprüche.

Siegfried S., 20 Jahre, Metzger, arbeitslos

Das Jahr der Frau hat nix gebracht, das Jahr der Behinderten hat nix gebracht, und das Jahr der Jugend wird wohl auch nix bringen. Unser Lehrer hat zwar gesagt: „Leute, jetzt ist das Jahr der Jugend, da wird mehr auf die Jugendlichen eingegangen." Aber das glaub ich nicht. Klar, wenn Theatergruppen spielen, ist das ganz nett, aber Theater haben wir auch bei uns in der Schule, da brauch ich kein Jahr der Jugend dazu ... Viele Programme finden in Freizeitheimen statt, und da sitzen immer die gleichen Cliquen drin, die sehen Neulinge gar nicht so gerne. Ich war da einmal drin und bin sofort wieder raus.

Frank P., 16 Jahre, Realschüler

Wenn das Ganze nur ein Jahr dauert, weiß ich nicht, ob sich viel ändert ... Trotzdem, Hauptsache, es tut sich wenigstens ein bißchen was. Das bringt einen dann weg vom öden Alltag. Am meisten interessiert mich das Thema „Wie war's damals im Krieg". Ich glaub, daß uns die Älteren bei dieser Diskussion einiges erzählen können. Auch die Fahrt nach Berlin würde mich interessieren. Mein Problem ist aber, daß ich ziemlich viel arbeiten muß und in meiner Freizeit sogar noch Kinder hüte. Da habe ich abends oft keine Lust mehr, wegzugehen.

Heidi G., 17 Jahre, Atelierhilfe in einem Mode-Studio

Wir lachen sie kaputt

Oppositionelle Jugend in der DDR

Roland Mischke

Aus: „Frankfurter Allgemeine Zeitung", 9. März 1985

Die Jungen, vor allem die Intellektuellen, nehmen das System und seine alternden Repräsentanten nicht mehr ernst, sie „nehmen sich raus aus der Gesellschaft" [. . .]. „Stolz" und „Kampf" und andere Verbalklassiker der Parteisprache, die Jugendlichen der fünfziger Jahre, der Aufbaugeneration, noch die Brust schwellen ließen, lösen bei den Jugendlichen von heute nur noch ein müdes Lächeln aus. Oder ein wildes Gelächter. „Wir lachen sie kaputt", schreibt der Jugenddichter Uwe Kolbe, Jahrgang 1957, der am Prenzlauer Berg in Ost-Berlin lebt. Franz Fühmann [siehe S. 171] hat ihn einst gefördert, er hielt ihn für ein großes Talent. Heute ist Kolbe einer, der sich der Staatsideologie radikal verweigert und auch keinerlei Scheu zeigt, das zu artikulieren. „Meine Generation hat die Hände im Schoß, was engagiertes Handeln betrifft. Ich kann noch weitergehen und sagen, daß diese Generation völlig verunsichert ist und richtiges Heimischsein weder hier noch das Vorhandensein von Alternativen anderswo empfindet."

Das sind Sätze, die von den meisten Jugendlichen in der DDR bedenkenlos unterschrieben werden. Ein massiver Exodus findet statt, eine rigorose Abnabelung von der sanktionierten Weltanschauung, die jeglichen Anziehungsreiz für die Jungen verloren hat, eine unaufhaltsame Abwanderung in die Innerlichkeit. Es gibt in der DDR keine jugendlichen Rebellen mehr, die Nachwehen der Biermann-Ausbürgerung 1976 sind zu Ende, es wird nicht mehr aufbegehrt, es wird die private Idylle kultiviert. Eine Jugend ohne Utopie.

Diese Jugend gehört nach wie vor zum Großteil dem staatlichen Jugendverband FDJ an. „Wenn du hinten hochkommen willst", kommentiert Christian, der achtzehnjährige Punker und ehemalige FDJler, „mußte halt mitmachen." Mitmachen heißt, das unbeliebte blaue Hemd mit der aufgehenden Sonne am linken Ärmel tragen, bei den Massenaufmärschen mitmarschieren und Freizeit opfern für Schulungen. Freiwillig natürlich. Aber wer nicht mitmacht, weiß, was für Folgen das für ihn hat. Trotz bester Schulzeugnisse wird er eine attraktive Lehrstelle oder gar einen Studienplatz nicht bekommen.

2,3 Millionen Mitglieder zählt die FDJ, 75 Prozent der DDR-Jugend. Die FDJ soll dafür sorgen, daß Leistungen in der Schule, beim Studium und in der Berufsausbildung gesteigert werden. Auch die Freizeitgestaltung gehört zu ihren Aufgaben: Rockkonzerte, Tanzveranstaltungen und Diskotheken liegen in der Hand des

Jugendverbands. [. . .] Die FDJ hat eine starke Position im Gefüge der DDR, nicht nur weil sie die Jugend zu organisieren und vorrangig im sozialistischen Sinne zu erziehen hat, sondern als „Kaderreserve der Partei". Für besondere Leistungen, in der Schule, im Sport, heute vor allem in der Wehrertüchtigung, gibt es Abzeichen, Urkunden und Wimpel. Problemlos könne man, erzählt Christian, „einen Schuhkarton Blech zusammenbekommen". Er weiß aber auch, wie schwer es vielen Jugendlichen fällt, „zwei Leben nebeneinander zu raffen". „Schizos" nennt man in der DDR die FDJler. Christian: „Erst Jugendtanz im Blauhemd, danach Besäufnis. Zehn Stunden in der Woche Kulturzirkel, ansonsten nur Westsender. Deutsch-sowjetische Freundschaftsgesellschaft und 'ne US-Jeans mit Originaletikett. Irgendwann bleibt man da mal auf der Strecke."

„Täglich unser Bestes" lautet das Motto der FDJ. Kritik am Grundsätzlichen ist unerwünscht. Sobald Identifikation, Leistungsbereitschaft, Disziplin und Verantwortungsbewußtsein als Ziel staatlicher Jugendpolitik in Frage gestellt werden, ist Kritik nämlich – destruktiv. Christian hat erfahren: „Sie wollen keine kritische Solidarität, sie wollen jeden mit Haut und Haaren."

[. . .] Jugendliche beginnen, an der Verkrustung des Systems zu kratzen, um es wenigstens partiell aufzubrechen. Aus Anlaß des von den Vereinten Nationen proklamierten „Jahres der Jugend" haben junge DDR-Bürger an ihre Regierung geschrieben. Unter den „Erstunterzeichnern" hat keiner einen bekannten Namen, auch keiner Beziehung zu einer kirchlichen Gruppe. Die Jugendlichen, die mit dem Brief ihre „Mitverantwortung bei der Gestaltung der Jugendpolitik der DDR" wahrnehmen wollen, verlangen, daß jeder junge Bürger des sozialistischen Staates „ungeachtet seiner sozialen und weltanschaulichen und politischen Ansichten" die gleichen Rechte erhält. Das heißt im Klartext: es soll keine Diskriminierungen von Andersdenkenden mehr geben. Jeder Jugendliche, heißt es in dem Brief, müsse seine Meinung frei und öffentlich äußern dürfen, ohne Nachteile oder gar strafrechtliche Verfolgungen befürchten zu müssen. Die Versammlungsfreiheit müsse garantiert werden und alle zensurähnlichen Bestimmungen und Praktiken sollten aufgehoben werden. Die Bildungseinrichtungen müßten „entmilitarisiert", die Wehrpflicht abgeschafft und politisches Wohlverhalten nicht mehr erzwungen werden. Es ist nicht das erste Mal, daß Jugendliche in der DDR mit solchen Aktionen, bei denen sie Kopf und Kragen riskieren, an die Öffentlichkeit gehen. Bisher war solchem Vorgehen nie Erfolg beschieden. Zu hoffen ist, daß Repressionen diesmal ausbleiben. Zu wünschen ist, daß die Briefschreiber von den Regierenden einer Antwort gewürdigt werden. Zu träumen ist vom Beginn eines Dialogs zwischen Regierenden und Regierten im „Jahr der Jugend".

Male

Uwe Kolbe, Jahrgang 1957

Fünfmal
wurde mir von Vergewaltigungen
erzählt

Viermal
sah ich
Männer sich prügeln

Dreimal
mißhandelten welche ihre Hunde
unter meinen Augen

Zweimal
rannte ich zum Jugendamt
für meine Freundin

Einmal
wollte ich
der kranken Mutter an die Gurgel

Ich bin achtzehn.
Im Sozialismus aufgewachsen.
Hab keinen Krieg erlebt.

JUGENDGESETZ DER DDR, ARITKEL 1

(1) Vorrangige Aufgabe bei der Gestaltung der entwickelten sozialistischen Gesellschaft ist es, alle jungen Menschen zu Staatsbürgern zu erziehen, die den Ideen des Sozialismus treu ergeben sind, als Patrioten und Internationalisten denken und handeln, den Sozialismus stärken und gegen alle Feinde zuverlässig schützen. Die Jugend trägt selbst hohe Verantwortung für ihre Entwicklung zu sozialistischen Persönlichkeiten.

(2) [. . .] Die jungen Menschen sollen sich durch Eigenschaften wie Verantwortungsgefühl für sich und andere, Kollektivbewußtsein und Hilfsbereitschaft, Beharrlichkeit und Zielstrebigkeit, Ehrlichkeit und Bescheidenheit, Mut und Standhaftigkeit, Ausdauer und Disziplin, Achtung vor den Älteren, ihren Leistungen und Verdiensten sowie verantwortungsbewußtes Verhalten zum anderen Geschlecht auszeichnen. Sie sollen sich gesund und leistungsfähig halten.

Zeichnung: Löffler

Die Zahl der Jugendlichen, die einen Ausbildungsplatz suchen, stieg bei uns bis 1984 stark an, wie die folgende Aufstellung zeigt:

1976	523 500
1982	666 000
1984	764 000
1985	756 000
1986	736 000

Durch Förderungsmaßnahmen des Bundes wurde erreicht, daß 1986 rund 95 % der ausbildungsplatzsuchenden Jugendlichen eine Ausbildungsmöglichkeit erhielten. 1982/83 wurden 6 000 Auszubildende vom Benachteiligtenprogramm erfaßt, 1986/87 werden es nach Angabe der Bundesregierung voraussichtlich 29 250 sein.

Die Jugendarbeitslosigkeit geht seit 1984 langsam zurück; zum Beispiel lag die Zahl der arbeitslosen Jugendlichen unter 20 Jahren Ende November 1986 um 15,7 % unter der des Vorjahres.

STICHWORT: JUGEND

Aus: „dtv-Brockhaus-Lexikon in 20 Bänden", 1986

Jugend, ein Abschnitt der menschlichen Entwicklung...
In der Nachkriegszeit war das Selbstverständnis der J. in der Bundesrep. Dtl.
nach Auffassung namhafter Soziologen (v. a. H. Schelsky) hauptsächlich von
der Skepsis gegenüber polit. u. a. Absolutheitsansprüchen bestimmt.
Die folgende Generation konnte sich mit der wirtschaftl. Aufbauleistung der
Nachkriegszeit und dem durch sie geschaffenen Wohlstand nicht mehr unmittelbar identifizieren und kritisierte in den meisten Ländern der westl. Welt die in
ihren Augen einseitig materielle, erfolgsorientierte, konformist. und nüchtern-
rationale Lebenshaltung der „Wohlstands- und Leistungsgesellschaft". Orien-
tierungs- und Sinnprobleme führten bei vielen Jugendlichen zum einen zu einer
passiven Verweigerung der Integration in diese Gesellschaft (Bewegung der
Gammler und Hippies, Drogenkonsum), zum anderen zur aktiven, teils
radikalen Ablehnung des „Establishments" oder häufiger zu dem politisch
engagierten Versuch der reformer. Veränderung der Gesellschaft (Studenten-
und Schülerbewegung; Abschaffung autoritärer Strukturen in Staat und Gesellschaft und überholter Tabus, bes. sexueller Art). Der Schulbereich verlor
zunehmend seinen „Schonraum"-Charakter durch steigende Anforderungen
(„Numerus clausus", Konkurrenzdenken). Im Bereich der Berufsausbildung
verschärften sich seit der wirtschaftl. Rezession der 70er Jahre die Schwierigkeiten durch den Rückgang der Lehrstellen (Jugendarbeitslosigkeit). Teile der J.
suchten nach „alternativen" Lebensformen, engagierten sich für Umweltschutz
und gegen den Ausbau der Kernkraftwerke; mit Beginn der 80er Jahre führte
der Mangel an preiswertem Wohnraum in großstädtischen Ballungsgebieten zu
„Hausbesetzungen".
Allg. typisch für die modernen westl. Gesellschaften ist die leitbildartige
Aufwertung und emotionale Besetzung des Aspekts der „Jugendlichkeit",
deren sich v. a. die Werbung bedient. Überdies spielt die J. als Konsumenten-
gruppe eine bed. wirtschaftl. Rolle.

1987 – oder The big brothers are watching you

Stefan Willms, 17 Jahre

Das Land Nordrhein-Westfalen rief 1985 junge Menschen im Alter von zehn bis 18 Jahren zu einem Wettbewerb auf: „Schreib doch mal... für ein Buch". Aus 1300 Einsendungen wurden 50 Texte unter dem Titel „Was uns bewegt..." veröffentlicht. Nach einem Beispiel aus dem Kapitel „Anonymität" (S. 292) folgt hier ein weiteres aus dem Kapitel „Zukunft":

(Setting)

Dunkler, enger Raum. Eine Wand voll mit zehn Monitoren.
Davor ein alter Schreibtisch aus der Zeit der Aktenschreiberei. Darauf eine Kaffeemaschine, ein Aschenbecher, ein Pornoheftchen (die Hardware der Computerfreaks), eine Funzel, die kaum Licht spendet, zwei hochmoderne Keyboards.
Davor zwei Stühle, aus Opis Zeit.
Rechts Kompliziertes, Lampen, Zeiger, Kabel, Gewirr.
Links eine Wand mit Pin-up-Fotos.
Auf den Stühlen zwei Männer.
Ca. dreißig, vor vier Wochen noch arbeitslos.
Meineidig zum Schweigen verpflichtet, jetzt stolze Arbeiter.
1800 DM netto.

16.45 Uhr nachmittags

x: Gib mal den Kaffee rüber!
y: Moment, auf Monitor Sex wackelt gerade ein strammer Hintern in die Sparkasse!
(x geht zum Kaffee und Monitor sechs)
x: Hast du das Gesicht auf Band?
y: Klar, ich bin schon am Checken.
(y tippt auf einem C-Keyboard – auf einem Bernsteinmonitor flackert es)
y: Maier... Susanne: 21 Jahre – 23. 3. 65 in Köln geboren – Schloßallee 12 b – 5000 Köln 3 –

(x schlürft den Kaffee)
arbeitslos – unregelmäßiger Lebenswandel – und so weiter
x: Is ja toll! Möchte wissen, woher die das Geld für die Klamotten hat, die die da spazieren führt.

y: Na, da prüfen wir doch mal nach!
(wieder tippt y – Zweifingersuchsystem)
Via Glasfaser in den Polizeicomputer.

308

x: Es lebe der Datenschutz.

y: Aha, hab ich mir gleich gedacht! Seit drei Jahren offiziell als arbeitslos gemeldet –
'85 bei einer Razzia im Lorelei-Club verhaftet – mangels Beweisen: Freispruch –
seitdem als Prostituierte registriert.

x: Den Club merk ich mir für kalte Nächte.

(x notiert die Adresse in einem Männermagazin, das auf dem Tisch liegt)

Jetzt kommt unser Vögelchen Susi wieder aus der Bank.

y: Na, Süße, dann laß mal deinen Kontostand sehen.

. . . Co-m-pa-re . . . Scr-ee-n . . . wi-th . . . Co-de . . . 0-6-6-5-1 . . .

Scheiß Englisch!

x: Mein Gott, „searched" der lange.

y: Da isser!

x: Komm, der fragt nach unserem Code. Mach schon, oder hast du den vergessen?

(y tippt)

Oho, mehr Knete als ich je gesehen hab.

y: Hey, guck mal, vor drei Tagen. – 3. 2. um neun Uhr siebzehn.

x: Das haut den stärksten Datenschützer um.

7300 Märker abgehoben. Wat will die Biene denn damit?

y: Interessiert nicht!

(y zeigt x seine Uhr)

Es ist fünf Uhr eins und wir sind seit einer Minute vom Dienst befreit.

x: Schalt die Computer ab!

(x guckt auf seine Uhr)

Obwohl ich erst viertel vor hab, aber wir wollen mal deiner Uhr glauben.

y: Nee, laß die Computer an! Die Putzfrau hat mir gestern 'ne Flasche Korn
zugespielt, dafür hab ich ihr versprochen, daß sie heute noch ihre Nachbarin
bespitzeln darf . . .

x: . . . Und die Codenummer lassen wir wie zufällig auf dem Tisch liegen.
Übrigens, von dem Korn krieg ich auch was ab.

y: Bring ich Montag mit.

x: Bis heut abend. Ich hoffe, du bist auch im Lorelei-Club.

y: Klar, aber deine Frau?

x: Ich appelliere an deine Schweigepflicht, von Berufs wegen.

– Ende –

Die Namen und Handlungen wurden im Papierkorb des MAD gefunden.

Jede Ähnlichkeit mit Datenschutzentwürfen von Dr. Bleifuß ist der Realität
entnommen.

Bitte an die jungen Menschen

Richard von Weizsäcker

*Schluß der Rede des Bundespräsidenten zum 40. Jahrestag der Kapitulation,
gehalten am 8. Mai 1985 vor dem Bundestag und Bundesrat*

Bei uns ist eine neue Generation in die politische Verantwortung hereingewachsen.
Die Jungen sind nicht verantwortlich für das, was damals geschah. Aber sie sind
verantwortlich für das, was in der Geschichte daraus wird.

Wir Älteren schulden der Jugend nicht die Erfüllung von Träumen, sondern
Aufrichtigkeit. Wir müssen den Jüngeren helfen zu verstehen, warum es lebens-
wichtig ist, die Erinnerung wachzuhalten. Wir wollen ihnen helfen, sich auf die
geschichtliche Wahrheit nüchtern und ohne Einseitigkeit einzulassen, ohne Flucht
in utopische Heilslehren, aber auch ohne moralische Überheblichkeit. Wir lernen
aus unserer eigenen Geschichte, wozu der Mensch fähig ist. Deshalb dürfen wir uns
nicht einbilden, wir seien nun als Menschen anders und besser geworden. Es gibt
keine endgültig errungene moralische Vollkommenheit. Wir haben als Menschen
gelernt, wir bleiben als Menschen gefährdet. Aber wir haben die Kraft, Gefährdun-
gen immer von neuem zu überwinden.

Hitler hat stets damit gearbeitet, Vorurteile, Feindschaften und Haß zu schüren. Die
Bitte an die jungen Menschen lautet: Lassen Sie sich nicht hineintreiben in
Feindschaft und Haß gegen andere Menschen, gegen Russen und Amerikaner,
gegen Juden oder Türken, gegen Alternative oder Konservative, gegen Schwarz
oder Weiß. Lernen Sie, miteinander zu leben, nicht gegeneinander.

Ehren wir die Freiheit.

Arbeiten wir für den Frieden.

Halten wir uns an das Recht.

Dienen wir unseren inneren Maßstäben der Gerechtigkeit.

Schauen wir am heutigen 8. Mai, so gut wir es können, der Wahrheit ins Auge.

Anhang

Worterklärungen

adäquat: angemessen, entsprechend
Adoleszenz: Jugendalter
aggressiv/Aggressivität: angriffslustig, herausfordernd/Angriffslust
Akzeleration: Beschleunigung
All you need is love: Alles was du brauchst ist Liebe
alma mater: Hochschule, Universität
Alternative: die andere, zweite Möglichkeit
anthropologisch: die Menschenkunde betreffend
APO: Außerparlamentarische Opposition
apokryph: von zweifelhafter Echtheit
authentisch: verbürgt, unbedingt echt
Autonomie: Selbstbestimmung, Selbstverwaltung
Avancement: beruflicher Aufstieg

BDM: Bund Deutscher Mädel; Untergliederung der Hitler-Jugend
Blackout: plötzliche Verdunkelung, Unterbrechung
Bourgeois: wohlhabender, selbstzufriedener Bürger

chaperoniert: von einer Anstandsperson begleitet
Chauvinist: maßloser Nationalist
clever/Cleverness: klug, gewitzt/Gewitztheit
Code: System verabredeter Zeichen, Schlüssel zu Geheimschriften
Collage: geklebtes Bild
Corps: studentische Verbindung

DDR: Deutsche Demokratische Republik
Defiliercour: feierlicher Vorbeimarsch
Delikte: Straftaten
Demoiselles: Fräuleins, Lehrerinnen
determiniert: bestimmt, festgelegt
Diarium: Tagebuch
Diskrepanz: Abweichung, Unstimmigkeit
dispensieren: einer Verpflichtung entheben

Egomanen: Ichbesessene
Elan: Schwung, Begeisterung
Elixier: Heil-, Zaubertrank
Emanze: Frau, die sich aktiv für die Emanzipation (= Gleichstellung der Frau) einsetzt
emotional/Emotionen: gefühlsmäßig/Gemütsbewegungen
Enquete-Kommission: Untersuchungsausschuß
Enzykliken: (päpstliche) Rundschreiben
Epaulette: Achselstück an Uniformen
Ephorus: Leiter eines evangelischen Seminars

epikuräisch: lebemännisch
eskortieren: schützend oder ehrend geleiten
Establishment: einflußreiche Oberschicht
etabliert: einen sicheren Platz einnehmend
Etikette: Gesamtheit der herkömmlichen Regeln, Umgangsformen
Exekutive: die vollziehende Gewalt im Staat
Exodus: Auszug, Auswanderung
Exzesse: Ausschweifungen

Fasson: Machart, Zuschnitt
FDJ: Freie Deutsche Jugend (in der DDR)
Flak: Flugabwehrkanone
forever young: ewig jung
Fuchs: noch nicht vollberechtigtes Mitglied einer Studentenverbindung

Gestapo: Geheime Staatspolizei (politische Polizei der Nazis)
Get off of my cloud: Runter von meiner Wolke
Guru: religiöser Meister (einer Sekte)

halluzinogen: Sinnestäuschungen hervorrufend
Happening: Ereignis, Veranstaltung, bei der das Publikum einbezogen wird
Heroismus: Heldentum, Heldenmut
heterogen: ungleichartig, uneinheitlich
Hierarchie: Rangfolge, Rangordnung
HJ: Hitler-Jugend
Histologie: Wissenschaft von den Geweben des menschlichen Körpers
Hospitant: Gast in einer Unterrichtsstunde, in einer Firma

Ideologie: System von Wertungen, Grundbegriffen
Idol: Abgott, Trugbild
immatrikuliert: in die Studentenliste aufgenommen
Immunität: Schutz vor Verhaftung, Unempfänglichkeit
Imperialismus: Ausdehnungs-, Machterweiterungsdrang der Großmächte
Implikation: Einbeziehung
Indifferenz: Gleichgültigkeit
Individualismus: Lebensauffassung, bei der der Einzelne über dem Allgemeinen steht
Inferno: Hölle
Influenza: Grippe
Inquisition: Gericht in Glaubensdingen
Integration: Verbindung einer Vielheit zu einer Ganzheit
intuitiv: unmittelbar, durch Eingebung erfassen
irrational: nicht vernunftgemäß
It is too late: Es ist zu spät

Jumo: Jugendmode (DDR)

312

KLV: Kinderlandverschickung
kollektiv: gemeinschaftlich
Kommers: studentisches Trinkgelage
Kommilitone/Kommilitonin: Studiengenosse/-genossin
Kommunikation: Verständigung untereinander, Zusammenhang
konformistisch/Konformität: Anpassen der eigenen Einstellung an die herrschende Meinung/Übereinstimmung
Korona: Horde, Gruppe
Konsistenz: Beständigkeit, Zusammenhalt
Konstellation: Stand der Gestirne, Lage
Konsumismus: am Verbrauch ausgerichtetes Verhalten
kontinuierlich: fortgesetzt, lückenlos, stetig
konvertierbar: Austauschbarkeit der Währungen
kooperativ: gemeinsam handeln, gemeinschaftlich
KPdSU: Kommunistische Partei der Sowjetunion
krude: roh, grob
kulinarisch: feinschmeckerisch
KZ: Konzentrationslager

Lemuren: Gespenster
Level: Niveau, Rang
lönshaft: wie der Heidedichter Hermann Löns (1866–1914)

MAD: Militärischer Abschirmdienst
Manipulation: Handhabung, Machenschaft
Materialismus: Lehre vom Stofflichen als dem einzig Wirklichen
Maximum: das Größte, Äußerste
mea culpa: meine Schuld
Mentalität: Denkart, Geistigkeit
Metapher: bildlicher Ausdruck

Nimbus: Strahlenkranz, Ruhmesglanz, Ansehen
no future: keine Zukunft
NPD: Nationaldemokratische Partei Deutschlands
NSDAP: Nationalsozialistische Deutsche Arbeiterpartei
NSV: Nationalsozialistische Volkswohlfahrt
Nuance: Abstufung, Abtönung

Ode: feierliches Gedicht
Offiziersaspiranten: Offiziersanwärter
Ökologie: Lehre von den Beziehungen der Lebewesen zur Umwelt
Ökonom: Volkswirtschaftler, landwirtschaftlicher Verwalter

paradox/Paradoxie: widersinnig, befremdend/Widersinn
Paraphrasen: Umschreibungen, Ausschmückungen
Parsevalhalle: Halle für das von August v. Parseval (1861–1942) erfundene lenkbare Luftschiff
Partikularismus: Kleinstaaterei
passé: vergangen, überlebt
pathologisch: krankhaft

Patrouille: Spähtruppunternehmen, Spähgang
Perkussion: Beklopfung
Phrasen: inhaltslose Redensarten
Plädoyer: Verteidigungsrede, Befürwortung
Prägnanz: Ausdrucksschärfe
probat: erprobt, bewährt
pseudonym: unter erfundenem Namen

rational: vernunftgemäß, auf Vernunft beruhend
rehabilitiert: das Ansehen ist wiederhergestellt
Repetitorium: Wiederholungsunterricht
Repression: Unterdrückung, Hemmung
Requisition: Beschlagnahmung, Herbeischaffung
Res Publica: Staat, Gemeinwesen
Restauration: Wiederherstellung früherer politischer Verhältnisse
Retardation: Verzögerung
Rezession: wirtschaftlicher Rückgang
Rigoristen: strenge, unerbittliche Menschen

SA: Sturm-Abteilung (der Nazis)
SDS: Sozialistischer Deutscher Studentenbund
SED: Sozialistische Einheitspartei Deutschlands (DDR)
solenn: feierlich, festlich
Spartakus: linksradikale Bewegung 1916–1919
SS: Schutzstaffel (der Nazis)
subito: sofort
Subkultur: eine von einer Gruppe getragene Kultur mit eigenen Werten, die sich von der allgemeinen
  Kulturtradition abhebt
suggestiv: beeinflussend

Tabu: Berührverbot, Zutrittsverbot; ungeschriebenes Gesetz, das in einer Gesellschaft bestimmte
  Dinge verbietet
Toast: Trinkspruch
Tournedos: Lendenschnittchen
Trauma: seelische Erschütterung durch ein starkes Erlebnis, das im Unterbewußtsein weiterwirkt
Trivialitäten: unbedeutende, abgedroschene Bemerkungen
Tupamaros: Stadtguerillas

Valuta: Währung
VCP: Verein christlicher Pfadfinderinnen und Pfadfinder
Vignette: Buchstaben-, Buchseitenverzierung

WHW: Winterhilfswerk (der Nazis)
Wojenno-Plenny-Buchstaben: Kennzeichnung der Kriegsgefangenen (russisch)

Quellenverzeichnis

1. KAPITEL (1887–1914)

Seite 11, Wilhelm II. Zitiert nach: Die Zeit, 23. 11. 1984, S. 23.

Seite 11, Carl Zuckmayer. Zitat aus: Als wär's ein Stück von mir, S. Fischer Verlag GmbH, Frankfurt a. M. 1966.

Seite 13, Ernst Holler, Der allererste Auto-Ausflug. Aus: Geschichte in Geschichten, dtv junior 7243, München 1976.

Seite 16, Wilhelm Keil, Drechslerlehrling. Aus: Erlebnisse eines Sozialdemokraten, Bd. 1, Deutsche Verlags-Anstalt, Stuttgart 1947.

Seite 21, Hermann Hesse, Lieber einige Esel als ein Genie. Aus: Unterm Rad, © Suhrkamp Verlag, Frankfurt a. M. 1970.

Seite 25, Frank Wedekind, Wendla. Aus: Frühlings Erwachen, Albert Langen/Georg Müller, München.

Seite 31, Karl Kraus, Sexuelle Aufklärung . . . Aus: Auswahl aus dem Werk, Kösel-Verlag, München 1957.

Seite 32, Robert Musil, Basini gehorchte. Aus: Sämtliche Erzählungen, Rowohlt Verlag GmbH, Hamburg 1957.

Seite 38, Anna Wiesmüller, O schöne Jugendzeit! Aus einem Privatdruck.

Seite 41, Otto Wenzl, Kindermarkt. Zitiert nach: Otto Uhlig, Die Schwabenkinder aus Tirol und Vorarlberg, Konrad Theiss Verlag, 2. Aufl. Stuttgart 1983, S. 204 f.

Seite 43, „Jugend", Georg Hirth zitiert nach: Linda Koreska-Hartmann, Jugendstil – Stil der „Jugend", München 1969, S. 38 f.

Seite 44, Richard Dehmel, Nicht doch. Aus: Gesammelte Werke, Bd. 1, S. Fischer Verlag, Berlin 1906.

Seite 45, Max Born, Die Geschichte mit Lore. Aus: Mein Leben, Nymphenburger Verlagshandlung, München 1975. Übersetzt von Helmut Degner.

Seite 48, Gottfried Benn, Ein neues Jahrhundert: Aus: Gesammelte Werke in vier Bänden, Bd. 4, © Verlagsgemeinschaft Klett-Cotta, Stuttgart.

Seite 50, Rainer Maria Rilke, Brief an einen jungen Dichter. Aus: Briefe an einen jungen Dichter, © Insel Verlag, Frankfurt a. M.

Seite 52, Margarethe von Wrangell, Die Chemie hat so etwas Klassisches. Aus: Margarethe von Wrangell. Das Leben einer Frau 1876–1932, Albert Langen/Georg Müller, München 1935.

Seite 55, Oskar Maria Graf, Die Flucht. Aus: Wir sind Gefangene, © Süddeutscher Verlag, München.

Seite 61, Jac G., Die reinste Höllenfahrt. Originalbeitrag.

Seite 63, Im Mädchenpensionat. Originalbeitrag.

Seite 66, Carlo Schmid, Wandervogel. Aus: Erinnerungen, Scherz Verlag, Bern, München, Wien 1979.

Seite 71, Hans R., Die hohen Herrschaften. Originalbeitrag.

Seite 74, Walther Rathenau. Aus: Der Kaiser. Eine Betrachtung, S. Fischer Verlag, Berlin 1919.

Seite 75, Georg Heym, Eine Fratze. Aus: Georg Heym. Ausgewählt von K. L. Schneider und G. Martens, München 1971.

2. KAPITEL (1914–1918)

Seite 77, Thomas Mann. Zitat aus dem Essay: Gedanken im Kriege; Erstdruck: Die neue Rundschau 25, 1914. © S. Fischer Verlag GmbH, Frankfurt a. M.

Seite 78, Ernst Wilhelm Lotz. Letzte Strophe des Gedichts „Hart stoßen sich die Wände in den Straßen". Aus: Wolkenüberflaggt. Gedichte, Leipzig 1917.

Seite 79, Carl Zuckmayer, Mobilmachung. Siehe S. 11.

Seite 83, Alfred Lichtenstein, Abschied. Aus: 131 expressionistische Gedichte, hrsg. von P. Rühmkorf, Berlin 1976.

Seite 84, Elisabeth Castonier, Dann läßt er uns liegen. aus: Stürmisch bis heiter, Nymphenburger Verlagshandlung, München 1964.

Seite 89, Georg Trakl, Im Osten. Aus: Die Dichtungen, Salzburg 1938.

Seite 90, Reinhold Maier, Durchbruchschlacht am Narew. Aus: Feldpostbriefe aus dem Ersten Weltkrieg 1914–1918, W. Kohlhammer Verlag, Stuttgart 1966.

Seite 95, Ernst Glaeser, Hunger. Aus: Jahrgang 1902, Non Stop-Bücherei, Berlin 1955.

Seite 98, August Stramm, Patrouille. Siehe S. 83; Jörg E. Originalbeitrag.

Seite 101, Ernst Toller, Gegen den Krieg. Aus: Gesammelte Werke, Bd. 4, Carl Hanser Verlag, München.

Seite 104, Erich Kästner, Primaner in Uniform. Aus: Das Erich Kästner-Buch, hrsg. v. R. Hochhuth, © Atrium Verlag AG, Zürich.

Seite 106, Erich Maria Remarque, Sommer/Herbst 1918. Aus: Im Westen nichts Neues, © Verlag Kiepenheuer & Witsch, Köln 1971.

Seite 108, Hermann Broch. Aus: Die Schlafwandler. Eine Romantrilogie, Rhein-Verlag, Zürich 1931/32.

3. KAPITEL (1918–1933)

Seite 109, Kurt Tucholsky. Zitat aus dem Artikel: Dämmerung; Politische Texte, Rowohlt Taschenbuch GmbH, Reinbek 1971.

Seite 111, Walter Mehring, Hoppla, wir leben. Erstdruck: Leipziger Volkszeitung, 14. 9. 1927. © Claassen Verlag, Düsseldorf.

Seite 113, Gustav Regler, Jugend soll wieder anfangen, an etwas zu glauben. Aus: Das Ohr des Malchus, Verlag Kiepenheuer & Witsch, Köln/Berlin 1958.

Seite 117, Kurt Tucholsky, Die Flecke. Aus: Politische Texte. Siehe S. 109.

Seite 119, Ernst Toller, Mauer der Erschossenen. Aus: Lyrik des expressionistischen Jahrzehnts, Limes Verlag Max Niedermayer, Wiesbaden 1955. © siehe S. 101.

Seite 120, Richard H., Die Baltikumer. Versailles. Originalbeitrag.

Seite 122, Wilhelm Hoegner. Zitat aus: Die verratene Republik, Nymphenburger Verlagshandlung, München 1979.

Seite 123, D. E., Soviel Brot wie ich essen will. Aus: Dein Dich zärtlich liebender Sohn. Kinderbriefe aus sechs Jahrhunderten, hrsg. von F. E. Mencken, Heimeran, 2. Aufl. München 1966.

Seite 125, W. E. Süskind, Vierhundert Milliarden. Aus: Jugend, Deutsche Verlags-Anstalt, Stuttgart 1930.

Seite 129, Ödön von Horváth, Wir haben zur Kenntnis genommen. Aus: Gesammelte Werke, Bd. 3, Suhrkamp Verlag, Frankfurt a. M. 1970.

Seite 130, Hans Mayer, An jenem Kneipenabend. Aus: Ein Deutscher auf Widerruf, Suhrkamp Verlag, Frankfurt a. M. 1982.

Seite 134, Werner Finck, Tandaradei. Aus: Alter Narr – was nun? F. A. Herbig Verlagsbuchhandlung, München/Berlin 1972.

Seite 136, Helmut Thielicke, Wir reifen, wenn wir zurückschauen. Aus: Zu Gast auf einem schönen Stern, Hoffmann und Campe Verlag, Hamburg 1984.

Seite 138, Marieluise Fleißer, Männergespräch. Aus: Spektakulum 13, Suhrkamp Verlag, Frankfurt a. M. 1968.

Seite 140, Klaus Mann, Jugend und Radikalismus. Aus: Heute und Morgen. Schriften zur Zeit, © Verlag Heinrich Ellermann, München.

Seite 142, Bertolt Brecht, Das Kreidekreuz. Aus: Gesammelte Werke in 20 Bänden, Bd. 9, Suhrkamp Verlag, Frankfurt a. M. 1967.

4. KAPITEL (1933–1945)

Seite 143, Adolf Hitler. Zitiert nach: Fragen an die deutsche Geschichte. Historische Ausstellung im Reichstagsgebäude in Berlin, Katalog, 2. Aufl., S. 188.

Seite 143, Bertolt Brecht. Zweite Strophe des Gedichts „Das Lied vom SA-Mann". Siehe S. 142.

Seite 144, Flugblatt der „Weißen Rose" zitiert nach: Inge Aicher-Scholl, Die Weiße Rose. Erweiterte Ausgabe, Fischer-Bibliothek.

Seite 147, Melita Maschmann, Kein Opfer ist für Deutschland zu groß. Aus: Fazit. Kein Rechtfertigungsversuch, Deutsche Verlags-Anstalt, Stuttgart 1963.

Seite 152, Bertolt Brecht, An die Nachgeborenen III. Siehe S. 142.

Seite 152, Bertolt Brecht, An die Nachgeborenen III. Siehe S. 142.

Seite 153, Heinrich Böll, Brief an einen jungen Katholiken. Aus: Erzählungen. Hörspiele. Aufsätze, Verlag Kiepenheuer & Witsch, Köln/Berlin 1961.

Seite 155, Soldatenbrief. Originalbeitrag.

Seite 156, Der Führer hat mir die Hand gegeben. Aus: Benno Forstner, Johannes Gienger, Volker Würthwein, Weil der Stadt in der Zeit des Nationalsozialismus. Ein lokales Beispiel, Stuttgart 1982.

Seite 160, Anne Frank, Viele warten auf den Tod! Aus: Das Tagebuch der Anne Frank. 12. Juli 1942 – 1. August 1944. Aus dem Holländischen von Anneliese Schütz, Verlag Lambert Schneider, 12. Aufl. Heidelberg 1981.

Seite 161, Ulla M., Wie der Krieg in mein Leben eingreift. Originalbeitrag.

Seite 162, In der Fremde. 1. Text aus: Dein Dich zärtlich liebender Sohn. Siehe S. 123; 2. und 3. Text aus: Als ich 9 Jahre alt war, kam der Krieg, hrsg. von H. Heer, Rowohlt Taschenbuch Verlag, Reinbek 1983.

Seite 164, Fliegerangriffe auf Nürnberg. Aus: Als ich 9 Jahre alt war, kam der Krieg. Siehe oben.

Seite 166, Gabriele Reich, Unsere Flucht aus Westpreußen. Aus: Waltraut Küppers, Mädchentagebücher der Nachkriegszeit, Ernst Klett Verlag, Stuttgart 1964.

Seite 171, Franz Fühmann, Es ist der Weg in den Untergang. Aus: Der Sturz des Engels: Erfahrungen mit Dichtung, Hoffmann und Campe Verlag, Hamburg 1982.

5. KAPITEL (1945–1955)

Seite 173, Wolfgang Borchert. Zitat aus: Generation ohne Abschied; Das Gesamtwerk, Rowohlt Verlag GmbH, Hamburg 1949.

Seite 173, Ein fünfzehnjähriger Schüler. Zitat aus: Als ich 9 Jahre alt war, kam der Krieg. Siehe S. 162.

Seite 174, Theodor Heuss. Zitiert nach: Zeitmagazin Nr. 18, 26. 4. 1985.

Seite 174, Alfred Andersch. Zitiert nach: Literaturmagazin 7 (siehe S. 232), S. 158.

Seite 174, Willy Brandt. Zitat aus: . . . wir sind nicht zu Helden geboren. Ein Gespräch über Deutschland mit Birgit Kraatz, Diogenes Verlag AG, Zürich 1986.

Seite 176, Carola Stern, Erschöpft, verlaust, verdreckt. Aus: Mensch, der Krieg ist aus!, hrsg. von W. Filmer/H. Schwan, Econ Verlag GmbH, Düsseldorf und Wien 1985.

Seite 178, Heilbronner Chronik 1945. Aus: Heilbronner Stimme, 31. 12. 1955.

Seite 179, Wendelgard von Staden, Öffnung des Lagers Wiesengrund. Aus: Nacht über dem Tal. Eine Jugend in Deutschland, Eugen Diederichs Verlag, Düsseldorf/Köln 1979.

Seite 183, Chaim. Zitiert nach: Süddeutsche Zeitung, 14. 4. 1987.

Seite 184, Frank Baer, Das Wort „Frieden" kommt mir ganz komisch vor. Aus: Die Magermilchbande, Albrecht Knaus Verlag, Hamburg 1979.

Seite 188, Volkmar von Zühlsdorff, Zurück in Deutschland. Aus: Hermann Broch, Briefe über Deutschland 1945–1949. Die Korrespondenz mit Volkmar von Zühlsdorff, Suhrkamp Verlag, Frankfurt a. M. 1986.

Seite 190, Helmut Brasch, Das Trümmerkind. Zitiert nach dem Katalog: „Als der Krieg zu Ende war", Marbach a. N. 1973.

Seite 192, Hans Werner Richter, Einer muß es doch tun. © beim Autor.

Seite 194, Hans Werner Richter, Warum schweigt die junge Generation. Siehe oben.

Seite 196, Rose Ausländer, Generationen. Aus: Im Atemhaus wohnen, Fischer Taschenbuch 1981, © Literarischer Verlag Helmut Braun KG, Köln.

Seite 197, Max Frisch, Deutschland, Mai 1946. Aus: Tagebuch 1946–1949, Suhrkamp Verlag, Frankfurt a. M. 1950.

Seite 199, Hans U., Was gehört zu einem guten Verlierer? Originalbeitrag.

Seite 200, Arnfried Astel, Lektion. Aus: Mit gemischten Gefühlen, hrsg. von J. Hans, U. Herms, R. Thenior, Wilhelm Goldmann Verlag, München 1978.

Seite 201, Hermann K., Briefe in die Schweiz. Originalbeitrag.

Seite 206, Walter Ulbricht. Zitiert nach: 1985. Kalender des Gesamtdeutschen Instituts.

Seite 208, Erich Kästner, Die vier Archimedischen Punkte. Aus: Die kleine Freiheit. Chansons und Prosa, Atrium Verlag AG, Zürich 1952.

Seite 210, Erich Ollenhauer, Wiederbewaffnung. Zitiert nach: Deutsche Parlamentsdebatten. Bd. 3: 1949–1970, hrsg. von Eberhard Jäckel, Frankfurt a. M. 1971.

Seite 212, Wolfdietrich Schnurre, Der Schrei nach Aktualität. Aus: Deine Söhne, Europa. Gedichte deutscher Kriegsgefangener, Nymphenburger Verlagshandlung, München 1947.

6. KAPITEL (1955–1968)

Seite 213, Bruno F. Tonbandprotokoll zitiert nach: Jürgen Neven-du-Mont, Zum Beispiel 42 Deutsche, Nymphenburger Verlagshandlung, München 1968.

Seite 214, Günter Grass. Zitat aus: Über das Selbstverständliche. Reden, Aufsätze, Offene Briefe, Kommentare, Hermann Luchterhand Verlag GmbH, Neuwied/Berlin 1968.

Seite 215, Karl Markus Michel. Aus: Die sprachlose Intelligenz II; in: Kursbuch 4, Februar 1966.

Seite 216, Hans Magnus Enzensberger, ins lesebuch für die oberstufe. Aus: verteidigung der wölfe, Suhrkamp Verlag, Frankfurt a. M. 1957.

Seite 217, Alfred Kantorowicz, Auch eine Vorbereitung. Aus: Deutsches Tagebuch. Zweiter Teil, Kindler Verlag, München 1961.

Seite 217, Daten aus der DDR. Aus: B. Pollmann, Daten zur Geschichte der Deutschen Demokratischen Republik, ECON Taschenbuch Verlag GmbH, Düsseldorf 1984.

Seite 219, Zur Bundeswehr. Zitiert nach: Unterwegs durch unser Jahrhundert. Die fünfziger Jahre, hrsg. von J. Lehmann, Horst Poller Verlag, Stuttgart 1983.

Seite 220, Daniel Cohn-Bendit, Eine deutsch-jüdische Geschichte. Zitiert nach: Die Zeit, 5. 12. 1986, S. 52.

Seite 221, Erika Runge, Ich bestimme hier, sagt der Vater. Aus: Lehrlinge messen Unternehmerinteressen, Werkhefte Volkskunst in Aktion, Nr. 32/33. – Das Foto stammt nicht aus dem Film!

Seite 222, Josef Berlinger, Geometrie. Aus: Wohnzimmer-Gflimma, Verlag Friedl Brehm, Feldafing/Oberbayern.

Seite 223, Gerd Gaiser, Der Motorradunfall. Aus: Gib acht in Domokosch, Carl Hanser Verlag, München 1959.

Seite 226, Siegfried Niedergesäss, Die Beatles. Aus: Die Beatles, Cecilie Dressler Verlag, Hamburg 1976.

Seite 229, Dennis Bow, Aus dem Wörterbuch der Beatles. Aus: Die Beatles kommen, Lichtenberg Taschenbuch Nr. 124, Lichtenberg Verlag GmbH, München 1964.

Seite 230, Reinhard Lettau, Journalismus als Menschenjagd. Aus: Kursbuch 7, September 1966, Suhrkamp Verlag, Frankfurt a. M.

Seite 232, Godehard Schramm, Nachkriegszeit. Aus dem Aufsatz: Entre-deux-mers; Literaturmagazin 7. Nachkriegsliteratur, hrsg. von N. Born und J. Manthey, Rowohlt Taschenbuch Verlag GmbH, Reinbek 1977.

Seite 233, Rudi Dutschke, Die außerparlamentarische Opposition. Zitiert nach: R. Dutschke, Die Revolte, hrsg. von G. Dutschke-Klotz, J. Miermeister und J. Treulich, Rowohlt Taschenbuch Verlag GmbH, Reinbek 1983.

7. KAPITEL (1968–1977)

Seite 235, Gaston Salvatore. Zitiert nach: Stern Nr. 45, 1977.

Seite 235, Gustav W. Heinemann. Zitat aus der Antrittsrede des Bundespräsidenten im Deutschen Bundestag am 1. 7. 1969.

Seite 237, Walter Scheel. Zitat aus der Ansprache zur 500-Jahr-Feier der Universität Tübingen am 8. 10. 1977.

Seite 238, Max Frisch, Gespräch mit zwei SDS-Leuten. Aus: Tagebuch 1966–1971, Suhrkamp Verlag, Frankfurt a. M. 1972.

Seite 238, Wandspruch 1968. Zitiert nach einem Foto in: Die Zeit, 3. 3. 1978.

Seite 239, Ezra Gerhardt, Über die Praxis der Schülerbewegung. Zitiert nach: Aufbrüche. Die Chronik der Republik 1961–1986, hrsg. von F. Duve, Rowohlt Taschenbuch Verlag GmbH, Reinbek 1986.

Seite 240, Michael Baumann, Propaganda der Tat. Aus: Wie alles anfing, Trikont-Verlag, München 1975.

Seite 243, Reiner Kunze, Handschellen. Aus: Die wunderbaren Jahre, S. Fischer Verlag GmbH, Frankfurt a. M. 1976.

Seite 244, Wolfgang Bauer, Hauptsache man erlebt was. Aus: Change, Verlag Kiepenheuer & Witsch, Köln 1969.

Seite 247, Horst Krüger, Der junge Herr C. – und ich. Aus: Süddeutsche Zeitung, 2./3. 1. 1971. © beim Autor.

Seite 251, Nicolas Born, Berliner Para-Phrasen. Aus: Wo mir der Kopf steht, Verlag Kiepenheuer & Witsch, Köln 1970.

Seite 252, Reiner Kunze, Element. Siehe S. 243.

Seite 255, Ulrich Plenzdorf, Natürlich Jeans! Aus: Die neuen Leiden des jungen W., VEB Hinstorff Verlag, Rostock 1973.

Seite 258, Volker Ludwig, Mädchenlied. Aus: 3mal Kindertheater, Bd. 3, Verlag Heinrich Ellermann, München 1975.

Seite 262, Christiane F., Der erste Snief. Aus: Wir Kinder vom Bahnhof Zoo, aufgeschrieben von K. Hermann und H. Rieck, Ein Stern-Buch, Verlag Gruner + Jahr, 23. Aufl. Hamburg 1981.

Seite 264, Kurt Bartsch, Elan. Aus: Tintenfisch. Jahrbuch für Literatur 4, Verlag Klaus Wagenbach, Berlin 1971.

Seite 264, Gerhard Zwerenz. Zitiert nach: Tintenfisch. Jahrbuch für Literatur 8, Verlag Klaus Wagenbach, Berlin 1975.

Seite 267, Pico, Wie ich Rocker wurde. Aus: Eva Rühmkorf, Wer unten ist, der fällt auch tief, Beltz Verlag, Weinheim und Basel 1977.

Seite 269, Heinrich Böll, Irregeleitete „Idealisten". Stellungnahme zum Attentat auf H.-M. Schleyer aus: Die Zeit, 16. 9. 1977.

Seite 269, Helmut Schmidt. Zitat aus der Rede auf dem Bundesparteitag der SPD in Hamburg, 16. 11. 1977.

Seite 270, Rudi Dutschke. Stellungnahme aus: Die Zeit, 16. 9. 1977.

8. KAPITEL (1977–1987)

Seite 271, Botho Strauß. Zitat aus dem Roman: Der junge Mann, Carl Hanser Verlag, München 1984, S. 195 f.

Seite 271, Hendrik. Zitiert nach: Süddeutsche Zeitung, 31. 3./1. 4. 1984.

Seite 273, Willy Brandt. Zitat aus: . . . wir sind nicht zu Helden geboren. Siehe S. 174.

Seite 277, Wie sieht die Zukunft aus? Aus: Dieter Boßmann, Zukunftserwartungen der Jugend. Eine Schülerumfrage, Katzmann-Verlag KG, Tübingen 1982.

Seite 279, Das Schlagwort „no future". Aus: Jugendprotest im demokratischen Staat, hrsg. von M. Wissmann und R. Hauck, Edition Weitbrecht in K. Thienemanns Verlag, Stuttgart 1983.

Seite 281, Benny Härlin, Weil's Spaß macht. Aus: Kursbuch 65, Rotbuch Verlag, Berlin 1981.

Seite 284, Michael Tonfeld, Anmachen. Aus: Anders als die Blumenkinder. Gedichte der Jugend aus den 70er Jahren, hrsg. von R. Glomb/L. Reese, Rowohlt Taschenbuch Verlag GmbH, Reinbek 1980.

Seite 286, Volkart Wildermuth, Zivildienst. Originalbeitrag.

Seite 290, Wolf, Punk in Berlin-Kreuzberg. Zitiert aus dem Artikel: Michael Sontheimer, Nüchtern sieht er zu viel; in: Die Zeit, 7. 9. 1984.

Seite 292, Katrin Thier, Sara. Aus: Was uns bewegt . . . Texte von Jugendlichen, hrsg. von der Landesarbeitsgemeinschaft Jugend und Literatur NRW e. V., Pulheim 1985.

Seite 295, Claus Peter Müller-Thurau, Ratschläge sind auch Schläge. Aus: Laß uns mal 'ne Schnecke angraben, Econ Verlag GmbH, Düsseldorf und Wien 1983.

Seite 298, Johanna Walser, Lisas Berufspläne. Aus: Die Unterwerfung, S. Fischer Verlag GmbH, Frankfurt a. M. 1986.

Seite 305, Uwe Kolbe, Male. Aus: Hineingeboren. Gedichte 1975—1979, Suhrkamp Verlag, Frankfurt a. M. 1982.

Seite 308, Stefan Willms, 1987 – oder The Big Brothers Are Watching You. Aus: Was uns bewegt . . . Siehe S. 292.

Bildnachweis

Seite 14 Mercedes-Benz-Foto.

Seite 19, 124 Aus dem Katalog: Industriezeitalter, Nürnberg 1985.

Seite 36, 69 Aus dem Katalog: Le Musée Sentimental de Prusse, Berlin 1981.

Seite 51 Originalfotografien aus der Papierfabrik von Gebrüder Rauch in Heilbronn.

Seite 62 Originalpostkarte.

Seite 70 Aus: Simplicissimus. © Michael Thöny.

Seite 74 Originalpostkarte.

Seite 79 Originalblatt.

Seite 88 Aus: Ilse Kleberger, Käthe Kollwitz. Eine Gabe ist eine Aufgabe, Erika Klopp Verlag GmbH, Berlin 1980. © Arne Kollwitz.

Seite 97 Original-Schein.

Seite 100 Simplicissimus. Titelblatt der Ausgabe vom 2. 1. 1917.

Seite 105 Illustration aus: Leonhard Frank, Die Mutter, Zürich 1919.

Seite 112 Aus dem Katalog: Expressionismus. Literatur und Kunst 1910–1923, Marbach a. N. 1960.

Seite 128 Aus: J. Hermand/F. Trommler, Die Kultur der Weimarer Republik, München 1978.

Seite 146 Flugblatt aus: Eberhard Mayer, Deutschkirche oder Bekenntniskirche. Der Ulmer Bekenntnistag 1934, Armin Vaas Verlag, Langenau-Ulm 1984.

Seite 146 Aus dem Katalog: Fragen an die deutsche Geschichte. Siehe Quellenverzeichnis S. 143.

Seite 151 Privatfoto.

Seite 158 Aus: Jugend um Hitler. 120 Bilder von Heinrich Hoffmann, Text von Baldur von Schirach (1934).

Seite 159 Original-Schein.

Seite 182 Aus dem Katalog: KZ Dachau. © Archiv Dachau.

Seite 191 Aus der Zeitschrift: Bürger im Staat, August 1953.

Seite 193 Aus dem Katalog: Sozialistisches Vaterland DDR, Museum für Deutsche Gechichte, Berlin (Ost).

Seite 198 Aus: Der Spiegel, 4. 1. 1947.

Seite 206 Aus: 1985. Der Kalender des Gesamtdeutschen Instituts.

Seite 218, 221 Aus: Unterwegs durch unser Jahrhundert. Siehe Quellenverzeichnis S. 219.

Seite 228 Original-Postkarte.

Seite 241 Aus: Bilder vom Tage. 1842–1982, Ullstein Berlin. Foto von Klaus Lehnartz.

Seite 257 Aus: Ulmer Forum, Heft 16.

Seite 259 Noten aus: 3 mal Kindertheater. Siehe Quellenverzeichnis S. 258.

Seite 263 Plakat der Bundeszentrale für gesundheitliche Aufklärung, Köln.

Seite 268 Aus: Wie ich Rocker wurde. Siehe Quellenverzeichnis S. 267.

Seite 270 Original-Plakat.

Seite 276 Aus: Ulmer Forum, Heft 48.

Seite 280 Aus: Südwest Presse, 31. 12. 1981. © Horst Haitzinger.

Seite 282/283 Original-Linolschnitt 1984.

Seite 285 Foto dpa/Holschneider.

Seite 291, 293 Fotos Suse Hacker, Remseck 2.

Seite 294 Privatfotos.

Seite 306 Aus: Südwest Presse, 16. 12. 1986. Zeichnung: Löffler.